万 斌 主 编

马建青　张继昌　副主编

马克思主义与当代（2012）

ZHEJIANG UNIVERSITY PRESS
浙江大学出版社

目录
CONTENTS

热点理论与现实问题研究

西方马克思主义研究

传统文化的当代价值研究

调查研究

教学研究

马克思主义理论及其中国化研究

马克思关于人的社会本质理论
与社会主义核心价值体系建设

万　斌　张应杭

【摘　要】　马克思关于人的社会本质在于其社会性的论断为社会主义核心价值体系建设提供了世界观、人生观和价值观的基本立场。这个立场要求人们在处理个人与社会的矛盾关系时坚持社会本位的理念，具有爱国主义、集体主义、社会主义的觉悟和境界。这个立场也为人们实现个体需要、个人利益和自我价值提供了明确的价值引导。

【关键词】　马克思　人的社会本质　社会主义　核心价值体系

置身多元文化思潮影响的当今中国，由于对社会主义核心价值观的迷茫乃至迷失正给中国特色社会主义现代化建设的伟大事业带来不可估量的损失。执政的中国共产党审时度势，及时地提出了社会主义核心价值体系建设的文化战略目标。中国共产党十六届六中全会通过的《关于构建社会主义和谐社会的若干重大问题的决定》首次提出了"社会主义核心价值观"的概念，在其第十八次全国代表大会上再次强调了这一问题。十八大的政治报告提出："社会主义核心价值体系是兴国之魂，决定着中国特色社会主义发展方向。"

社会主义核心价值体系建设的指导思想是马克思主义。本文无意全面阐述马克思主义理论对社会主义核心价值体系建设的世界观和方法论意义，我们仅就马克思关于人的社会本质理论对社会主义核心价值体系建设的指引意义做一学理阐发，从而试图为这一价值体系的建设提供学理层面的支撑。

一

马克思在同标榜"真正的社会主义者"进行论战时，提出了考察人之本质的原则。在马克思看来，要考察人是怎样的，人的本质和普遍特性是什么，就不能"从其耳垂或某种不同于动物的另一特征中引申出来"，而要"从其现实的历史活动和存在来加以考察"。① 也就是说，对人的本质的科学概括，不能仅仅列举某些属性，也不能把所有属性都罗列在内，而应从诸种属性中抽出那最本质的方面，它规定并包含着其他属性。只有抓住它，才能对其他属性进行科学的说明。马克思正是遵循这一原则，并在批判地吸取了前人研究成果的基础上，在《关于费尔巴哈的提纲》中提出了其著名的论断："人的本质并不是单个人所固有的抽象物。在其现实性上，它是一切社会关系的总和。"②这是对人的本质的经典性论述，是马克思对人的本质理论的一大贡献。

这一理论命题提出的理论和实践意义在于它表明在哲学史上第一次形成了马克思主义对人的本质的科学认识，从而根本区别于包括费尔巴哈在内的一切旧的人性论。特别重要的是，它从方法论上强调了一定要从社会关系的存在中来把握人的本质的思路。因此，在人的本质问题上就不能仅从生物学的角度抽象出人的本质，也不能仅把人的个体特性进行罗列。譬如"人是会使用工具的动物"、"人是能思维的理性动物"、"人是可以用符号来反映外部世界的动物"，等等，这当然也是人的属性之一，也能把人与动物区分开来，但是却不能说明人的产生与发展，也不能说明人性的无限多样性与复杂性。因此，这不是人的本质的科学概括。与此相应地，也不能撇开社会历史进程，孤立地把人当做一个抽象物来理解人的本质。正如马克思指出的："人并不是抽象的栖息在世界以外的东西。人就是人的世界，就是国家、社会。"③个人是社会存在物，人是社会历史过程的主体，人创造了社会历史，社会历史也造就了人，人的本质特点离不开他所处社会的特征。所以，纯粹的"个人设计"、"个人奋斗"是不真实的。我们强调在社会关系中营造一种良好的人我和谐氛围，正是为了更好地从中塑造每一个个体的美好心灵品性。

因此，我们从马克思主义关于人的本质的如上思想，可以得出如下一个最基本的结论：人的本质在于他的社会性。这是因为：一方面，人的自然属性不仅不

---

① 马克思恩格斯全集(3).北京:人民出版社,1957:606—607
② 马克思恩格斯选集(1).北京:人民出版社,1972:18
③ 马克思恩格斯选集(1).北京:人民出版社,1972:1

是把人和其他动物严格区分开来的根本属性,而且人的自然属性中渗透着社会属性,自然属性的表现方式和表现程度都要受到社会属性的决定和制约。只有社会属性才是把人和其他动物严格区分开来的根本属性。另一方面,人的生存和发展离不开一定的社会关系。人的爪牙之利不及虎豹,四肢之健不及麋鹿,耳目之敏不及鹰兔,潜水挖洞不及鱼鼠,所以,从个体意义而言人是最难以独立生存的生物。脱离了社会的人,不仅不能在动物界称雄,而且连躲避灾害的本领也十分低下。脱离社会的人不是被豺狼虎豹吞噬,也会被大自然的灾害所淘汰。所以马克思认为:"人是最名副其实的社会动物,不仅是一种合群的动物,而且是只有在社会中才能独立的动物。"①社会关系不仅决定人的生存,而且决定人的发展,一个人同他人结成的社会关系越广泛,越紧密,越和谐,他的发展也越快;反之,其发展就受到限制。

二

人的生物学形态是个体性的存在。但依据马克思的观点,人的本质又是社会性的存在。因此,在价值观问题上便必然涉及个人与社会的关系如何处理的问题。每一个社会个体只有正确理解这一一个人与社会的辩证关系,才能有效地在社会关系的存在中安身立命和自我实现。

对于个人与社会关系问题的理解,从理论上考察,是直接同对人的社会本质的理解相关联的。历史唯物主义认为,在社会有机体中,个人与社会是两个不同质的主体。个人是人类的一员,是具有特殊的利益、需要和个性的社会的一分子;社会则是互相联系的有组织的个人集合体。两者是不能等同或互相代替的。但是,在社会历史发展的现实情境中,它们又总是不可分割地联系成一个有机的整体。概括地说,个人与社会的辩证关系主要表现为:

其一,个人与社会是辩证统一的。这种辩证统一关系一方面表现为个人与社会是相互依存的关系。个人是社会的个人,社会是个人的社会。个人是社会的个人,其含义是说社会之外不存在真实的个人。马克思曾经多次指出:在孤立的、单个人的状态下是决不可能产生出人类的,只有在集体中,人才能发挥出属于人的力量,所以社会性才是人的本性。如果说,自然界最多只赋予人的躯壳,那么,只有社会才赋予人以理性与智慧,成就人的本质,使人成为现实的人。离开了社会,人就不成其为人,就会变成如报刊上屡有报道的狼孩、熊孩、猴孩等那样徒具人形的动物。爱因斯坦就曾经这样说过:"个人之所以成为个人,以及他

---

① 马克思:《〈政治经济学批判〉序言》.北京:人民出版社,1978:7

的生存之所以有意义，与其说是靠着他个人的力量，不如说是由于他是伟大人类社会的一个成员，从生到死，社会都支配着他的物质生活和精神生活。"①所以，他认为从终极意义上讲，人的产生、生活与发展都离不开社会。也因此，爱因斯坦断言：注重人的社会性的社会主义比资本主义更符合人性。当然，社会又是个人的社会，离开了现实的个人，也就没有人类社会。人类社会是以共同的物质生产活动为基础而相互联系的有组织的个人集合体，是人们交互作用的产物。正如人们不能设想存在没有蜜蜂的蜂群那样，也无法设想离开了个人的社会。因为离开了具体的人，社会就只能是一个空洞的概念。事实上，现实社会是无数个人的集合体，社会形态是无数个人活动的创造物。社会的物质财富、精神财富归根到底是由许许多多个人的劳动来创造的。

个人和社会的辩证统一关系另一方面也表现为互为因果的关系。这就是说，社会造就着个人，个人又影响着社会的发展。个人的社会本质是由他所处的社会关系规定的。每个人的德性、知识和才能等都是由社会环境造成的。在个人被社会塑造之后，又反过来成为影响和推动社会前进的原因。这就是说，每个个人又运用从社会中获得的思想、知识和能力去影响和推动着社会，去生产物质财富和精神财富，去调整或改造人与人之间的相互关系。可见，社会生活、社会关系中的一切，正是由一个个的个人所创造和改变的，都是人这一社会主体有意识、有目的的活动的结果。所以，马克思认为："正像社会本身生产作为人的人一样，人也生产社会。"②可见，"人产生社会"和"社会产生人"这两个命题，如果静止地孤立地加以理解就会觉得它们是矛盾的，但是如果从运动发展的观点来看，就不难理解它恰恰是人类社会发展的统一过程的两个不可分割的方面。

其二，个人与社会的辩证关系也表现为对立统一的关系。这即是说，社会与个人既有不可分割的一面，也有相区别、相矛盾的一面：一方面，个人对社会具有相对的独立性，并因这种独立性而表现出一定的个性特征。虽然我们一再强调人是社会的人，人的本质是社会关系的总和，但是，就每一个个体而言，其存在方式因其认识、情感和意志诸品性的不同而呈现出鲜明的个性。这就正如世界上不存在两片相同的树叶一样，社会中也找不到两个完全相同的个人。这样，在具体的社会活动中，每一个个体在处理个人与社会的关系问题上所表现出的自主性、自为性、目的性、创造性等也是真实的。另一方面，社会对个体也表现出一定的相对独立性。这意思是说，人类社会必须是由具体的人来组成的，社会不能离开一定数量的具体的人，但是落实到具体的社会集体中，某一集体、集团多一些

---

① 爱因斯坦文集（3）．北京：商务印书馆，1976：35
② 马克思恩格斯全集（42）．北京：人民出版社，1979：121

成员或少一些成员,在一定数量内对社会的质没有或者是不会产生太大的影响。因此,从这一规定性考察,在社会生活中,那种"离开我,地球就不会转"的想法只是个人的一种狂妄。我们一些人在前些年受西方个人主义文化的影响,的确表现了太多的类似的狂妄,在个别人那里甚至形成了以个体的存在作为是非、善恶标准的错误观念。这无疑是核心价值观构建中的认知迷误。

由此可见,在社会的有机体中,个人与社会的辩证关系是对立统一的,它们互相依存、互为因果,又互相区别,各有其自身内在的规定性。因此,我们在认识和分析个人和社会的关系时,既要看到和重视个人和个人的作用,又要看到和重视社会和社会的作用,坚持个人与社会、与集体的统一。任何片面的理解,甚至把两者对立起来的观点,在价值观上都是错误的。

20世纪的中国,自1978年开始的思想解放运动以来,个人与社会的辩证关系问题一直是理论界和现实生活实践中争议最多、讨论最激烈、分歧也最大的问题之一,并由于理论上的模糊,而直接导致了实践上的许多混乱。十一届三中全会以前,在个人与社会关系问题上,我们着重强调社会利益和他人利益第一,强调人的社会本质,强调自我牺牲精神,强调集体的重要性,却忽视了个体存在的重要性。这无疑是"左"的思想的表现。而在十一届三中全会以后,当我们在个人与社会的关系上大力纠正"左"的偏差时,又受到了右的思想干扰。一时间,在理论界和社会上似乎形成了一种风气:只有无限制、无前提地大谈个人利益的理论,才是反"左"的、正确的和合乎时代潮流的理论;而那些谈论社会或集体利益的理论,则统统都被戴上"左"的帽子,都被贬为是过时或背时的说教。

其实,在马克思主义理论看来,在个人与社会不可分割的、辩证统一的关系中,个人与社会各自的地位不是并列的。一般说来,在社会与个人的有机统一体中,社会是主要的方面,从价值排序而言它较之个人来说是更为根本的。这是依据人类社会存在和发展的客观事实而得出的科学结论。这个结论的社会本体论根据主要包括如下几个方面的内容:

其一,从人类社会产生来看,人是社会的产物。人类社会发展的历史已证明,人的思维、语言、智慧能力甚至人的特定的生理、心理结构都是社会生产中形成和发展起来的。所以,人与社会具有内在的同一性。社会的产生是以类人猿转变成人为标志的。类人猿群体通过劳动变成人群,变成人的社会,而类人猿的人群化过程,从本质上讲也就是社会的形成过程。从这个意义上我们可以说,人类最初的人群化本身就是社会化。因此,社会决不是由一个个的个人产生的,而是人群社会化的产物。个人不能成为社会。只有人群才能组成社会,形成生产物质生活资料的活动和人类自身生产活动。这就是人类产生的历史。

其二,从个人的产生和存在来看,人类社会虽是由一个个的个人组成的,但任何一个个人均不能脱离社会而存在。社会生活是人之为人的必备条件,社会是先于具体的个人而存在的。尽管社会生活总是由人其创造的,每一代人总是在前一代人所创造社会生活的基础上继续发展的,但是由此并不能得出个人在社会生活之前或在社会之上的结论。因为单独的个人不会创造社会生活,更不会产生社会的一切。

其三,从人的本质方面来看,社会性规定着人的本质,即社会关系的性质决定着人的本性。人之所以为人,在社会生活中之所以有各种不同个性的人,是由人所处的社会关系来规定的。如果没有社会,人就失去了自己的社会特质。所以,马克思才认为:人的本质"是一切社会关系的总和"。① 当然,我们也不否认,个人也是社会关系的创造者。但是,作为社会关系创造者的个人,首先是具有社会特质的人,如果个人不具有社会的特质,他怎么能创造出社会关系来呢? 因此,人的社会本质规定了个人对社会、对集体的依赖。个人总是依赖于社会、集体的,社会、集体是个人得以存在的条件和方式。人类产生之后,也是在这样的社会、集体中生存着,人始终不能离开社会、集体。特别是在社会主义社会这个集体性很强的社会里,个人对集体的依赖性就更为凸显。

其四,社会、集体的整体利益与需要,制约着个人的利益与需要。显然,在人类社会任何一个时代,一般说来总必然表现为"国富"才"民强","国泰"才"民安",只有社会强盛安定了,置于这社会中的每一个个体才有了安居乐业的保障。这一点在私有制的社会里是这样,在社会主义的公有制的社会存在中表现得尤为明显。我们甚至可以说社会本位是社会主义公有制的一种内在的必然性的要求。它为个人全面自由发展自己的个性提供了最根本的保障。

可见,在个人与社会何者更为根本的问题上,正确的结论只能是社会,而不是个人。这可以说是当今中国社会主义核心价值体系建设的一个基本出发点。

但是,在个人与社会何者更为根本的问题上,无论是在理论界还是现实生活中,却存在着一种个人本位主义的观点。这种观点认为"在个人与社会这两间之中,个人较之社会是更为根本的"。而且,这一观点还被一些人认为是"马克思的正确答案"。其实,思想史的考察表明,这根本不是什么马克思的答案,而是早为恩格斯所批判的资产阶级功利主义思想家边沁的答案。边沁为了确立其"个人利益是唯一现实的利益"之命题和利己主义的道德原则,曾明确提出了个人更为根本的命题。在边沁看来,社会只是一种虚构的团体,它是由个人集合而构成的,个人不存在,社会也就不存在;不懂得个人,就无法了解社会。可见,从起源和重要性上讲,个人都在社会之先、在社会之上。边沁正是从这个命题出发,引

---

① 马克思恩格斯选集(1).北京:人民出版社,1972:18

出其利己主义的道德原则的。他在其《道德与立法原理引论》中说:"社会是一种虚构的团体,由被认作是成员的个人所组成。那么社会利益又是什么呢?……它就是组成社会之所以有单个成员的利益之总和。"后来在《关于刑赏的学说》中,他又借批判"个人利益必须服从社会利益"这一命题时发问道:"这是什么意思呢?每个人不都是像其他一切人一样,构成了社会的一部分吗?你们所人格化了的这种社会利益只是一种抽象:它不过是个人利益的总和。"他并且诡辩说:"如果承认为了增进他人的幸福而牺牲一个人的幸福是一件好事,那么,为此而牺牲第二个人、第三个人,以至于无数人的幸福,那更是好事了。"由此他得出结论说:"个人利益是唯一现实的利益。"恩格斯曾对边沁的上述思想作了深刻的批评。他说:"他的论点只是另一个观点——人就是人类——在经验上的表现";"这里边沁在经验中犯了黑格尔在理论上所犯过的同样错误;他在克服二者的对立时是不够认真的,他使主体从属于谓语,使整体从属于部分,因此把一切都弄颠倒了。"正因为这样,他"不把代表全体利益的权利赋予自由的、自觉的、有创造能力的人,而是赋予了粗野的、盲目的、陷于矛盾的人"。① 由上可知,个人更为根本的观点,早在边沁那里就明确地提出了,而且早已为恩格斯所批评。因此,把它说成是"马克思的正确答案",显然是非常荒唐的。

因此,尽管我们承认个人本位较之封建社会的"神本位"、"君主本位"是一个进步,但它的进步意义主要表现在反对封建主义上。一旦它完成了反封建的任务,它影响社会的负效应就会越来越大。在今天社会主义条件下,强调个人本位或宣扬个人本位主义价值观,必然在人生观、价值观上导致极端利己主义行为的出现。更为严重的是,它可能导致一些人产生与社会主义倡导的集体主义道德原则的对立情绪,从而对我们社会的和谐与稳定造成极大的破坏。

所以,在社会主义社会,处理个人与社会关系问题上时必须强调以社会为本,倡导社会本位。这一基本准则要求全体社会成员把社会主义国家的整体利益作为最高利益,实行集体主义原则;要求每个社会成员正确处理个人、集体和国家三者之间的关系,在个人利益和国家、集体的利益发生矛盾时,要求人们顾全大局,以国家利益、集体利益为重,而不是相反。

但必须特别强调指出的是,在方法论上,我们虽然强调社会本位,并不因此走向"社会本位主义"。这就正如承认个人利益但并不因此崇尚个人主义一样。因为"社会本位主义"这个范畴描述的含义和"社会本位"是有原则区别的,"社会本位"只是表明在个人和社会辩证统一中强调社会对个人更为根本,而社会本位主义则是以割裂社会与个人的辩证关系而一味强调社会对个人的决定和制约作

---

① 马克思恩格斯选集(1).北京:人民出版社,1972:675—676

用的一种理论观点和实践主张。这种理论在封建社会曾以"整体主义"、"国家主义"等大一统的形式而表现出来。

正是基于这一理论上的认知，应该特别强调指出的是，社会本位并不否认个人的正当权益。事实上，在社会主义社会，国家、集体、个人三者的利益在根本上是一致的。社会主义生产的目的就是为了不断发展社会生产力，创造出更多的物质和精神财富，从而满足人民群众日益增长的物质和文化生活的需要。社会主义社会是人民当家作主的社会，它从政治制度上保证了人民作为国家的主人地位。人民群众在政治、经济、文化诸方面都享有平等的权利和义务。国家利益是社会全体成员的共同利益。国家的兴衰存亡，直接关系到人民群众的个人利益。没有国家的利益，没有社会主义社会发展的利益，就不可能有每个人的个人利益。

毋庸置疑的是，社会主义个人利益同社会利益之间有时也会发生矛盾。但这种矛盾是非对抗性的，这种矛盾的实质是长远利益与眼前利益、全局利益与局部利益的矛盾。在这种情况下，从人的社会本质的要求出发，必然要求个人利益服从社会整体利益。这不仅不是对个人利益的否定，反而是全面地、客观地肯定了个人的正当利益，也有利于肯定全体社会成员的长远利益和根本利益。正是从这个意义上我们认为，那些否定社会本位，说社会本位就是"无视个人利益"、"侵犯个人利益"的说法在理论上是非科学的，在实践中则是有害的，因为它可以直接导致诸如个人主义、利己主义这样一些与社会主义核心价值体系相违背的理念与行为的出现，从而危害到社会主义现代化建设这一伟大事业的向前推进。

三

与人的社会本质相关的问题是人的需要、利益和价值实现问题。这也是社会主义核心价值体系建设过程中必然要把握好的几个根本问题。马克思的历史唯物主义承认，需要、利益与价值问题对人类生存和发展的重要性。但问题在于，自我的需要、利益与价值的实现并非像一些人理解的那样可以在纯粹的自我设计和自我奋斗中实现。因为，人的社会性存在决定了其需要、利益和价值永远只能在社会中才能真正地实现。

历史唯物主义承认人之需要的客观必然性。需要作为人为自身生存和发展而对外部世界产生的一种依赖和追求状态，它体现着人和外部现实世界必然结成的一种关系。据此，马克思批评了英国唯物主义者无视人的需要、意志、情感、热情的缺陷。他指出科学的唯物主义理论不应只承认知识和理论，而忽视"人的整个身心"的需要。马克思认为："任何人如果不同时为了自己的某种需要和为了这种需要的器官而做事,他就什么也不能做。"①这样,我们甚至可以认为需要是人的活动的内在驱动力。因为没有需要就没有因需要而产生的欲求、愿望、目的、理想和与此相关的信仰、情感、意志的力量,因而也就必然没有了社会历史的进步。

所以,无论是历史还是逻辑的考察,我们都可以发现人的需要是合理的。人不同于动物的根本特征在于人作为社会的存在物不仅有需要,而且还能自觉意识到这种需要,并通过实践活动去满足这种需要。马克思在这个意义上甚至认为需要是人的本性,"他们的需要即他们的本性";"作为确定的人,现实的人,你就有规定,你就有使命,你就有任务……,这是你的需要及其与现存世界的联系而产生的。"②然而,要特别指出的是,马克思在这里把需作为人的本性予以理解并不像一些人所理解的那样,从中可以得出个人主义的结论。因为这里作为人的本性的需要依然和人的社会关系的存在及社会本性是一致的。故马克思要强调人的需要与"现存世界的联系",这个现存世界既包括外部自然界,也包括人类社会的存在。因此,人类的需要及需要的实现永远和动物有所区别。这也就是说,只要是人的需要,就永远具有社会性。这样,即使是在饮食男女这些基本的生理需要方面人类也和动物有本质的区别。人能赋予这些生理需要以属于人的品性,即人类有优美纯真的爱情和所谓的饮食文化。需要的社会性就决定了人类的需要只有在社会中才能满足。这不仅是因为人们在刚诞生时完全不能自主,没有成年人(譬如父母)的照顾,就会因丧失满足机体需求之可能而夭折,更是因为即便在他们成年之后,也无法离开社会而生活,他们需要依靠相互的合作和交往而生存下去。

这样,由人类需要的社会性便滋生了个体的需要和社会群体需要之间的关系及矛盾。以集团需要、阶级需要、社会需要而表现出来的群体性需要,不是简单的个体需要的总和,而是更高层次的有着自己独特规定的需要。群体需要是全体成员需要获得满足的前提和保证。但群体需要必须转化为每个个体的需要,并引起每一个个体协调一致的行为才可能被实现。一定的群体按照自己的需要规范个体需要,这个过程是个体需要的社会化。就一般而言,群体通过道德准则和法令法规两个途径实现对个体需要的社会化规范。与法的强制性不同,道德原则是基于自觉自愿条件之上的,因而在这个过程中具有更大的普遍性和渗透性。正是从这个意义上我们认为,在人类社会历史中不存在可以脱离社会关系及由此决定的社会道德与法律规范制约的纯粹的所谓个体需要。

---

① 马克思恩格斯全集(3).人民出版社,1957:329
② 马克思恩格斯全集(3).人民出版社,1957:514

　　利益是人类生存和发展需要在现实社会关系中的具体表现。利益和需要是同质的范畴。由于需要是各种各样的,因而利益也是多种多样的。人作为一种生命的存在,对利益的追求首先就必然表现为对物质利益的经常的、必要的、大量的追求。然而,资产阶级的思想家却把利益归结为纯粹的个人利益,他们认为社会利益是以个人利益为基础的。但马克思主义认为,从历史的主体即人的社会本性上理解,纯粹意义上的个人利益是不存在的,任何个人都生活在社会之中,离开社会的个人是不能存在的,因为在这种社会性制约下,“私人利益本身已经是社会所决定的利益,而且只有在社会所创造的条件下并使用社会提供的手段,才能达到,也就是说,私人利益是与这些条件和手段的再生产相关系的。”①在原始社会中,社会利益和个人利益之间没有明确的区分,它们是自然地融合着的。维护社会利益就是维护个人利益,个人利益直接表现为社会利益,对社会利益的追求就是对个人利益的追求。私有制的社会产生以后,原始社会的混沌一致的利益分解为阶级利益和个人利益,并互相处于对立统一的关系之中。然而,不同的阶级、阶层和集团,都以社会利益来掩盖其阶级利益,“每一个企图代替旧统治阶级地位的新阶级为了达到自己的目的,就不得不把自己的利益说成是社会全体成员的共同利益”。②在这种情形下,不管个人是否意识到,他总是自觉或不自觉地代表一定阶级的利益,他所追求的个人利益实质上是本阶级利益的直接或间接的反映。无产阶级由于自己在社会生产中的地位和状态决定了他们是人类历史上社会进步利益的最彻底的代表者。因而,无产阶级在为自己阶级的利益而奋斗时,公开声明:“社会发展的利益高于无产阶级的利益,整个工人运动的利益高于工人个别部分或运动个别阶段的利益。”③也正因为这样,无产阶级在为自己利益奋斗的过程中,对人类社会历史的发展和进步才显示了最深刻最强大的推进力量。因而,我们的利益追求必须自觉地置于阶级的、民族的、整体的利益之中才“真”且“善”。

　　和需要、利益相应的是价值范畴。马克思对价值范畴曾有过如下一个著名的论断:“‘价值’这个普遍的概念是从人对待满足他的需要的外界物的关系中产生的。”④这表明:价值和利益一样是一个关系范畴,它表明的是主体与满足它需要的客体之间的肯定或否定的关系。因此,价值是需要的另一种表现形式。价值是客体的性质和主体需要的结合,而人是价值关系的主体,能满足主体需要的

①　马克思恩格斯全集(46).北京:人民出版社,1979;102-103
②　马克思恩格斯全集(46).北京:人民出版社,1979;53
③　列宁全集(4).北京:人民出版社,1972;207
④　马克思恩格斯全集(19).北京:人民出版社,1964;406

对象是价值关系的客体。如果客体不能满足人的需要或者主体没有某种需要，就不存在价值关系。从这样一个角度来理解人自身的价值，那么，我们认为所谓的人的价值反映的也是客体与主体需要之间的一种关系。只不过与作为客体的其他的物的存在不同，人这个"物"既是主体，又是客体。人作为主体和客体的两个含义既对立又统一。每一个人既是他人同时也是自己所反映和关注的客体，又成为他人和自己所反映和关注的主体。在这里，不仅处于一定社会关系中的人们之间互为主客体，而且人自己也互为主客体。因而，人自身的价值，表示的就是作为主体的人的需要同作为客体的人能否满足这种需要之间的关系。正是因此我们认为，一个人的价值便取决于他的存在对自己、他人和整个社会需要能否和多大程度上得到满足。

所以，人的价值不是每个人生来就有的抽象物。资产阶级思想家宣称"人的价值就在人自身"的说法是空洞、抽象的。既然人的价值大小是以他的存在对自己以及他人和社会需要的满足程度来衡量的，因而，人的价值就必然地包含如下两个基本要素：其一是人的需要，即社会对个人需要的尊重和满足。这是人的价值的根据。每一个历史活动的主体都必然要"索取"对自身"有用"的东西来满足自己。失去了这种需要的满足，所谓人的价值就因为失去了主体而不再存在了。其二是人的成就，即个人对社会的责任和贡献。这是人的价值的客观形态。如果说对物体的价值，人可以依靠对外部现成东西的索取和占有来拥有和实现，那么在人的价值中，索取和占有的对象性东西恰恰是人自身的存在。这个存在是以人的成就作为满足和实现之根基的。这也即是个人为世界创造价值的过程。在这个创造过程中，我们的价值既得到社会和他人的首肯，也得到自己的承认。所谓自我价值正是从中生成并被实现的。德国哲人歌德的名言"你若喜爱自己的价值，你就得给世界创造价值"，其深刻的含义也就在这里。

因此，在人的价值的两个因素即索取和贡献的关系方面，必须着重反对只从索取、享受、权利来理解人的价值的错误观念。如果只从自私的利己的角度出发追求自身价值，我们当然也可以在观念上自我肯定，即自认为是有价值的。但问题在于人的社会性又必然要求这种自我肯定能取得客观的形态（譬如对社会作出贡献），社会和他人才会同时也认可你的价值。显而易见，没有社会的认同，个人的价值是没有根基的。因而，为了实现自我价值，社会就要求其成员有一种艰辛的劳动和奋斗，使其自身的创造力得以发挥，从而贡献给别人和社会所需要的东西。人正是在这个以劳动和奋斗来创造物的价值以供别人"索取"的过程中，自身价值获得别人和社会的承认的。为此，列宁提倡的"人人为我，我为人人"①

① 列宁全集(31).北京：人民出版社，1959：104

的社会主义道德原则,应该成为评价人的价值的基本出发点。而且,由于社会要能够提供实现每个成员"自我价值"的物质和精神诸条件,首先需要社会成员把它们创造出来。

可见,在强调人的价值时首先要注重的不是索取、享受和权利,而恰恰是贡献、创造和义务。历史上那些先进的分子都曾自觉地意识到这一点。所以,范仲淹崇尚"先天下之忧而忧,后天下之乐而乐"的精神,爱因斯坦认为"一个人的价值,应该看他贡献什么,而不应该看他取得什么"。马克思则更是深刻地指出,如果人只为了自己而劳动,他也许能成为有名的学者,绝顶聪明的人,出色的诗人,但他决不能成为真正的完人和伟人。这无疑是人的价值问题上最为深刻的认识,也是人的价值实现的真正途径。这正是社会主义核心价值体系建设所要确立的最基本的世界观与方法论原则。

【作者简介】 万　斌　浙江大学思想政治理论教学科研部教授、博士生导师
　　　　　　 张应杭　浙江大学思想政治理论教学科研部教授
　　　　　　 浙江 杭州 310028

中国特色社会主义理论体系传播新论[*]

段治文

【摘　要】　中国特色社会主义理论体系的传播和宣传普及不仅是马克思主义中国化和时代化的要求,而且对于中国特色社会主义事业进一步发展具有重要的战略意义。推进中国特色社会主义理论体系传播,必须准确理解中国特色社会主义理论体系的科学内涵,深入认识中国特色社会主义理论体系传播的当代使命和重要意义,同时还必须积极整合体制、学术与民间等推动力量,探寻中国特色社会主义理论体系传播的正确路径,实现方法创新。

【关键词】　中国特色社会主义理论体系　传播要求　方法创新

一、全面审视中国特色社会主义理论体系的历史地位, 深刻把握中国特色社会主义理论体系传播的重要意义

党的十七大报告中强调指出:中国特色社会主义理论体系,坚持和发展了马克思列宁主义、毛泽东思想,凝结了几代中国共产党人带领人民不懈探索实践的智慧和心血,是马克思主义中国化最新成果,是党最可宝贵的政治和精神财富,是全国各族人民团结奋斗的共同思想基础。从马克思主义中国化的发展历程来看,中国特色社会主义理论体系成功地解答了马克思主义中国化的当代课题,开

　*　本文为浙江省中国特色社会主义理论体系研究基地项目(省社科规划 10JDZT01YB)"中国特色社会主义理论体系传播的时代要求与方法创新"的课题研究成果。

辟了马克思主义在中国发展的新境界。它围绕中国特色社会主义这个主题,系统地回答了三大基本理论问题,为马克思主义思想宝库添加了新的时代内容,承担起了马克思主义在当代中国传承与创新的伟大使命。作为马克思主义中国化最新成果,在当代中国,坚持中国特色社会主义理论体系,就是真正地坚持马克思主义。从我国社会主义现代化的追求历程来看,中国特色社会主义理论体系完成了对苏俄范式的跨越,找到了社会主义中国的现代化发展前途。30 多年前,我们以中国特色社会主义理论体系为指导,成功开辟了中国特色社会主义道路,实现了对苏俄范式的超越,从而取得了举世瞩目的伟大成就。中国特色社会主义理论体系是引领当代中国发展,实现中华民族伟大复兴必须始终坚持的指导思想。从世界社会主义运动的历程来看,中国特色社会主义理论体系以一种全新的理念"扩容"了社会主义的时代内涵,不仅给其他社会主义国家的发展以启示和借鉴,还为世界社会主义运动的再度复兴提供了一种新思路。中国特色社会主义理论体系的形成和发展,是科学社会主义理论与中国国情相统一的过程,也是社会主义在中国的发展与世界发展相联系的过程。中国特色社会主义理论体系系统地回答了在中国这样的经济文化比较落后的国家建设社会主义所面临的一系列基本问题,在世界社会主义建设遭受严重挫折的背景下走出了一条新路,为世界社会主义运动摆脱困境、向着健康方向发展提供了一个成功的范例。此外,中国特色社会主义理论体系还有利于世界上共产党人坚定对马克思主义的信仰,对社会主义的信念,努力去探求适合本国国情的社会主义道路,从而推进世界社会主义运动的发展。从世界现代化的发展历程来看,中国特色社会主义理论体系开辟了一条人类追求文明进步的新道路,向世界贡献中国特色的发展理论。中国特色社会主义理论是中国共产党在建设中国特色社会主义的伟大实践中形成的,它深化了对共产党执政规律、社会主义建设规律和人类社会发展规律这三大规律的认识,不仅对中国社会的发展具有重大作用,而且还有其巨大的"一般价值",即中国特色社会主义理论体系对世界其他国家和地区的政党建设、世界其他国家和地区经济社会又好又快地发展,以及对世界的和平、稳定与发展,都具有重大的借鉴意义。① 中国特色社会主义理论体系的重大理论价值和实践意义决定了开展中国特色社会主义理论体系宣传普及活动的必要性,彰显了新时期中国特色社会主义理论体系传播的紧迫性。具体来说,中国特色社会主义理论体系传播的必要性主要体现在以下几个方面:

---

① 张爱武.论中国特色社会主义理论体系的世界意义.马克思主义与现实,2009(3)

（一）开展中国特色社会主义理论体系的宣传普及活动，是整合多元社会思潮，进一步巩固马克思主义在意识形态领域的主导地位，推动当代马克思主义中国化、大众化发展的时代要求

在社会思潮多元格局的当代中国，马克思主义作为我们的指导意识形态，受到各种腐朽思想的挑战，斗争的形式更趋于隐秘化。现实之中，马克思主义理论信仰危机这一股社会暗流奔流不息，渐成气候。在部分人群中甚至是在某些党员干部中，存在着对马克思主义理论科学性怀疑的态度。社会上形形色色的错误思潮在与马克思主义争夺思想阵地。少数党员干部不信马列信鬼神，凡事求神问鬼，以及少数青年学生一味盲从"西流"，呈现出将马克思主义边缘化的倾向，拒斥马克思主义理论的科学合理性，更是给这股暗流蒙上了悲观的阴影。如何整合多元社会思想，凸显马克思主义理论作为主旋律的巨大引领作用，焕发马克思主义在当代中国的新鲜活力，继续成为凝聚民心的信仰力量，乃是当代马克思主义传播的重大课题。党的十七大报告提出：在当代中国，坚持中国特色社会主义理论体系，就是真正的坚持马克思主义。中国特色社会主义理论体系作为马克思主义中国化最新成果，是马克思在当代中国的重大继承与发展，在当代中国，马克思主义传播的关键就在于开展中国特色社会主义理论体系的宣传普及活动。党的十七大报告进一步提出："开展中国特色社会主义理论体系宣传普及活动，推动当代中国马克思主义大众化"时代要求，更加凸显了开展中国特色社会主义理论体系的宣传普及活动重要意义。

（二）开展中国特色社会主义理论体系的宣传普及活动，是深化改革、加快发展，推动中国特色社会主义伟大实践深入发展的必然归宿

中国特色社会主义是包括中国特色社会主义理论体系和中国特色社会主义道路的双重探索，从实践方面来看，其最显著的成就就是中国特色社会主义道路；从理论方面来看，就是形成了中国特色社会主义理论体系，二者是一个交融互摄的统一体。当前，中国特色社会主义实践取得了巨大的成就，但同时也存在许多问题，特别是随着改革开放的深入，一些深层次的矛盾与问题逐渐浮出水面。伴随着社会物质经济的大发展、大飞跃，社会非理性因素滋长，人性扭曲、拜金主义、环境污染、贫富悬殊、腐败蔓延、邪恶上升、道德滑坡等社会问题突显。部分群体出现了对改革开放社会发展的疑虑，有甚者更是完全否定改革开放以来我们所取得的一切成果，从而进一步否认中国特色社会主义。在改革进入攻

坚期、发展进入关键期、矛盾进入凸显期的今天,充分利用中国特色社会主义理论体系的凝聚与整合作用,开展中国特色社会主义理论体系的宣传普及活动是澄清新形势下中国特色社会主义事业大是大非,消除社会疑虑,推动中国特色社会主义伟大实践深入发展的必然归宿。

(三)开展中国特色社会主义理论体系的宣传普及活动,是实现中国特色社会主义发展经验的国际性广泛传播,让世界了解当代中国、消除误解的战略抉择

随着中国的战略性崛起,国际社会评价褒贬不一。有关中国崛起的"威胁论"、"崩溃论"等论调甚嚣尘上。究其原因,很大一部分在于对中国发展历史与现实的"盲知"与误解。与中国发展的速度相比,改革开放以来,我们在宣传方面还是比较滞后的。30多年以来,尽管以中国特色社会主义理论体系为标志的党的理论创新生气勃勃,但这一理论创新成果的大众化、普及化以及国际化相对薄弱。随着中国国际地位的逐渐提高以及中国特色社会主义实践影响力的日益扩大,文化形态意义上传播更显得十分必要与紧迫。如何在风云变幻的国际格局之中澄清中国特色社会主义事业大是大非,让中国的发展经验惠及其他发展中国家,消除中国发展在国际社会中的某些误解,是当代马克思主义传播的重大课题。因此,开展中国特色社会主义理论体系的宣传普及活动,实现中国特色社会主义发展经验的国际性广泛传播不仅是进一步推进当代中国发展的时代要求,也是进一步让世界了解当代中国、消除误解的战略抉择。这项战略性的抉择必然对中国特色社会主义发展模式国际地位的奠定起着不可估量的作用。

二、紧扣中国特色社会主义理论体系传播要求的辩证统一,准确把握中国特色社会主义理论体系传播的当代使命

中国特色社会主义理论体系作为马克思主义中国化的最新成果,是我们党理论创新的时代结晶,它承载着马克思主义经典理论的科学内涵与精神实质,衔接了当代中国的具体实践,是马克思主义理论在当代中国的具体体现。改革开放以来,党的三代领导集体从时代出发、从中国的实际出发,在不断推进理论创新的过程中,结合中国特色社会主义现代化建设的具体实践,不断将马克思主义的基本原理与本国国情相结合、与时代发展同进步、与人民群众同命运,在不断推进理论创新的过程中开创了中国特色社会主义道路,形成了中国特色社会主义理论体系。新时期,开展中国特色社会主义理论体系宣传普及活动,继续发挥主旋律的凝心、聚力的功能,就必须牢牢把握时代发展脉搏,紧扣中国特色社会

主义理论体系传播要求的三个辩证统一,准确把握中国特色社会主义理论体系传播的当代使命。

(一)在传播视野上,如何把握与处理好三大基本价值取向:世界眼光、时代潮流与中国特色

中国特色社会主义理论体系作为马克思主义在当代中国的具体形态,其基本价值取向主要体现在以下三个方面:一是整体视角与发展眼光(坚持马克思主义的世界观和方法论)。中国特色社会主义理论体系始终坚持马克思主义的基本立场、观点与方法,与马克思主义一脉相承又与时俱进,是马克思主义在当代中国的具体形态。二是世界意义与时代潮流(坚持与时俱进,推进理论创新)。中国特色社会主义理论体系的形成和发展,不仅是马克思主义理论与中国国情相结合的过程,也是马克思主义在中国的发展与世界发展相联系的过程。它不仅是对中国社会经济发展经验的总结与概括,同时也是对世界文明发展精华的借鉴与取舍,更是对时代合理内核的准确把握。三是中国特色与中国立场(坚持立足于中国特色社会主义现代化的具体实践,着眼于中国的建设与发展)。中国特色社会主义理论体系的发展历程与中国特色社会主义道路的发展轨迹紧密结合、相互促进、体恤相存,二者是贯穿改革开放以来我国社会发展的两条主线的时代成果,一条是为实现社会主义现代化而奋斗的实践主线,一条是为实现马克思主义中国化而探索的理论主线。中国特色这一价值取向是中国特色社会主义理论体系的核心理念及其更新的内在依据,同时也是其价值取向的最终落脚点。这表明,中国特色社会主义理论体系传播任何时候都必须围绕"中国特色社会主义实践"这一核心主题,而不能是理论到理论,脱离中国的实践发展的现实历程。这也就意味着,一切是非曲直、一切价值评判,都必须以是否有利于中国的社会主义现代化为尺度,没有什么抽象的理想尺度,更不能脱离这一实际搞抽象的是非之争。所以,开展中国特色社会主义理论体系的宣传普及活动,必须在传播视野上把握与处理好这三大基本价值取向的基本关系,以坚持和发展马克思主义为视角,以中国特色社会主义现代化的伟大实践为落脚点,牢牢把握时代发展的脉搏,紧扣党的建设的时代新课题,充分吸收与借鉴一切人类优秀文明成果,推进中国特色社会主义伟大实践的深入开展,维护社会稳定、促进社会和谐,为当代中国发展注入始终新鲜的不竭动力。

（二）在传播方法上，如何利用当今社会发展所出现的某些新事物、新载体，借鉴传播学等相关学科理论方法，实现中国特色社会主义理论传播方法创新

我们知道，改革开放以来，意识形态式微，并且日趋感性化，曾经主导人们生活一切的意识形态逐渐"退居幕后"。文化要素越来越成为意识形态的主要部分。马克思主义作为主导意识形态，更多地借助文化消费和道德情感获得更加广泛而有成效的传播，并逐步内化到人们生活世界之中。此外，随着学术研究力度的加大，马克思主义曾经作为政治标签的刚性特征逐渐被学术研究的理性话语所代替，学术研究与传播力度加大，传播的载体问题凸显。特别是随着大众传媒的迅速发展，并渗透到人们生活的方方面面，学术研究的理性话语越来越依仗于大众传媒这一传播途径。同样，大众媒体作为中国特色社会主义理论体系的社会传播路径之一，在推动马克思主义中国化最新成果的普及化过程中也日益起着中流砥柱的作用，而且呈现出新的趋势。大众传媒的静态载体（主要是报纸、书籍与期刊等形式）在传播中影响力逐渐向电视、广播，特别是互联网等动态传播载体转移，传播不仅侧重其内容的深度与广度，更注重其形式的可接受性与吸引力。新时期，推进开展中国特色社会主义理论体系的宣传普及活动，必须在传播方法上博采众长，充分利用当今社会发展所出现的新事物、新载体，借鉴传播学等相关学科的理论方法，力图实现中国特色社会主义理论传播方法的多样性与创新性，不仅让理论进教材、进课堂，还要以"文化消费"的形式让理论成果融合于日常的文化生活之中，潜移默化、和风细雨地"进头脑"。

（三）在传播效果上，如何实现中国特色社会主义理论传播的整体性、科学性与有效性

科学性是中国特色社会主义理论体系的本质属性，也是中国特色社会主义理论体系传播的合理性维度。作为马克思主义中国化的最新成果，中国特色社会主义理论体系承接了马克思主义理论的科学内核，并结合中国特色社会主义道路的伟大实践，丰富与发展了马克思主义理论宝库，从而赋予了马克思主义在当代中国的勃勃生机。同样，整体性也是中国特色社会主义理论体系的内在属性之一。从理论本身来看，中国特色社会主义理论体系是一个"集合体理论"。它由众多的创新理论成果依次相继、层层递进、紧密联系、不可缺一地构成，是一个先后、递进累加的严格整体、精密系统。从历史考察看，中国特色社会主义理论体系的形成也是一个整体的历史过程，尽管它有多位、多代创立者或主要创立者，但在历史演进和逻辑构成上却是一个前后相依、一脉相承又与时俱进的统一

整体。中国特色社会主义理论体系围绕"中国特色社会主义实践"这一主题,以解放思想、实事求是为精髓,以社会主义初级阶段的基本国情为立足点,系统解答了"什么是社会主义、怎样建设社会主义,建设什么样的党、怎样建设党,实现什么样的发展,怎样发展"这三大基本问题,是在改革开放历史演进的过程中而形成的先后递进衔接的统一理论成果。当前,开展中国特色社会主义理论体系的宣传普及活动,必须在传播效果上做到科学性与整体性并重,统筹兼顾,进行理论体系的整体宣传,而不是断章取义。与此同时,还必须十分重视传播的有效性问题,关注传播对象的特征与可接受性,采取丰富多彩、灵活的传播样式,通过行之有效的传播方法,让科学的马克思主义理论真正地为人民所了解、所掌握,实现理论传播的维系力量由制度维系走向群众自觉的转换,切不可"走过场"、搞"形式主义"。

三、整合中国特色社会主义理论体系传播的推动力量,积极探索中国特色社会主义理论体系传播的有效路径

中国特色社会主义理论体系的传播是一个复杂的系统工程,必须积极整合官方(体制)、学术与民间等推动力量,使三者之间保持必要的张力,于体制维系下催生学术研究,于学术研究之中巩固体制维系的成果,使得二者交融互摄,最终实现中国特色社会主义理论体系由党内普及走向社会普及、由高深理论走向通俗理论、由制度维系走向群众自觉的转换。中国特色社会主义理论体系作为主导意识形态,其传播必须借助制度力量的维系,就目前的实际来看,离开国家体制、制度力量的维系来空谈中国特色社会主义理论体系的传播是极其不现实的。就我国的现状来看,不管是教育机构还是传媒机构,都是在政府主导下运转的。教育机构与传媒机构是中国特色社会主义理论体系不可多得的媒介和平台,制度力量推动下的教育传播与传媒宣传是开展中国特色社会主义理论体系的宣传普及活动的必然归宿与理性选择。

(一)学术化的理论研究与通俗化的理论表述是中国特色社会主义理论体系传播的理论基础

中国特色社会主义理论体系的传播离不开两个前提条件,一是学术化的理论研究,这是保证理论本身科学性延承的"源头活水"。为此必须建设一支高理论水平的研究与传播队伍,既能够"回到马克思",深度挖掘马克思主义经典作家的理论宝库,又能根据变化了的时代条件去发展、丰富马克思主义的科学内涵,不断推进理论创新、"反本开新",使得理论与时代相契合。二是理论表述的通俗

化、大众化,能够以人民群众喜闻乐见的形式将深刻的理论内涵说明白,增强理论传播的可接受度。为此,必须实施理论通俗化建设工程,反对传播过程中的"教条主义"和"形式主义"。学理层面的深入研究与时代发掘是中国特色社会主义理论体系传播的应然之维。"理论只要说服人,就能掌握群众;而理论只要彻底,就能说服人。所谓彻底,就是抓住事物的根本。"①中国特色社会主义理论体系作为科学的理论,它的形成不仅是实践发展的必然结果,也是理论研究与创新的时代结晶。普遍而深入的学术研究不仅使得中国特色社会主义实践的新鲜经验得以总结成形,而且进行着理论本身的革故鼎新,以时代性的内涵去传承、发展马克思主义的要义。通俗化的理论表述是中国特色社会主义理论体系传播实然之维,离开了大众语言的这一载体,中国特色社会主义理论体系必然会被"束之高阁"。同样,中国特色社会主义理论体系表述的通俗化、大众化也必须依凭学术层面的理论研究,否则就会失去其本真内涵、流于形式,成为十足的"装饰品"。

(二)结合现实问题,开展普遍而深入的时代性研究是中国特色社会主义理论体系传播的现实基础

理论是灰色的,而实践之树常青。随着时代的变化与发展,实践深度与广度不断拓展,对理论本身也提出了新的要求。马克思主义作为一种"改造世界"的理论必须不断进行理论自身的反本与开新,既坚持经典理论的科学内核,又发展理论的时代性内容,推进马克思主义时代化,以时代的"新鲜血液"铸就马克思主义的当代活力。实践不仅是理论创新发展的"源头活水",而且是理论契合时代要求的本源所在。实践的发展要求促使着理论自身的"新陈代谢",同时赋予了理论时代魅力与当代价值。恩格斯曾经指出:"每一个时代的理论思维,从而我们时代的理论思维,都是一种历史的产物,它在不同的时代具有完全不同的形式,同时具有完全不同的内容。"②中国特色社会主义理论体系作为中国特色社会主义伟大实践的理论结晶,本身就是时代的产物,有着巨大的时代价值和魅力。在当代中国,坚持中国特色社会主义理论体系就是真正地坚持马克思主义。新时期,开展中国特色社会主义理论宣传普及活动必须进一步推进马克思主义时代,开展普遍而深入的时代性研究,结合重大现实问题,以关注度高的社会问题为切入点,深入实际,不断向群众学习、向实践学习,努力从社会实践中探寻中国特色社会主义理论体系与人民群众生产生活的结合点和连接点,不断增强理

---

① 马克思恩格斯选集(1).北京:人民出版社,1995:9
② 马克思恩格斯选集(4).北京:人民出版社,1995:284

论本身的感召力与吸引力,以时代化的马克思主义引领中国特色社会主义理论体系的传播,让马克思主义中国化最新成果具有反映最新实际的生动活泼形式,从而为民众所接受、理解、运用。为此,党的十七届四中全会突出强调了马克思主义时代化的任务,在党的历史上第一次将"时代化"从马克思主义中国化的内涵中剥离,单独作为一项战略任务予以强调,既彰显了当代马克思主义传播的新使命,又为中国特色社会主义理论体系的传播指明了方向。

(三)制度力量推动下的教育传播与传媒宣传是中国特色社会主义理论体系传播的维系力量

马克思主义作为指导思想决定了其传播不同于一般文化传播的自发性与盲目性,而是一项带有很强目的性且具有高度要求的战略任务。也就是说,中国特色社会主义理论体系的传播不是可有可无、可深可浅的随意过程,而是要依靠国家政权强制推进的一项有着严格步骤、明确目标的系统工程。这也就意味着,中国特色社会主义理论体系的传播离不开制度力量的维系,离开国家体制、制度力量的维系来空谈中国特色社会主义理论体系的传播是极其不现实的。就我国的现状来看,不管是教育机构还是传媒机构,都是在政府主导下运转的。教育机构与传媒机构是中国特色社会主义理论体系不可多得的媒介和平台,制度力量推动下的教育传播与传媒宣传是开展中国特色社会主义理论体系的宣传普及活动的必然归宿与理性选择。从形式上来看,教育能够使得中国特色社会主义理论体系完整而准确地传输给受教育者,保证传播的深度,而传媒机构则能够在最大范围、最大空间上实现传播的"普及率",保证传播的广度。从效果上来看,教育能够将中国特色社会主义理论体系转变为受教育建设中国特色社会主义伟大实践的实际力量,成为"武器的批判",而传媒机构职能是主旋律牢固占据舆论的主战场,使指导思想时刻影响乃至"驻扎"人们的思想深处,从而澄清是非,消除各种疑虑,与教育手段一起共同构成中国特色社会主义理论体系传播的主阵地。由于教育机构与传媒机构都是在制度维系下运转的,因此以教育和传媒为主阵地的理论传播必然要求合理的机制和健全的制度作保障。为此,必须加强制度建设,完善规章制度,构建长效机制,从而确保教育与传媒机构在中国特色社会主义传播过程中始终围绕大局、服务大局,切实做到传播的有序进行、科学展开与效果明显。

(四)注重传播对象的层次性与特殊性研究,针对不同传播对象因材施教,把推进理论传播措施的针对性和有效性有机结合起来,是中国特色社会主义理论体系传播的策略选择

中国特色社会主义理论体系的传播要取得实际效果离不开对传播对象的层次性和特殊性研究,只有把不同群体思想的特殊性和层次性区分开来,针对性地制定传播形式与手段,因材施教,才能做到事半功倍。这就需要我们在传播之前深入研究不同群体思想的特殊性,充分考虑不同对象的实际理解能力、文化水平及思维方式,针对不同群体探索形式多样的理论表达方式,采取生动活泼的传播手段,让群众都能听得懂、能接受,从而实现理论传播的有效性,真正意义上地实现理论“武装头脑”。首先,必须了解与掌握不同群体的思想状况与特点。为此,理论工作者必须“走出书斋”,面向群众,深入实际开展调查研究活动,多与干部群众交流,通过问卷调查与个案访谈,了解与掌握他们的思想状况以及变化规律,从而做到理论宣传的“有的放矢”,确保心中有数。其次,探索理论阐述形式的多样化。在了解与掌握不同群体思想特性之后,必须有针对性地使用一些群众喜闻乐见的表达方式,培养他们理论学习的兴趣,在潜移默化的过程中提升他们的理论水平。为此,既要注重官方语言阐述的正规化与科学化,又要实现理论“二次阐述”的可接受性与实用性,不断形成百姓喜闻乐见的多种表达方式与宣讲方式。最后,还必须建立完善的评价机制,以传播的实际效果来修正传播方法,不断巩固传播成果,实现传播效果的最大化。

(五)人民群众的自觉认知与主动学习是中国特色社会主义理论体系传播的本位力量

人民群众既作为马克思主义传播的对象而存在,同时又作为学习马克思主义的主体而存在。[①] 新时期,开展中国特色社会主义理论体系的宣传普及活动,实质上就是要在实践中通过有效的传播手段,实现马克思主义理论以及中国特色社会主义理论体系由党内普及走向社会普及、由高深理论走向通俗理论、由制度维系走向群众自觉的转换。人民群众的自觉认知与学习不仅是理论传播的目的,也是理论传播的本位力量。在当代中国,千百万人民群众的自觉认知与学习既是中国特色社会主义理论体系传播的最终效果,也是进一步推动理论传播普及的根本动力。制度维系下的政治推动是中国特色社会主义理论体系传播的前提条件之一,但随着理论的推广与普及,人民群众会逐渐认知、接受,最终由被动

①　覃正爱主编. 马克思主义与当代中国社会. 北京:红旗出版社,2005:512

地接受变为主动地学习认知,从而实现传播维系力的根本转变,达到理论传播的自觉状态。新时期,只要我们牢牢把握中国特色社会主义理论体系的大好机遇,进一步开拓思路,探寻理论形式的生动性与大众化,不断增强理论自身的说服力,就一定能够开辟当代中国马克思主义普及工作的新局面,真正意义上实现中国特色社会主义理论体系传播维系力的转化,使民众的自觉学习与认知成为中国特色社会主义传播取之不尽、用之不竭的动力。

【作者简介】 段治文 浙江大学思想政治理论教学科研部教授、博士生导师
　　　　　　　　浙江 杭州 310028

从马克思的异化理论透视消费主义的不合理性

朱晓虹

【摘　要】　当今中国日益滋长的消费主义倾向必须有来自哲学世界观层面的批判。作为马克思对资本主义批判的核心范畴"异化"理论可以为这个批判提供来自马克思主义的视角。以马克思"异化"理论的立场而论,消费主义是不合理的消费理念和行为方式。消费主义的盛行所导致的不只是单一的人与消费品的二律背反,而是人与自然、人与他人、人与自身的多方面多层次的矛盾。其不合理性主要体现为"异化"地对待自然、"异化"地对待他人、"异化"地对待自我。

【关键词】　马克思　异化　消费主义　批判

一、问题的提出

如果说美国金融危机爆发并迅速波及全球以来,消费主义已引起西方学界的高度关注和探究的话,①那么,以炫富为时尚的"郭美美现象"的流行以及中国成为全球奢侈品消费的最大国家,让我们意识到时下中国对消费主义的批判也已达刻不容缓的程度。我们知道,消费主义在西方资本主义社会普遍盛行是第

---

①　自美国金融危机爆发并波及全球以来,西方学术界纷纷在试图寻找这次危机爆发的根源,追究引发这次金融危机的罪魁祸首。很多学者都认为,这场危机的爆发表面看是由于宽松的信贷条件和日益膨胀的住房泡沫,华尔街对金融衍生品的滥用,监管机构的失职与政策的失误,投资者的贪婪无度等多种原因共同造成。然而,在这些具体的、直接性原因背后有着更为深层次的根源。这个更深层次的根源如果从文化的角度来分析,则是美国长久以来所形成的消费主义文化和生活方式带来的恶果。

二次世界大战之后。随着消费主义的不断蔓延,对于消费主义的批判也成为二战后西方马克思主义社会批判理论的重要组成部分。应该承认,以法兰克福学派为代表的西方马克思主义学者透过消费主义文化现象,对资本主义社会消费主义背后的实质、根源、逻辑以及所带来的社会后果等都进行了深入的剖析和批判。这些剖析和批判,为我们了解、探究和批判消费主义思潮提供了重要的借鉴资源。但是,这些批判有一个致命的缺点,那就是未能从本质上找到根源并提出解决的方案。所以,他们的理论剖析和批判虽然也广泛地涉及经济、政治、文化的层面,但是更多是在不触及资本主义制度之根本的前提下的泛泛而论。

正是有鉴于此,本文将回到马克思的相关文本,以马克思对资本主义批判的核心范畴"异化"为基本理论与方法的立场,对消费主义做一剖析和批判,从而为现代人走出消费主义的迷误,学会更合理地消费提供学理层面的启迪。

二、马克思的"异化"理论概述

从现有的文献考证,马克思最早在其《1844年经济学－哲学手稿》中提出了对资本主义批判的这一范畴——"异化"。事实上,"异化"在马克思之前的哲学家中也被使用,譬如黑格尔和费尔巴哈。黑格尔在《精神现象学》中用这一概念表述精神世界走向对立面的情形。在黑格尔那里,"异化"被理解为向对立面的转化。费尔巴哈则改造了黑格尔的异化思想。他把"异化"运用到对宗教的批判上,他指出:"上帝是人的本质的异化。"在他看来,人把自己的本质投射到上帝身上,创造了上帝,又使上帝反过来控制、支配人自身,成为统治自己的异己力量。于是,人反而向自己的创造物屈膝下跪、顶礼膜拜。这正是"异化"的最生动体现。

可以肯定的是,无论是黑格尔还是费尔巴哈的"异化"概念,基本上还停留在对事物的现象描述上。马克思在批判继承黑格尔和费尔巴哈异化学说的基础上,以异化劳动为核心范畴,深刻地揭露了资本主义社会的种种异化形态,提出了人的本质被资本主义所异化的精辟论断。因此,在马克思那里,消灭异化、最终实现共产主义的必要性和合理性也就是顺理成章的结论。

依据《1844年经济学－哲学手稿》的文本,马克思的"异化"理论的逻辑可以概述如下:人的本质特性是自由,"人类的特性恰恰就是自由的自觉的活动"[①]。但是资本主义制度将人的这一类特性"异己化了",尤其在生产劳动和消费等环节里人的自由被残忍地剥夺了。这种剥夺一方面表现为"异化劳动",即在资本

---

① 马克思恩格斯全集(42).北京:人民出版社,1979:96

主义利润最大化的现实情况下,劳动被抽掉了人的自由意识及劳动者在其中所表现的智慧、美感、创造性;劳动成果被剥夺并且成为奴役和支配劳动者的物质力量;另一方面则表现为"商品拜物教",即劳动产品不但不能折射出劳动者的自由的创造性,而且反过来成为支配劳动者的对立物,劳动产品被过度地占有和崇拜。于是,正如马克思说的那样:"物的世界的增值同人的世界的贬值成正比。"①人的自由本性就这样被"异化"了。

消费主义从本质上讲是马克思"异化"理论中"商品拜物教"的一种体现。所谓的消费主义特征是消费不在于满足"需要"(need),而在于不断追求愈来愈高的"欲望"(desire)。消费主义是一种以消费至上为原则,以追求无节制的物质享受和消遣为目的的价值观念和生活方式。消费主义者购买商品不是为了获得商品的使用价值,而是为了满足被不断刺激起来的欲望所形成的需求。正是因此,消费主义者消费的往往是商品的符号价值。这显然是一种虚假的、背离了消费本来意义的消费。正是在过度的甚至是虚假的消费欲望支配下,人的自由被无限的消费欲望异化了。

有必要指出的是,即便是依据马克思的政治经济学原理,消费也是社会再生产过程中的一个重要环节,而且它还是最终环节,这是一个利用社会产品或服务以满足人们各种需要的过程。人要生存和发展就必须进行生产,而生产是为了解决人的吃、喝、住、穿以及其他一些消费需要。而且,人消费什么、消费多少往往取决于生产发展的水平和状况。在生产力水平比较低下的情况下,人们只能解决基本的生存问题,人们的消费也只可能是最基本的生存消费。随着生产力的发展,人类的消费对象越来越丰富,人们的消费结构也在不断发生变化。这种消费是合理的。它并不导致"异化"现象的发生。我们指的消费主义因为它超越了生产的水平、超越了人的消费能力,因而是过度的、虚假的消费。这种消费是人的本质的"异化"。

所以,马克思曾经这样指出,在资本主义的现实制度下,"致富欲和贪欲作为绝对的欲望占统治地位",资本主义生产的发展不仅催生了资本家大肆挥霍浪费的"享乐世界",而且随着投机和信用事业的发展也创造了"千百个突然致富的源泉"。"在一定的发展阶段上,已经习以为常的挥霍,作为炫耀富有从而取得信贷的手段,甚至成了'不幸的'资本家营业上的一种必要。奢侈被列入资本的交际费用。此外,资本家财富的增长,不是像货币贮藏者那样同自己的个人劳动和个人消费的节约成比例,而是同他榨取别人的劳动力的程度和强使工人放弃一切

---

① 马克思恩格斯全集(42).北京:人民出版社,1979:90

生活享受的程度成比例的。"①

持西方马克思主义立场的学者们指出,人们在这种消费中遵循资本主义商品拜物教的逻辑,为消费而消费而不是为自身发展而消费。这就是"异化消费"。正如有学者指出的那样,美国是当今消费主义的大本营。美国政府历来鼓励民众多消费,少储蓄。有资料显示:20 世纪 50 年代以来,美国居民消费支出占 GDP 的比重一直在 60% 以上。进入 21 世纪后,则开始超过 70%。2007 年,甚至高达 86%。全国净储蓄率则从 20 世纪 80 年代的 9% 左右一直下降到 -1.7%。当年,美国居民、政府和非金融企业的未偿还债务合计高达 33 万亿美元,是 GDP 的 2.3 倍,折合人均负债 11 万美元。而且,近年来全世界约 70%~80% 的新增债务都来自于美国,从而使其金融债务与 GDP 的比例从 20 世纪 80 年代的 21% 一直飙升到了 2007 年的 116%。②

由此可见,在今天的西方发达国家,消费主义有多么的流行。令人担忧的是,随着改革开放的潮流,西方的消费主义也在经济发展取得了不俗业绩的当今中国出现了。有学者通过主持的国家社科规划基金项目的研究指出,当今中国"消费主义取代节俭主义,已成为支配人们消费生活的准则"。③ 问题的严峻性还在于,正处于发展中的中国与西方发达国家相比根本不具备消费主义的物质基础和文化传统。④ 可见,这是当今中国在消费领域里出现的"异化"现象。这一现状无疑是应该改变的。

三、消费主义的"异化"本性

消费主义的盛行导致的不只是单一的人与消费品的二律背反,而是人与自然、人与他人、人与自身的多方面多层次的"异化":

1.消费主义是人与自然关系的"异化"。就马克思主义的自然观而言,它追求人与自然的和谐。所以马克思在《1844 年经济学－哲学手稿》里说:"所谓人的肉体生活和精神生活同自然界相联系,也就等于说自然界同自身相联系,因为人是自然界的一部分。"⑤在《手稿》中马克思甚至这样定义共产主义理想的社

---

① 马克思恩格斯选集(2).北京:人民出版社,1995:240

② 潘捷军.经济危机深层次的文化诱因——以美国金融危机为例.中国发展观察,2009(11)

③ 王宁.从节俭主义到消费主义转型的文化逻辑.兰州大学学报(社会科学版),2010(3)

④ 中华民族历来有尚俭的文化传统。因此即便是我们为了经济增长的需要而刺激消费,但决不意味着我们要走消费主义的道路。相反,我们要在刺激消费的同时,更要对消费行为予以正确引导,树立一种适合中国传统文化和具体国情的合理消费方式。

⑤ 马克思恩格斯全集(42).北京:人民出版社,1979:95

会:"这种共产主义,作为完成了的自然主义,等于人道主义;而作为完成了的人道主义,等于自然主义。"①人类应该始终清醒地认识到,人属于自然界,人来自于自然界且又依赖于自然界。消费主义在维护人与自然界和谐这一点上显然是缺乏自觉意识的。正如我们看到的那样,西方消费主义的盛行是近代以来西方社会科技力量的无度张扬和人对自然界占有欲望无限膨胀的结果。于是,科学技术便沦为一种工具理性。人们盲目地相信,只要凭借着科学技术的进步就必然能在改造和征服自然的过程中,从自然中无限索取人类所需要的东西。再加之人类中心主义的价值取向,人们仿佛觉得可以无限制地消费这些来自于自然界的成果。事实上,当今时代让那些消费主义者津津乐道的无论是钻石、翡翠、象牙虎骨等首饰,还是高档红木家具、鱼翅熊掌等美味佳肴,抑或是游艇、高尔夫会员俱乐部,无一不需要以对大自然的过度掠夺为代价。大自然的生态平衡也因此被破坏。它甚至直接导致了大自然对人类的报复。所以,恩格斯在《自然辩证法》中曾经这样警告说:"不要过分醉于我们人类对自然界的胜利",因为"对于每一次这样的胜利,自然界都对我们进行报复",而且每一次胜利的成果对以后长期发展都带来一定的破坏力。②

当今世界许多天灾其实均为人祸所引发。西方著名马克思主义学者弗洛姆曾这样论述过这一问题:"我们奴役自然,为了满足自身的需要来改造自然,结果是自然界越来越多地遭到破坏。想要征服自然界的欲望和我们对它的敌视态度使我们变得盲目起来,我们看不到这样一个事实,即自然界的财富是有限的,终有枯竭的一天,人对自然界的这种掠夺欲望将受到自然界的惩罚。"③正如电视上一则反对食用鱼翅的公益广告所说的那样,"没有消费,就没有杀戮"。我们同样可以说,没有对钻石、翡翠、象牙虎骨首饰、高档红木家具等非理性的消费,就没有那些疯狂的开采和捕杀,没有对豪车名宅的非理性追逐,就没有那么严重的城市空气污染,没有对游艇、高尔夫的热衷就不会有那么多的青山绿水被侵占。因此,在消费观上,现代人必须学会停止对"难得之货"的非理性消费。

当年黑格尔曾经陶醉于人类借助于"理性的机巧"来征服自然的能力。④ 但是,这位自负地断言"中国古代没有哲学"的哲人忘记了这一"理性的机巧"一旦沦为工具理性时,它就会走向自己的对立面。中国古代哲学追求的天人合一,主张"斧斤以时入山林,材木不可胜用也"(《孟子·梁惠王上》)的自然观恰恰提供

---

① 马克思恩格斯全集(42).北京:人民出版社,1979:120
② 马克思恩格斯选集(4).北京:人民出版社,1995:383-384
③ 弗洛姆.占有还是生存.关山译,上海:上海三联书店,1989:10
④ 黑格尔.小逻辑.贺麟译,北京:商务印书馆,1980:394

了摆脱这一困境的价值观指引。可见,我们亟待确立起尊重和敬畏自然的消费观。这样,就世界范围而论,气候的变暖和恶化、资源的日益匮乏、物种的退化和灭绝、空气的污染等环境问题才有望得以缓解;就当今中国而论,"环境友好型社会"的建设目标才可能因为消费方式的合理构建而有坚实的基础。

2.消费主义是人与他人关系的"异化"。马克思推崇人的社会本性,主张人我合一的理想社会构建。过度推崇消费的消费主义者在对待他人的关系方面其失误主要体现在如下两方面:其一是对他人的劳动成果缺乏应有的尊重。从消费者应当的伦理态度而言,人对消费别人的劳动成果应该有感恩之心,并因为感恩而珍惜所消费的物品。古诗"锄禾日当午,汗滴禾下土;谁知盘中餐,粒粒皆辛苦"所教导的正是这一珍惜和感恩之心。但是,消费主义者显然抱着"因为我有钱,所以我消费"的理念,铺张浪费、享乐主义行为背后流露出的正是珍惜心和感恩心的匮乏。其二是某些极端的消费需要会漠视他人生命的尊严。在极端消费的领域里,自古到今一直存在着需要牺牲他人尊严甚至付出生命为代价的不人道消费。譬如燕窝的采集就是一个极度艰辛甚至充满冒险的过程,迫于生计而冒险的采集者往往要付出生命作为代价。事实上,现代人在消费主义的价值观驱使下,常常对那些漠视他人生命尊严的消费趋之若鹜。据媒体报道,京城某高档会所推出"人体宴"的豪华餐饮服务,它以少女几乎赤裸的身体为盛放菜肴的器皿,一时间宾客盈门;广州某酒家为嗜好野生蕲蛇者而专门雇有捕蛇者,在记者的追踪报道中发现,短短几年已经有多人命丧蛇口! 在这种情形下,消费主义可谓是利己主义的代名词。

重要的还在于,现代社会由于生产与消费的高度分离,人们的消费已很少顾及生产者作为"他者"的存在。再加之交换关系的金钱购买本性,凝结于消费品中对他人的漠视、奴役,甚至剥削过程被隐藏在消费品华丽的推销广告之下,从而使消费者看不到对消费品生产者的权益甚至身心健康的侵害。因此,哪怕有再多的广告或时尚的诱惑,现代人也要能够培养出自己的道德定力,在消费过程中守持善待他人的德性原则。还值得指出的是,现代社会消费的不公平问题,以及它所决定的人与人之间在消费关系上越来越异化的问题,更是表明走出利己主义消费观对和谐社会构建的意义。正如有学者指出的那样,在富裕阶层培植消费观上的利他主义德行和必要的慈善之心应该是当务之急。①

(3)消费主义是人与自身关系的"异化"。消费主义的不合理性最终也体现为反自然地对待自身。以辩证唯物论的身心关系来看,每一个自我的身体也是

---

① 赵恩国:消费主体性的丧失——基于马克思主义立场的批判,万斌主编.马克思主义与当代(论文集),杭州:浙江大学出版社,2012:185

一种自然,放纵消费欲望的消费主义行为对自我的身体而言恰恰是不合理的。我们可以对其不合理性做如下概括:其一,过度的消费必然伤害身体的自然承受性。正如中国古代的老子告诫的那样:"五色令人目盲,五音令人耳聋,五味令人口爽,驰骋畋猎令人心发狂,难得之货令人行妨。"(《老子》第十二章)古代哲人在这里是告诫世人在消费的过程中必须顾及自我身体的自然本性,不在声、色、货、利的过度沉湎中,不在贪求耳、目、口、鼻等感官欲望的过度满足中伤害自我生命的形体。有媒体就曾经报道,因贪腐被"双规"的某官员家中茅台、五粮液等名酒竟达200多瓶,其夫人对办案人员说:"双规好!至少在里面可以好好调养身体。"让办案人员哭笑不得。其实,因过度消费而导致身体伤害的又岂止是贪官群体。在当今中国,那些形形色色的消费主义者都存在着类似的问题。其二,过度的消费必然伤害自我的情志和德性。媒体曾经报道广州某区的人武部官员贪杯乱德殴打空姐被撤职、陕西安监局的某官员其名表竟达11块之多被查处,诸如此类的案列无一不在给时下的消费主义者敲响警钟。可见,置身"德治"的当今时代,反对消费主义恰恰具有德性修养方面的意义。

四、余　论

法兰克福学派认为,贯穿在马克思全部著作中的中心线索是人道主义和异化理论。他们几乎一致地认为马克思主义的本质在于它的革命批判精神;尔后的恩格斯、列宁及其他一些正统马克思主义者则将马克思主义分解为几个组成部分,片面强调它的"科学性"、"实证性",而掩盖了其批判性。为了恢复马克思理论的本来面目,必须恢复马克思主义的批判性以及由此而必然引申出的否定性。法兰克福学派还以马克思《1844年经济学—哲学手稿》中的人道主义理论为依据,对辩证唯物主义尤其是自然辩证法进行了批判和否定。他们不仅主张把马克思主义仅仅理解为历史唯物主义,而且还主张即使是马克思的历史唯物主义的理论也需要批判性地重建。

我们可以不同意法兰克福学派对恩格斯、列宁的评价,我们也认为把马克思的早期著作与晚年思想对立起来的做法是形而上学的,我们更不认同他们把马克思主义哲学仅仅理解为唯物史观,但是,我们非常认同并且推崇法兰克福学派把马克思主义的本质概括为它的批判性和否定性。事实上,法兰克福学派恰恰是在继承马克思主义的这一本质特性方面得到世人瞩目的。譬如马尔库塞曾经这样批判消费主义者:每一个自我的占有欲无限膨胀的结果必然地导致了物对人的压迫、摧残与统治,自我无时无刻必须面对与其内在需要相对立的"异己的世界"。^① 这一批判无疑是异常深刻的。

把马克思主义作为主流意识形态的当今中国，显然非常需要继承与弘扬马克思主义批判性和否定性本质。我们的批判表明，消费主义的盛行所导致的不只是人与消费品关系的异化，而且也是人与自然、人与他人、人与自身的多方面关系的异化。这种异化带来的一个悲剧性的结果就是，世人在追求消费的过程中，所感受到的并不是自由和快乐，而是陷入到矛盾的困顿之中。无论是时下的中国，还是当今世界，人们对于消费的无限度追逐，既造成了人与自然和谐关系的破坏，直接引发了资源的日益枯竭、生态环境逐步恶化的后果，也破坏着人与他人的和谐关系，在消费伦理方面带来了因利己主义而引发的诸如仇富心态，它更破坏着自我身心的和谐关系，世人在消费欲望的无休止膨胀与追逐中身心日益疲惫。这可以说是 21 世纪的人类必须直面的严峻问题之一。马克思主义者当然责无旁贷地必须在批判的基础上提出自己解决问题的方案。正是基于这样的理念本文的探讨可以被理解为是尽一位理论工作者的一点绵薄之力。

【作者简介】　朱晓虹　丽水学院思政部讲师
　　　　　　　　浙江　丽水　323000

---

① 马尔库塞.理性和革命——黑格尔和社会理论的兴起.程志民译,重庆:重庆出版社,1993:31

从马克思主义宗教观角度浅析
如何引导我国当代信仰体系

李　静

【摘　要】　全球化背景下的社会转型时期,由于多元文化的复杂性、混合性,使当今社会出现了信仰混乱等不良现象,这将不利于社会主义核心价值体系的贯彻和实施。本文旨在从马克思主义宗教观的角度浅析我国信仰体系出现的问题、从马克思主义宗教观中的宗教政策角度引导宗教信仰体系、浅谈合法宗教信仰的判断标准三个方面探析建立社会主义健康信仰体系的当今意义和价值,希望有助于社会主义核心价值体系的完善和发展。

【关键词】　马克思主义　宗教观　信仰　体系

全球化是当今时代的主题。在经济、政治、文化、科技等一体化的带动下,宗教的全球化也是全球化的一个重要表现。在这个社会发生重大转型时期的影响下,出现了一些诸如信仰混乱等不健康的社会现象,研究这些社会问题对我国信仰体系的影响,发展和完善马克思主义宗教观、继续发挥它对我国宗教事务的科学指导作用,帮助大家正确判断自己的宗教信仰、树立正确的宗教观,引导积极向上的世界观、人生观、价值观,对构建和谐的社会主义价值体系意义重大。

一、我国信仰体系出现的问题

信仰是一个人、一个国家、一个民族根本意志和价值观的表现,是国家和个人生存、发展的精神支柱。"在当代社会,信仰问题既是世俗社会、政党关注的问题,也是宗教团体关注的问题,还是有识之士和学术界关注的问题。"①正确的信仰体系是一个国家和社会建设、发展的精神动力,对国家的物质文明和精神文明建设的推动作用是不容小觑的。指导中国特色社会主义信仰体系应当是社会主义核心价值体系的贯彻和表现。但是随着全球一体化进程的加快,我们同世界各个国家、地区的经济、政治、文化、科技和教育联系的加强,我们的精神支柱出现了偏差,严重影响了我国社会主义健康信仰体系的建立和精神文明建设的顺利发展。这种偏差主要表现在如下方面:

第一,社会转型时期,物质欲不断更新的冲击,文化多元的碰撞,使许多人无所适从,眼花缭乱,导致信仰多元和不健康的出现。在这个物欲横流、更新换代迅速的时期,如何正确看待物质丰富给我们带来的便利,正确衡量物质实体对我们生命的意义,不被物质奴役,走出异化的误区,建设健康的物质文明,是我们在这个时代必须面临的一个挑战。在充裕的物质带动下,多元文化交流汇聚是社会发展进步的客观表现,但是也出现了多元文化的碰撞和冲突,"文化价值观的分层裂变一方面是社会进步,但在分层裂变的历程中,各种不同的价值观之间会存在激烈的交锋和冲突。"②文化间的这种多元矛盾容易使许多人原就不坚定的价值观和信仰产生动摇,对社会这种多元价值观无所适从,产生盲目和没有归属感的心理,为此出现了盲目信仰的现象,不仅是宗教还有对科学和物质等的多元信仰都颇多体现。这对一个要建立健康良好信仰体系的国家是个新的挑战。

第二,人们对物质的过分追求和崇拜使社会某种程度上出现道德滑坡,导致传统仁爱伦理地位的降低和道德底线的丢失。社会主义市场经济的条件下,人们更多关注自己的经济利益,人与人之间的关系带有很大的功利性。这种对经济和利益的过分追逐使我们这个社会的金钱味在渐渐取代人情味,在没有安全感和信任感的集体中,道德意识和社会责任的淡薄和弱化正在逐渐升级,我们的道德底线在降低甚至丢失。传统优良美德和伦理仁爱对人的潜在约束作用在减弱。道德是一个人良知的体现,民族文化是一个国家的文明根基。对民族文化和基本道德的丢失会使社会集体失去存在的精神支撑,集体中的成员也会失去对集体的信任和依赖。这样,社会成员的某些价值观和信念就需重新确立,这容易导致价值混乱和不健康。

第三,社会快速发展的今天,人们的各种压力增加,许多人开始怀疑自己的价值观。在快节奏的现代生活、市场经济对科技和经济的过分追求面前,我们面临越来越多的诸如生活、学习、就业、住房、买车、出国等生存压力和挑战,人在社

---

① 何墩培. 和而不同 神俗信仰关系研究. 成都:四川人民出版社,2009:9

② 李艳中. 社会转型时期的多元文化交织发展. 社科纵横,2009(6)

会上的最低层次的需要就是生存的需要，"任何人类历史的第一个前提无疑是有生命的个人的存在。"①当我们不能保证自己的生存需要时，就开始反思并努力改变这种现状。这样许多不得志的人尤其是青年就会开始怀疑自己的价值观，"这是对权威既愤懑又无奈的时期，他们尚未建立起自己的成人身份，却已不再是需要被保护的孩童……一方面渴望赞许与认可，另一方面却寻求独立与反抗。"②于是他们就容易"被全球化世界的机遇与失望所困惑"。③ 简单现成的多元文化尤其是宗教教义会对他们产生吸引力，使他们不假思索地拿起来，握在手里。这种不坚定的信仰容易使人失去科学和理性，甚至走向极端，伤害了自己，也对他人和社会造成危害。

二、宗教信仰体系如何引导

马克思主义宗教政策，尤其是其中的中国化马克思主义宗教观中的宗教政策，作为我国社会主义宗教信仰体系的重要指导思想，多年来一直是我国社会主义体制下宗教管理的科学依据。建国以来，我们把握了宗教的根本和宗教认识的关键，根据我国宗教问题的复杂性和长期性，先后提出了中国特色的宗教政策和方针，并逐步完善。党的十七大就明确了宗教工作的基本方针。这些政策、方针的存在和发展为我们正确而科学地制定宗教政策和处理宗教事务指明了方向，是建立中国特色社会主义信仰体系的重要思想基础。因此，"以理性的态度认识和对待马克思主义宗教理论"④，全面认识和科学运用马克思主义宗教政策是当前社会主义核心价值体系的要求，也是构建社会主义和谐社会的需要。为此，我们可以从以下几个方面努力，来发挥马克思主义宗教政策对社会主义宗教信仰体系的作用：

第一，许多人尤其是宗教信仰者对包括宗教政策在内的马克思主义宗教观存在误解，因此为进一步认识宗教政策，马克思主义宗教观的理论研究势在必行。"马克思主义宗教观就是历史唯物主义宗教观……是迄今为止最为科学的宗教观和彻底的无神论，是一个开放发展着的理论体系，是无产阶级政党和国家制定宗教政策、处理宗教问题的理论基础。"⑤马克思主义宗教观作为马克思主义理论的一个方面，在以马克思主义为指导的我国社会主义进程中，在主流价值

① 马克思恩格斯选集(1).北京:人民出版社,1972:24
② 阿兰·亨特.宗教、和平与冲突:跨国议题.学海,2012(1).
③ 阿兰·亨特.宗教、和平与冲突:跨国议题.学海,2012(1).
④ 陈荣富.马克思主义宗教观研究.成都:四川人民出版社,2008:25.
⑤ 吕大吉,高师宁.马克思主义宗教理论研究.北京:中国社会科学出版社,2011:1

观和意识形态冲击的现实面前,对其研究和完善具有重要意义。在此我们不仅对马克思主义宗教观有个理性认识,还要明确"马克思主义宗教观基本内容包含基本理论和基本政策两个方面"①。因此,马克思主义宗教观不仅是无神论者的指导思想,也是众多信教群众宗教信仰的基本保障,是缓和社会宗教矛盾、信教与不信教人民矛盾、凝聚和团结信教群众共同为社会主义做贡献的重要指导方针。研究马克思主义宗教观,正确贯彻实施马克思主义宗教政策是当前妥善处理构建和谐社会中的宗教矛盾、解决宗教信仰泛滥的客观要求,也是丰富和发展中国化的马克思主义宗教观的现实召唤。

第二,积极推行正确的马克思主义宗教观教育的学习与宣传,帮助大家正确认识宗教,树立正确的宗教观,遵守国家宗教政策。理论的研究是为了正确地指导实践。推动社会发展,建立健康的社会主义信仰体系需要全体社会成员正确认识马克思主义宗教理论,树立正确的宗教观。引导群众确立正确信仰,保障公民合法宗教信仰。在此,积极组织学习和广泛宣传是至关重要的。这就需要党政机关的正确贯彻实施,事无巨细、注意宗教信仰的个体性,具体到人。"通过加强马克思主义宗教观教育赢得青年一代是很重要的,具体要解决教育的内容、方法、师资和实施等问题。"②学校的德育和思想政治教育要想全面引导学生正确的世界观、人生观、价值观,就要重视马克思主义宗教观的教育,引导学生正确区分宗教和邪教组织、尊重他人合法宗教信仰、尊重不同宗教的信仰习俗、免除教派歧视、尊重各民族不同宗教信仰、认识爱国主义与宗教信仰忠诚的关系、认识国际普世宗教与国内本土宗教的关系等,引导青年学生正确的宗教观念和宗教信仰,完善社会主义核心价值体系的建立。

第三,加强对宗教机构和事务的灵活管理,让信教群众正确理解马克思主义宗教政策,发挥宗教在社会中的积极作用,引导宗教与社会主义相适应,构建和谐的宗教体制,推进社会主义和谐社会的建设。建立健康的信仰体系,除了在理论上加强马克思主义宗教观的科学研究与发展,将正确的宗教理论传播到社会和群众外,更重要的是在实践中坚持贯彻中国化的马克思主义宗教政策,正确处理实践中的宗教问题和事务,真正消除公民对马克思主义宗教理论的误解,"应弱化对宗教的行政管理,而强化其社会管理"。③ 消除信教群众对它的不解与仇视,全社会真正做到对信教与不信教群众的平等对待、对不同宗教合法宗教活动

---

① 龚学增.关于马克思主义宗教观中国化的几个问题.宗教研究中心,2011(2)
② 黄铭.正确理解马克思主义宗教观,积极应对当代宗教问题——"马克思主义与当代宗教问题研究"学术研讨会综述.世界宗教研究,2012(3)
③ 黄铭.正确理解马克思主义宗教观,积极应对当代宗教问题——"马克思主义与当代宗教问题研究"学术研讨会综述.世界宗教研究,2012(3)

的保护、对合法宗教信仰的保障。发挥宗教对于社会的整合凝聚功能、对信众的控制约束功能、为人提供生存的终极意义、心理调适精神抚慰功能和维护社会稳定功能[1]等积极作用,引导宗教与社会主义相适应,努力建立和谐的宗教关系和宗教体制,努力建立一个包容、宽容、海纳百川、和合共生,不与各种各样的信念、意见发生直接争执或冲突,不加剧宗教之间的张力[2]的宗教共同体,推动社会主义和谐社会的建设。

三、合法宗教信仰的判断标准

在全球化和宗教信仰自由个体化的背景下,确立合法的宗教信仰势在必行。因此,提出判断个人宗教信仰正确性,帮助大家树立正确的宗教观是当前的一个任务,我们可以从个人、集体和国家三个层面帮助大家正确判断宗教信仰,纠正宗教信仰偏差,建立合法宗教信仰体系:

第一,信仰是个人自由和意愿的选择,是正确价值观的表现。"信仰是人的一种心理需要和满足,是一种价值追求,是一种精神动力。信仰具有人生价值的定向功能,理想目标的确定功能,行动选择的动力功能。"[3]在科技与信息高度发达的现代社会,物质的快速更新和科技力量的强大严重充斥着人们的观念和思潮,使人失去原始安逸和生存地位。于是,在人对生命意义重新建构的需要基础上产生了宗教复兴。宗教能给人带来安身立命之感、帮助人调适心理、找到自己存在的意义和价值,正确的宗教信仰也是人生活、学习的动力。我们保护正确的宗教信仰。但在当今世界的宗教复兴中也出现了诸如原教旨主义、宗教霸权主义、宗教歧视、宗教扰乱政权、邪教滋生等一些不良现象。在宗教个人化的今天,尤其要警惕不良宗教对人、社会和国家的侵蚀和腐化,因此要保证信仰是建立在个人正确价值观引导下的个人自由和意愿的选择,保证宗教信仰的个性、自由和理性。

第二,信仰符合社会发展需求,由正确社会意识的指导,而且要符合我国法律的规定。宗教虽然是个人行为,但个人是社会中的人,是社会的组成部分,个人价值观的形成离不开社会提供的客观条件,个人的自由和意愿的选择也要以社会条件为基础。宗教是动态发展的,会随着社会的发展而变化,宗教只有反映社会发展要求才能长期存在。这决定了个人的宗教信仰也要符合社会发展的需

---

① 王志成,安伦. 全球化时代宗教的发展与未来. 上海:学林出版社,2011:68—73
② 王志成,安伦. 全球化时代宗教的发展与未来. 上海:学林出版社,2011:154
③ 何敦培. 和而不同 神俗信仰关系研究. 成都:四川人民出版社,2009:8

求才不会偏离正确的世界观、人生观、价值观。历史唯物主义认为,宗教是由经济基础决定的上层建筑的组成部分,是社会意识的一部分,符合社会发展、长期存在的宗教必然是反映了某种社会存在的合理社会意识。个人合理宗教信仰对社会正常健康发展的作用是不容忽视的,也只有符合社会发展和反映社会存在的宗教信仰才会受到保护,真正享受到信仰的自由和政策的保障。"信仰具有超越小我而达大我,超越利己而达利他,超越物欲而达精神的本质属性。任何人的信仰都有为个体自我服务的一面,即信仰具有个人功利性。但是信仰更多的是超越自身而追求更远的目标、面向更广的范围、服务更多的群众。这正是信仰神圣性和崇高性的表现,也是信仰超越性和理想性的表现。"①个人合理的宗教信仰对社会意义重大,是建立社会主义核心价值体系的一部分。因此,我们一定要重视社会对个人宗教信仰的正确引导,依法管理宗教事务。

第三,信仰符合国家和集体利益,不宜损人利己和损人不利己。全球化是当今世界的总趋势,"全球化造成人类各方面都走向共同体,目前显著的有政治的共同体、经济的共同体、文化的共同体,其他方面也都会朝这个方向发展。相对于其他领域的共同体,'宗教共同体'概念的提出和形成都有些滞后,但在全球化背景下,人类宗教走向共同体显然也是不可避免的历史趋势。"②在宗教走向全球化的进程中,出现了一些诸如爱国主义与宗教信仰、意识形态与宗教观念、宗教教义排他性与构建社会主义和谐社会等矛盾。这就需要信教群众做出一定的选择,在这种情况下我们要以国家和集体利益为重,坚持马克思主义宗教观的正确指导,不以损害国家、集体和他人的利益为自己的偏激宗教信仰服务,对待宗教信仰要理性、科学,运用正确的价值观指引自己的信仰。尤其要懂得个人宗教信仰是建立在国家和集体创造所允许的条件下,如果个人宗教信仰不能符合国家和集体的利益,那其信仰也不能得到国家和集体的保障。这样的宗教信仰显然不利于国家、集体和他人,也不利于个人正确价值观的确立。

四、结 语

在全球化背景和社会转型时期,面对宗教复兴、价值混乱等社会现象的此起彼伏,社会问题的频频出现,如何发展和完善马克思主义宗教政策,帮助大家认识其对社会主义核心价值体系建立的作用,走出马克思主义宗教观的认识误区,继续发挥其对社会主义宗教事务的管理作用,是我们思想文化领域一项长期而

---

① 何墩培.和而不同 神俗信仰关系研究.成都:四川人民出版社,2009:15
② 王志成,安伦:全球化时代宗教的发展与未来.上海:学林出版社,2011:78

艰巨的任务。以马克思主义的宗教理论为基本世界观与方法论指导，帮助建立合法的宗教信仰，矫正宗教信仰的错误和偏离方向，认识到合法个人宗教信仰对国家、集体和他人的影响，继续推进社会主义价值体系的建立和完善更是我们当今所面临的一个重要使命。这当然是个系统的工程，但马克思主义宗教观对矫正当代中国信仰体系中出现的问题和偏差无疑有重大的指导意义。

【作者简介】 李　静　浙江大学思想政治理论教学科研部马克思主义基本原理
专业 2012 级硕士研究生
浙江 杭州 310028

浅析毛泽东的体育观及其现实意义

韩珺珺

【摘　要】　国家体育事业的健康快速发展是国富民强的重要表现之一。毛泽东早在青年时期就意识到了体育锻炼对于国家和民族的重要性,并且在《体育之研究》中提出了自己的"体育第一"的体育观。在建设和谐社会的时代背景下,重新研究毛泽东的体育思想,坚持以人为本的理念来关注国人体育现状,矫正国民体育观,增强国民身体素质,对于中国特色社会主义社会的现代化建设有着十分重要的意义。

【关键词】　毛泽东　体育观　以人为本　现实意义

一、中国的体育现状及存在的问题

(一)体育事业快速发展,但"面子工程"巨大

国家体育事业的强大代表着国家综合国力的日益增长,从过去的"东亚病夫"到如今的"体育强国",中国在综合国力稳步增强的过程中,体育事业的发展也是有目共睹的。2008 年的北京奥运会我国以总奖牌数 100 枚、金牌数 51 枚向世界有力地展示了一个体育强国的形象。中国自 1932 年参加第 10 届奥运会以来,奥运赛场的成绩不断提高,从没有参赛资格到几枚、十几枚、几十枚金牌,从一个体育弱国,到成长为位居世界第二的体育强国,中国的体育事业蒸蒸日上地发展,以最快的发展速度让世界刮目相看。在各种体育比赛中,中国收获了令

其他国家羡慕的奖牌，取得了喜人的成绩，全民都沉浸在骄傲与喜悦之中。但世界上也有人疑问："什么是体育？什么是体育强国？奥运会的精神究竟是什么？金牌能代表真正的体育吗？"

带着这些疑问，回顾2008年奥运会给国家带来的影响，或许能够得到不一样的答案。奥运会在中国的举办给国家提供了一次与世界近距离接触的平台，更给中国提供了一次向世界展现自己的机会，无疑也带来了巨大的商机。但中国人似乎从来没有投入—产出的概念，除了奖牌，奥运会给人们心里留下的就是世界对体育的质疑和那永远也拆不掉并且需要巨资维护的鸟巢。从奥运村、鸟巢到奥运开幕式再到闭幕式，2008年的奥运让世界震惊，炫美的舞台，华丽的设计，全明星的参与，奥运会的投入用一句话来形容就是"不计成本，不遗余力"，给中国人挣足了"面子"。全国13亿人的支持造就了神话般的2008奥运，但对"面子工程"的重视也受到了世界的质疑。奥运会的举办是为了弘扬"更高、更快、更强"的体育精神，是为了激励世界人民积极地参与到体育锻炼中来，提高人民的身体素质，通过比赛的形式向世界展现体育的魅力。但是，北京奥运的举办向世界展现了中国人民的努力的同时也向世界展现了中国人的"面子"。这里的面子是以巨额的金钱和巨多的人力物力换来的。奥运结束了，但鸟巢给北京，给环境带来的负担是不容忽视的。许多有识之士批评："面子"重要，环境更重要。

2010年广州的亚运会也是"面子工程"的一个比较典型的例子。它虽然没有奥运会那么令人震惊，但其规模和设施都是一流的。亚运会的目标为："以一流的组织、一流的设施、一流的环境、一流的服务，把本届亚运会办成具有中国特色、广东风格、广州风采，祥和、精彩的体育文化盛会，为提高亚洲体育运动水平做出贡献。"这个目标一方面向亚洲人民展现了中国的特色，广州的特色，但更多的展示的是中国对体育的重视，更多的停在一些硬件的设置上，缺乏对于运动员个人，对于整个亚洲运动氛围的重视，更多的是对获得金牌的运动员的重视，欠缺对普通运动员的关注。

可见，一次体育盛事可以为中国带来一些预期之内（譬如荣耀或面子）的收获，但花费的是几亿人支持且不一定能带来成正比的收获。事实上，很多得不偿失的体育盛事都是"意料之外，情理之中"。"面子工程"有它积极的一面，但更多的是"昙花一现的绚丽"。绚丽过后要做的工作有很多，究竟要多久才能恢复元气，我们不得而知。

（二）国民整体的体育锻炼缺失：因缺乏锻炼而患病的比例上升

近年来我国的体育事业飞速发展，2008年的北京奥运会，不仅为国家争了面子,更是为我国体育事业的发展奠定了良好的基础,为实现群众体育与竞技体育协调发展提供了难得的机遇和契机。在北京奥运的带动下,全国上下对全民健身活动的认识进一步增强,群众性体育活动的内容和形式更加丰富多彩,参与体育锻炼的人数不断增加。但这依然改变不了一个基本的事实:国民整体的体育锻炼缺失,整体身体素质普遍比较低,因缺乏锻炼患病的例子比比皆是。根据相关调查,近年来随着环境和饮食的影响,患病比例正呈直线上升。

其实,近年来,国家为公共体育事业做出了很大的资金投入,公共体育设备也在不断完善,不论城市、农村,基础的体育锻炼设备都在不断地增加和完善。但据调查显示,城市居民不参加体育锻炼的 60 岁以下的占大多数,由于工作压力、生活压力,他们没有多余的时间参加到体育锻炼中去;另一部分人整天沉浸在应酬和饭局之中,即便参加体育锻炼也是做做样子。结果就导致:城市居民在环境和饮食以及缺少锻炼的条件下整体健康水平下降。农村的现状也不容乐观,大部分的青壮年都走出农村,进入城市谋生,留在家里的老人和孩子,除了做农活,没有很多的空闲时间去进行专门的体育锻炼,再加上营养的缺失,就必然导致农村留守老人和留守儿童整体身体素质的下降。问题的严峻性还在于,随着都市生活的进步,越来越多的宅男宅女们选择了网上购物,选择网上交流,选择网上工作,这种不健康的生活方式也是造成当前国民身体素质下降的一个重要原因。体育锻炼更多的时候被大家当做一种休闲娱乐的方式,而不是作为增强体质的一种必要生活方式。而且,这种娱乐休闲更多的是一种富人偶尔的生活方式,对于大部分中国人身体素质的提高没有太大的帮助。

二、毛泽东的体育观

我们认为,中国的体育事业现状出现的"面子工程"以及全体国民身体素质下降的局面究其根本原因是因为国民体育观的偏颇,是体育指导思想出了问题。此时的体育指导思想与毛泽东年轻时所倡导的体育思想是有很大的差别的,其最根本的目的早已不是为了增强国民的身体素质,而是为了显示国家的综合国力,挣取集体的荣誉感和民族的自豪感。这种精神上的满足固然也是值得肯定的,但却忽视了全体国民身体素质提高的重要性。当前的社会环境当然与毛泽东年轻时所处的环境有所不同,但毛泽东的体育思想仍然对现在具有重要的借鉴意义。

毛泽东的体育思想早在 1917 年撰写的《体育之研究》中就鲜明地体现出来了。这是他公开发表的第一篇论文。毛泽东在文中给体育的本义作了如下的概括:"体育者,人类自养其身之道,使身体平均发达,而有规则次序之可言者也。"

这表明了人们进行体育运动最根本的目的是养身,突出体育的强身健体功效,并且又进一步指出:"体不坚,则见兵而畏之,何有于命中,何有于致远。"特别是他率先提出并强调国民身体素质在当时战争环境下对于国家对于民族的重要性。他认为:"国力苶弱,武风不振,民族之体质日趋轻细,此甚可忧之现象也。"在毛泽东看来,体育可以救国、强国,缺乏体育锻炼的国家,前途堪忧。他还说明了身体之于学习、之于道德的重要性。他在文中强调"体育于吾人实占第一之位置,体强壮而后学问道德之进修勇而收效远";"善其身无过于体育"。这里揭示了体育之于身体是第一性的结论。这种最为朴素的体育观是当时主客观条件的产物,但更是一种具有永久意义的体育发展指南。毛泽东的体育思想中主要强调了体育对于个人和国家的作用,从对个人体魄的强健、知识的增长、感情的加深、意志的锻炼等方面来展开。

(一)体育对于个人的作用

第一,体育可以强健体魄,"体育者,养生之道也"。这是体育对于个人最根本的作用。"身体是革命的本钱,"毛泽东很早就认识到这一点,他倡导体育第一,健康第一,强健体魄第一。还强调说身体的强弱与否是可以经过体育锻炼得到转换的:"故生而强者不必自喜,生而弱者不必自悲。"在体育、智育和德育三者的辩证关系中,毛泽东认为"体育一道,配德育与智育,而德智皆寄于体,无体是无德智也";"体者,载知识之车而寓道德之舍也";"人独患无身耳,他复何患?求所以善其身者,他事亦随矣。善其身者无过于体育,体育于吾人实占第一之位置,体强壮而后道德之进修勇而收效远"。他认为体育与其他智育和德育的关系就好比皮毛的关系:"皮之不存,毛将焉附?"这就是说,身体是知识和道德发展的载体,身体健康与否直接关系着知识抱负与道德理想能否实现以及实现的程度。青年毛泽东认为,强健的体魄对于个人发展来说是最大的资本。毛泽东在湖南时,经常通过体育锻炼来强健自己的体魄,爬山、游泳、日光浴、冷水浴、露宿、长途旅行等体育锻炼不仅成为毛泽东良好的生活习惯,更为之后多年艰苦的革命岁月做好了充分的体能准备。

第二,体育可以增长知识,"欲文明其精神,先自野蛮其体魄"。毛泽东认为,体育先强健体魄,之后再帮助人们增长知识。知识是认识世界和判断真理的工具,健康的体魄是知识的载体,通过体育锻炼来间接增长人们的知识。这些知识不仅包括体育知识、地理知识、人文知识,更多的是在身体强健的基础上吸收和学习全方位的知识,包括国内外的各种先进文化成果。这些先进的知识对于当时的大环境来讲有着非常特殊的意义。由于中国人知识的匮乏和眼界的狭隘,外国侵略者对中国"关爱备加"。鸦片战争打开了中国的大门,甲午中日战争中中国损失惨重,一系列不平等条约的签订和金钱的损失,迫使更多的中国人开始去关注世界的变化与发展以救亡图存。面对各国列强的侵犯和鸦片对中国人精神和健康的双面侵蚀,强调体育事业的发展除了增强国民的体质,更多的是要开阔国民的眼界,拓展他们的知识,让更多的人学会开眼看世界。在当时条件下,体育的发展不仅给"病重的中国"带来了希望,更让中国人看到了民族复兴的曙光。

第三,体育可以调节情感。"养乎吾生,乐乎吾心"是毛泽东对体育功能的描述。体育锻炼的本质是为了强健体魄,但还具有调节情感的社会功能。毛泽东认为,进行体育活动额外的收获有很多,其中之一就是对情感的调节。他认为人们首先要培养对体育的兴趣,"兴味者运动之始,快乐者运动之终,兴味生于进行,快乐生于结果"。之后就能达到"夫内断于心,百体从令"的效果。体育活动所进行的是身心放松的过程,更是与自然亲密接触的过程。我们从毛泽东的著作中可以看出,他早期提倡的体育更多的是自然体育,爬山、游泳、冷水浴等。而自然体育对个人情感的调节有着非常重要的作用,不仅是因为自然的美对人情感的陶冶,更多的是在与自然接触的过程中,自我内心世界的变化,自我情绪的调节,以及那种对自然的敬畏之情。在这种情境下,感受自然与感受自我达到了统一。从人与自然的交流中使自我诸多情绪得到调节与释放。

第四,体育可以磨砺意志。在毛泽东看来,体育的最终目的是增强意志:"强意志,体育之大效,盖尤在此矣。"青年毛泽东的这种体育观除了是因为受到西方意志论的影响,更多的是对国家前途和民族危亡的考虑。在当时内忧外患的情况下,意志的坚强与否对于国家和民族的存亡,有着重要的意义。他认为,体育对人体魄的强健,最终的目的是用来磨砺人在面临困境时的意志,从而在国家面临危亡的时刻能够勇往直前,挺身而出,因此他一生都热衷于体育,热衷于身体的锻炼。根据相关资料统计:仅仅在1958年一年之中,毛泽东先后畅游武汉长江五次、黄石长江一次、安庆长江一次、南宁江一次、武汉东湖一次。毛泽东一生17次横渡长江,特别是他73岁高龄时仍畅游长江,历时一个多小时,一时传为佳话。

(二)体育对于国家的作用

毛泽东的体育观,更强调体育对国家、对民族的作用。毛泽东认为,体育之于国家有着非常重要的意义。这一观点在一次次历史事件中得到了有力的证明。

第一,体育可以增强国民素质。每个国民都是国家整体的组成细胞,国家整体的强盛与否取决于每个细胞的健康发展。因此,整体国民素质的高低是决定国家兴亡的重要因素之一,体育又在一定程度上决定着国民素质,间接来说,体育锻炼和体育事业的发展在一定程度上决定着国家的发展前景和民族的兴衰。因此,体育对于国家整体而言,有着不可估量的作用。

清朝末期,鸦片的吸食导致全国乌烟瘴气,国民素质普遍下降,面对外敌的入侵,根本无力还击,等待着清王朝的是外国侵略者的船坚炮利以及国内的农民起义和革命战士的觉醒。自中国共产党建立至今,党和国家领导人对体育事业的重视都是有目共睹的。不论是在革命战争年代还是如今的和平年代,国家对体育事业的重视都不曾减弱过,只是侧重有所不同。在战争年代,更加重视体育在强健体魄方面的作用。譬如二万五千里的长征,没有过硬的身体素质,不可能取得胜利。在和平年代则更加注重体育在身心方面的放松,过多的工作压力,使体育锻炼成为国民减压和增强体质的最优选择。在毛泽东看来,体育是全体国民的体育,而非精英体育、竞技体育,为了参加比赛而进行的体育不是真正意义上的体育,他所讲的体育是可以增强全体国民素质的群众体育。事实上,也只有群众体育事业的发展才能够有力促进国家的繁荣和富强。

第二,体育可以促进国家间交流。体育不是一项专属于某个国家的事业,而是一项具有国际性质的事业,各个国家间体育活动的交流与切磋,为促进国家间建立友好的外交关系奠定了基础。"奥运会"、"亚运会"等多项世界性体育盛事有力地促进各个国家间的体育技能交流和不同文化交流,并在一定程度上带动了经济的发展。在我国历史上,体育促进国家交流的最典型的例子莫过于"小球碰大球"。1972 年,为了促进中美关系取得突破性进展,毛泽东巧妙地采用小球推动大球的策略,"乒乓外交"促使中美关系解冻。正是这年尼克松访华,中美关系走上正常化道路。可见,乒乓球作为"国球",正是因为它始终在伴随新中国日渐强壮的脉搏活跃地跳动着。

第三,体育可以增强综合国力。随着和平与发展成为时代的主题,时代赋予体育事业更为深刻的意义,体育不仅是国民要重视的群众事业,更进一步发展成为与各个国家相比较并且用来显示国家综合国力的重要项目之一。当今世界,综合国力的竞争主要体现在国际竞争力上,而在影响国际竞争力的诸多因素中,人力资源的数量和质量这一因素有着决定性的作用,而人力资源的数量与质量与国家的体育事业在某种程度上也有着一定的联系。

除此之外,我国体育事业的发展带动的是国家体育文化产业、体育消费产业等多方面的发展,而这些无疑为我国经济和文化的发展做出了一定的贡献,从而间接地为提高我国的综合国力做出贡献。譬如 2008 年奥运会的举办,给国家带来的好处虽然有一定的局限性,但是金牌的多少在一定程度上也显示出了国家的强盛,也为我国在国际上赢得了一定的地位。

三、毛泽东体育思想的现实意义

(一)毛泽东的体育思想有助于加深国民对"体育"的理解

第一,正确理解"体育"的含义。当今社会之所以出现体育事业的"面子工程"和国民对体育的不重视,主要是不能够正确地理解"体育"的真正内涵。重新回顾以及正确理解毛泽东的群众体育观,对于人们正确体育观的确立有一定的帮助。当代社会中,人们对所谓的体育情有独钟其实是对体育明星的崇拜、是对金牌及背后的金钱的崇拜。这一现象表明,一方面人们在强大的脑力和体力工作的压力下,更希望有强健的体魄来承受现代生活带来的重压,但另一方面,追星、夺奥运金牌并不是热爱体育的真正和深刻的表现。1995 年 6 月,国务院批准并颁布了《全民健身计划纲要》。这是提高中华民族素质、实现社会主义现代化强国的重要战略措施。《纲要》实施"全民健身计划"、淡化金牌意识,这实际上是对毛泽东体育思想的肯定和还原。真正的体育是身体力行的,是具有实践性的,是对个人情感的释放和意志的锻炼。毛泽东的体育观不仅为人们进行体育活动指出了正确的方向,也为人们进行体育活动提供了指导。

第二,积极培养"体育"兴趣。体育兴趣并不意味着每天凌晨 2 点起床看"世界杯",把所有时间都用来迷恋"球星",体育兴趣的培养来源于生活,实践于生活,坚持于生活。正如前文已提及的那样,毛泽东的体育观认为,"兴味者运动之始,快乐者运动之终,兴味生于进行,快乐生于结果。"而且,体育兴趣的培养,不是一天两天就能完成的,是个艰苦复杂的长期过程。有锻炼的兴趣,才能在锻炼中获得良好的体验,才能产生快乐的感受,才能将体育事业坚持下去,才能增强国民的素质,从而强国强民。

(二)毛泽东的体育思想有助于改善目前"体育"的尴尬局面

第一,避免出现"面子工程"。体育盛事的举办是为了弘扬体育精神,让更多的人参与到体育运动中来。毛泽东的群众体育观中指出了真正的体育是大众的体育,是国民的体育,是强身健体的体育,更是卫国卫民的体育,不是抢夺金牌的体育和炫耀的体育。针对这一点,顾拜旦曾经说过:"奥运会最重要的不是胜利,而是参与;正如在生活中最重要的事情不是成功,而是奋斗;但最本质的事情并不是征服,而是奋力拼搏。"类似于奥运会的大型体育盛事在中国举办的机会百年难遇,被重视的程度可想而知,奥运村的建立,鸟巢的设计,开闭幕式的排演让中国人挣足了"面子",但花费的是不可计数的人力和物力,留下的是不可回收的钢铸鸟巢和国际上对中国环保观念的质疑。这些副产品并非奥运精神的体现，也不是体育精神的体现。可见，对"面子工程"的杜绝，不仅是毛泽东体育观的要求，更是当代奥林匹克精神的要求。

第二，发动群众积极参与"体育"事业，降低因缺乏体育锻炼而导致的国民身体素质下降的概率。体育事业的发展也要遵循"从群众中来，到群众中去"的路线，真正使体育深入到国民中间。毛泽东体育思想的群众性和实践性有利于发动更多的群众参与到体育事业中来。事实上，体育对国家对民族的重要性决定了群众必须积极地参与其中。毛泽东一直重视和研究体育在人类文明史上的重要作用，一生倡导健身强国的体育思想，对当前我国体育改革有着十分重要的指导意义。

（三）毛泽东的体育思想有助于推进我国体育事业健康发展

第一，有助于坚持体育事业发展的正确方向。体育事业的健康发展要有正确的体育观的指导，狭隘地认为竞技体育就是真正的体育是无法引导体育事业健康快速发展的。毛泽东的体育观认为，要坚持以人为本来进行体育锻炼，实现人的"德智体美劳"全面发展。他认为，体育事业发展的目标是达到"身心皆适"的境界，要实现"全面和谐发展的人"，这与马克思主义的人的全面发展思想已经十分接近。

第二，积极促进与体育事业相关的一系列产业的发展。毛泽东群众体育观的实践性决定了体育事业要得到根本的发展，必定是各种相关产业的共同发展。国家公共体育事业必将带动一系列体育用品产业的发展，而竞技体育和大众运动带来的不仅是品牌效应和偶像效应，更多的是由这些效应引起的经济的发展。正是从这一意义上我们说，毛泽东的体育观，对于推动我国体育事业健康发展有着特殊的指导意义。

【作者简介】　韩珺珺　浙江大学思想政治理论教学科研部马克思主义中国化研究专业 2012 级硕士研究生
浙江 杭州 310028

邓小平民族观及其当代意义

李丽娟

【摘　要】　当今世界由各个不同的民族组成,民族在人类发展过程中一直扮演着重要角色。如何看待民族及妥善解决民族问题,历来都受到国家和政府的高度重视。邓小平有关民族理论,作为一种马克思主义民族观,不仅进一步丰富和发展了马克思主义民族观的内涵,而且为我国解决民族问题提供了理论依据,同时这一理论也弘扬了中华民族的传统文化。

【关键词】　民族　邓小平民族观　时代意义

一、民族观概述

(一)什么是民族

民族是社会发展到一定阶段的产物,是人类历史发展的产物。关于什么是民族,1913 年,斯大林在马克思、恩格斯、列宁研究的基础上,提出"民族是人们在历史上形成的一个有共同语言、共同地域、共同经济生活以及表现于共同文化上的共同心理素质的稳定的共同体"。这一定义,对于我国学术界和官方有着重大的影响。虽然近年来存在一些新提法,但目前我国民族理论学界和政府的正式文件中所普遍使用的仍是这个定义。本文也比较赞同斯大林关于"民族"的定义,斯大林"民族"定义源于实践,对于认识民族具有普遍指导意义。当然,随着社会的不断发展,这个定义也将与时俱进,更好地结合世情国情。

"共同语言、共同地域、共同经济生活、共同文化心理素质"四点作为一个民族最显著的特色,也就决定了一个民族区别于其他民族的特点。由于地域、语言、经济生活、文化因素的差异,导致各个民族的发展程度不尽相同,使得民族差异更加明显。事物处于普遍联系中,民族也不例外,脱离了国家、社会和其他民族,一个民族是无法存续与发展的。所以,民族处于整个社会的普遍联系中,与国家、社会、其他民族既相互联系也相互影响。

当今世界由大大小小不同的民族组成,各个民族以独特的特点、个性表示着自己的存在。各民族之间既相互联系又相互区别,构成了丰富多彩的世界,也形成了错综复杂的民族关系,引发民族间的矛盾,从而衍生出了各式各样的民族问题。这些问题渗透在当今世界的政治、经济、文化等多方面,从而使得当今世界更加复杂。

(二)马克思主义民族观

就一般而论,民族观是人们对民族和民族问题的看法和观点。民族观具有鲜明的阶级性,是人们的世界观在民族和民族问题上的反映。马克思主义民族理论是由马克思、恩格斯在 19 世纪创立的科学的理论,是马克思主义科学体系的重要组成部分。马克思主义民族理论的诞生为实际解决民族问题指明了方向,开辟了道路。此后,列宁、斯大林、中国共产党人捍卫和发展了马克思主义民族理论。

马克思主义民族理论的基本观点有:

首先,关于民族的定义,马克思主义民族观认为民族是一个历史范畴,有其自身形成、发展到消亡的客观规律。民族是人们在历史上形成的一个有共同语言、共同地域、共同经济生活以及表现在共同文化上的共同心理素质的稳定的共同体。民族是人类社会发展到一定阶段的产物,它是随着社会历史的发展而不断发展变化的,并且民族的发展是受社会发展规律制约的。

其次,关于民族与阶级的关系,马克思认为民族和阶级是两个不同的社会历史现象,民族问题与阶级问题是两种性质不同的问题。在阶级社会里,民族内部存在着不同的阶级,故而存在阶级斗争,所以在阶级社会里,民族问题往往同阶级问题联系在一起。在社会主义时期,阶级斗争已经不是主要矛盾,民族问题基本上是各民族劳动人民之间的关系问题。如果把民族问题的实质归结为阶级问题,那就会严重脱离以至伤害少数民族群众,不但不可能正确处理民族问题,加强民族团结,反而会让敌对势力有了可乘之机。

再次,民族问题从来就不是孤立存在的,它是社会发展总问题的一部分,是革命和建设总问题的一部分。民族问题只有在社会总问题解决进程中,才能得到解决。如果我们在整个革命建设中重视民族问题,正确认识和处理民族问题,它就对整个革命和建设过程起着积极的推动作用;如果忽视或者错误地处理民族问题,则可能会给革命和建设事业带来巨大的破坏力,使整个革命事业受到挫折乃至失败。

最后,各民族平等的联合,反对民族歧视和民族压迫,是解决民族问题的根本原则。各民族无论大小都一律平等。每个民族都是人类物质财富和历史、文化的创造者,各民族应在完全平等的基础上团结起来,坚决反对任何形式的民族歧视和民族压迫。全世界各民族的无产阶级应坚持国际主义的原则,同一切被压迫民族实行不分国界和民族的亲密联合,共同进行斗争,推翻实行民族剥削和压迫的反动统治阶级。

二、邓小平民族观及其基本内容

作为中国特色社会主义总设计师的邓小平同志,历来非常重视民族问题与民族工作,在解决中国社会主义革命和建设过程及民族问题的实践中,邓小平坚持和发展了马克思列宁主义、毛泽东思想的民族理论。邓小平同志的民族理论是结合中国具体国情、在长期实践中逐步形成的;是邓小平理论的重要组成部分;是马列主义民族理论在中国发展丰富的新阶段;是具有中国特色社会主义的民族理论,同时也是我国民族工作的指导思想,为新时期我国解决民族问题提供了充实的理论依据。

邓小平民族理论的基本内容有:

(一)政治上——民族平等

1950年,邓小平指出:"在中国的历史上,少数民族与汉族的隔阂是很深的。由于我们过去的以及这半年的工作,使这种情况逐渐地在改变,但不是说我们今天已经消除了隔阂。少数民族要经过一个长时间,通过事实,才能解除历史上大汉族主义造成的他们同汉族的隔阂。我们要做长期的工作,达到消除这种隔阂的目的,要使他们相信,在政治上,中国境内各民族是真正平等的;在经济上他们的生活会得到改善;在文化上也会得到提高。"[①]民族平等是邓小平民族理论的立足点,是我国民族政策的根本出发点,也是我国民族工作的立足点。在党的十一届三中全会以后,邓小平认真研究我国民族关系的实际,全面总结民族工作的历史经验,在民族工作方面做出了一系列重大决策。在邓小平主持下,党中央批准为全国统战、民族、宗教工作部门摘掉了"执行投降主义、修正主义路线"的帽子;1982年,党的十二大报告又对民族问题作了如下概括:进一步发展国内各民族之间平等、团结、互助的社会主义民族关系,是我国社会主义民主建设的一项

① 邓小平文选(1).北京:人民出版社,1994:162

重要内容;民族团结、民族平等和各民族的共同繁荣,对于我们这个多民族的国家来说,是一个关系到国家命运的重大问题;我们一定要提高全党对民族问题的认识,反对大民族主义主要是大汉族主义,同时反对地方民族主义。

1990年,邓小平再次明确指出:"我们的民族政策是正确的,是真正的民族平等。我们十分注意照顾少数民族的利益。中国一个很重要的特点就是没有大的民族纠纷。"①我们的民族政策,不仅在于保障各民族在政治、经济、文化以及社会生活各方面的平等权利,而且在于帮助少数民族发展其政治、经济和文化的建设事业,逐步改变落后状态。在新时期,消除各民族间在经济文化等方面的差距,已经成为社会主义现代化建设的一部分。

(二)经济上——实现各民族共同富裕

经济基础决定上层建筑。邓小平作为改革开放的总设计师,根据我国的基本国情,提出了加快经济发展、实现共同富裕的原则和基本途径。在1978年党的十一届三中全会前召开的中央工作会议上,邓小平提出了让一部分地区、一部分人先富起来的思想。他说:"要允许一部分地区、一部分企业、一部分工人农民,由于辛勤努力成绩大而收入先多一些,生活先好起来。一部分人生活先好起来,就必然产生极大的示范力量,影响左邻右舍,带动其他地区、其他单位的人们向他们学习。这样,就会使整个国民经济不断地波浪式地向前发展,使全国各族人民都能比较快地富裕起来。"②邓小平一直高度重视我国少数民族地区经济发展,早在建国初期,邓小平就指出:"实行民族区域自治,不把经济搞好,那个自治就是空的。少数民族是想在区域自治里面得到些好处,一系列的经济问题不解决,就会出乱子。"③在新时期,邓小平在谈到西藏问题时指出:"如果以在西藏有多少汉人来判断中国的民族政策和西藏问题,不会得出正确的结论。关键是看怎样对西藏人民有利,怎样才能使西藏很快发展起来,在中国四个现代化建设中走进前列";"不仅西藏,其他少数民族地区也一样。我们的政策是着眼于把这些地区发展起来。如内蒙古自治区,那里有广大的草原,人口又不多,今后发展起来很可能走进前列。"④邓小平认为,全心全意促进少数民族发展经济、文化建设,是国家和先进地区的重要责任,少数民族和民族地区要摆脱贫穷落后,使经济建设获得较快的发展,实现繁荣富裕,离不开这些地区本身的自力更生、奋发

①　邓小平文选(3).北京:人民出版社,1994:362
②　邓小平文选(2).北京:人民出版社,1994:152
③　邓小平文选(1).北京:人民出版社,1994:167
④　邓小平文选(3).北京:人民出版社,1994:246—247

图强,同时也离不开国家的大力支持,更离不开发达地区和国家的多方支持。邓小平根据我国东南沿海地区具有资金、技术、人才、管理等多方面优势的情况,提出了沿海地区先发展一步,发展到一定时候再拿出更多力量帮助内地发展的战略构想。以先富带动后富,从而促进内地及少数民族地区的经济发展。

(三)文化——发展少数民族文化

相对于政治、经济来说,文化是一个相对抽象的概念。文化的提升相对是一个缓慢的过程,其影响力也是细微渗透的过程。针对少数民族文化的发展,邓小平说:"所谓文化,主要是指他们本民族的文化。"①在明确了民族文化的发展方向后,邓小平主持实施了一系列尊重少数民族语言文字、风俗习惯和宗教信仰,大力发展民族教育的政策方针。新中国建立初期,邓小平就指出,由于西南少数民族的语言、历史都不相同,因此,发展民族文化首先要尊重少数民族的语言文字。根据邓小平的这一基本思想,在中共中央西南局、西南军政委员会批准的西南民族学院筹办方案中,就把研究民族语言文字作为该学院的一项重要任务。在《关于西南少数民族问题》的讲话中,邓小平认为,尊重少数民族的风俗习惯不仅应作为重要的民族政策而加以贯彻,而且应该是人们的正确态度。今天,在邓小平理论指引下,我国宪法和民族区域自治法中就明确规定:各民族都有保持或改革本民族风俗习惯的自由。宗教对于少数民族有着较大影响,尊重少数民族的宗教信仰对巩固民族团结具有重大意义。邓小平认为,发展少数民族文化必须充分尊重少数民族宗教信仰的自由。在邓小平思想影响下,1982年中共中央批转《关于我国社会主义时期宗教问题的基本观点和基本政策》的文件中,明确提出尊重和保护宗教信仰自由,是党对宗教问题的一项基本政策。

(四)坚持少数民族区域自治制度

民族区域自治是我们党处理民族问题的一项基本政策,是我国各民族实现平等团结联合的基本政治制度。民族区域自治制度在1949年中国人民政治协商会议通过的《共同纲领》中就被明确规定下来,以后又载入我国历次宪法,并且深入各民族人民心中。1980年邓小平提出:"要使各少数民族聚居的地方真正实行民族区域自治。"②在邓小平的直接关心下,1982年修改的宪法恢复了1954年宪法中关于民族区域自治的一些重要原则,而且增加了新的内容。1984年5月,第六届全国人大二次会议通过了《中华人民共和国民族区域自治法》,标志着

---

① 邓小平文选(1).北京:人民出版社,1994:162
② 邓小平文选(2).北京:人民出版社,1994:339

我国的民族工作法制化进入了新的阶段。1987年10月,邓小平再次强调要坚持民族区域自治制度,他明确指出:"解决民族问题,中国采取的不是民族共和国联邦的制度,而是民族区域自治的制度。我们认为这个制度比较好,适合中国的情况。我们有很多优越的东西,这是我们社会制度的优势,不能放弃。"①

正是在邓小平的这一理论指引下,我们党的十五大把民族区域自治制度与人民代表大会制度、共产党领导的多党合作和政治协商制度并列为建设有中国特色社会主义的政治的三项制度,并把坚持和完善这些制度纳入党在社会主义初级阶段的基本纲领。这是坚持党的民族工作基本理论和基本政策的重要体现,也是对长期以来我们实行民族区域自治制度最主要经验的科学总结。

(五)实现祖国统一,一国两制

我国自古以来是一个多民族统一的国家。从公元前221年秦始皇建立统一的国家,到新中国的成立,有着两千多年的历史。虽然其间也有分裂的历史,但统一始终是主流的趋势,不断加强国家的统一和民族间的政治、经济、文化联系,始终是我国的优良传统,各民族团结,是国家的统一、强盛和繁荣的基本前提和根本保证。民族分裂不仅会危害国家的统一,也是各民族的巨大灾难。

邓小平曾说过:"实现国家统一是民族的愿望,一百年不统一,一千年也要统一。"②面对香港、澳门、台湾问题,邓小平富有创造性地提出了"一国两制"的方针。"一国两制"——就是在中华人民共和国内,大陆实行社会主义制度,香港、澳门、台湾实行资本主义制度。其基本内容是:在祖国统一的前提下,国家的主体坚持社会主义制度,同时在台湾、香港、澳门保持原有的资本主义制度和生活方式长期不变。在国际上代表中国的,只能是中华人民共和国。邓小平的"一国两制",是其在新时期、新的经济全球化态势下,对于中华民族主体的内涵与外延的重新界定。香港、澳门、台湾问题,不仅仅是国家领土完整问题,更是整个中华民族的民族自豪感和归属感的体现。我们虽然在1997年7月1日和1999年12月20日,香港、澳门分别回到了祖国的怀抱,但台湾问题有待进一步的解决,只有台湾问题得到了妥善的解决,中华民族才能真正地实现伟大复兴。

三、邓小平民族观的时代意义

邓小平民族观是邓小平世界观、人生观和价值观的集中体现,它具有十分丰

---

① 邓小平文选(3).北京:人民出版社,1994:257
② 邓小平文选(1).北京:人民出版社,1994:59

富的内涵,无论是在现在还是将来具有十分重要的意义。作为一种马克思主义民族观,邓小平的民族观不仅进一步丰富和发展了马克思主义民族观的内涵,而且为我国解决民族问题提供了理论依据,同时也发扬了中华民族的传统文化。

(一)进一步丰富和发展了马克思主义民族观

作为一名伟大的马克思主义者,邓小平在中国特色社会主义建设实践中,对马克思主义民族观进行了丰富和发展,为马克思主义民族观增添了新的内涵。

首先,进一步发展完善了民族区域自治制度。民族区域自治制度是我国的一项重要政治制度,也是社会主义中国的政治制度的一个重要的特点和优点。我国的民族区域自治是指在国家的统一领导下,在各少数民族聚居的地方实行区域自治,设立自治机关,行使自治权。针对少数民族地区具体情况,邓小平通过发展少数民族自治地区经济、完善加强民族法制、重视培养少数民族干部等具体措施,使得我国民族区域制度在新世纪显示出强大的优越性及现实性,极大地促进了民族地区经济的发展,人民生活水平的提高。

其次,丰富发展了马克思主义关于祖国统一的思想。"一个国家,两种制度"的科学构想是邓小平祖国观的重要内容,这一科学构想是对马克思主义关于维护祖国统一思想的丰富和发展。"一个国家,两种制度"的基本内容是:在中华人民共和国内,大陆实行社会主义制度,香港、澳门、台湾实行资本主义制度;"一国两制"的前提是"一国",即在一个中国的前提下实行两种制度。"一国两制"的科学构想成功应用于解决香港、澳门问题,实践证明这个构想是正确的,是符合中国实际情况的。这一科学构想不仅为中国解决台湾问题奠定了良好的基础,同时也为世界各国人民解决此类争端提供了有力借鉴。

(二)为我国解决民族问题提供了理论依据

民族问题不仅仅存在于社会主义国家中,自古以来就存在于多民族的国家中,并且长期存在,一直到阶级、国家消亡后才能逐渐消亡。我国民族问题,自古以来就存在,并且在社会历史发展过程中扮演着重要的角色。当今社会民族问题通常与宗教关系、种族关系、国家关系等问题相互联系,掺杂历史问题,相互影响相互渗透,使其更加复杂。邓小平认为:"少数民族要经过一个长时间,通过事实,才能解除历史上大汉族主义造成的他们同汉族的隔阂,我们要做长期的工作,达到消除这种隔阂的目的。"①邓小平对于我国处于社会主义初级阶段的论断,更是为我国认识到民族问题长期性、复杂性提供了依据。针对民族问题,邓

---

① 邓小平文选(1).北京:人民出版社,1994:163

小平的民族平等团结、促进民族地区经济发展、完善民族区域自治、"一国两制"的理论，在实践中经过检验，为我国解决民族问题，提供了强大理论支撑。

（三）在继承的基础上，延伸了中华民族传统文化

中华民族传统文化源远流长，自先秦以来，中国从四分五裂局面走向了初步统一。在以后两千多年的历史长河中，汉族与各少数民族的交流、融合，如今形成了"大杂居、小聚居"的民族居住状况。邓小平作为炎黄子孙及中华民族文化的优秀传人，其民族观更是对中华民族传统文化的发展与延伸。

首先，邓小平民族观是对中国传统和合思想的继承；"中国传统和合思想，讲究和谐，讲究融合冲突、化解矛盾，注重和而不同"[1]。邓小平的民族理论中高度重视民族地区稳定、充分尊重民族个性、保护发展民族自身文化、注重民族问题解决方式方法的观点，不仅符合中国具体国情，取得了良好的效果，更是对中国传统和合文化的传承与升华，使得和合文化深入中华民族广大群众心中，从而为中华民族发展奠定了思想基础。

其次，邓小平民族观是对中国传统大一统思想的继承；邓小平"一国两制"理论集中体现了对中国传统大一统思想的继承。"一国两制"理论延续了中华民族追求统一、维护统一的思想精华。"大一统思想铸就了中华民族向往统一、憎恨分裂的民族心理和民族性格"[2]。20世纪80年代，面对中英两国就香港问题的谈判，邓小平坚决地表达了收回祖国领土的决心："坦率地讲，主权问题不是一个可以讨论的问题。现在时机已经成熟了，应该明确肯定：一九九七年中国将收回香港。就是说：中国要收回的不仅是新界，而且包括香港岛、九龙。中国和英国就是在这个前提下来进行谈判，商讨解决香港问题的方式和办法。"[3]正是邓小平如此坚定的祖国民族统一的思想，促使了香港、澳门的顺利回归。这不仅是我国民族自豪感的表现，更是中华民族大一统思想的具体体现。

【作者简介】 李丽娟　浙江大学思想政治理论教学科研部思想政治教育专业
　　　　　　　2011级硕士研究生
　　　　　　　浙江 杭州 310028

---

① 裴传永.邓小平理论与中国传统文化.北京:中共中央党校出版社,2003:369
② 裴传永.邓小平理论与中国传统文化.北京:中共中央党校出版社,2003:361
③ 邓小平文选(3).北京:人民出版社,1994:12

新中国成立初期高校推进马克思主义大众化的历史经验(1949—1956)[*]

新中国成立初期高校推进马克思主义大众化的历史经验(1949—1956)*

龙国存

【摘　要】 新中国成立初期高校的马克思主义大众化处于承上启下的重要转折时期。从起步到逐步建成体制，工作实践丰富，尤其是在确立重要地位、构建主渠道、建立工作机制、采取方法、加强队伍建设等方面为当今高校推进马克思主义大众化提供了重要的历史经验。

【关键词】 高校　马克思主义大众化　历史经验

高校马克思主义大众化是指高校对教师和学生进行马克思主义理论宣传与普及，把马克思主义理论由抽象到具体、由深奥到通俗，为广大师生所认知、接受并指导其实践的过程。本文主要对新中国成立初期(1949—1956)高校的马克思主义大众化进行研究，因为这一时期正是高校马克思主义大众化承上启下的重要转折时期，高校马克思主义大众化从起步到逐步建成体制，工作实践丰富，为当今高校推进马克思主义大众化提供了重要的历史经验。

1949年10月中国共产党成为执政党，面临着复杂的社会形势，相继领导了土地改革、镇压反革命、抗美援朝、"三反"、"五反"等政治运动。到1956年我国基本完成了社会主义改造，实现了从新民主主义到社会主义的转变。与此相对应，我国高等学校面临着从新民主主义教育到社会主义教育转变的任务，马克思主义大众化则承担着改造旧教育、建立新教育的重任。为此，高校开始逐步创建

　＊　此研究得到2012年度教育部人文社会科学研究专项任务项目(马克思主义中国化、时代化、大众化)"高校推进马克思主义大众化的历史经验和现实启示"(12JD710075)资助。

马克思主义大众化的新体制和新格局，在确立地位、构建主渠道、建立工作机制、采取方法、加强队伍建设等方面取得了良好的成效。

一、确立高校马克思主义大众化的重要地位

新中国成立之初，中国共产党人清醒地意识到马克思主义必须成为国家的主流意识形态。而高等学校是马克思主义理论传播和培养社会主义建设者的最重要阵地之一，因此党和国家十分重视高校的马克思主义大众化工作并很快确立其重要地位，将建立和加强马克思主义思想政治教育作为改造旧大学、建设社会主义新型大学的重要手段和根本标志。

为了建立和稳固新政权，在新解放区接管高校过程中中国共产党就强调：一方面要废除国民党反动思想在高校的影响，要建立马克思主义意识形态在高校的主导地位。1950 年 7 月 28 日政务院颁布《教育部关于实施高等学校课程改革的决定》，指出："全国高等学校应根据共同纲领的第 41 条和第 47 条的规定，废除政治上的反动课程，开设新民主主义的革命的政治课程，借以肃清封建的、买办的、法西斯主义的思想，发展为人民服务的思想。"①《决定》明确指出，开设马克思主义理论课程是改变半殖民地半封建性质的教育、建立新民主主义和社会主义性质的新教育的重要手段和标志。根据这个决定，各高校先后废除了国民党实施法西斯特务统治的反动训导制度和旨在限制学生参与政治活动的"入学保证书"制度，取消了"国民党党义"、"军事训练"等反动课程，开设新民主主义的革命的政治课程，从而在高校逐步肃清了旧的反动思想。

新中国成立初期对大学生进行马克思主义教育成为高校的重要培养目标，并被法制化。马克思主义政治理论课程作为重要内容开始列入所有高校的教学计划。1950 年 8 月 14 日教育部颁布具有法规性质的文件《高等学校暂行规定》，把对学生进行革命的政治思想教育列为总纲第二条高等学校任务的首要条款。由此思想政治教育成为高校培养目标的最重要组成部分并被予以法制化。② 为了改正把思想政治教育与业务课对立起来、只有政治课才能进行思想政治教育等错误的看法，1951 年 9 月 10 日教育部就政治理论课问题向华北区各高校发出指示：各系主任拟定教学计划时，应把思想政治课目作为业务课的重要组成部分，《社会发展史》、《新民主主义论》、《政治经济学》等课目同其他业务

---

① 何东昌.中华人民共和国重要教育文献(1949—1975).海口:海南出版社,1998:48
② 何东昌.中华人民共和国重要教育文献(1949—1975).海口:海南出版社,1998:45

课统一计分,并负责督导检查执行。① 从此各科马列主义政治理论课与专业课、基础课同样列入教学计划,成为各系、各专业学生的公共必修课。1953 年 9 月,全国综合大学会议确定了一切高等学校总的培养目标:适合国家建设需要、具有马列主义世界观、全心全意忠实于祖国和人民事业、掌握先进科学和技术的各种专门人才。具有马列主义世界观成为高校的重要培养目标。马克思主义大众化工作的重要地位由此具体落实到高校的培养目标和计划。

新中国成立初期国家多次颁布实施高等学校课程改革的规定,改革的中心环节则一直围绕加强马列主义政治理论学习。1949 年 11 月 17 日,教育部召开华北地区及京津 19 所高等院校负责人会议,会议讨论高等教育改造的方针,其中明确指出:"当前课程改革的中心环节是加强政治课的学习。"②政治理论课的建设明确被视为整个高校课程改革的中心环节。1949 年 12 月 30 日,教育部副部长钱俊瑞在第一次全国教育工作会议上的总结报告中再次指出:大学中学的课程必须继续改革,改革的重点是加强革命的政治学习,合理地精简现有课程,关键是打通教员思想。③其后各高校围绕政治学习的中心进行课程改革,有步骤地对教师和学生加强思想政治教育。

新中国成立初期党和国家不但在思想意识上高度重视高校马克思主义大众化工作,马克思主义大众化被当做改造旧大学和旧教育制度的重要手段,也被当做是建立新大学和新民主主义、社会主义新制度的根本标志。并且高校马克思主义大众化工作的重要地位还具体落实到了政策和制度上,譬如在高等学校的任务、培养目标、课程改革等方面对此就有明确的规定。因此建国初期高校的马克思主义大众化工作真正落到了实处、取得了实效。

二、构建马克思主义理论课程体系作为高校马克思主义大众化的主渠道

新中国成立后中国共产党吸收了解放区思想政治教育和苏联高等教育模式的经验,在高校逐步构建了马克思主义理论课程体系,系统地、全面地向学生传播马克思主义,并以此作为高校推进马克思主义大众化的主渠道。

新中国刚刚成立,国家就把在高校开设马列主义理论课提到了日程上。

---

① 段中桥.建国以来普通高校马克思主义理论课和思想品德课程设置及教学内容历史沿革资料汇编(上).北京:高等教育出版社,2004:4

② 中央教育科学研究所.中华人民共和国教育大事记(1949—1982).北京:教育科学出版社,1984

③ 《中国教育年鉴》编辑部.中国教育年鉴(1949—1981).北京:中国大百科全书出版社,1984:685

1949 年 10 月 12 日华北人民政府高等教育委员会颁布《华北专科以上学校一九四九年公共必修课过渡时期实施暂行办法》，规定把《辩证唯物论与历史唯物论》（包括社会发展史）、《新民主主义论》（包括近代中国革命运动史）、《政治经济学》列为文、法、教育或师范学院的公共必修课进行开设，并对教学内容做了专门的规定。① 之后各高校纷纷废除反动课程，设立马列主义理论课程。这一措施正如 1949 年 10 月 14 日《人民日报》发表社论所指出："开设政治课是用新民主主义的、科学的、大众的、反帝反封建的文化，用马列主义观点和方法，代替国民党反动统治时充满唯心论、机械论，以至封建、买办、法西斯主义的反动课程的重大措施。"

经过新中国成立初期三年的教学实践，高校马克思主义政治理论课程教学实践有了一定的经验基础，国家着手建立新的课程体系。1952 年 10 月 7 日，教育部发出《关于高等学校马克思列宁主义、毛泽东思想课程的指示》规定：综合大学及财经、艺术院校从 1953 年起一、二、三年级分别开设"新民主主义论"、"政治经济"、"辩证唯物论与历史唯物论"，课时分别为：100、136、100 学时。理、工、农、医等专门学院只开设《新民主主义论》和《政治经济学》；一年制和二年制的专科学校只开设《新民主主义论》。② 此指示具体而系统周详地规定了各类高校开设马克思主义理论课程的门数、学时、讲授次序等。这标志着我国高等学校马克思主义理论课课程体系的初步建立。

1953 年 2 月，高教部发出《关于确定马列主义基础自 1953 年度起为各类型高等学校及专修科（二年以上）二年级必修课程的通知》，规定各类高校在二年级加开《马列主义基础》课，学时为 136。③ 由于《新民主主义论》课程与高中《共同纲领》课程以及《政治经济学》课程有内容上的重复，1953 年 6 月，教育部发出《通知》，把《新民主主义论》改为《中国革命史》，系统讲授毛泽东思想的基础知识，使学生认识中国政治的发展规律，了解中国革命的基本问题和中国共产党的总路线、总政策。《通知》还提出必须多从革命运动、对敌斗争、革命建设的历史实际来说明毛泽东思想，必须着重正面的系统理论的讲授，同时结合学生的认识

---

① 段中桥.建国以来普通高校马克思主义理论课和思想品德课课程设置及教学内容历史沿革资料汇编（上）.北京：高等教育出版社，2004：3

② 段中桥.建国以来普通高校马克思主义理论课和思想品德课课程设置及教学内容历史沿革资料汇编（上）.北京：高等教育出版社，2004：6—7

③ 段中桥.建国以来普通高校马克思主义理论课和思想品德课课程设置及教学内容历史沿革资料汇编（上）.北京：高等教育出版社，2004：8

水平解决学生的政治思想和思想方法上所存在的有关重要问题。①

此后,高校马克思主义理论课程体系在实践中仍不断被完善。教育部对政治理论课教学大纲的出版、教材的编写、政治理论课的评分标准等做出了明确的规定,逐步建立起严格的管理制度,高校政治理论课的教学和管理都规范起来。1956年社会主义改造基本完成,为减轻学生负担,适应社会主义建设的需要,让马克思主义理论课程与专业课程更好地结合起来,1956年9月9日,高教部发出《关于高等学校政治理论课程的规定(试行方案)》。根据不同专业的需要和学制长短对马克思主义理论课程的设置和学时进行了调整:《马列主义基础》和《中国革命史》两门课在各类学校各类专业的一、二年级分别开设,《政治经济学》和《辩证唯物主义与历史唯物主义》在有的专业可以不开或者选修,有的专业中则在三、四年级分别开设;所有二年制的专修科则只开设《中国革命史》课程。② 并对课程开设的学时安排、开课顺序、讲授与课堂讨论的学时比例、考核方式等进行了详细规定。至此,我国高等学校马克思主义理论课课程体系进一步完善。

新中国成立初期,马克思主义理论课程体系继承了解放区和苏联进行马克思主义教育的经验,大体根据马克思主义的三个组成部分设置政治理论课程的课目。课程设置上呈现出层次性,不同层次和不同专业的学校在教学内容上有所区别。并且马克思主义理论课程还呈现出时代性特点,课程设置、开课年级、学时等根据中国社会现实的变化而不断调整与改革,密切结合国内社会形势设置教学内容。1952年前主要围绕改造旧思想、建立新民主主义社会思想而开设了《社会发展史》、《新民主主义论》等课程,突出了新民主主义的思想政治理论教育。1953年后则围绕社会主义过渡时期总路线而展开,开设了《中国革命史》等课程。这体现了当时中国由新民主主义社会向社会主义社会过渡的形势变化。并且在这一时期马列主义政治理论课课程体系已经成为了高校马克思主义大众化的主渠道。1955年4月25日,高教部副部长刘子载在《关于全国高等学校的政治思想教育工作》中就明确指出:"政治理论课程是高等学校进行经常的、系统的政治思想教育最基本的形式。"③

---

① 段中桥.建国以来普通高校马克思主义理论课和思想品德课课程设置及教学内容历史沿革资料汇编(上).北京:高等教育出版社,2004:9

② 段中桥.建国以来普通高校马克思主义理论课和思想品德课课程设置及教学内容历史沿革资料汇编(上).北京:高等教育出版社,2004:11—14

③ 何东昌.中华人民共和国重要教育文献(1949—1975).海口:海南出版社 1998:457

三、建立全体组织和人员分工配合、共同实施的
马克思主义大众化工作体制

　　为了保证高校马克思主义大众化的方向，并夯实实施马克思主义大众化工作的政治基础，党和国家不断加强对高校马克思主义理论教育的组织和领导，并逐步建立了新中国高校马克思主义大众化的工作体制。

　　首先，加强了党对政治理论课教学组织的领导。1951年9月，教育部指示各高校将"政治教学委员会"改为专门的"各课目的教学研究指导组"，由教务长负责计划、组织、督促检查。① 1955年全国学校教育工作座谈会提出：各地党委要认真地把学校教育工作列入议事日程，积极建立和健全党委管理学校的工作机构，以加强党委对学校教育工作的领导和监督。还指出学校行政领导和党、团组织对学生的共产主义道德教育和学生的全面发展都负有重要责任。党委成为高校马克思主义大众化工作的领导组织。1955年8月5日，国务院第17次全体会议批准了高等教育部《1954年的工作总结和1955年的工作要点》。此《要点》指出：要切实改进政治理论课教学的组织和领导，校长和副校长对政治理论课教研组应负直接领导的责任，以逐步提高政治理论课的教学质量……政治理论课教研组的任务不但要把政治理论课本身教好，并且要组织和指导学生课外的政治思想教育、全体教师的政治理论学习和学术思想批评工作。② 党对政治理论课的领导进一步得到加强。

　　另外，高校党团组织的建设为高校马克思主义大众化提供了可靠的组织保障。建国后国民党、三青团等反动组织被取缔，中国共产党、共产主义青年团等进步组织则由秘密转为公开，高校先后建立了党委，逐步健全了党、团组织等机构。全国各高校积极慎重地开展了建党工作，普遍建立了青年团组织。譬如，截至1954年11月，北京高校就有学生党员7091名，广大党员成为传播马克思主义理论的重要力量。③ 刚建国时大学生中团员只占少数，到1956年高校团员人数则达23万人，占当时全国40万大学生的57.3％。④ 这些团员成为党教育大学生的助手和纽带。高校党团组织的迅速发展既体现了建国初期高校马克思主

---

　　① 段中桥.建国以来普通高校马克思主义理论课和思想品德课课程设置及教学内容历史沿革资料汇编（上）.北京：高等教育出版社，2004：4

　　② 高等教育部办公厅.高等教育文献法令汇编（第三辑）.北京：中央人民政府高等教育部办公室，1955：8

　　③ 周良书.1949—1956年：中共在高校中的建设.党史研究与教学，2009（2）

　　④ 《中国教育年鉴》编辑部.中国教育年鉴（1949—1981）.北京：中国大百科全书出版社，1984：427

义大众化的成果,反过来又促进了马克思主义大众化的发展步伐,团组织成为高校对大学生进行日常思想政治工作的重要力量。另外,高校先后成立的学生会和教育工会,也成为在党的领导下教育师生员工的重要群众组织。

专业课教师在建国初的高校马克思主义大众化进程中发挥了重要作用。广大教师树立了对学生全面发展负责的思想,把思想政治教育和专业知识教学结合起来,在专业教学中切实贯彻了马列主义教育。教育部在《1954 年的工作总结和 1955 年的工作要点》中明确指出:应树立教师对学生"全面发展"负责的思想,通过课堂讲授及各教学环节,课外辅导、教学实习、生产实习、个别谈话和课外活动等方式,从学术思想到道德品质,每个教师都应有向学生进行教育和教养的责任。[①] 1955 年 7 月,教育部发布《高等学校教学研究指导组各级教师职责暂行规定》指出,每个教师都有培养学生成为具有一定马克思列宁主义水平、忠实于祖国、忠实于社会主义事业、身体健康和掌握先进科学和技术的人才的责任。[②] 在每个教师对学生全面负责的思想指导下,高校全体教师有意识地将马克思主义渗透到各个教学环节,专业课教学中将马克思列宁主义理论与专业知识有机联系起来。

党和国家还采取切实措施健全政治工作机构、加强制度建设,以推进马克思主义大众化。1952 年 10 月,教育部发出《关于在高等学校有重点的试行政治工作制度的指示》,指出:为了加强政治领导,改进政治思想教育,开展马克思列宁主义的思想建设工作,应在高等学校中建立政治工作制度、设立政治工作机构——政治辅导处,并设立政治辅导处主任、政治辅导员。政治辅导处要负责实施政治理论教育工作;指导全体教职员工的政治理论学习;协助教务处指导马克思列宁主义理论课程的教学、掌握教职员工和学生的政治思想情况等。辅导员要辅导学生的政治学习和社会活动、组织推动教职员的政治理论学习和社会活动。[③] 此后全国各高校相继成立了政治辅导处,配备了一定数量的政治辅导员。从此高校的马克思主义大众化又新增了这个专门的组织机构以及人员,他们密切指导和掌握着学生的思想发展,有力地配合了马克思主义政治理论课对学生进行的系统教育。政治辅导员这种形式一直保留至今。

经过新中国成立初期几年的建构,各高校的马克思主义大众化基本建立了党委统一领导下,校长负责,以政治理论课为主体,党政工团组织、广大教师、辅

---

① 高等教育部办公厅:高等教育文献法令汇编(第三辑).北京:中央人民政府高等教育部办公室,1955:8

② 何东昌.中华人民共和国重要教育文献(1949—1975).海口:海南出版社,1998:482

③ 何东昌.中华人民共和国重要教育文献(1949—1975).海口:海南出版社,1998:176—177

导员等学校全体组织和人员分工配合、共同实施的工作体制。高校的马克思主义大众化工作逐步走上系统化和正规化的道路,为以后高校马克思主义大众化工作机制的发展和完善打下了良好基础。

四、采取理论联系实际的马克思主义大众化方法

新中国成立初期我国处于从新民主主义向社会主义转变过渡时期,一方面要完成民主革命仍未完成的任务,另一方面还要向社会主义过渡。这一时期国内的主要矛盾仍然是阶级和阶级斗争,政治运动频繁。在这样的社会形势下,为了使马克思主义大众化工作取得实效,各高校继承和发扬了理论联系实际的优良传统,除了系统地传播马克思主义理论,还积极发动师生参与到当时以政治运动为主要内容的社会实践中去。

新中国成立后高校马克思主义大众化工作很快确立了理论联系实际的方针与原则。《共同纲领》规定:中华人民共和国的教育方法为理论与实际一致。1950 年,教育部召开全国高等学校政治课教学讨论会并发出通报,指出当前政治理论课教师对有些问题认识模糊,譬如在教学方法上,就突出表现为理论脱离实际的教条主义倾向。由此明确规定全国推行思想政治教育必须围绕党和国家中心任务进行的三个重点:第一,适当配合教学工作,进行反对美帝国主义侵略及批判对美帝国主义存在幻想的教育,培养并发扬与国际主义结合的新爱国主义的精神;第二,贯彻土改教育;第三,进行爱祖国、爱人民、爱劳动、爱科学、爱护公共财物的"五爱"教育。[①] 这三个重点正是当时中国正在进行的政治斗争和党的中心任务。高校的马克思主义大众化工作就依据理论联系实际的原则,围绕这些重点展开。

根据新中国成立初期社会形势发展的需要,各高校首先发动师生参加了正在全国开展的土地改革运动、镇压反革命运动、抗美援朝等政治运动。1950 年到 1952 年,全国高校普遍开展了土地改革政策的学习与宣传活动,大批师生奔赴农村亲身参加土改实践。1950 年 2、3 月间,北京就有 700 名大学生和 100 多名教师到郊区参加土改。1951 年 9 月,北京大学、清华大学等政法各系学生 800 多人到达西北、西南等地参加半年的土改。[②] 原来局限于书本中的广大师生走出校门、深入到土改运动中,在实践中他们认清了中国农村和农民的实际情况以及反革命分子的真实面目,划清了敌我界限以及劳动与剥削的界限,从而接受了

① 何东昌.中华人民共和国重要教育文献(1949—1975).海口:海南出版社,1998:60
② 谈松华.中国高等学校思想政治教育史纲.北京:高等教育出版社,1992:65

阶级观点和群众观点的教育,提高了思想政治觉悟。1951年,镇压反革命运动在全国展开,高校师生积极参加镇反运动。他们开展宣传、检举揭发,协助学校清洗隐藏在教职员工和学生队伍中的反革命分子,再一次接受了阶级观点的教育。高校还有计划、有系统地进行了以抗美援朝为具体内容的思想政治教育。全国高校组织了控诉美帝国主义罪行、向志愿军英雄学习的活动,广大师生深入工厂、农村开展抗美援朝的宣传活动。至1951年5月,全国有100万以上大中学生参加了宣传运动,北京、天津两地就有80%的高校学生参加。① 大学校园还掀起了报名参加军事干部学校、支援前线、订立爱国公约等活动热潮。参加抗美援朝的爱国运动不但培养了高校师生的爱国主义精神和反帝意识,还让他们对《新民主主义论》、《辩证唯物主义与历史唯物论》等理论课程有了更深刻的认识。

　　1951年秋开始在高校师生中进行了一场以改造思想、改造高等教育为目的的思想改造学习运动。北京、天津的高校率先开展,学习的方式是通过听取报告和阅读文件,联系本人的思想状况和学校工作实际,进行批评与自我批评。1951年底和1952年初,随着"三反"和"五反"等政治运动的展开,全国高校结合"三反"、"五反"进行思想改造学习。到1952年秋,全国参加这场思想改造运动的高校教职工占总人数的91%,大学生占80%。② 这场学习运动是建国以来在高校师生中进行的第一次较为系统的学习马克思主义的自我教育运动,主要学习了马列主义、毛泽东思想的基本理论、党的文件和有关方针政策,涉及社会发展史、中国革命史、马列主义和毛泽东著作等,为在高校传播马列主义理论做出了重要贡献。

　　1953年起我国开始实施国民经济的第一个五年计划。为了培养大批既忠实于社会主义事业又有一定科学技术知识的专门人才,各高校普遍开展了过渡时期总路线教育和《宪法》学习宣传活动,使广大师生进一步划清了社会主义与资本主义的思想界限,受到深刻的社会主义教育。各高校还组织师生投入了社会主义改造高潮,引导师生学习有关社会主义改造的中央决议和毛泽东的报告,并动员师生说服自己的家庭接受改造,使广大师生划清了劳动与剥削、工人阶级与资产阶级的思想界限,认清了国家从新民主主义走向社会主义的必然趋势。

　　高等学校在推进马克思主义大众化进程中贯彻理论联系实际的教学原则和方针,根据党和国家的中心任务发动师生参加政治运动等社会实践,符合于当时社会形势的客观要求,并且有利于加深师生对马克思主义理论的认识并学会用马克思主义理论分析现实问题,使他们更快地改造旧思想、接受马克思主义,从而提高思想政治觉悟。

---

① 谈松华.中国高等学校思想政治教育史纲.北京:高等教育出版社,1992:68
② 谈松华.中国高等学校思想政治教育史纲.北京:高等教育出版社,1992:71

五、加强高校马克思主义大众化队伍建设

1952 年,中共中央发出《关于培养高等、中等学校马克思列宁主义理论师资的指示》,指出:提高马克思列宁主义的政治理论课程的教学水平,是学校思想建设工作的中心环节。[①] 而政治理论课教师队伍的建设则是提高政治理论课程教学水平的关键。思想政治理论课教师作为高校马克思主义大众化队伍中的重点骨干队伍,党和国家高度重视并采取了各种措施扩大队伍数量、提高队伍素质。

新中国成立之初,国家把培养合格的政治理论课教师放在高校推进马克思主义大众化进程的重要位置。一方面采取了各种切实措施扩充马列主义理论课教师队伍。上述的《关于培养高等、中等学校马克思列宁主义理论师资的指示》指出:过去由于普遍缺少足够称职的政治理论课师资,以致教学水平一般都不高,为了扭转这一局面,必须加紧培养高等、中等学校政治理论课教师师资,并对充实和扩大师资做出了一些具体规定:譬如由中央教育部负责筹划,在中国人民大学创设马列主义研究班,为全国高等学校培养一部分政治理论师资;在高等学校的助教和高等、中等学校高年级学生中选拔优秀的党员、团员在本校担任政治理论课程的助教或助理,经常地指导他们结合自己的实际工作,系统地学习马克思列宁主义的理论,逐渐培养他们成为高等、中等学校新的政治理论课师资;各大行政区选择具备适当条件的高等学校,举办马列主义研究班,培养高等学校政治理论课师资;各中央局、分局及有关的地方党委加强对各自地区培养政治理论师资和学校政治理论教育的领导,指定各级党委的宣传部长或副部长经常领导这一方面的工作,并选派政治理论水平较高的干部到马列主义研究班及政治教育系或政治教育专修科教课(专任或兼任),领导政治助教的政治理论学习。[②]通过建国初期的大力培养,政治理论课师资队伍不断壮大。另一方面,国家还采取措施提高马列主义理论课教师的业务水平,重视对教师的培养教育工作,经常进行师资培训。譬如教育部在 1950 年、1951 年、1952 年、1954 年、1955 年多次举办思想政治理论课教学讲习班、讨论会、备课会等,大力提高了教师的政治素质和业务素质。建国以来政治理论课的教师队伍建设取得较大成效,截至 1957年,高校政治理论课专任教师达 5457 人,其中哲学教师 1390 人,政治经济学教师 1341 人,中共党史教师 1348 人,政治学教师 1378 人。[③]

---

① 何东昌.中华人民共和国重要教育文献(1949—1975).海口:海南出版社,1998:165
② 何东昌.中华人民共和国重要教育文献(1949—1975).海口:海南出版社,1998:165
③ 《中国教育年鉴》编辑部.中国教育年鉴(1949—1981).北京:中国大百科全书出版社,1984:425

通过新中国成立初期对政治理论课队伍的大力建设,高校政治理论课教师队伍从无到有、不断扩大,并且教师的政治和业务水平不断提升,为提高政治理论课程的教学质量、增强高校马克思主义大众化工作的实效性奠定了良好基础。

有必要指出的是,新中国成立初期高校马克思主义大众化工作取得了重大进展,其主流是好的,但也出现过一些偏差。在高校发动师生参加以政治运动为主要内容的社会实践过程中,出现了不同程度的政策界限混淆、过火的偏向,甚至有时候严重扰乱了学校的正常教学秩序。譬如在高校师生参加土地改革运动、思想改造学习运动中,有些高校中出现了对教师和学生要求过高过急、方法简单粗暴等现象,使一部分师生受到了严重伤害。在宣传辩证唯物主义、批判资产阶级唯心主义的活动中,一度混淆了学术问题和政治问题的界限,甚至把一些合理的、正确的学术思想也当做资产阶级思想加以批判,并且采取了政治批判的方法代替学术研究和学术讨论。当然,这一时期,我们的党还是保持了清醒的头脑,及时采取措施纠正错误,基本保证了当时高校马克思主义大众化的正确方向。

总之,新中国成立初期我国高校大力推进了马克思主义大众化工作,根据新中国成立后的复杂社会形势、围绕党的中心任务,高校的马克思主义大众化逐步创建了从新民主主义向社会主义过渡的新体制和新格局,为以后的高校马克思主义大众化工作奠定了良好的基础。建国初期是民主革命时期向社会主义时期转折的重要时期,我国高校的马克思主义大众化也正处于承上启下的转折点。这一时期高校在推进马克思主义大众化过程中积累的这些成功经验,蕴涵了诸多共性的经验模式,至今仍然值得我们借鉴。

【作者简介】 龙国存 浙江中医药大学讲师,浙江大学思想政治理论教学科研部博士生

浙江 杭州 310053

浅析新中国成立初期"一边倒"外交政策

代渝渝

【摘　要】　新中国建立初期,毛泽东制定了"一边倒"的外交政策。"一边倒"是新中国在外交上坚决站在以苏联为首的社会主义阵营一边,反对以美国为首的帝国主义阵营立场的形象表达。本文拟从"一边倒"外交政策的内涵谈起,解析实施"一边倒"方针的原因以及怎样看待"一边倒"外交政策。

【关键词】　新中国成立初期　外交政策　"一边倒"

1949 年 6 月 30 日,在中国共产党诞生 28 周年之际,毛泽东同志发表了《论人民民主专政》一文,而新中国外交"一边倒"的政策正是在这篇文章中明确提出来的。那么,什么是"一边倒"政策? 在新中国成立之初,为什么要实行"一边倒"的外交政策呢? 本文就这个问题做些初步的探讨。

一、"一边倒"外交政策的内涵

所谓"一边倒",是指刚成立的中华人民共和国在国际斗争中,将坚定地站在以苏联为首的社会主义阵营这一边,其实质是表明中国人民反对帝国主义的严正立场。在《中国人民政治协商会议共同纲领》中,以严谨的语言表达了"一边倒"政策的确切含义:"中华人民共和国联合世界一切爱好和平、自由、民主的国家和人民,首先是联合苏联、各人民民主国家和被压迫民族,站在国际和平民主阵营方面,共同反对帝国主义侵略,以保障世界的持久和平。"在国际政治交往中,新生的中华人民共和国对社会主义阵营以外并敌视新中国的美帝国主义及其追随者,采取建立新的外交关系而否定国民党政府建立的旧外交关系的策略。

"一边倒"是中国在特定历史条件下的阶段性策略。毛泽东提出的"另起炉灶"、"打扫干净屋子再请客"等外交策略与"一边倒"一样,仅仅是在特定历史条件下提出的外交政策,只是表明了外交工作的侧重点,并不是永久地倒向苏联,它既不意味着中国政府绝不同英、美等资本主义国家来往,也不意味着中国政府放弃独立自主,无原则地倒向苏联一边。实行"一边倒",强调"倒向社会主义一边",表明中国革命是世界无产阶级社会主义革命的一部分,中国革命要胜利离不开社会主义苏联的援助。实行"一边倒"外交政策的目的是为了更好地维护独立自主和巩固民族独立,为社会主义经济建设创造良好环境,增强国力,寻求经济援助的伙伴,而以苏联为首的社会主义国家是一个较好的选择。就像毛泽东所说:"帝国主义者如果准备打我们的时候,我们就请了一个好帮手。"①

二、对"一边倒"政策的原因分析

中国在对外政策上向苏联为首的社会主义阵营"一边倒"是在综合考虑世界格局、美国对华的态度和做法、中苏国家利益、意识形态、政权巩固和建设社会主义等方面因素基础上作出的抉择。

(一)受当时的国际环境因素的影响,二战极大地改变了世界格局

中国实行"一边倒"政策的世界政治背景是两极政治格局和两大军事政治集团的尖锐对立,而这两大集团对立的实质就是意识形态和社会制度的根本对立。决心选择社会主义道路的中国共产党在经历了内战之后,面对两大集团对亚洲的激烈争夺,很难选择中立。

苏联和美国由于国家利益的冲突和意识形态的不同,美苏两国由战时盟友变为竞争对手,在经济、政治、军事等方面进行全面对抗。在这种情况下,刚成立的中国没有中间道路可以选择。像保罗·肯尼迪在《大国兴衰》中所指出的那样:"一个国家要么属于美国领导的集团,要么站在苏联一边,没有中间道路可走。"②中国觉察到全世界被泾渭分明地分成两个阵营,在衡量自己实力之后,认为当前最明智的做法就是加入其中一个阵营。因此,在国际环境处于美苏"冷战"和两大阵营激烈对抗的情况下,新中国政府必然只能选择倒向其中一边。

---

① 建国以来毛泽东文稿(1).北京:中央文献出版社,1987:291
② 保罗·肯尼迪.大国兴衰.北京:中国经济出版社,1989:462

(二)美国的态度和做法促使新中国倒向以苏联为首的阵营

美国采取"扶蒋反共"的对华政策,并支持中国的反动势力,敌视和打击中国共产党。即使到新中国成立前夕,美国政府拒绝承认新中国的态度仍然未变。在这种形势下,毛泽东断然指出:"我们是愿意按照平等的原则同一切国家建立外交关系的,但是从来敌视中国人民的帝国主义,决不能很快以平等的态度对待我们,只要一天他们不改变敌视的态度,我们就一天不给帝国主义国家在中国合法的地位"①。

(三)"一边倒"是中苏相互权衡国家利益并积极推动的自然结果

国家利益是新中国确立"一边倒"外交政策的根本出发点,与苏联结盟首先可以使新中国获得安全保障。而斯大林在战前就认为,在苏联处于资本主义国家包围之中的时候,维护苏联的国家安全利益不仅是苏联对外政策的根本目标,也是世界各国无产阶级及其政党的奋斗目标。苏联为实现自身利益,在国共两党之间的取舍问题经历了从"亲蒋疏共"到"两面周旋",再到"联共弃蒋"三个阶段,实际上也是苏联基于国家核心利益在中国进行选择的过程,而采取"联共弃蒋"政策,拉近了中苏的距离。

苏联在新中国成立的第二天就立即与国民党断绝了外交关系,其外长葛罗米柯致电周恩来,宣布苏联与中华人民共和国建交。苏联是第一个承认新中国的国家,苏联给予了新中国极大的支持。新中国为了应付可能遭受的帝国主义武装干涉和苏联曾在近代史上给予中国人民的革命的长期同情和支持,最后新中国决定与苏联为首的社会主义国家联合。

(四)中共注重意识形态,感情上更容易亲近苏联

在中国共产党成立之初,两党就存在着密切的联系,"中国共产党的政治思想、策略路线、理论纲领都在共产国际指导之下……由于分享了俄国革命的集体经验,由于共产国际的领导,中共无疑得到了很大的好处"②,意识形态成为加强中苏相互联系的基本纽带。1949年6月30日,毛泽东在《论人民民主专政》一文中提到:"一边倒,是孙中山的四十年经验和共产党的二十八年经验教给我们的,深知欲达到胜利和巩固胜利,必须一边倒。积四十年和二十八年的经验,中国人不是倒向帝国主义一边,就是倒向社会主义一边,绝无例外,骑墙是不行的,

---

① 毛泽东选集(4).北京:人民出版社,1991:1435
② 埃德加·斯诺.西行漫记.北京:解放军文艺出版社,2002:304

第三条道路是没有的。我们反对倒向帝国主义一边的蒋介石反动派,我们也反对第三条道路的幻想。"①在毛泽东看来,意识形态的一致性,是中苏两党友好合作的坚实基础。中共一直把自己领导的中国革命视为以苏联为中心的国际共运不可分割的一部分。当毛泽东公开宣布实行"一边倒"政策之后一个星期,各民主党派人民团体也发表联合声明,表示完全拥护"一边倒"的方针。

(五)"一边倒"外交政策需要为巩固政权和建设社会主义创造良好的条件

新中国成立之初,新政权当时既面临着国民党的威胁,又面临着美国的威胁。亟须国际社会的支持和援助的中国是千疮百孔、百废待兴,提出"一边倒"外交政策不仅是新中国自身安全和建设的客观要求,而且也是毛泽东在外交上提出与苏联结盟的一个重要的现实依据。中国若要采取左右逢源的外交政策来面对美苏尖锐对立的态势,并要获得强有力的国际援助,显然是行不通。苏联签订中苏新约同意放弃中长铁路的经营管理权,归还在旅顺和大连的基地和设备等;新中国通过和赫鲁晓夫政府的交涉,又进一步收回了许多民族权益。"一边倒"外交政策为新中国在争取自己国家主权和领土完整等民族利益方面起到了积极作用,同时也发展了同苏联的友好关系,使得外交道路逐渐顺畅。

中国战后最大的需要是发展经济,但是依靠自身力量发展缓慢,此时需要借助外在力量进行社会主义建设。新中国成立初,以美国为首的资本主义阵营对新中国进行了严格的封锁和禁运,妄图从经济上扼杀新中国。"1949 年 11 月,在美国的操纵下,西方资本主义国家成立了一个对社会主义国家进行封锁和禁运的国际组织,其中有专门的中国委员会,作为对中国禁运的执行机构,属于禁运的产品有尖端技术产品、军事武器装备和稀有物质三大类,禁运种类有 1000多项。"②因此,只有苏联和东欧的社会主义国家提供给新中国外援,苏联的经济援助对中国经济建设提供了急需的资金、技术、人才和管理经验。

三、对"一边倒"外交政策的评价

马克思主义认为,任何事物的发展都是辩证的,有其利必有其弊。对外关系中坚决奉行"一边倒"的外交政策,给中国带来了积极作用和消极作用,我们应一分为二地看待,在肯定正面作用的同时也要认识到它的负面作用。

---

① 毛泽东选集(4).北京:人民出版社,1991:1473
② 当代世界大事纵览(1945—1990).上海:改革出版社,1991:96

其一，从政治上看，"一边倒"外交政策是近代中国人民革命斗争经验总结的产物，我国同苏联和东欧各人民民主国家签订的条约和协定，"一边倒"战略的确立及实施，为新中国获得国际承认，发展对外关系，粉碎帝国主义的孤立政策起了积极的作用。"一边倒"政策还有助于消除斯大林对中共和政府的偏见。斯大林在经历 1948 年南斯拉夫共产党人坚持自己的独立立场并将其开除出情报局的事件后，对在中国革命中坚持自己独立立场的中共更加敏感和警惕。斯大林还怀疑中共吸收一些民主党派和无党派人士参加新中国的政府工作的做法是要执行亲英美的路线。在两大阵营对峙的世界格局的情况下，中国为了赢得一个相对有利的国际环境来巩固政权，中国政府和人民只有公开表明采取"一边倒"的方针，并且坚决站在以苏联为首的社会主义阵营一边，才能消除苏共和斯大林的偏见和疑虑，增强相互间的了解和信任。新中国的"一边倒"外交政策成功地建立和巩固了同以苏联为核心的社会主义国家的友好关系。

其二，从经济上看，"一边倒"外交政策的确立和实施，为新中国国民经济的恢复和发展提供了强有力的援助和支持；为冲破以美国为首的资本主义阵营的经济封锁提供了动力；为新中国大规模的经济建设争取了急需的资金、技术、人才，乃至管理经验；为推动社会主义工业化进程起了不容忽视的积极作用。"一边倒"战略的实施，使我国与苏联以及东欧社会主义国家建立了良好的互助合作关系，苏东国家对我国战后重建尤其是经济建设提供了大量的经济、科技援助。据统计，从 1950 年到 1957 年 6 月，我国从苏联共得到 4343 套技术资料。

苏联和东欧各国同新中国签订的各种经济技术协议达 110 多个，接受了中国近万名留学生进行现代科技培训，派出 1.2 万余名工程技术人员援华，援建了 242 个大中型工程企业项目（其中东欧国家 68 个）。苏联还根据自身 30 多年的建设经验，为有效地加快了中国恢复国民经济和建立工业化基础的速度，还帮助中国制定"一五计划"。社会主义各国同新中国的贸易额最高年份占到中国出口贸易总额的 76.2%。

其三，从外交上看，新中国在这些外交政策的引导下，积极扩展外交新局面，外交关系速度得到改善，取得了举世瞩目的外交成就。新中国以自己独立自主、平等互利、相互尊重的崭新的外交形象，赢得了亚非拉国家的信赖和支持，并发展了与新兴的民族独立国家，尤其是与邻近的民族独立国家的相互关系，使得新中国在国际舞台上崭露头角，扩大了中国在国际上的影响。"1949 年 10 月 2 日，苏联政府第一个照会中国政府，宣布苏联政府决定同中华人民共和国建立外交关系，并断绝同国民党政府的外交关系。随后，保加利亚、罗马尼亚、匈牙利、朝鲜民主主义人民共和国、捷克斯洛伐克、波兰、蒙古、德意志民主共和国、阿尔巴尼亚、越南等 10 国相继与新中国建交，从而为新中国外交所要解决的第一个问题,即同世界各国建立外交关系,走向国际社会,赢得了良好开端。"①

其四,从军事上看,"一边倒"外交政策的确立及实施,挫败了美国从三条战线上对新中国的军事进逼和威胁,粉碎了美国扼杀新中国于摇篮中的阴谋,维护了我国国家安全和民族独立。新中国成立后,我军在兵种建设、技术装备、人员培训、军校建设和部队条令等方面都得到了苏联的支持和帮助。苏联在"一五"期间援助的156个项目落实了150项,其中44项是军工企业,包括陆海空三军各种主战装备制造厂。中国用不到十年的时间,以几十亿人民币费用创造了世界近现代历史上成本最低和规模速度空前的配套的国防工业基础,而且许多项目至今仍然发挥着作用。

其五,"一边倒"使独立自主的形象存在一定缺陷,使新中国外交的主动性、广阔性和自主性受到一定限制与约束。譬如,在《中苏友好同盟互助条约》签订时,斯大林迫使我国签订了一项秘密的《补充协定》,规定在我国的东北和新疆、苏联的远东和中亚地区,不给予外国人以租让权利,并不许第三国的资本或其公民以间接或直接形式参加商业的、工业的、财政的及其他的社会、企业、机关与团体的活动。此外,中国跟随苏联批评南斯拉夫和铁托,放弃"中间地带"理论,重提"两个阵营"等等,都是新中国缺乏独立自主形象的突出表现。

其六,对苏联经济政治模式的照搬照抄最终带来了严重后果。"一边倒"政策使得中国过分迷信苏联,实行"一边倒"是否意味着丧失独立性。由于苏联在中国经济发展过程中一直起着超强主导作用,使得中国经济面临着巨大风险,面临中苏关系的恶化,过分倚重苏联的经济纽带断裂使得中国蒙受了难以估量的损失,后来的势态发展充分证明严重依赖苏联经验是不可靠的。特别是苏联因素在中国经济发展中的超强作用,一旦中苏关系恶化,这些正如毛泽东所说,在经济建设上照抄苏联,"这在当时是完全必要的,同时又是一个缺点,缺乏创造性,缺乏独立自主的能力。这当然不应当是长久之计"②。

综合来看,"一边倒"外交政策"是历史的产物,并不是哪一个人心血来潮所决定"③,它是与新中国建国初期所面临的国内、国际形势相适应的,也是在当时错综复杂的环境下主观因素决定的无奈结果和客观条件制约下的最优化选择。

【作者简介】 代渝渝 浙江大学思想政治理论教学科研部思想政治教育专业
2012级硕士研究生
浙江 杭州 310028

① 张凯之,杨先材.中华人民共和国卷.北京:高等教育出版社,2001:12
② 毛泽东.毛泽东著作选读(下册).北京:人民出版社,1986:831
③ 薄一波.若干重大决策与事件的回顾:上[M].北京:中共中央党校出版社,1991:36

浅谈中国特色社会主义文化创新

张大汇

【摘　要】　创新是一个民族进步的灵魂,是一个国家兴旺发达的不竭动力。一个没有创新能力的民族,难以屹立于世界先进民族之林;一种缺乏创新意识的文化,难以代表先进文化的前进方向。只有创新,才能促进文化的发展,保持文化的先进性,才能使社会主义文化永葆旺盛的活力,在新世纪焕发出更加夺目的光彩。因此加强中国特色社会主义文化创新极具时代必然性和现实意义。

【关键词】　中国特色　社会主义　文化　创新

推动文化创新,是全面建设小康社会、加快社会主义现代化建设的必然要求。当今世界,文化与经济和政治相互交融,在综合国力竞争中的地位和作用越来越突出。总体上处于弱势地位的发展中国家,不仅在政治经济上面临巨大压力,在文化上也面临严峻挑战。[①] 而文化发展对于社会发展具有重要的方向导引作用,任何时代、任何国家的文化发展,都必须面向和更加适应于特定社会发展的需求。21 世纪以来,国际国内形势发生了迅疾的变化,我们要在激烈的国际竞争中完善社会主义市场经济体制,要积极应对各种社会矛盾,要完成全面实现小康目标的历史使命,各种新情况、新问题层出不穷,文化建设必须对此作出积极的回应。通过文化创新引导人们正确认识社会发展的规律,扬弃那些陈旧观念与行为方式,形成富于创新意识的思想观念,形成健康有序的经济和社会生活规范是非常有必要的。为此,中国特色社会主义文化建设必须立足改革开放和现代化建设的现实需求,着眼世界科学文化发展的趋势,以创新的意识熔铸形成立足民族文化根基、借鉴世界优秀文化成果,具有鲜明时代特征的中国特色社

---

① 闫玉清. 推动文化创新. 求是, 2003 (10)

会主义文化。

一、中国特色社会主义文化创新的内涵和特征

作为社会意识形态的文化是一定社会政治和经济的反映,又对一定社会、政治和经济产生巨大影响和作用。历史证明,文化对人类社会的发展具有巨大作用。毋庸置疑,先进的文化推动社会发展,落后的文化阻碍社会发展。因此,我们需要学会扬弃,学习西方先进的文化,继承优秀的传统文化,摒弃腐朽的过时文化。这些都需要文化创新精神。

创新是先进文化的本质特征,创新的文化必定是先进的文化。先进文化总是反映了一定时期内和一定社会形态下先进生产力和与之相适应的生产关系的根本要求,准确地揭示人类社会发展的规律,顺应未来发展的方向,为人类社会的进步提供强有力的思想保证、精神动力和智力支持。[①]

创新是先进文化具有旺盛生机和活力的源泉,也是先进文化不断增强自身吸引力和感召力的重要途径。一种文化只有具备创新的特质,不断提出新思想、新理论,引领新思潮,推动新发展,才具有强大的生命力。有创新特质的文化是能够立足于实践,面对本土文化和全球文化的资源,推陈出新、继往开来,批判扬弃、创造转化,锻铸出新型文化形态的。中华民族五千年的优秀文化之所以绵延不断,博大精深,具有强大的生命力,就是因为在批判中继承,在创新中发展。它是对中国传统文化和资本主义文化的扬弃,是对经典社会主义所理解的文化理念的超越,是对"五四"以来的现代革命文化传统的创新,是对改革开放和中国特色社会主义现代化建设实践中感性经验的突破。这种创新不仅体现在对母体文化的去糟取精上,体现在对外来文化的辨别吸收中,而且体现在不断自我否定基础上的更新和升华。

文化创新包括知识创新、技术创新、制度创新和人的创新等形式,它们各自在社会发展进程中所起的作用是不同的。

(一)知识创新

知识创新并不是一般意义上的知识参与的创新,而是由知识进步和创造性地运用知识所引发的创新。知识创新在社会发展中的作用在于:其一,"知识就是力量",知识是推动社会发展的重要力量。科学知识尤其是自然科学知识的发现和进步成为推动生产力发展的重要力量,知识创新借助于工业化和市场化实

---

① 李玉芹. 文化创新应注意的几个问题. 学习月刊,2006(5)

现了人类社会的全方位变革。其二，知识创新促进了人的自我解放。知识创新标志着理性精神的高扬，以理性取代神性意味着人的解放。正是由于知识的创新，人才真正获得自由。其三，知识创新是社会可持续发展的基础。自然资源是有限的，这就决定了依赖自然资源实现社会的可持续发展从总体上是困难的。而知识源于人类的智力创造，人的创造力是无限的。所以，知识的增长就其可能性而言也是无限的。

（二）技术创新

技术创新是在知识创新的基础上引致的，是知识创新的延伸。首先，技术创新使经济增长由数量型向质量型转变。经济增长取决于劳动、资本和技术的结合，在信息社会，技术成为经济增长的决定性参量。其次，技术创新诱致制度创新。从某种意义上说，技术创新对制度创新存在着路径依赖，使得技术创新能够顺利地整合到制度框架之中，成为制度的内生变量而发挥作用。再次，技术创新必然导致文化的更新。技术创新所带来的高额利润和生产力水平的提高使其形成了一种文化上的优越感，其所带来的文化示范效应就会通过文化的模仿和攀比机制而发生。为了释放这种文化模仿和攀比的压力，就需要对这种文化示范效应加以整合以及对现存的文化结构予以调整。于是，文化变迁就在不知不觉中完成了。

（三）制度创新

制度是社会交往规则，制度创新的意旨在于对交往规则的改变。制度创新对社会发展的作用在于：第一，制度创新为主体积极性、主动性和创造性的发挥提供开放的自由空间，并使各种社会力量得以整合。第二，制度创新使社会发展日臻理性化、规范化。制度创新实质上就是用合理的制度取代不合理的制度，而衡量制度合理与否的标准有两个，即价值创造标准和价值分配标准。第三，制度创新体现了社会发展的正义追求。正义所追求的是人性的完善和社会的进步，而制度创新的目的就是要把人的发展和社会发展统一到制度建设中来。

（四）人的创新

人的创新首先表现为人的观念创新。人类历史上的每一次重大变革，无一不是以观念创新为先导。观念创新的作用在于：解放思想，破除旧思想观念和思维方式对人们的束缚，唤醒人们的变革意识，并为社会变革提供理论支持和合法性论证。人的创新还表现为人的实践创新。实践创新是推动社会生产力发展的强大动力，人类历史上新工具、新技术的发明和采用都是实践创新的产物。人的创新又表现为人的素质的不断提高。文化创造不仅改变着外部自然,而且也改变着人自身,其突出表现就是人的素质的提高,尤其是人的科学文化素质和思想道德素质的提高。人的创新以观念创新为先导,以观念创新指导实践创新,通过实践创新提高人的素质,由此推动社会发展。①

二、中国特色社会主义文化创新中要注意的问题

文化创新力是继文化生产力之后文化软实力的又一核心要素。② 马克思主义认为,生命是物质的存在形式,是事物内部矛盾运动的过程。生命的存在是以吸收外界营养,进行新陈代谢和自我更新为前提条件的。文化同世界上的万事万物一样,时刻处于除旧布新、自我否定的永恒发展的过程中。旧文化终将被更加新型的、更具生命力的新文化所代替。时代在永不停顿地发展着,人类文明在永无休止地演进着,文化也是随着社会的发展而不断创新、变革、前进的。中国先进文化想要长期保持自己作为先进文化的地位,就必须与时俱进,开拓创新。③ 然而,文化的形成发展史经历了一段相当长的历史时期的,它有一定的惰性。这就决定了文化创新并不是一朝一夕就能完成的。而且,即使在实现了文化创新,其实现过程中或实现后还是会出现种种不安定因素和问题,这些尤其需要引起我们足够的重视。

(一)文化创新与继承传统的问题

中华民族保存下来的优秀文化传统是弥足珍贵的,是文化创新的基石。创新并不是与传统割裂,它是在继承传统基础上的创新,二者是相辅相成的,而不是对立的。因此,我们必须了解什么是优秀传统文化,如果我们不熟悉、不了解,就漫谈创新,肯定是不伦不类、没有生命力的创新。毛泽东说过:"我们必须继承一切优秀的文学艺术遗产,批判地吸收其中一切有益的东西,作为我们从此时此地的人民生活中的文学艺术原料创造作品时候的借鉴。有这个借鉴和没有这个借鉴是不同的,这里有文野之分,精细之分,高低之分,快慢之分。所以我们决不可拒绝继承和借鉴古人和外国人,哪怕是封建阶级和资产阶级的东西。但是继承和借鉴决不可以变成替代自己的创造,这是决不能替代的。文学艺术中对于古人和外国人的毫无批判的硬搬和模仿,乃是最没有出息的最害人的文学教条主义和艺术教条主义。"因此,只有把到底什么是优秀传统文化搞清楚了,才能够

---

① 李新昌. 文化创新及其在社会发展中的作用. 商场现代化,2005(9)
② 邹徐文. 论中国特色社会主义文化建设. 南京:江苏人民出版社,2010:43
③ 王文章. 中国先进文化论. 北京:文化艺术出版社,2005:95

以此为基石,创造出更新更优秀的文化内容与形式。

(二)文化创新与借鉴的问题

借鉴一切世界文明成果,博采众长,学习吸收,为我所用,为我所有,这是中华优秀文化得以保存和流传下来的一个重要原因。中国传统文化中的许多事物其实都来自其他国家和地区,之所以这些都成了中华民族优秀传统文化,就是通过借鉴,经过咀嚼、消化、吸收,再深入融汇、得其精髓之后才变成自己的东西。照搬照抄、不加消化剽窃别人的东西是可耻的,是会遭到历史唾弃的。

(三)文化创新与名利观的问题

文化创新是一个复杂、艰辛的劳动过程,也是突破固有传统、充满未知和风险的过程。因此,它需要耐住寂寞、守望理想,摒弃浮躁虚荣的心理和急功近利的心态。如果一个人在创新过程中过多想的是金钱荣誉、提高地位、改善生活等,他是很难成功的。潜心研究、淡泊名利的精神值得我们大力提倡,值得我们在进行文化创新时学习。当然,我们也应该切实解决正在文化创新的人的物质条件和生活状况等问题,为他们创造良好的工作环境,让他们能集中时间和精力投入到文化创新中,而不为名利所累。可以相信,只要我们有宽松、良好的创新环境,中国特色社会主义文化创新事业一定能够蓬勃发展起来。

(四)文化创新与文化创意问题

如果说创意是一颗颗散落的珍珠,那么创新就是串起这些精美珍珠的项链。创新的最大价值在于它为商业创造了财富。没有创造价值的创意是没有意义的。创新来源于创意,但高于创意。创意和创新并不仅仅是一字之差,"意"更在于出发点,"新"更注重结果;从需求、产生环境、保障机制、可实现性上来说,创新和创意都是不同的。创意常常是天马行空,创意的结果和过程不一定能够面向实际应用;而创新更需要执行力和制度的保障,创新包含了研究和实践的过程。只有把创新和创意很好地结合,文化才能真正大发展。

总之,在文化创新中肯定会遇到各种各样的问题。我们亟须建立一种符合我们自己现代化需求的现代性思想,使我们既解放思想、高瞻远瞩,又实事求是,根据实践中出现的新情况,阐明新问题,在理论上不断创新。只要我们以科学发展观为指导,进行扎扎实实的文化创新,我们的文化就能适应形势和现实的需要,才有生命力,才是有意义的真正的文化创新发展。[①]

---

① 曾定柱. 以科学发展观为指导,大力推进文化创新. 理论导报,2009(1)

三、中国特色社会主义文化创新体系的建设

当前,我们越来越认识到,文化创新能力是一个国家、一个民族智慧与文明的集中体现,也是一个国家和民族综合实力的重要标志。[①] 要成功地构建中国特色社会主义文化,完成中国文化的现代转型关键在于创新。只有自觉地实现中国特色社会主义文化的创新,我们才能在文化全球化的进程中,既保持自己的民族特色,又能为推动世界文明的不断繁荣与发展作出应有的贡献。[②] 要实现中国特色社会主义文化创新的健康平稳快速地发展,首先要明确文化创新的力量来源,其实就是中央政府和地方各级政府和文化行业,他们为文化创新提供了基本的动力。有动力自然有阻力,他们主要是指观念层面和物质层面的两个阻力:前者是人们观念转变总是要滞后于现实的变化的阻力;后者是既得利益阶层的阻力。因此,如何把协调好动力与阻力的关系,尽量扩大动力,减少阻力的影响,形成相对均衡的和谐状态是进行中国特色社会主义文化创新的题中之意。[③]

任何一种文化体系,具有其自身的完整结构,它又可分解为物质文化层次、制度文化层次和观念文化层次,而且每一层次又有若干要素组成。文化的创新就是每一种要素的变化,每一个层次的变化,从而引起局部和整体性的变化。[④]因此,要真正处理好文化创新进程中的问题,搞好文化创新建设,就可以从以下三个大方面来解读。

(一)物质层次的文化创新

要立足于改革开放和现代化建设实践,努力发现、总结、提升人民群众在推动历史进步的过程中创造出来的新的文化,改造和提高传统文化,借鉴和吸收世界优秀的文明成果,从而使中国文化立足中国现实,着眼于世界科学文化发展的前沿,站在时代前列,扩大对外影响。从近代开始的中国文化改革,其中标志事件是以"中学为体,西学为用"的洋务运动。由洋务运动引进和传播的西方先进科学技术对于中国传统文化,尤其是儒家文化产生了巨大的冲击,同时给中国的传统教育带来了巨大的动摇,也使中国人的思维方式产生了巨大的变化。[⑤] 这个变化从历史的视阈来分析显然是非常值得肯定的。

---

① 邹徐文.论中国特色社会主义文化建设.南京:江苏人民出版社,2010:45
② 涂莹.中国特色社会主义文化创新的全球化视角.菏泽学院学报,2010(1)
③ 冯天瑜.中国特色社会主义文化建设研究.武汉:武汉大学出版社,2008:48-51
④ 陈胜云.中国特色社会主义文化实践论.上海:三联书店,2009(74)
⑤ 陈胜云.中国特色社会主义文化实践论.上海:三联书店,2009(75)

（二）制度层次的文化创新

积极探索和建立适应社会主义市场经济、符合当代中国先进文化要求、遵循精神产品创作生产规律的管理体制和运行机制，为生产更多思想精深、艺术精湛、制作精致的优秀作品创造良好的社会环境，积极培育有国际竞争力的文化产业，走出一条中国特色社会主义文化的发展道路。洋务运动有一个重要变化，就是从其内部产生了一批资产阶级改良派和后来的维新派。他们强调学习西方的政治制度，"西学"要学，"西政"也要学。虽然最终没有成功实现维新变法的初衷，但就其实行的过程而言，维新变化企求制度变革，也相应带来了文化变革，艰难地实现了文化创新。

（三）观念层次的文化创新

发展先进文化要求我们敢于从一切不适应时代要求的传统文化观念的束缚中突破出来。面对经济方式多样化的趋势，面对小康社会人民群众精神文化需求的不断增长，面对世界范围各种思想文化的相互激荡，我们必须解放思想，紧密结合改革开放和发展社会主义市场经济的新实际、新要求，在全社会大力提倡自立意识、竞争意识、效率意识、民主法制意识和开拓创新精神，确立与发展社会主义市场经济相适应的新价值、新观念、新道德、新规范，增强中国特色社会主义文化的生命力、感召力和吸引力。[①] 从洋务运动到戊戌变法，已经发生了中国人思想和制度上的文化变迁。直到辛亥革命后，新文化运动蓬勃发展之际，中国的文化变革促进了观念层次的近代化进程。新文化导致中国人在伦理、心理层面上展开了近代化，尤其经过五四新文化运动后，中国人的思想观念就大体上实现了传统向现代的深刻转变。

物质、制度、观念三个层次的文化体系，是有内在联系的。文化的创新，也需要这三个层次的互动。其实质是吸取精华剔除糟粕的过程，也就是批判的继承。[②] 当今中国的文化建设显然将在这三个层次上进行前所未有的创新，从而真正构建起适应中国特色社会主义现代化建设伟大事业的先进文化。

【作者简介】 张大汇 浙江大学思想政治理论教学科研部思想政治教育专业 2011 级硕士研究生

浙江 杭州 310028

---

① 刘婷. 全球化背景下的文化创新. 云南社会科学，2003 年理论专辑
② 陈胜云. 中国特色社会主义文化实践论. 上海：三联书店，2009(78)

科学发展观视阈下的人民民主

张诚磊

【摘　要】　党的十八大把科学发展观同马克思列宁主义、毛泽东思想、邓小平理论、"三个代表"重要思想一道,定位为党必须长期坚持的指导思想。坚持科学发展观,核心是坚持以人为本,全心全意为人民服务。以人为本思想也是对我国古代民本思想的升华与扬弃。实现符合我国国情的人民民主是实现以人为本理念的政治前提。民主的形式有很多,其中依法治国与公民参与就是重要的保障民主的手段。

【关键词】　科学发展观　以人为本　人民民主　依法治国　公民参与

　　科学发展观第一要义是发展,核心是以人为本,基本要求是全面协调可持续,根本方法是统筹兼顾。以人为本之所以是科学发展观的核心,主要有以下三方面原因:第一,以人为本是历史唯物主义的一项基本原则。第二,以人为本是我们党的根本宗旨和执政理念的集中体现。第三,以人为本全面回答了科学发展观的一系列基本问题。

　　自胡锦涛在 2003 年 7 月 28 日的讲话中提出以来,科学发展观经历了近十年的补充和完善,终于在中国共产党第十八次全国代表大会上写入党章,成为中国共产党的指导思想之一。它标志着马克思主义和中国国情相结合达到了新的高度和阶段。十六届三中全会被认为是科学发展观初步形成的标志,一个重要的原因就是,在这次全会的文件中第一次正式写入了"以人为本"这个概念,并把它与全面、协调、可持续发展的概念,与"五个统筹"的概念作为一个内在联系的有机整体,从而使科学发展观有了最初的理论形态。① 胡锦涛在 2004 年 3 月 3

---

① 　武边.科学发展观内涵论析.党的文献,2012(2)

日的中央经济工作会议上的讲话中明确指出:"坚持以人为本是科学发展观的本质要求",突出强调了以人为本在科学发展观中的重要意义。十八大报告中也指出:必须更加自觉地把以人为本作为深入贯彻落实科学发展观的核心立场,始终把实现好、维护好、发展好最广大人民根本利益作为党和国家一切工作的出发点和落脚点,尊重人民首创精神,保障人民各项权益,不断在实现发展成果由人民共享、促进人的全面发展上取得新成效。

以人为本就是以人民根本利益为本,就是把人作为社会的主体和发展的中心。坚持以人为本,就是要坚持一切从人民群众的需要出发,促进人的全面发展,实现人民群众的根本利益。人的全面自由的发展固然有很多种定义,但是马克思主义赋予了其最科学的内涵。马克思主义从分析现实的人和现实的生产关系入手,指出了人的全面发展的条件、手段和途径。所谓人的全面发展,即指人的体力和智力的充分、自由、和谐的发展。其中,保证人民的政治参与权利,实现广泛的人民民主,是实现人自由发展的必要条件,也是实现人的全面发展的前提条件。

在当前我国的国情下,坚持以人为本和人民民主专政是相辅相成、互相促进的。中国是社会主义国家,我国的政治制度是人民民主专政,人民当家作主。因此,坚持以人为本的执政理念也是对坚持人民民主专政制度的具体落实。同时,我国实行人民民主专政是坚持以人为本的最好体现。正是因此,坚持人民民主专政是我国立国之本,是四项基本原则之一,已经被写入到我国的宪法之中。改革开放以来,坚持以人为本这一理念的必要性得到了进一步的加强。它突出了政府为社会主义经济建设服务的国家职能;它为改革开放和社会主义现代化建设创造了良好的国内条件;最重要的是,为发展人民民主,实现决策民主化做出了重要贡献。因此,要落实人民民主,就必须坚持以人为本。

以人为本的思想不仅是执政的中国共产党基于当代中国基本国情,对三代中央领导集体相关重要思想的继承和发展,同时也显然吸收了古代中国治理文化的优秀理念。传统丰富的民本思想是科学发展观以人为本思想的重要借鉴,科学发展观的以人为本思想是对传统民本思想的进一步升华与跨越。[①] 我们知道,传统的民本思想萌芽于商周之际,最早可追溯至《尚书》。《尚书·盘庚》提出"重我民"、"施实德于民",宣称君王应重视民意、民生;《尚书·五子之歌》较为明确地提出"民惟邦本,本固邦宁"的民本观点。春秋时期民本思想逐渐形成与完善。在中国思想史上首次提出"以民为本"的是《晏子春秋》:"卑而不失尊,曲而

①　丛茂国.科学发展观的以人为本与传统民本思想.大连海事大学学报(社会科学版),2012(1)

不失正者,以民为本也。苟持民矣,安遗道;苟遗民矣,安有正行焉。"①《管子·霸业》里则首次提出了"以人为本"的概念:"夫霸王之所始也,以人为本,本理则国固,本乱则国危。"②到了唐代,更有号称"千古名君"的李世民提出了"水能载舟,亦能覆舟"的理念。当然,上述这些思想,只不过是统治阶级为了巩固自己统治而服务的,并未提及如何让民众在现实政治生活中得到民主权利,参与国家事务。与这些古代旧思想所不同的是,一切为了人民,一切依靠人民,是马克思主义政党最鲜明的政治立场。科学发展观之所以坚持以人为本,就是尊重人民主体地位,发挥人民首创精神,保障人民各项权益,走共同富裕之路,促进人的全面发展,做到发展为了人民,发展依靠人民,发展成果由人民共享。③ 其中保障人民各项权益中就包括了其政治权益。这是对马克思主义人学思想的最好继承和发扬。

中国共产党的第一代领导核心建立了以人民代表大会以及多党合作和政治协商制度为主的人民民主专政体制。随后的领导集体根据国情与世情的变化,对人民民主的具体表达和操作实施不断做出了符合时代潮流的改进。

中国共产党在其十八大报告中根据我国经济社会发展实际,提出了要在十六大、十七大确立的全面建设小康社会目标的基础上努力实现新的目标,其中就有关于人民民主的条目:"人民民主不断扩大。民主制度更加完善,民主形式更加丰富,人民积极性、主动性、创造性进一步发挥。依法治国基本方略全面落实,法治政府基本建成,司法公信力不断提高,人权得到切实尊重和保障。"④其中,人民积极性、主动性、创造性进一步发挥意味着积极着力于提高公民参与程度。政府可以通过公共政策这个桥梁,以科学发展观为指导,促进公民更多更全面地参与到国家政治生活中来,从而更好地推进人民民主的建设。

公民参与、公共政策和科学发展观之间包含着丰富的逻辑必然联系。科学发展是总领、是统率,起指导作用,公共政策是工具、手段,公民参与是公共政策落实科学发展观的核心要素和灵魂,既体现公共政策的价值诉求,也体现科学发展观的总体要求。⑤ 所谓的公民参与是"指本身即非政府组织,又非专业人士的社会大众,对一些有关他们生活质量的公共政策及机构的决定作出影响的活动

---

① 朱明贤,杨森.传统民本思想的意蕴及内在矛盾.河北学刊,2008(1)
② 曹应旺.科学发展观渊源中的中华文化传统.党的文献,2006(6)
③ 曹应旺.科学发展观渊源中的中华文化传统.党的文献,2006(6)
④ 十八大报告文件起草组.新时期党的建设伟大工程——十八大报告辅导读本.国家行政学院出版社,2012(11)
⑤ 程德慧.公民参与:公共政策落实科学发展观的逻辑必然.郑州大学学报(哲学社会科学版).2012(1)

和行为"。公民参与是一种政治性的活动,是对政府或其他团体行为的监督。它的主体是普通公民,它也是普通大众的行为。通过鼓励公民参与,政府的决策过程和结果将体现民主化。

科学发展观作为一种政策理念要求公共政策在制定和执行的过程中,时刻把最大多数人的利益放在第一位。我们知道,过去的公共政策由于过分强调发展的效率性而忽视了人是发展的最终目的,使我们在追求经济快速发展的过程中付出了巨大的社会代价,也因此受到了大自然的惩罚。实践证明,人是发展的最高目的,公共政策必须改变过去精英决策的管理模式,实现广大公民的积极有序参与。这样的政策才能代表民意,符合民情。离开了公民的积极参与,公共政策根本无法代表最大多数公民的意愿和需求,无法得到公民的认同,容易引发政策的合法性危机。① 从中我们可以看出,民主的价值和意义,只有通过公民参与才能真正实现。换言之,只有通过公民参与,民主政治才能真正运转起来。可以说,没有公民参与,就没有民主政治,就谈不上人民民主,也就更谈不上落实科学发展观的问题。

公民参与的渠道并不单一。社会上存在着各种各样的渠道,公民可以通过这些渠道去影响公共政策和公共生活。在城乡社区治理、基层公共事务和公益事业中实行群众自我管理、自我服务、自我教育、自我监督,是人民依法直接行使民主权利的重要方式。在依法参与民主选举、依法参与民主决策、依法参与民主监督,即通过选举与被选举等传统方式实现公民参与之外,近年来网络的普及也带来了新的高效的公民参与手段。微博就是其中一个很好的提供公民参与的平台。这一点在深圳"5·26飙车事件"中表现得非常突出,有较大的参考和借鉴意义:2012年5月26日凌晨3点多,一男子驾着一辆价值百万的跑车以据称接近200公里的时速在深圳市滨海大道上行驶,先后与两辆出租车发生剧烈碰撞,其中一辆电动出租车起火,该车内的三人(出租车司机和两名女性乘客)当场身亡。7小时后,自称为肇事司机的侯某到福田交警大队投案自首。经检测,认定侯某酒后驾驶,交警依法对其刑事拘留。然而因为侯某身上无明显伤痕,与目击人所见不相符,死者亲属与网友怀疑侯某为"顶包者"。经过此后几天持续地在网络发酵,公众对此案的强烈质疑使得深圳交警部门陷入了一场严重的公共舆论危机中。作为事故处理方的深圳交警部门始终成为公民情绪发泄的核心对象,其实名账户为"@深圳交警"的政府微博也始终成为网络民意表达的集散地,成为网络舆论的晴雨表。对此,在接下来的8天内,"@深圳交警"一共发布了

① 程德慧. 公民参与:公共政策落实科学发展观的逻辑必然. 郑州大学学报(哲学社会科学版). 2012(1)

19 条微博,公布了有关当事人的全部视频和音频,事实的真相逐渐被还原。6 月2 日下午,随着一名网友代表以横幅的形式向交警部门表示歉意和慰问,深圳交警部门的微博公关终于使得自己在这场网络公共舆论危机中走出来,并总体上得到了外界的认可和赞许。

在整个事件中,微博对公共舆论的产生、发展都发挥了非常重要的作用,以"@深圳交警"为首的政府微博扮演了政府网络发言人的角色,承受了巨大的舆论压力,并成为政府与公众沟通互动的重要平台。由此也能看出,随着技术的发展,公民参与的渠道趋向多样化、高效化。这意味着实现人民民主的途径也越来越多。

特别值得指出的是,落实人民民主和公民参与,必须强调依法治国这一原则。依照十八大报告的精神,法治始终是治国理政的基本方式。我们要推进科学立法、严格执法、公正司法、全民守法,坚持法律面前人人平等,保证有法必依、执法必严、违法必究。完善中国特色社会主义法律体系,加强重点领域立法,拓展人民有序参与立法途径。在强调各项民主建设的同时,不应忽视法律的约束。只有在法律范围下的民主,才是真正的人民民主,才不会变成"多数人的暴政"。

总之,正如习近平同志代表新当选的政治局常委在十八大的新闻发布会上说的那样:人民是历史的创造者,群众是真正的英雄。人民群众是我们力量的源泉。因此,科学发展观把以人为本作为核心,就要求我们把实现人民民主作为发展的重要手段和目标。实现人民民主,是深刻落实以人为本思想的必要条件,是全面贯彻科学发展观的具体表现,也是实现人的自由全面发展的重要前提之一。

【作者简介】 张诚磊 浙江工业大学政治与公共管理学院 2012 级硕士研究生 浙江 杭州 310023

思想政治教育的理论
与方法研究

大学生核心价值观教育：
基于马克思主义人学的视角

作者段 —

林　洁

【摘　要】　大学生核心价值观教育是当下的一个重要命题，这是一个从个人自发到社会自觉的必然过程。本文从马克思主义人学的视角分析人的本质、人的价值和人的发展问题对于大学生核心价值观教育的重要意义，并指出当前大学生核心价值观教育现状存在着对马克思主义人学理论背离的某些片面性，最后以马克思主义人学为指导提出价值选择、价值整合和价值重构的核心价值观培育路径。

【关键词】　核心价值观　马克思主义人学　人的本质　人的价值　人的发展

　　人学是关于人的哲学，是"从整体上研究人的存在、人性和人的本质、人的活动和发展的一般规律，以及人生价值、目的、道路等基本原则的学问"①。与其他人学理论相比，马克思主义人学更注重人的实践交互性，是从整体上研究人的本质、价值、需要及人与自然、人与社会、人际关系学说的总论。② 思想政治教育工作归根到底是做"人"的工作。因此要以马克思主义人学为理论基础，是马克思的人学思想向社会生活实践的渗透和延伸。马克思主义人学旨在从现实的人出发，使思想政治教育在深刻把握人的需要、本质、价值和发展规律的基础上，引导人内化形成科学的世界观、人生观、价值观。大学生核心价值观教育是高校思想

---

①　陈志尚.人学原理.北京:北京出版社,2004:5
②　张立文.新人学导论.广州:广东人民出版社,2000:74

政治教育的重要内容与方向，所以大学生核心价值观教育必然以马克思主义人学为指导思想，以现实的人为研究对象，以人的本质问题为内在基础，以人的价值实现为本质要求，以人的自由全面发展为最终目标。正是在这样的人学思想关照下，我们才能够实现人与自然共生共长、人与人合作相处、人与社会协调并进，从而为新时期大学生核心价值观教育打下坚实的基础。

一、马克思主义人学是大学生核心价值观教育的指导思想

任何一种文化，都有凝结和贯穿其中的最深层的内核和精髓，这就是核心价值观。用马克思主义人学理论指导开展大学生核心价值观教育具有重要的理论价值和现实意义。在马克思的人学视野中，"人学范畴是一个现实范畴而不是一个思辨范畴"。① 马克思主义人学从人本身出发，关注人的生存和发展，从实践出发，揭示了人具有不断扬弃自身局限到实现全面自由发展的能力。核心价值观教育的主体也是人，人的发展效果直接影响其发展效果，因此核心价值观教育应以马克思主义人学为理论基础，注重对人的生存的关切，对人的生存价值和意义的唤醒与提升，不游离于人的存在之外考察核心价值观教育，充分尊重人的创造性，为人的创造能力发挥以及人的自由全面发展创造良好的环境。

（一）人的本质问题是马克思主义人学的核心，也是大学生核心价值观教育的内在基础

人的本质存在于现实的、可感知的、发展变化着的社会关系之中，是人类本质与社会本质的统一。马克思在《1844年经济学－哲学手稿》中指出："一个种的全部特性、种的类特性就在于生命活动的性质，而人的类特性就是自由的有意识的活动。"②这种活动是人区别于动物的类的规定性。马克思在《关于费尔巴哈的提纲》中总结出："人的本质并不是单个人所固有的抽象物。在其现实性上，它是一切社会关系的总和。"③由于社会关系是具体的、历史的，这就意味着人的本质不是静止的、孤立的，它会随着社会关系的发展变化和人的实践活动的不断丰富而发生变化。现实的人也总是处在特定的社会关系和特定历史条件下的人。认识现实的人的本质是大学生核心价值观教育的内在基础，它直接影响我们的实践活动。因此，开展大学生核心价值观教育一方面要尊重人的本质，弘扬

---

① 韦兆钧.科学发展观是马克思主义人学理论的继承和发展.经济与社会发展,2008(1)
② 马克思恩格斯选集(1).北京：人民出版社,1995:46
③ 马克思恩格斯选集(1).北京：人民出版社,1972:18

人的主体性,充分确立大学生在核心价值观教育中的主体地位,发挥人的主体作用。因为马克思认为"人始终是主体"①,马克思主义历来主张把人当做人、当做主体来看待,反对蔑视人,只把人当做某种"手段"②。发挥人的主体性的关键在于学会唤醒,充分发挥大学生的能动性、自主性和创造性,使之内化为自身价值实现的动力。唤醒是一种"由内而外"的激活,③它旨在引起大学生价值观的内在认同,唤起大学生价值观的内在自觉,激起大学生价值观的内在修正,从而实现大学生核心价值观教育的根本宏旨:将核心价值观体系融入大学生内在的价值观结构。另一方面,我们也要因人而异地开展核心价值观教育,把人放在特定的不同的社会关系中,具体问题具体分析,结合大学生的思想实际,有针对性地制订教育计划,有效地解决各类价值观教育问题。

（二）人的价值问题是马克思主义人学的支柱,也是大学生核心价值观教育的本质要求

马克思提到:"'价值'这个普遍的概念是从人们对待满足他们需要的外界物的关系中产生的。"④可见,对于主体而言,价值是一种"被给予方式",是主体从自身需要出发,针对客体对主体的作用、意义而得出的认识和态度。关于人的价值,马克思指出:"人是一个特殊的个性,并且正是他的特殊性使他成为一个个体,使他成为一个现实的、单个的社会存在物,同样地他也是总体、观念的总体、被思考和被感知的社会的主体的自为存在。"⑤由此可见,个人构成社会,"不管个人在主观上怎样超脱各种关系,他在社会意义上总是这些关系的产物"⑥。这说明,个人价值只有在社会中才能体现,同时社会价值也离不开全体个人价值的共同实现。人的价值总是在一定的社会生产关系中通过各种现实活动来实现。社会文化环境影响着个人价值的实现,个人价值的定位又与一定的社会价值目标相联系。正如马克思所说:"人们奋斗所争取的一切,都同他们的利益有关。"⑦而且,"'思想'一旦离开'利益',就会使自己出丑。"⑧。核心价值观教育问题的关键是,在当今高校如何对待和怎样实现大学生的合理的利益诉求,在多大

---

① 马克思恩格斯全集(42).北京:人民出版社,1957:130
② 张耀灿,曹清燕.我国思想政治教育人学研究述评.理论探讨.2008(3)
③ 田发银.青少年核心价值观教育要学会唤醒.光明日报,2012-08-22
④ 马克思恩格斯全集(19).北京:人民出版社,1963:406
⑤ 马克思恩格斯全集(42).北京:人民出版社,1979:122—123
⑥ 马克思恩格斯全集(2).北京:人民出版社,1995:102
⑦ 马克思恩格斯全集(1).北京:人民出版社,1956:82
⑧ 马克思恩格斯全集(2).北京:人民出版社,1957:103

程度上满足保障和改善大学生的现实需求，从而实现个人价值和社会价值的和谐统一。因此，核心价值观教育在传递社会要求的同时，应尊重人的个人价值，并通过实践活动积极去实现个人价值，这有利于个人自觉内化社会价值，增强自我意识，在较大的程度上实现权利与义务、索取与贡献的统一，也有利于推动学校和社会发展。

（三）人的发展问题是马克思主义人学的根本，也是大学生核心价值观教育的最终目的

人的自由全面发展是马克思主义人学的最终诉求，是社会主义的本质要求。一部人类社会发展史，其实就是一部人类自身不断发展和解放的历史。马克思关于人的自由全面发展的理论，揭示了人类发展的理想和追求。马克思指出："代替那存在着阶级和阶级对立的资产阶级旧社会的，将是这样一个联合体，在那里，每个人的自由发展是一切人的自由发展的条件。"[①]这是一个彻底的集体主义的命题，它正确地解决了人类社会始终存在的"每个人与一切人"的关系及其所包含的诸多矛盾。共产主义社会将是"建立在个体全面发展和他们共同的社会生产能力成为他们的社会财富这一基础上的自由个性"[②]的阶段。这个社会以每个人的全面而自由的发展为基本原则，此时人将作为一个更加完整的人，能够占有更全面的本质。在马克思的人学思想里，人的发展包括人的自由和全面发展两个方面。只有个人得到普遍的全面发展，人性得到充分释放，才能获得人类社会的自由发展；同样，只有个人充分自由发展了，才能达到人的全面发展。人的自由全面发展的过程实质上就是人的主体性不断提升、劳动能力不断提高、社会关系不断丰富、综合素质不断完善的过程。在这一过程中，核心价值观教育起着重要的作用。因此，大学生核心价值观教育要把人的自由全面发展作为最终目标，不仅要注重人的社会性，培养与时代和社会发展要求相适应的具有健全政治人格的人，而且还要创设有利于人的自由个性生成和发展的各类载体和各种形式，使人在实践中拥有实现自身生存和发展内在需求的个人价值，激发人的主动性、积极性和创造性。

---

① 马克思恩格斯选集(1).北京：人民出版社,1995:273
② 马克思恩格斯全集(46).北京：人民出版社,1995:104

二、大学生核心价值观教育现状存在着
对马克思主义人学的某些背离

价值观作为一种社会意识，必然取决于社会现实存在，并随着社会环境和时代主题的变迁而变化。大学生作为一群思维最活跃、最富有创新精神的高智力敏感群体，其价值观更易受到社会变迁的影响。实际上，当代大学生核心价值观塑造是与改革开放 30 多年价值再构的进程耦合并行的，是在文化多元的语境下锤炼养成的，具有一定的历史性和复杂性。当前我国正处在全球化背景下的社会转型时期，西方文化思潮的冲击，经济体制的变革，社会结构的变化，利益格局的调整，思想观念的变化，对大学生价值观的选择与追求产生了重大影响。大学生的价值观既在传统的价值体系中萌芽生成，也受到现代价值体系的滋润催化，还受到外来价值观的渗透辐射，呈现"多元并存、新旧互动"[①]的特点。

多元分化的价值观既给大学生多种选择，也容易导致他们的价值混乱、价值冲突和价值迷失。概括地说，在个人与社会、理想与现实、物质与精神这三对核心关系的选择中表现出大学生现存价值观与社会主导价值观之间的某种偏离。

（一）一定程度上的高校教育异化导致价值扭曲和价值混乱

教育异化是一种客观存在，是当前我国大学教育中面临的一个严峻问题。"从当今的教育来看，知识不但没有使人获得更多的自由和解放，相反，却成为统治学生发展的权威。学生受的教育越多，生命力越是痿弱，心灵和道德受到的伤害也越多，这就是教育的异化。"[②]从价值性标准的角度来看，教育异化是对教育培养完整、和谐发展的人的教育本质的偏离和背弃，其后果是导致了人的发展的异化。教育异化具体表现为两个方面："教育被异化"和"人被教育异化"[③]。"教育被异化"是指学校教育因素的价值导向作用的扭曲和变异，学校教育过度重视智力教育而将价值观教育边缘化，使得大学生将社会主义核心价值体系的学习仅仅当做是一种知识接受，而不会真正内化为自己为人处世的价值标准，更无法奢谈在现实社会中去实践。"人被教育异化"是指对学生过度强调个人义务而将个人利益完全忽视，往往忽视对个人利益和集体利益、个人利益和他人利益如何兼顾的正面疏导，尤其过分强调舍己为人和舍己利人。这种单边做法的结果就

---

① 王涛,戴均.改革开放 30 年来大学生价值观变迁的轨迹及其规律研究.高等教育研究,2009(10)
② 甘剑梅.论新时代的教育异化.宁波大学学报(教育科学版),2003(2)
③ 杨威,胡海建.高等教育大众化过程中的异化现象及消解.高教探索,2010(5)

是大学生对社会主义核心价值体系表现出一定的认同性和趋向性，又表现出在个人利益受到威胁时，大学生社会主义核心价值体系践行的妥协性和不彻底性。个人与社会的冲突导致了大学生面对价值选择时的价值扭曲和价值混乱，并对传统的价值引导产生质疑，从而一定程度上造成了核心价值观培养的心理障碍。

（二）一定程度上的高校教育僵化导致价值冲突和价值眩晕

高校教育僵化是指学校教育的墨守成规和裹足不前，使得其在大学生核心价值观培养中的影响逐渐削弱，主要包括教育体制的僵化、教育思维的僵化、教育内容的僵化和教育方式的僵化。在现实的高校教育中，由于传统教育理论与实际工作者在个体认识上存在的陈腐陋见、对模式化教育认同的思维枷锁、因"囚徒困境"的思想顾虑而不敢尝试的教育行为，都羁绊了创新教育的实践与发展。太多的习惯思维、求同思维在很大程度上左右了大学生的思想，阻碍了他们的个性发展。[1] 归根结底，我国的教育在很大程度上仍是一种模式化的教育。由于教育体制的墨守陈规、教育思维的保守僵化、教育内容的过时过死和教育方式的陈旧单一，导致了办学过程中的功利主义、形式主义、浮夸之风泛滥，导致大学生群体中没有形成正确的价值观，甚至与社会主义核心价值观完全背离的拜金主义、腐朽享乐主义、极端个人主义非常盛行。

这说明理想与现实的反差导致了大学生价值冲突凸显，大学生处于一个价值眩晕期。价值冲突主要表现在两个层面[2]：一是社会主导价值观与大学生的主体价值观的冲突。二是大学生自身的多维价值取向和价值评价标准的冲突。主要表现为价值认知与价值行为的冲突。具体反映在：第一，对不同事物或现象的价值判断依循不同的标准，造成各类价值判断之间缺少较高程度的一致性。第二，价值选择常常自相矛盾。这种现象的进一步发展必然会造成社会主义核心价值观培养的行为嬗变，使得高校社会主义核心价值观的培养工作失去支持和支撑而成为"无源之水"和"无本之木"。

（三）一定程度上的高校教育弱化导致价值困惑和价值迷失

核心价值观的强调就意味着非核心价值观的存在，就意味着边缘价值观与核心价值观统一于社会生活的价值观体系中。由于当前高校实行专业教育，过分注重学生外在的知识技能的培养，忽视了内在的德性修炼，使得大学生存在重利不重义，学历与修养相脱节等现象。高校业务发展和价值观教育一直呈现"一

---

[1]　http://news.qq.com/a/20070527/000477.htm 中青报：大学生就业意识创新：教育何为？
[2]　王涛，戴均.改革开放30年来大学生价值观变迁的轨迹及其规律研究.高等教育研究，2009(10)

手硬"和"一手软"的现象,①重业务发展和轻道德教育的现状使得高校核心价值观教育在一定程度上被弱化。

尽管近年来由于大学生核心价值观的培养日趋重要、必要和紧迫,但是面对日益增长的价值观问题和越来越大的外界桎梏,学校教育开始加大价值观教育的投入力度和强度的尝试无异于"杯水车薪",效果甚微。事实上,大学生在一些问题上常常表现出矛盾或多变状态,其个体自身的生理和心理特征决定了其价值取向的不稳定性,这种不稳定性为教育者引领和塑造大学生价值观提供了可能,也为西方不良思潮入侵和多元文化冲击提供了可能。而一定程度上弱化的核心价值观教育在无形之中为不良社会价值取向开了绿灯,各种各样的价值主张纷然杂陈却又常常彼此对立、冲突,使得大学生面对物质与精神的价值权衡时陷入价值困惑和价值迷失。这在一定程度上造成了社会主义核心价值观培养的信念动摇,最后必将影响社会主义核心价值体系这种主导价值在学校中的主导地位。

三、马克思主义人学视阈下的大学生核心价值观培育路径

(一)价值选择:以发展人的主体性为切入点

价值选择是对人的生存活动或实践活动、实践方式的价值取向选择,存在于价值观念中,主要包括价值标准和价值目标的选择。② 马克思主义人学强调人的本质是现实的、具体的。因此应立足于人的本质的现实性去理解核心价值观教育。发展人的主体性,是核心价值教育的前提和基础,也是形成大学生核心价值观的切入点。核心价值观教育是一个从外部客观要求向内部主观需求转化的过程,要将外在的社会规范、客观要求内化为个体的素质,即主体在实践中自觉能动地建构生成的价值认同,离不开主体的自主实践参与。

所以,我们一方面要保障大学生的权利,充分发挥他们的主体作用,在价值判断的基础上形成合理的价值评价,这是做出理性的自由的价值选择的基础。还有一个前提是要向他们传授一些基本的、核心的价值规范,并进行合理的价值引导,因为核心价值规范是价值选择不至于盲目错乱的前提和基础。另一方面要坚持"以人为本",充分唤起其自身的主体意识,发挥他们的主动性,提高其在

---

① 朱志明,朱百里.大学生核心价值观形成的学校教育因素研究.漳州师范学院学报(哲学社会科学版),2011(1)

② 奚洁人主编.科学发展观百科辞典.上海:上海辞书出版社,2007:68

教育过程中的参与程度,使学校教育与自我教育相结合,以实现"自由自觉"的价值观教育过程,使他们在学习实践过程中自主地做出科学的价值取向的选择,坚定价值目标和价值标准,克服某种程度的教育异化的影响,从而在多元的价值中自觉地塑造出符合现代社会人才需求的核心价值观。

(二)价值整合:以实现人的价值为拓展点

价值整合意味着价值主体对多元分化的价值观进行整合,最终形成有利于个人价值与社会价值共同实现的独特的价值观。面对价值多元分化导致的价值冲突,必须提倡价值分化之后的价值整合,追寻我们共同的核心价值观。实际上这是一种价值自觉与文化自觉的体现。马克思主义人学认为人的价值包括社会价值与个人价值,两者有机统一地构成人的价值的两个方面,缺一不可。个人在社会实践中奉献自我才能获得社会对个人价值的认可。社会价值的最终落脚点是人的个人价值,但个人对社会的贡献和责任是人生价值的根本所在。

因此,一方面我们必须以充分满足人的正当的、合理的需要为价值整合的前提。因为需要的满足是人活动的基本动力,这是马克思关于人的需要理论最基本的观点。大学生的核心价值观只有既满足社会需要又满足个体需要才能持久有效。大学生核心价值观教育要把挖掘大学生的个人价值放在首位,重视大学生个体内在价值发展的需要,从而在此基础上引导他们实现自身价值与社会价值的统一。另一方面,我们需要提升大学生的主体价值观与社会主导价值观之间的整合度。要通过各种形式加强社会主导价值观对大学生主体价值观的"吸纳"①功能,克服高校某种程度上的教育僵化对价值整合的影响,促进大学生个人发展与社会发展协调统一,从而实现大学生核心价值观的培养。

(三)价值重构:以促进人的发展为落脚点

传统的价值观在市场经济浪潮的冲击下已支离破碎,而新的价值观体系还未从根本上建立起来,当今大学生的价值观正处于一个价值迷失期。这是进行价值重构的前提和背景。价值重构是在已有的价值体系之外重构符合转型期的现代人的实际和发展要求的价值观的一种价值诉求,不同于价值主体对已有的多元文化的价值观的价值选择和价值整合。文化转型是社会转型的必然要求,其实质是文化的现代化,而文化的现代化从根本意义上说就是人的现代化,而人的现代化的根本就是价值观的现代化。

所以,价值重构本质上是建构现代化的价值主体的价值观念的一种尝试。

---

① 杨德广.中国当代大学生价值观研究.上海:上海教育出版社,1997:104

一方面,对传统的价值观进行重构之前必须学会价值甄别。因为在多元分化的文化语境中,人们不仅对社会现实的认知产生了巨大的分歧,而且对历史、对传统价值的认同也发生了"相斥性的选择"①。在这种情况下,我们必须首先在传统的价值观体系中甄别、选择和整合有利于现代的价值主体实现自由全面发展的有生命力的价值观体系,充分发挥优良的传统价值观的现代价值。另一方面,价值重构要立足于大学生的全面而自由发展的现代诉求。要适应社会关系和当前的实践活动变化的客观现实,坚持以人为本,引导大学生自主选择、重构价值,在多元价值主体和多维价值观念之间寻找平衡,克服高校教育弱化导致的价值困惑和价值迷失,在实践中占有自身的类本质和社会本质,进而实现人的自由全面发展。

【作者简介】　林　洁　浙江大学思想政治教育专业 2011 级博士生
　　　　　　　　浙江工业大学建筑工程学院讲师
　　　　　　　　浙江　杭州　310028

---

① http://news.cntv.cn/20110621/113726.shtml 中国社会科学报:传统文化资源的价值重构

对多元文化背景下大学生价值观教育的思考

陈一良

【摘　要】 多元化已成为当代中国文化的一种发展潮流。多元文化的发展是社会进步的一种表现,也给我们的大学生价值观教育带来了机遇与挑战。面对大众文化的逐步兴起,社会文化逐渐由单一性向多样性转变,以及国内外文化的频繁交流,特别是西方文化的强势渗透,我们必须不断加强和改进大学生社会主义核心价值观教育,建立起多元文化背景下良好的大学生价值观导向机制。

【关键词】 多元文化　挑战　大学生　价值观教育

　　20 世纪 80 年代初,我国学术界对思想政治教育的必要性开始了全新的探索。之后,随着思想政治教育学科体系的建立和不断发展,针对大学生价值观教育的理论也进一步系统化和深入,大量有价值的研究成果相继问世,人们对大学生价值观教育的认识亦得到了很大改善。但是,在新时期改革开放不断推进的历史情境下,国家文化、精英文化和大众文化等多元文化给高校大学生带来多种价值判断选择;日益开放的社会环境,使得大学生在一定程度上摆脱了旧思想的束缚,同时却也使他们暂时性地失去了精神上的自主性,给他们带来了价值观的混乱与价值选择的困惑。这对我们新时期大学生价值观教育工作形成了冲击和挑战。

　　文化多样性之所以会给我们大学生带来价值观的混乱,其主要原因应在于大学生自身缺乏对本民族文化和历史的理解,缺乏对各种文化元素的鉴别、思考和判断的能力,在可供选择的多种可能性情况下不知何去何从。在这样一种价值观混乱的状况下,大学生群体中初步形成的以马克思主义为主体的主流意识形态极易动摇,群体中甚至会产生某些消极反动的错误思想。这对大学生的健康成长极为不利。在文化多元化、全球化的浪潮中,这已是很多国家大学生价值观教育遭遇的共同问题。"少年强,则国强",青年大学生是国家最为宝贵的人才资源,他们的思想政治状况如何将关系到国家的前途和未来。因此,深入探讨多元文化背景下大学生价值观教育的问题便有了其突出的现实价值。

一、加强多元文化背景下大学生价值观教育的必要性

(一)多元文化对大学生的负面影响日益凸显

多元文化是当代世界文化的一种发展潮流,是基于经济全球化的世界范围内文化交流的结果,其本身有一定的合理性并在实践中证明了其强大的生命力,是一股不容忽视的力量。多元文化在现实上有着广泛的积极的作用,在多元文化的背景条件下,我们的视野被极大拓宽,我们可以站在多元文化的视角上思考问题,博众家之所长。大学生们对外部世界的认识和理解,也因此无论在其深度和广度上都大大地超越了以往任何一个时代的人。大学生是对各种文化思想最为敏感的群体,他们有旺盛的精力和接触各种思想文化的优越条件。然而,多元文化的发展潮流也为思想政治教育带来了新的挑战。多元文化背景下各种思想、观念相互抵触或融合,给思想政治教育主阵地建设带来了很大冲击,譬如,在大众文化的冲击下,部分大学生或多或少遵循唯利、唯乐的生活准则,拒绝深度和思考,放纵感官和青春,淡漠理想和信念。①

当代大学生成长的环境和老一辈成长的环境完全不同。他们成长于改革开放的年代,国民经济快速发展,国家综合国力明显增强,人民生活水平大大提高,他们享有丰富的物质条件。大学生群体是一个富有知识和创造力的群体,但同时他们也是一个变动性很强的群体,特别是由于信息网络高度发达,他们比老一辈更易于接触和接受各种不同的思想、观点。由于大学生还未形成较为成熟的认知方式和稳定的社会心理,在各种社会现实和思潮的影响下,很多大学生对社会主流意识和传统道德观念产生了一定程度上的怀疑和动摇,进而影响他们的思想和行为。譬如,在当今高校中大量存在的考试作弊问题,很多大学生对此习以为常,甚至部分老师也对此不以为然,听之任之。诚实守信本是最基本的社会主流价值观,但事实上部分大学生对这一价值观却不尽赞同。据有关调查统计,在对如何看待"考试作弊"的现象时,有 38.1% 的受访大学生对考试作弊的行为

---

① 谢宏忠.文化多样性对大学生思想政治教育的挑战与回应.福建师范大学学报,2011(2)

非但不反对，反而表示认同或认为无所谓。① 多元文化对当今大学生的价值观冲击由此可见一斑。

（二）传统价值观教育已不完全适应社会发展需要

改革开放 30 年来，我们的国家发生了翻天覆地的历史性巨变，而在社会主义市场经济建设上所取得的成绩最为引人注目。市场经济作为一种在当代被全世界绝大多数国家所采用的资源配置方式，深刻地影响着现代人的社会生活方式、社会经济组织形式和社会运行机制，同时，也在实践中产生了与之相适应的思想意识、道德观念和社会心理。在马克思主义看来，一定时期的思想是一定时期社会生活状况的反映，并反作用于一定社会的经济基础，"经济基础发生变化后，全部庞大的上层建筑也要或快或慢地发生变化"。② 显然，不断发展着的客观形势要求我们改变传统价值观教育。

随着市场经济的发展，国门打开，国内外思想文化的交流愈加频繁，现代信息传递技术不断进步，人们的思想价值观念也变得更加多元，这使得传统大学生价值观教育受到了前所未有的挑战，传统的价值观教育理念、教学方式、工作方式受到了很大冲击。特别是在我国加强对外经济、文化交流的同时，信息化、网络化的浪潮迅猛袭来，外来传媒对我们的影响逐渐增大。信息传播的迅捷性，价值观的多元性，使传统大学生价值观教育的控制力、影响力大大减弱，教育形式也略显得僵化和单一。需要注意的是，在那些外来的信息中，虽有反映社会发展客观事实、积极向上的内容，也有容易对我国大学生理想信念建设、思想道德素质培养产生不良影响的东西，如极端个人主义、自由主义和拜金主义等等。这使得我们必须革新传统价值观教育的关注重点，加强对外来信息的鉴别工作，注意把控信息输送渠道，积极引进符合我国国情的元素，避免和抵制外来消极有害的影响。由于传统价值观教育无法完全适应目前现实，开拓网络和信息等价值观教育新手段，基于新的社会经济基础建立起一套有更强可行性和效用性的大学生价值观导向机制已迫在眉睫。

（三）加强价值观教育是实现伟大民族复兴的思想保证

当前，我国大学生的价值目标呈现出多元化倾向，这首先反映了我们的社会在发展的过程中不断加强对个体价值的尊重和包容，体现了社会的进步，但从另

---

① 陶倩，朱承.关于社会主义核心价值体系认同的思考——以大学生群体为对象的考察.思想理论教育,2007(12)

② 马克思恩格斯选集(2).北京:人民出版社,1972:83

一方面来看,如果个体预设的价值目标偏离了社会共同的价值目标,就有可能造成个人与社会的冲突,乃至社会共同价值目标的沦丧。大学生作为我国宝贵的人才资源,必然将在发展国家、建设社会的过程中发挥重要作用,故我们的大学生必须建立起符合社会主流价值观的个体价值目标。这需要大学生价值观教育在其中发挥其应有的思想保证作用。

众所周知,全球化是发达资本主义国家主导下的全球化,他们利用自己在经济、文化上的明显优势,对落后国家进行经济侵略和文化侵略。很多亚洲、拉美国家的电视传媒几乎成了欧美影视作品的转播台。这一点,恐怕我们的国人也会有所感触。针对社会主义国家,他们特别注重利用文化交流、人员往来、经贸合作的机会,大肆鼓吹资本主义价值观、资本主义生活方式,借此冲击社会主义国家主流价值观,造成其社会成员特别是大学生产生对社会主义制度的怀疑,挑起大学生对现实的不满,进而放弃理想信念,否认理想的价值,产生信仰危机。同时,发达资本主义国家更加注重对社会主义国家进行思想渗透以期达到颠覆共产党的领导的政治图谋。故而在多元文化背景下,意识形态领域里的斗争必将更加激烈。意识形态领域的多样性,在本质上是一种对立性和冲突性。这种冲突性、对立性特别是社会主义意识形态与资本主义意识形态的对立和冲突警示我们:意识形态阵地,社会主义不去占领,资本主义就必然会去占领,如何去占领意识形态阵地,如何去争取年轻一代大学生是思想政治工作面临的巨大挑战。① 因此,占领意识形态阵地,抵制其他意识形态的入侵,不断加强和改善价值观教育,才能确保大学生这一社会主义现代化建设的核心群体保持思想上的先进性,始终坚持为了实现中华民族的伟大复兴而不懈奋斗。

二、多元文化背景下大学生价值观教育面临的挑战

(一)全球化意识对大学生主流意识形态的冲击

全球化使我国与世界各国各地区的联系日益加强,大学生通过对外交流和联系,深刻了解到了全球化这一不可扭转的世界大势,从思想上和行动上逐步接受了全球化的意识。但是不少大学生错误地认为,随着世界市场已经建立,各国家相互依存加深,在国际关系中出现了"你中有我,我中有你"的格局,这便实现了"世界大同",因而应当用开放的全球化的意识形态取代我国主流意识形态,放

① 梁晋,陈碧琼.多元文化背景下大学生思想政治教育的难点和对策.武汉科技学院学报,2006,(09)

弃马克思主义在意识形态领域的一元化指导地位。因此,我们应该清醒地看到,全球化在给我们带来新的巨大的发展空间的同时,也是西方资本主义国家对我们进行思想文化渗透的主要渠道,各种社会思潮迅速涌入,如新自由主义思潮、历史虚无主义思潮、民主社会主义思潮等。国外某些势力依托这些思潮向我们的大学生大力推销西方的价值观和生活方式,诱导大学生群体认同西方价值。再加上我国不断融入全球化进程,社会主义市场经济快速发展,我们全面进入社会转型经济转轨的大变革时期,新问题新矛盾层出不穷。身处这样的复杂环境,我们大学生的文化性格较以前的大学生有很大改变。"和过去的青年相比,这一代青年的理想主义色彩相对淡了,只有直观的朴素的责任感,缺乏对祖国历史使命的深刻理解和执著追求,没有取得情感上直至理性上的认同,他们更为关注的是人的自身状态和现实的利益。"①在全球化意识的猛烈冲击下,大学生主流意识形态显然弱化,这给新时期大学生价值观教育提出了新的课题。

(二)网络对大学生价值观教育的不良影响

在当前这个信息化的时代,网络文化崛起,影响到了校园生活的方方面面。网络的出现使大学生开阔了视野,学到了很多书本上无法学到的知识,网络技术也大大改变了传统的课堂教学方式,提高了教学的效率和便捷性,对高校教学科研发展产生了巨大的推动作用。但网络也给大学生带来了不可忽视的负面影响。譬如,网络信息的急剧增加和信息传播途径的多元化使曾经属于国家控制的信息发布渠道不再被广泛关注,国家对舆论的控制力也相对减弱,建立在民族国家意识之上的集体主义精神受到很大冲击,众多消极言论充斥于各大网站、论坛,严重削弱政府威信,不断腐蚀着大学生的价值观。另外,由于网络具有虚拟性、匿名性等特点,缺乏有效的外部监督机制,很多不良信息借助网络而传播,很多对国家和社会的不满情绪借助网络而蔓延。有部分大学生由于长期过度上网,已造成其现实人际交往的障碍,道德意识淡漠化,影响了正常生活和健全的人格发展。如果任由这样的趋势发展,我们必然要丢失网络这块重要舆论阵地,承受网络发展带来的众多负面影响。这将对我国大学生价值观教育的发展造成重大阻碍。

(三)高校思想政治工作的缺失

近30年以来,高校思想政治教育学科快速发展,在大学生价值观教育方面扮演着越来越重要的角色,但面对新形势下出现的一些学生思想上、认识上的热

---

① 杨雄等.社会转型与青年发展.上海:上海社会科学院出版社,2004

点问题和新问题,高校所作出的反应却稍显迟钝。我们知道,大学生价值观教育是一个动态的过程体系,需要与客观实际紧密结合,而当下的高校价值观教育主要是注重书本教材,"两课"老师大多照本宣科,课堂内容千篇一律,注意不到现实状况的发展,不顾及大学生们新的思想动态,导致理论教学与国内外客观形势脱节,思想政治教育有效性大打折扣。再加上现在有的"两课"老师过度强调心理健康教育的重要性,对主流意识形态弱化的现实缺乏敏感性、警惕性,这也在一定程度上削弱了价值观教育在大学生教育中所应起到的主导性作用。另一方面,我们的思想政治教育过于强调政治功能、国家需要和集体利益,对个体价值关注不够,人文关怀欠缺,且内容过于单调、枯燥,容易导致这些在多元文化环境下成长起来的大学生对这种填鸭灌输式的教育方式产生厌恶感和排斥心理,最终可能适得其反。这种教育方式脱离了大学生的实际要求,缺乏针对性和实效性,导致高校政治理论课的美誉度偏低,处于"三不太满意"的状态,即领导不太满意,学生不太满意,教师自己也不太满意。①

三、加强大学生价值观教育的对策

(一)加强全球化背景下的大学生主流意识形态建设

我国作为最大的社会主义国家,通过 30 年改革开放,取得了举世瞩目的社会建设成就。但西方国家一直打着"自由"、"民主"、"人权"的幌子对我国内政进行干涉,甚至企图分裂我们、西化我们,煽动周边国家搞"小动作"来牵制我们。更为隐蔽和具有迷惑性、煽动性的是试图通过多元文化背景下各种思潮的传播来瓦解我们的主流价值观,其主要目标人群就是我们的大学生。鉴于此,我们应该首先大力加强高校的社会主义主流价值观教育,对西方的文化渗透作出有针对性的回应,通过《时事与政策》等课程,让广大大学生了解我们国家的历史和现实,正确看待全球化的实质,正确看待目前社会发展阶段所存在的客观问题和矛盾,必须坚持社会主义核心价值观,清醒地认识到如果盲从而不是评判地吸收和借鉴西方价值观将会使我们迷失自己的方向,甚至丢失目前所取得的发展成果。其次,我们的高校宣传部门应该主动出击,占领舆论宣传的阵地,针对学生中存在的非主流意识形态组织展开讨论、辩论活动,我们应当鼓励这种辩论,相信真理会越辩越明。除此之外,还应引导学生在尊重我国国情的基础上积极思考国家发展过程中面临的重大问题,借此来明晰和强化大学生的主流价值观、提升大

---

① 徐志军.全球化背景下高校改进大学生思想政治教育的对策分析.吉林师范大学学报,2007(04)

学生的使命感和担当意识。

(二)改善大学生价值观教育的网络环境

大学生是学习和接受能力最强的社会群体,随着计算机在高校的普及,大学生已经熟知网络生活,活跃于各大网络论坛,我们的大学生的价值观教育一定要适应网络发展这一客观现实。一方面,我们要认识到互联网不仅能传播知识和信息,还会传播思想和价值观,是现代社会的主要思想舆论阵地之一。高校要加强校园网络管理,建立一套适应网络技术形势发展的监控机制,防止反动、迷信、色情的错误信息在网络上传播。事实上,近年来很多群体性事件的产生都发端于网络。我们要注重主流意识形态对网络文化建设的指导作用,对大学生进行网络知识的教育,提高大学生网络行为的自律性,鼓励形成向上的文明的网络文化,充分发挥网络的教育功能。另一方面,要加强大学生的网络道德、法制教育,对大学生中的网络失范行为加以引导,通过道德教育和法治教育,使他们明白不当的网络行为或者网络言论会破坏社会和谐,加剧社会矛盾,不利于社会整体利益,更不利于大学生个人的健康成长。在网络时代,我们必须使大学生意识到网络行为必须在法律允许的范围内才是合理的可取的,虚拟的网络世界同样需要接受现实的道德和法律约束。

(三)着力提升高校思想政治教育工作有效性

大学生是国家的希望和未来,在多元文化背景下,我们必须加强高校大学生价值观教育。有人认为在市场经济和多元价值的社会中,应该让大学生自己去选择,不必要规定年轻人该做什么不该做什么,这显然是放弃了教育的功能。①所以面对多元的价值取向,我们必须要坚持自己的主流价值观。高校作为传承思想文化的园地,必须切实加强多元文化背景下高校马克思主义理论的研究和建设,发挥高校思想政治教育工作在大学生价值观教育上的主阵地的作用。显而易见,在新形势下,我们首先要十分重视热点教育,只有追随时代步伐,把握时代特点,直面社会问题,启发学生对国内外重大事件进行思考和讨论,才能提高学生对不同思想文化的判断和鉴别能力,才能改变思想政治教育简单说教、灌输的教育模式,才能真正发现大学生价值观教育本身存在的不足之处。除了关注热点教育,我们还要大力加强近代史的教育,全面回答我们为什么选择马克思主义,为什么选择社会主义道路,为什么只有中国共产党才能领导中国人民取得革命的胜利等问题,只有认识历史,才能认识当下、布局未来。在回顾革命历史的

---

① 胡忠玲.多元文化背景下大学生价值观教育.当代青年研究,2008(01).

同时,我们还可以深入发掘我们的革命精神和民族精神,如辛亥精神、井冈山精神、革命英雄主义精神、雷锋精神、抗震精神等等,以此凝聚人心、鼓舞斗志,使面临多元价值选择的大学生能够坚定信念,阔步向前。

【作者简介】 陈一良　浙江大学思想政治理论教学科研部马克思主义中国化专业 2012 级硕士研究生

浙江 杭州 310028

公民教育

——传统思想政治教育的突破方向

王婧旖

【摘　要】　随着时代的发展,传统思想政治教育发展逐渐陷入困境,其作用和效果难见成效。传统的思政教育内容和模式都迫切需要进行改进和突破。本文通过对传统思想政治教育缺陷的剖析,对公民教育与思想政治教育关系的定位,以试图给传统思想政治教育突破困境提供新方向、新思路。

【关键词】　公民教育　传统思想政治教育　突破

马克思主义认为,思想灌输或思想政治教育应贯穿无产阶级革命的始终。中国共产党作为马克思主义的忠实追随者,历来就重视思想政治教育,尤其是在建国前思想政治教育宣传这方面做得卓有成效。但是,在建国后很长的一段时间里,我们对思想政治教育的认识却并未随社会环境和人民需求的变化而积极跟进,出现了认识上与实际需要之间的偏差,从而导致了思想政治教育效果不显甚至出现副作用。这种情况在 21 世纪的今天仍然存在。因而,无论从思想政治教育的政治功能还是教育功能出发,传统思想政治教育的改变势在必行。公民教育恰好为突破传统思想政治教育的局限提供了新思路。

一、阻碍传统思政教育发展的原因

我认为阻碍传统思想政治教育发挥效果深入人心的关键因素有两个:其一,如张耀灿教授所言,是我国传统思想政治教育研究过分强调社会哲学范式研究而造成的。所谓范式（paradigm），是由美国著名科学哲学家托马斯·库恩提出的，是指常规科学所赖以运作的理论基础和实践规范，是从事某一科学的研究者群体所共同遵从的世界观和行为方式。"社会哲学范式侧重强调社会需要、工具价值，是革命战争时期夺取政权这一中心任务所决定的。"①然而，思想政治教育的出发点和归宿最终必然也必须回到人上。马克思在《资本论》中即指出未来社会的基本原则是"每个人的全面而自由的发展"。所以，传统思想政治教育研究范式需跳出原有的框框，把更多的关注放到人的身上，真正做到以人为本，发扬思想政治教育的人性关怀。其二，是思想政治教育定位的偏差。既然名为思想政治教育，则重心应放在教育上，但一直以来，我们却只突出了思想政治教育的政治工具地位而忽略了它本身的教育使命。这一点所带来的副作用仅从学生对思想政治教育课的态度就可以看出了。有人在对大学生和硕士生政治课态度的调查中发现，"愿意认真听课的仅占19.4%，有90%的大学生认为现行政治课教材可读性不强，都是说教，不想读。而且有相当一部分大学生对思想政治理论课产生抱怨心理，采取轻视甚至鄙视的态度。"②思想政治教育以"服务政治"作为定位，本身就是功利主义的价值取向。这既与思想政治教育所要倡导的不断提高人们的思想道德素质的根本目标相悖，也使得思想政治教育不可避免地工具化和庸俗化了。

现代社会是一个开放而崇尚自由的社会，传统思想政治教育过于浓厚的意识形态教育及偏于僵化的灌输教育方式是无法适应时代需求的。我们的思想政治教育即便其中包含着再科学的真理再崇高的理想，如果不被人们真心认同，也不过一纸空文一文不值。

二、公民的概念及其在中国的历史发展

在我国，公民概念的一般解释是指具有一国国籍，根据该国的法律规范享有权利和承担义务的自然人。事实上，公民所包含的意义却远不止概念中所指的范围，政治学把公民看成是具有自由意志、享有政治权利的国民，法学把公民解释为受宪法保障、享有法定权利的权利人，伦理学意义上的公民则是能够遵守公共规则、伦理规范，坚守价值底线的行为个体。但无论从哪个角度，公民概念都十分强调人这一主体的自主性和独立性。其实，"公民"概念从诞生起就与民主政治紧密相连。"公民"一词最早出现便是与古希腊的城邦民主相关的。城邦公

① 张耀灿.略论思想政治教育研究范式的人学转换,广西教育学院学报,2010(01)
② 王娇.大学生政治参与冷漠问题的研究,湖北工业大学硕士学位论文,2010

民因具有本城邦血统而自然、合法地享有公民权利。到了十七、十八世纪，资产阶级时代来临，这一时期的思想家们赋予"公民"以更多自主性和独立性内涵。因而，我们今天谈到公民、公民社会，总是会把它们与追求自由、平等、权利、争取和维护民主相联系。这些也正是一个成熟的公民和公民社会所应具备的基本素质。

公民是与臣民、私民概念相对的。臣民无我、私民无他，而公民是具有独立性、主体性的人。二者最主要区别是：臣民没有独立的自我人格，只有无条件的义务奉献，而公民则以自由独立人格为前提，以基本权利为内涵，并承担相应的义务。我国自古以来是一个宗法伦理氛围浓厚的国家，"普天之下莫非王土，率土之滨莫非王臣"，君君臣臣、父父子子的观念长期存于大部分人的心中。所以对"公民"的这一内涵往往一知半解。

"公民"是舶来品。我国公民教育理念的引入形成可以追溯到十九世纪末期即清末国门被强行打开，我国开始进入现代化进程的起航期。当时，近代中国的资产阶级启蒙思想家及一些具有世界眼光的名人学者们纷纷提出要改造中国之国民性，敬告青年人要自主、进步、理性科学，要努力成为有独立人格的"现代人"。从 19 世纪末到 21 世纪初，从任天而治的顺民到五四宪法首次赋予公民法律地位与权利再到陷入僵化的政治经济体制而无法前进，最后到改革开放后公民意识的再次复苏。过往百年，有识之士倡导的公民意识、公民社会在我国的发展一波三折。已故的李慎之先生就感慨："千差距、万差距、缺乏公民意识，是中国与先进国家最大的差距。"①

三、公民教育与思政教育的关系

（一）公民教育的积极意义

要成为一名合格的公民，从主体而言必然需要具备公民意识。公民意识是社会意识的一种存在形式，是一种现代意识，是在现代法治下形成的民众意识。它表现为人们对"公民"作为国家政治、经济、法律等活动主体的一种心理认同与理性自觉，又体现为保障与促进公民权利，合理配置国家权力资源的各种理论思想。②公民意识具体表现在多个方面，但现代公民意识的最核心的观念，应该是

---

① 刘鑫森.中国公民教育的历史复兴及其当代意义.东北师范大学学报（哲学社会科学版），2005（02）

② 百度百科：http://baike.baidu.com/view/1311688.htm

强调社会个体的主体意识和个体的主体解放，主要表现在维护、争取自身的自由和权利的强烈意识，以及对社会中其他每一个个体的自由和权利的关注、尊重与维护。

公民教育可以促使国民改变原有的臣民意识而向公民意识转变。这对于思想政治教育而言有以下几方面的积极意义：

其一是政治层面上的。本文第一部分指出传统思想政治教育囿于做政治的工具，忽视教育而强调政治。而在此处说要在思想政治教育中引入公民教育的新内容新方向，目的并不是说要使思想政治教育非政治化。任何国家的思想政治教育都会带有政治色彩，都是统治阶级维护自身统治的工具，非政治化的教育是不可能存在的，公民教育也不例外。但与传统的思想政治教育相比，公民教育的教化方法所要培养的公民性格，是人心所向符合潮流发展。由臣民到公民的转变是建设社会主义民主政治、法治国家，发展社会主义市场经济，使中国真正成为文明的现代化国家的必然追求。虽然当今中国的经济在世界上有着举足轻重的地位，但我国却仍然是当今世界文明开化的国家中少有的没有真正公民教育的国家之一。因而，要实现现代化，不能只是用经济数字说话，关键还要看现代化国家的表征——国民的现代性。国民现代性的实现则需实行公民教育，以塑造出具备现代精神的公民品格。

其二是文教层面上的。公民教育的教育方式更多的是采用启发式的。这种教育方式更贴近生活，注重理论与实践相结合，循循善诱，相较于传统思想政治教育那种填鸭式、灌输式的教育方法，更容易为受教育者所接受和喜爱。而且在西方，培育一名合格公民是学校、家庭、社会三者都要承担的责任，它不是学校或家庭或是社会三者某一方单独的义务。三方竭诚一致通力合作，共同为培养社会的良好公民而努力。从这一层面上说，公民教育的教育方法为传统思想政治教育教育方法的改进提供了很好的借鉴。

其三是人格塑造层面上的。关于"人格"一词的内涵，不同的人也是有不同的界定的。在此，我依照汉语大词典的解释来理解一般人所认定的含义，即人格是构成一个人的思想、情感及行为的特有统合模式。这个独特模式包含了一个人区别于他人的，稳定而统一的心理品质。具体而言就是以下三方面：一是个人在社会中的地位和作用的统一。它是个人的尊严、名誉、价值的总和。二是心理学上的概念，即个性。三是人的道德品质，譬如人格的高尚或卑劣。公民教育对人格的塑造主要体现在第一方面，这是它与传统德育及思想政治教育的主要区别之一。传统德育侧重从伦理道德上来帮助人们养成优秀的品德，即从第三方面人的道德品质出发进行人格塑造。传统德育的功用自然不可忽视，但作为一个合格的现代公民，我们不能只具备见义勇为、救死扶伤、一方有难八方支援等优良的道德品质。今天的中国是朝着现代化、法治化的道路前进的,国民必然要跟上时代的步伐,装备自己而使自己成为一名"正宗"的具有现代化表征的国民。因而,公民教育可以弥补传统德育和思想政治教育的缺陷,帮助塑造合格的现代公民人格。具有权利义务意识、遵法守法,拥有独立人格这三点是合格公民所应具备的基本素质。传统思想政治教育在研究和实践上都习惯从社会需要和工具价值方面出发,容易忽略"人"这个关键因素。而公民教育重视人关怀人的特点对于培养拥有人文精神和科学精神的人很有裨益。同时也可以促进思想政治教育研究范式从社会哲学方式向人学范式转变。

(二)正确定位公民教育与思想政治教育的关系

究竟该如何定位公民教育与思想政治教育二者的关系,是许多学者一直争论的问题。有人认为,传统思想政治教育已经过时,完全可以用公民教育取而代之。也有人把公民教育与思想政治教育对立或狭隘地等同。我觉得公民教育和思想政治教育的关系不是完全重合或完全分离的关系,二者之间既有区别又有联系。对于如今传统思想政治教育出现的问题,我们可以参考公民教育之长,来补思政教育之短:

第一,增加思想政治教育中公民教育的权重,为僵化的思想政治教育输入新鲜血液。虽然思想政治教育并不能完整地把公民教育纳入自己的体系中。但不论是从实践还是理论角度看,在思想政治教育中加入公民教育的内容都是合理的。首先,公民教育所要培养的现代公民与思想政治教育中致力要培养的全面发展的人的目标是一致的。其次,公民教育过程中,培养国家民族观念、民族自尊心自信心、爱国主义精神等内容与思想政治教育和德育是重合的。但这些本质上相同的内容,思想政治教育和公民教育会有不同的叙述方式。思想政治教育可以借鉴公民教育的表达方式,以开放的、探讨的方式达到教化目的。再者,青少年群体都是二者共同关注的主要对象。要检验思想政治教育和公民教育是否起作用,要研究它们自身的规律、发展等都需要看它们针对的对象——"人"。而"人"之中,最重要的又是作用在青少年群体身上的效果。

第二,从事思想政治教育工作和研究的人应具有公民的品格与意识。只有这些人也具备了作为公民应具备的品格,才能发挥榜样的作用。所谓"上所施,下所效也";"其身正,不令而从,其身不正,虽令不从"。从事思想政治教育工作的人有着导师的责任,需要通过自身的言传身教来传达思想政治教育所提倡的品格精神。

第三,借鉴国外公民教育的教育方式和理论思想。现代公民教育最早出现在法国,它在十九世纪时就开设了"公民训导"课。之后西方发达国家普遍效法实行公民教育。美国公民教育的历史主线是权利观教育,其公民教育的主要方法是批判性思维法;与美国和法国相比,英国把公民教育正式提上日程的时间较晚,但它却颇具特色,它利用自身优势渗透传统学科注重情感培养。加拿大则提出"多维公民"的独特理念,认为公民主要有四个维度:个人维、社会维、时间维和空间维。[①]亚洲的日韩以及新加坡也有自己特点的公民教育。韩国突出国民精神的培育,新加坡则是东西合璧,兼倡东方德育与西方价值。日本在战后很长一段时间把公民教育的重点放在民族主义价值上,重视学科的系统主义和知识中心的教育,内容的"基准化"进一步得到强化,容易陷入教授与学生现实生活和问题意识相脱离的内容和"灌输式"教育的危险。[②]这一点与我国思想政治教育状况有些相类,很值得我们反思。20 世纪 70 年代之后,日本的公民教育渐趋成熟,眼光也变得开阔长远,把公民教育的目标定位于培养驰骋于世界的具有主体性的日本人。可见,国外的公民教育有着丰富的经验,发展也比较成熟,我们可以借鉴他们的经验,吸取他们的教训,并结合本国的具体国情为传统思想政治教育突破阻碍提供新思路。

【作者简介】 王婧旖   浙江大学思想政治理论教学科研部思想政治教育专业
2011 级硕士研究生
浙江 杭州 310028

---

① 加拿大认为公民主要有四个维度:个人维(强调个人应具备的公民伦理,并做出相应的行为,能够对自己的意见、感情和行动负责)、社会维(公民是社会存在物,必须同其他人在各种情景中相互作用,参加公共辩论,参与公共生活,促进以有效民主为基础的文明社会的形成)、时间维(公民在面对当前关注的问题时,不要忽略现在与过去和将来的联系;要具有丰富的历史知识,要形成思考现在的行为对将来会产生影响的意识)和空间维(公民是当地的、整个地区的、国家的和全球的成员)。

② 郑可君.国外是如何进行公民教育的.中国社会科学报,2010-11-19

社会转型期中传统思想政治教育的增长极限及其突破路径

张小静

【摘　要】　目前中国正处于社会转型的阵痛期,社会思潮多样化、价值观念多元化,更多呼唤对"人"的关注。本文着重研究了传统思想政治教育的增长极限。教育内容通过人的认同心理媒介影响教育内化效果进而影响教育对象的思想消化及外化为行为的实效性。而传统思想政治教育破坏了教育对象对教育内容、方式的反馈机制,使得认同心理负发展,最终影响思想政治教育的实效性,不顺应时代的发展。因而本文进而探索了新的思想政治教育模式并提出合理化建议。

【关键词】　思想政治教育模式　认同心理　反馈机制　增长极限

当今社会呈现出社会思潮多样化、价值观念多元化的特点。"由于社会经济成分、组织形式、物质利益、就业方式日益多样化,人们的思想独立性、选择性、多边性、差异性明显增加。"①各种社会思潮在学界引起讨论研究,主要有精神分析、行为主义、人本主义、自由主义、西方左翼、建设性后现代主义思潮等,可谓是百家争鸣。在中国正处于社会转型期的今天,人们的需求多样化、思想多元化,渴望更多的权利、呼唤对"人"的关注,而传统思想政治教育的过量、长时间灌输使人们产生了厌烦、抵触心理,传统思想政治教育的生长土壤已经逐渐贫瘠。因而顺应时代发展潮流,研究传统思想政治教育的增长极限现象,进行思想政治教育模式的新探索非常必要。

---

① 江泽民.论"三个代表".北京:中央文献出版社,2001:59

一、传统思想政治教育的增长极限定理

(一)相关概念界定

1. 显性教育

所谓显性教育是指"充分利用各种公开的手段、公共场所,有领导、有组织、有系统的教育方法"[①]。

2. 传统思想政治教育

传统思想政治教育多为显性教育,具有专门性、公开性、规范性的特点[②]。偏理论轻实践、偏灌输轻认同、偏政治轻生活,是传统思想政治教育的最大弊端。

3. 认同及认同心理

教育信息为受教育者所接受,其实质就是受教育者根据自身的实践需要和实践经验对教育的内容进行反映、思考、理解、过滤、整合的过程。它是经过实践检验,将个体认为"有意义"的信息构建到主体的意识体系中去,即认同心理,并贯彻于主体的实践活动。[③]

4. 认同心理"正发展"和"负发展"

我们将与良好人为预期发展趋势相符的认同心理改变称为"正发展",将与良好人为预期发展趋势不相符的认同心理改变称为"负发展"。在某些条件下,不考虑影响人认同心理的影响因素,发展到一定程度,会使认同心理由"正发展"向"负发展"转化。

(二)认同心理增长极限定理

有个词叫"物极必反"。《吕氏春秋·博志》中提到:"全则必缺,极则必反。"老子首先提出了物极必反的思想。他认为福可为祸,正复为奇,善复为妖,事物发展到极限就会向其相反的方面转化。由道产生运动,到一定极限,又复归于道,如此周而复始。

人的认同心理也具有这样的特点。人的认同心理是复杂的、受多种因素影响的,是内在的、人本的。人的认同心理在人为干预中会受到影响,如图 1 所示,

---

① 王瑞孙.比较思想政治教育学.北京:高等教育出版社,2001:278
② 黄晓坚.基于意会认知理论的隐性思想政治教育必要性及其方法途径研究.桂林:广西师范大学出版社,2011:18
③ 冯达成.浅论思想政治教育的可接受性原则.思想政治工作研究,2004(10):18—20

教育内容、教育方式等通过人的认同心理这个媒介影响教育内化的效果;第二,教育是否内化又影响到人能否将所受教育内容自觉消化并外化为教育预期的行为。

图1　认同心理对教育实效性影响机制

在当下尊崇人性解放与自由的社会背景下,人们的人本意识越来越受到启蒙并迅速膨胀。如图2所示,在政治意味浓厚的灌输性理论、知识、行为准则等显性知识过多地单方面进入教育对象的视觉、听觉、实践领域中,即灌输式、单一式的显性教育形式病态占据教育形式比率过多并累积达到一定的度时,或者在教育中剥夺教育对象独立思考、参与、领会的权利时,人们开始出现逆反、排斥心理,对教育内容的反馈机制断裂,会使认同心理达到增长的极限,并降低认同心理指数。如图3所示,灌输式、单一式的显性教育形式,使得教育内容难以通过认同心理这个媒介达到预期效果而外化为行为,进而影响思想政治教育的实效性。因而,单一式、灌输式下的教育模式并不可以永恒增长,会出现增长的极限。

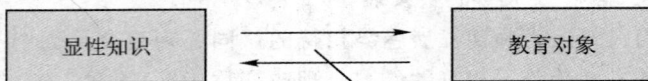

图2　显性知识灌输的传输与反馈机制

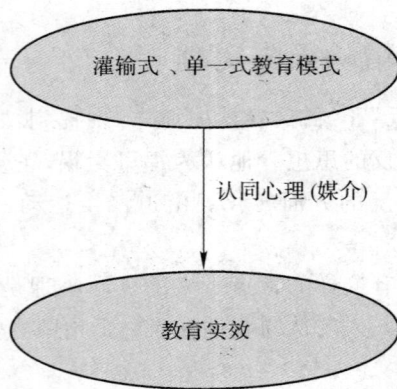

图3　教育通过认同心理对教育实效产生影响

(三)传统思想政治教育的表现形式

1. 教育内容

我国思想政治教育内容固化、单一,多为马克思主义与中国特色社会主义理论体系的内容与精神,缺乏时代发展所需的国民教育的内容,教育内容滞后、政治性灌输意味强。思想政治教育的目的是使人的发展目标与社会发展的目标相契合,实现个人的全面发展,从而促进社会的发展,具有一定的政治性。因此,如何区分好思想政治"教育目的的政治性"与"教育内容的政治性灌输",有着极为重要的意义。

2. 教育形式

单纯依赖灌输,思想政治教育者与教育对象之间互动性不强,"老师上课、学生听着;领导报告,底下笔记"的现象非常常见。而在 21 世纪互联网发展飞速的今天,我们的思想政治教育媒介还是通过传统的口耳相传、做宣读记笔记,显然与时代发展的趋势不相适应,"互联网不仅影响着大学生思想政治素质的形成和发展,更重要的是消解了高校思想政治教育工作队伍的信息垄断权。原来通过封锁或有意识传递某些信息,影响大学生政治态度和道德的做法已经失去了继续存在的根基"[①]。不主动利用网络,通过多种形式传播先进思想占领影响大学生思想政治素质的网络领域,将会使我们未来的思想政治教育工作的实效性大打折扣。

3. 教育者

思想政治教育者的入行门槛不高,各专业、各领域的人都可转岗从事思想政治教育工作。目前,我国思想政治教育队伍的素质参差不齐、人员学识背景不一,多在实践中摸索各自的工作方法,受到系统教育的思想政治教育者人数比例较少。虽然自重视思想政治教育学科建设以来,我国培养了一大批优秀的思想政治教育者,但是人才流失至其他行业现象严重,对于我国迫切需要进行良好的思想政治教育的庞大的人员数量来说,优秀的教育者数量过少。值得引起注意的是,近些年,思想政治教育者呈现出"职业化"的特点:上班就来,下班就走,缺乏对于思想政治教育事业的奉献精神,没有真正把"育人为本、德育为先"作为自己职业的指导精神。

---

① 中国青少年研究中心、团中央学校部课题组."大学生思想政治教育"调研报告.中国青年研究,2005(7):9

(四)传统思想政治教育的增长极限

受到传统的思想政治教育模式单一、以说教灌输为主、政治性意味强、内容缺乏客观真实性、忽视现代科技手段的运用、思想政治教育者素质参差不齐等因素的影响,忽视受教育者的主观能动性在思想政治教育中的作用,使得思想政治教育知识传输的反馈机制断裂,造成受教育者的认同心理达到增长的极限,物极必反,形成"负发展",令其产生厌烦、不理解、排斥的情绪,与思想政治教育的美好预期背道而驰,使思想政治教育的实效性大大降低。因而认同心理的增长极限将致使传统的思想政治教育达到增长的极限。

二、急切呼唤新的思想政治教育模式

现有的思想政治教育模式下,人们对于思想政治教育工作的认同心理已经达到或将要达到增长的极限。人们对思想政治教育产生了厌烦心理、进行抵触,使得其实效性不强。课堂上,学生对老师的上课内容采取"左耳进右耳出、口中背脑中忘、忙于应付考试"的态度,即使是教师对于思想政治教育内容已经有意识地进行了修改来适应学生的需求,但是之前思想政治教育课程给学生造成的印象,导致其自然排斥课程内容,认为思想政治教育课程就是灌输课,没有真实反映现实社会生活中他所体验到的情况,这样就浪费了教育者所做出的希望改变思想政治教育现状的探索,也加大了我们对于思想政治教育进行反思改革的难度。

在大学校园内,出现了学生对于思想政治教育专业的误解、对思想政治教育工作者的误解,存在着以伟人人名命名的指导理论、理论学习型学生自治组织面临着人们心理上的"被边缘化",受到人们的排斥。甚至思想政治教育专业的学生也对自己所学的学科不自信,一方面有思想政治教育学科发展不完善的原因,另一方面也是由于现有传统的思想政治教育增长至极限带来的恶劣影响。其中,香港群众对国民教育问题进行抗议事件是突出表现。

在人们心中,思想政治教育已然成为说教式、灌输式教育的代名词。有学者指出,"公民教育在香港拥有矛盾的地位,而公民教育是备受关注的,亦是被忽略的范围"[①]。在大陆同样如此,尽管教育部尤其重视"两课"的开设,但是对于"两课"科研的经费投入不足,加上学生认为"两课"是不重要的课,可听可不听,严重浪费了优秀的教育资源。旧的思想政治教育显然不适应当下的需求,思想政治

---

① 罗耀珍,李伟成.香港学校的课程改革.香港:香港现代教育研究社,2004:40

教育严重供需不平衡。第一,供的领域不均衡,供应多但重复,有些领域少有人研究或提供相应的教育与指导;第二,所供不为所需,传统思想政治教育提供的教育方式和内容与人们的实际需求相差甚远,甚至人们对其提供的内容方式无法产生心理认同,产生排斥。基于对上述现象的深入分析,我们应合理引导教育对象,彻底改变单一依赖传统思想政治教育的做法,急切呼唤新的思想政治教育模式的出现。

三、传统思想政治教育模式的突破路径

为了有效提高思想政治教育的实效性,引导人们对于思想政治教育的认同心理往"正方向"发展,多方式、多主体共同参与、多元化、具有客观真实性的国民教育是我们所追求的目标。探寻传统思想政治教育模式的突破路径可从以下几点借鉴思路:

(一)教育内容的严谨性——认同心理"正发展"的基础

1. 教育内容的客观性。我们要用客观的、历史的眼光看待当今中国社会已经发生的、正在发生的、即将发生的现象与事件。专家学者在编纂思想政治教育系列教材的时候,要保持理性、中立的态度,尊重历史,保证历史的真实性,既要讲好的一面,又要提问题,勇于面对问题才能更好地解决问题,一味回避并不利于问题的解决。

2. 教育内容的生活化。教育不是高高在上,只有将教育融入生活,在点滴生活中进行思想政治教育,更具实效性和持久性。用所学更好地理解生活,从而发展自我、改造生活,是教育的至高境界,因而要使教育内容生活化,易理解、贴近教育对象,易从生活中来到生活中去,通过思考、分析、探究身边之事,引起教育对象的情感共鸣,从而达到思想政治教育的目的。

3. 教育内容的层次性。思想政治教育对象的素质、学历、生活背景不一,他们对于思想政治教育的需求、影响他们对思想政治教育内容认同心理程度的因素也不一样。因而要根据教育对象的不同情况,因材施教,将思想政治教育内容化为不同层次,保证各个阶层的人们都可以受到符合其需求的教育。

4. 教育内容的时代性。每个时代都有自己的发展难题与目标,每个时代的人也有各自发展的困惑与方向。因而,思想政治教育要紧紧跟牢时代发展的趋势,我国的时代主题是社会主义现代化背景下的改革开放,在教学内容上要努力体现马克思主义在实践中的新进展新成果,体现时代性,体现马克思主义旺盛的生命力。①

(二)教育方式的多样性——认同心理"正发展"的实现路径

1. 教育过程的实践性

"交往式、对话式、体验式"教育是思想政治教育的理想模式。思想政治教育过程应该注重增强教育对象的认同心理,注重课堂实践、课堂实践与课外实践相结合,通过"理性认知影响情感升华从而影响行为实践"这条主线的规律来培养学生的反省探究意识,实现主体间性转换。

第一,课堂实践方面,教师应该多创设能够发挥学生发散性思维的议题,把课堂交给学生,鼓励学生自我思考、分析、实践、验证。课前搜集相关资料、课内积极思考发言辩论探讨、课后及时总结,改变老师"一个人、一张嘴、一节课"的传统上课模式,让学生充分参与的课堂才是高效的课堂。第二,课堂实践与课外实践相结合。除了在学校内的课堂实践,学校还应倡导学生走出校园,走入社会,真正接触现实社会,了解到我国现实国情、触碰到一手道德高尚的榜样事迹。组织暑期实践,调研撰文;积极走进社区,探访民生;参观博物馆、名人故居,了解历史、学习先进等,这些举措可以使我们的课堂拓展至生活的方方面面,在生活中学习,在学习中成长。

2. 教育主体的多元化

思想政治教育绝不仅仅是学校的责任,它是个庞大的社会工程,需要社会各个方面来共同配合。作者认为,教育主体应该往多元化方向发展:政府引导、学校主导、社会配合、家庭支持。

政府应该利用法律、政策、官方文件等,明确思想政治教育的地位。官方具有示范作用,从政府单位做起,重视思想政治教育,从而提高人们对它的重视。此外,国家相关部门应对我国整个国民教育进行顶层设计,制订国民教育计划,形成幼儿园、小学、中学、大学国民教育的有效衔接。② 政府应针对不同层次、不同年龄段的教育对象,将应试教育与素质教育相结合,设计不同的教育内容和教育方式。

虽然生活中思想政治教育无所不在,但是目前,学校是思想政治教育实施的主要场所。学校应该尝试"参与式、体验式、对话式"的教育方式,转变教育者的施教理念,使传统教育方式与新型教育方式相结合,实现思想政治教育主体性转换。

---

① 彭建国.增强高校思想政治教育吸引力问题研究.湖南:湖南师范大学,2011:105
② 李德.从"浮城"到"生根"——回归后香港特区政府实施国民教育策略与创新机制研究.河北师范大学学报,2010(12):15

社会各个方面都应积极参与到思想政治教育中来。一是有渠道参与,二是参与有效性问题。例如媒体、NGO、企业、社区组织、宗教团体等,应各自发挥自己的社会影响,用自身可利用资源参与思想政治教育,互相影响、互相补充、互相沟通,营造良好的思想政治教育社会环境,在人们的生活环境中提高教育实效性。

家庭是组成社会的基本单位,是一个人找到归属、思维行为受到影响最持久、最深刻的场所之一。只有家庭支持思想政治教育工作,才能推动人们对于思想政治教育的认同心理"正发展"。假设,家长认为社会实践没有必要,不支持德育,认为思想政治教育课程不是重要的课程,语文数学才应得到重视,那么很难想象家庭成员对于思想政治教育的认同心理会呈现"正发展"。

当然,重视新型思想政治教育模式,并不代表全面抛弃传统的思想政治教育,两者是相辅相成,缺一不可的。目前,中国正处于社会转型期,需通过全社会合力进行思想政治教育,探寻能促进思想政治教育对象认知、认同、实践的新型思想政治教育模式,坚持传统的思想政治教育与新型思想政治教育相结合,真正发挥思想政治教育的功效,培养我们的人民成为具有国际视野的、了解国情的、可以理性分析客观现实的、将国家命运与自身命运紧紧联系的、具有高度责任感的社会人。

【作者简介】 张小静 浙江大学思想政治理论教学科研部马克思主义中国化专业 2012 级硕士研究生

浙江 杭州 310028

我国道德建设的困境与对策探析

——基于思想政治教育角度的分析

【摘　要】　道德困境反映了当前社会转型期的一种道德状态。我国正处于经济体制转轨、社会结构转型时期,这一时期如何在物质迅速膨胀的同时使人们的精神生活饱满充盈是我们必须面对的时代课题。在这个过程中,现代化的道德体系建构必不可少。本文将着重从思想政治教育角度来探讨道德困境及其出路问题,从而给出道德建设的几点建议。

【关键词】　道德困境　思想政治教育　道德建设

一、道德困境界定及其原因

在经济体制转轨、现代化进程加速的今天,食品安全危机、官员腐败、老人跌倒无人敢扶等社会现象,令人扼腕叹息,"道德滑坡"、"公德缺失"等字眼刺激着人们的神经。但与此同时,最美教师张丽莉、最美司机吴斌等"道德模范"的出现,又不禁让人心生温暖,"道德爬坡"随着社会主义精神文明建设的发展似乎微现成效,可却又步履维艰。

那么,究竟该如何评价当前我国社会的道德状况呢?我认为,"道德困境"一词再合适不过了。"道德困境指称这样一种道德状态,在这种状态中,社会既有的道德观念和道德规范被不同程度地怀疑、破坏甚至否定,而新的道德观念和道德规范又尚未形成,或尚未被人们普遍接受,人们的道德观念出现了普遍的意义危机,道德行为方式呈现出某种紊乱无序状态"。①

　　总的来说,道德困境是当前我国社会转型时期的一个畸形产物。传统社会向现代社会的过渡表现在方方面面,市场经济的迅猛发展、工业化城市化信息化的推进、生活方式的巨大变革以及种种变化给人们思想观念带来的冲击,"不是意识决定生活,而是生活决定意识"②,这意味着根源于现实社会生活的道德、宗教、艺术等意识形态必然随着社会生活的变化而变化,传统社会的道德信念、道德范式不可能适应当今这样一个快速发展的社会。市场经济开放性、逐利性等特征在推动社会主义市场经济快速发展的同时,也加剧了拜金主义、极端个人主义、享乐主义、见利忘义的势头,人们的价值观、人生观越发多元化,这与传统社会自给自足的自然经济、家国同构的伦理观念大相径庭,旧的道德体系中既有的观念、规范缺乏活力,不能适应现代社会的发展需要,新的道德体系还未形成,不能满足现代社会的发展需要。20世纪80年代就有学者指出,"我们的时代是一个强烈地感受到了道德模糊性的时代,这个时代给我们提供了以前从未享受过的选择自由,同时也把我们抛入了一种以前从未如此令人烦恼的不确定状态。"③这就是当下道德舆论纷争频频出现的原因,也是道德困境之根源所在。

二、从思想政治教育角度探讨道德困境及其
出路的可能性和必要性

　　首先,"思想政治教育是社会或社会群体用一定的思想观念、政治观点、道德规范,对其成员施加有目的、有计划、有组织的影响,使他们形成符合一定社会所要求的思想品德的社会实践活动"。④ 从学界对思想政治教育概念的界定上,我们就能看出思想政治教育与道德规范和人们思想品德形成之间的密切关系,思想政治教育是我国精神文明建设的首要内容,它必定是道德信念、道德规范、道德体系的形成发展中最重要的环节,也是道德建设走出困境必须要诉诸的途径。

　　其次,思想政治教育的转型程度不够、实效性不强,这是当前道德建设陷入困境状态不可推卸的原因。思想政治教育在继承传统道德优良基因时,没能够找到一种妥当的方式把优良基因嵌入到快速发展的现实生活中,如"义与利"、"德与福"的矛盾依然存在,引起的纷争也依然不少。更有甚者,在某些情况下思

---

① 寇东亮.德性重建的自由根基——现代道德困境的人学解读.郑州:河南人民出版社,2006:27
② 马克思恩格斯文集(1).北京:人民出版社,2009:525
③ 韦政通.伦理思想的突破.成都:四川人民出版社,1988:62
④ 刘基.高校思想政治教育论.北京:中国社会科学出版社,2006:23

想政治教育对传播传统社会遗毒起着推波助澜的作用,如一些教育工作者对学生说教"枪打出头鸟"、"事不关己高高挂起",歪曲儒家的"君子不党"的词义,等等。面对当前道德判断和评价标准的缺失和混乱局面,思想政治教育还没能形成有效预警机制,更没有为现代道德体系建设提供一套有效的判断和评价标准。

再次,在思想政治教育有效性研究中,人们越来越强调人文关怀、人格教育,这显然对现代道德体系的构建有启示借鉴作用。道德的维系靠教育的力量、舆论的力量,也要靠人们内心信念的力量,什么是真、善、美,什么是假、恶、丑,这些基本的评价标准在如今很多人心中变得模糊混乱,人文关怀、人格教育这些"柔性"方式或许更容易使道德信念、道德判断标准深入人心。

三、走出道德困境重在加强思想政治教育

当代中国道德建设暴露的问题逐渐增多,这当然与经济、政治、文化等构成的整个社会大环境都密切相关,但与作为我国精神文明建设的首要内容的思想政治教育乏力有直接的关联性。因此,我们亟待加强思想政治教育在道德建设以及当前道德困境解围方面独特和率先的作用。

(一)思想政治教育在道德教育方面要确立公认的道德判断和评价标准

先来看两则小故事。《孔子家语》记载了这样一个故事:

> 春秋时期鲁国制定了一条法律,如果有本国人在外国沦为奴隶,若有人肯出钱把这些沦为奴隶的鲁国人买回来,可以凭有关证据到鲁国国库领取国家相同甚至更多的补助。这条法律颁布之后,大大推动了鲁国人的救赎行为,产生了非常好的社会效果。
>
> 孔子弟子中的子贡是一个很有钱的成功商人,他在当时诸侯国的国际贸易中,在别的诸侯国遇到很多鲁国的奴隶,他自己掏钱将这些奴隶一一赎回,并且为了显示自己高尚的品格,不向国家要补偿金,并且颇以此为荣。
>
> 但他的这种行为,遭到了孔子的严肃批评。
>
> 孔子的观点是这样的:国家的目的是解救自己的国人,并且愿为此付出一定的代价给实施这一行动的人给予报答和补偿,这个报答和补偿是为了鼓励更多的人参与到这一行动中来。而子贡的行为一下子给这种行为设定了一个大多数人达不到的道德标杆,如果有另外的人赎

回了鲁国的奴隶,他将面临一个两难选择:如果他去向国家要求补偿的时候,对应于子贡反而成了风格不够高尚的人;如果他不去向国家要求补偿,他将承受除了赎回奴隶所付出的精力之外的实实在在的金钱上的损失。

而大多数人并不像子贡这样富有,他们不愿意承担这种损失,甚至承担不起这种损失。于是,这大多数人面对自己的国人成为奴隶的时候,所采取的最好的措施反而是不作为。

第二个故事:

孔子的另一位弟子见到有人溺水,他奋不顾身跳下水去,将其搭救上岸。事后,这位家属感谢他,给他一个"贵重"的酬谢——一头牛。孔子门生"见利忘义",接受了这一份礼物。

别人就议论了:下水救人还要钱?孔子知道此事后,对此学生的所作所为备加赞赏。

孔子的解释是:虽说拯救他人生命后收受谢礼面上看有悖于"崇高道德",但却可以激发更多的人产生类似的道德行为,也会使更多处于危难之中的人获得援助,惠及大多数人的道德才是道德的真正意义所在。

再来看一则最近引发热议的话题——"最美妈妈"获公司奖励20万元,拟自用奖金引争议:

为褒扬吴菊萍见义勇为的善举,其所在公司奖励给她20万元。当有媒体询问这笔钱作何使用时,吴菊萍说:"这笔钱我自己留着用。"此语一出,舆论又起波澜。

这20万元奖金,吴菊萍到底该不该留?

其实,早在去年7月救下坠楼女童后不久,吴菊萍就已"晒"过自己所获奖励及捐赠金额的账单,并表示将把奖金(包括公司奖励的20万元)留给自己的父母孩子,社会捐款则将转捐给更有需要的人。

发给个人的奖金如何使用本是私事,外人无权干涉,但时隔半年之后,此事仍引发人们如此关注,暴露出什么?长期以来,有这样一种观点根深蒂固:好人就是圣人,应该"毫不利己,专门利人"。这种过于严苛、也过于完美的"好人观",与新形势下的道德现实不相适应。

吴菊萍是个好人,但她同时还有多种"身份"——农村出身,普通工人,家境不怎么好,要赡养父母,要还房贷,手臂受伤后留下后遗症……

所以，公司的 20 万元奖金对她的家庭可谓雪中送炭。她说："对爱的理解，我觉得肯定爱是先给身边人的。我还不会特别多地为完全不相干的人着想，但我会为家里人、身边人着想。我想正常人都是这样的。"从中我们可以看到，吴菊萍是模范人物，但她也是一个普通的人。她是一个好人，在某个特殊时刻，积淀在心中的善良汇聚成一股奋不顾身的力量；当她成名后，并没有纠结于纷至沓来的赞誉中，而是回归平静生活，依旧做一个平凡的好人。

吴菊萍将 20 万元奖金留作自己使用，会影响到她在公众心目中的英雄形象吗？这 20 万该捐吗？不捐款就违背道德吗？

通过古今事例对比，我们可以看到，困扰着两千多年前古人的道德判断和评价标准问题依然困扰着今天的人们。有关道德的问题不管在哪个时代都牵动着人们最敏感的神经，可见我们真可谓是礼仪之邦。但作为礼仪之邦的华夏中国却未能确立起较为公认的道德判断和评价标准，这又是可悲的。在当今"道德滑坡"、"道德爬坡"的舆论纷扰中，人们仿佛只是在谴责"滑"或赞扬"爬"，却忘了"坡"到底在哪里、到底有多高，不确定"坡"的情况下，我们怎么谈"滑"或"爬"。总的来说，就是"传统德性与现代社会的不契合引发了道德理论上无休止的争论，造成道德实践上的缺乏普遍接受的道德选择和评价标准，从而导致道德理论和道德实践的分裂和混乱，这种现象反映了传统德性与现代社会不契合或不完全契合的现实，而这种状况在当前仍然缺乏公认合理的理论解释"。① 因此，思想政治教育重要的任务之一就是在道德教育方面确立公认的道德判断和评价标准，不致使道德底线被标为道德上限，使道德模范硬是被冠为无私无欲的"英雄"、"圣人"。

（二）思想政治教育在引导道德建设方向时要突出以人为本、人文关怀

学者余秋雨在《何谓文化》中提到"民粹文化正在冲击着理性文化"。我认为民粹主义表现在道德上，就形成了民粹道德。民粹道德正在冲击着理性道德，它往往"放弃应有的等级和标准，把底层观众的现场快感当做第一坐标"，如前段时间北京市民游行示威保卫钓鱼岛，一位大爷大骂维稳武警"卖国贼"，却得到群众欢呼雀跃。这从一个侧面反映出当前我国的道德建设往往缺少爱、缺少一种包容，倾向于宣扬恨、宣扬一种泄愤。这在目前的媒体电视中到处可见，结果就是

① 张宜海.论公民德性.郑州:郑州大学出版社,2011:11

容易走向"民粹道德","不管在哪个时代、哪个国家,文化艺术一旦受控于民粹主义,很快就会从惊人的热闹走向惊人的低俗,然后走向惊人的荒凉",①道德也是一样,要想摆脱现存困境,不能"脱俗"也不能媚俗,必须要着眼于长远的真、善、美目标。

(三)思想政治教育要加强道德舆论方向的引导

媒体人白岩松说:"这个时代怎么了? 都拿一个人底线当优点,一件食品很好不是因为好吃,而是因为没有添加剂;一个人很伟大,不是因为他多好,而是因为他讲诚信、守时、不偷东西。我们这个时代有很多问题的表现就是,把过去的底线当成了上限来肯定。你夸我一个新闻人说真话,但如果我不说真话,我还算是新闻人吗?""人们携带传统文化进入现代社会,一脚陷在传统中,另一脚却未在现代文化里找到立足之地,便有了一种被硬性抛入另一种文化的漂泊无居的文化移民感和文化错位感。不同性质的文化体系交织斗争和相互作用,人们对各种价值标准不免似是而非、无所适从,就会造成心理结构失调和心理调节失衡现象的发生。"②这正是当前新旧价值体系转变中道德价值观分裂的写照。目前热播的宫廷剧中,要么把"中国智慧"、"制胜良策"扭曲、夸张为阴谋、权术、诡计,很少提及中华文化的谦敬礼让,和衷共济,要么就是宣传毫不利己专门利人的"圣人",提出一种让人无法达到的道德高标。我们的舆论,尤其是大众传媒的趋利性不甘于让"模范"、"好人"平凡,不甘于让智慧真正成为智慧,不甘于让权谋仅仅成为权谋。为取得经济效益,主导舆论的大众传媒倾向于宣扬人性的恶和丑,而不乐于宣扬爱和美,伤害了民族传统中优良道德因素,无益于后人的道德建设,破坏了中华民族作为礼仪之邦的良好国际形象。思想政治教育的功用之一就是使人们形成符合社会发展要求的思想品德。因此,我们不能任由这种倾向发展下去,它需要和各界一起努力,力争成为道德舆论方向的主导者。

(四)思想政治教育要在建构道德体系中起带头作用,并形成监督机制

道德建设走出困境不仅要强调道德判断和评价标准、最终目的以及舆论导向,更需要强调它的首要任务就是要建构现代化的道德体系。没有这个主心骨就支撑不起庞大的道德建设工程。目前确立适应市场经济体系、价值多元社会的现代化道德体系虽然很艰难,但我们可以借鉴已有成果,"它是一个以为人民

---

① 余秋雨.何谓文化.武汉:长江文艺出版社,2012:26
② 郭文安,陈东升.国民素质建构与基础教育改革.北京:人民教育出版社,1997:104

服务为核心，以新的集体主义为原则，以爱祖国、爱人民、爱劳动、爱科学、爱社会主义为基本要求，包括社会公德、职业道德和家庭美德三大领域及其十五个具体的道德规范在内的科学体系"。另一方面，我们缺乏的不是道德教育，而是缺乏适应现代化的道德教育，更缺乏的是道德失范后的监督机制。因此，我们要加强对全体社会成员的现代化道德教育，采取自我教育和社会教育两种渠道同时进行，另外，德治和法治要双管齐下，从内在自律和外在他律两方面入手。

四、结　语

道德建设可以展现出现代人的时代风貌，这不只是现代化建设的强大动力和精神支持，更是现代化建设的一项重要目标。它对于促进人的幸福和社会发展具有极为重要的理论意义和实践意义。道德建设是思想政治教育的应有之义，思想政治教育可以且应当为道德建设走出困境提供支持。这项巨大工程当然离不开社会主义市场经济的完善、政治体制的改革、中国特色社会主义文化的发展以及和谐社会的建设，但更应期望思想政治教育以自身的特殊身份起到率先的、示范性的作用。

【作者简介】　王芳芳　浙江大学思想政治理论教学科研部马克思主义基本原理专业 2012 级硕士研究生
浙江 杭州 310028

社会道德冷漠及治理对策探究

季铭婧

【摘　要】　道德是社会生活得以发展所必需的基本规范之一。近年来,人们对社会公共道德缺失的行为日益关注。本文着眼于当前道德冷漠的现象,着重探究了道德冷漠的成因及治理思路,试图在当前社会对道德冷漠关注度高涨的形势下,为走出这一道德困境,坚守社会道德底线提供一种思路,从而弘扬核心价值观,培养高尚道德情操,推动社会和谐发展。

【关键词】　道德冷漠　道德教育　治理对策

一、社会道德冷漠的内涵及其危害

(一)社会道德冷漠的内涵

所谓道德冷漠就是指一种善心同情心的缺乏,它不同于一般的感情淡薄,而是人与人之间道德意识沟通的阻塞,体现为对道德事件缺乏敏感度、对道德行为缺乏自觉性并因此在道德实践上消极不作为。[①] 具体来讲,道德冷漠是指对身处困境者缺乏同情和善意,有意或无意地推卸自身的道德责任和道德义务,直接或间接拒绝进行援助的道德心态以及外在行为表现。主动的责任推拒和无意识的道德麻木都是道德冷漠的具体表现,后者更突显了道德召唤的无力性以及道德冷漠对人性的侵蚀。

---

① 刘曙辉.论道德冷漠.道德文明,2008(04)

（二）社会道德冷漠的危害

中国是一个拥有五千年历史文化的悠久古国。诸子百家,儒家的仁、义、礼、智、信;道家的崇道、无为、逍遥;墨家的兼爱,还有众多宗法和孝等,使这个古国的文化独树一帜,形成特有的华夏文化和道德文明。道德是维系人与人之间和谐相处的精神纽带,是任何社会生活得以存在并长远发展所必需的基本凝聚力之一。现如今,许多原先行之有效的传统的道德观念和规范普遍地丧失了其约束和规范作用,道德冷漠现象愈发普遍,围观者对身处困境者的援助意识日渐淡薄,更有甚者表现出茫然无知又理所应当的姿态。与此同时,道德评判的明确标准逐渐弱化。

小悦悦事件是 2011 年令人沉痛的道德冷漠泛化的典型。从中我们可以明显地感受到道德冷漠对人心、人命的吞噬。小悦悦被车碾过两回,来往 18 个路人竟无一人停下施援手。该事件引起了全国范围的讨论,路人的冷漠尤其引人深思。一个人不扶,是品德败坏;一群人不扶,是社会的悲哀。恻隐之心日渐从我们的身边消逝,人性的温暖被旁观的冷漠所取代。如此恶性发展,道德冷漠极易泛化成为社会精神生活主流的毒瘤,造成日趋严重的社会道德滑坡,使人们的社会行为偏离了正确轨道,社会凝聚力出现断层,社会纽带开始崩裂。一个社会的道德状况总是反映该社会的文明和进步的基本情况,反映一个民族的道德传统和精神面貌。如果社会道德遭到了践踏和破坏,整个社会的道德体系就可能会瓦解,整个社会的安定团结也将被破坏。

二、社会道德冷漠的主要成因

（一）道德教育薄弱

社会道德教育包括家庭教育、学校教育和学校外的全民教育。但是,我国目前道德教育并未全方位落实。中国历来重视学校教育,因而在某种程度上家庭教育和校外的全民教育被忽视。家庭教育和全民道德教育的缺失致使道德教育这一重任完全落在学校教育这一方,而纵观学校道德教育现状,却又不容乐观。① 在道德教育上,更多学校习惯于喊口号,刷标语,热衷于政治说教,内容空洞乏味、不求实效,且缺乏系统性、科学性。这样僵化的教育模式与人们的现实生活脱节,直接影响道德教育的开展和道德教育效果的提高。中国自古有"各人

---

①   焦敬秋.浅析社会转型期道德信仰.邢台学院学报现代教育,2011(09)

自扫门前雪,勿管他人瓦上霜"的类似于"井水不犯河水"的传统观念,受这些根深蒂固的观念的影响,人情疏离随处可见。若道德教育未能发挥提升公民的道德文明的作用,人们便容易丧失实现其内在价值和人生价值的动力,也就必然不能产生良好的社会道德信仰,而由此演化出来的社会行为就缺乏其信念依据,道德失范行为几率日趋上升。

(二)道德建设的奖惩机制不完善

优良道德品质的形成是一项复杂而又系统的过程,需要靠内部和外部两种因素相互交融、相辅相成才能日臻完善,特别是在内部因素还未完全在人们心理当中稳定形成的状况下,外在的程序性规范因素起着重要的保障作用。林语堂在《吾国与吾民》一书中分析中国人的冷漠症说道:"'明哲保身,莫谈国事'、'事不关己,高高挂起'的阴暗心理的形成,盖因缺乏人权之保障也。蝼蚁尚且偷生避死,何况万物之灵的人哉。"当社会机制安排不能有效维护道德取向时,不道德现象就会普遍出现。现如今社会中的一些具有道德正义的行为并未得到应有的鼓励,甚至没有得到应有的肯定,而不道德行为不仅没有得到及时的制止和惩罚,反而在漠然纵容的社会环境中日渐泛滥。道德奖惩机制的失衡打破了人们对德福一致的信仰,滞后的奖励机制和惩罚机制,致使社会成员追求道德的价值观念逐步淡漠。于是,不道德行为在社会上必然沉渣泛起,造成了极坏的社会影响。

(三)社会环境制约道德信仰构建

社会的发展加大了竞争,加快了人们生活的步伐。这样的趋势下,人与人之间的距离变得遥远,道德的良知变得相对淡薄。各种社会环境制约着道德信仰的构建。

1.社会多元价值观的错综复杂

转型期社会利益与价值取向日渐多元化,新旧道德信仰交替,中西方价值观迎面碰撞,道德价值标准逐渐呈现出多层次和多样化的趋势,导致社会公众价值观念和思维方式深刻蜕变。在这样一种多元道德价值交叉、叠加、替换的动荡过程中,社会现实中是非模糊、善恶不明、荣辱错位的现象日趋严重。① 在这个市场经济的社会中,利益最大化往往成了不少人的唯一追求。随着自由主义学说的兴起,崇尚个人自由口号愈发响亮,个人自由有了其理论根据,个人欲望与自由意志往往不加区分地获得了某种合理性,利己主义、拜金主义、实用主义气息

---

① 葛晨虹.德之不厚,行将不远——论社会道德价值观的重建.人民论坛,2011(08)

逐渐弥漫扩散。在"利己主义"和"唯金钱论"的社会语境下，社会现实中的多元价值氛围，会深深影响社会的主流道德教育。于是，弘扬崇高道德素质、彰显道德力量，往往就会显得力不从心。

2. 市场经济的等价交换原则的泛化

等价交换原则原本只局限于商品经济领域里。可是随着市场经济社会的发展，这一原则正被一些人演绎成基本的人生信条和为人处世的生存方式，进而泛化成道德领域的行为准则。江泽民曾说过："随着市场经济的发展，商品交换法则也容易侵蚀到社会政治生活和人们的精神领域，引发见利忘义、钱权交易，导致国家意识、集体意识、互助精神、奉献精神减弱。"[①]出于功利性将道德行为泛化成等价交换的商品，否定了道德行为的自觉性，泯灭了道德行为的伦理性，更贬低了道德的崇高性。道德作为一种社会意识形态，是人们共同生活及其行为的准则与规范，是对自我行为的约束，是自发自律的行为表现，赋予其功利性等价交换含义实属道德领域中的滑坡。

3. 社会利益矛盾的冲突与选择

不同于计划经济时期，当今社会个人利益并非完全依附于国家利益和集体利益，而是作为一个独立的利益主体，同国家和集体同属于市场经济的利益主体。虽然集体主义价值观念仍是社会主流价值导向，但由于利益主体的多元化，使社会成员实际的价值取向明显多元化。在这种利益协调机制尚不健全的情况下，三者之间的利益冲突不可避免。再者，我们所提倡的道德，是一种利他主义的价值观与实践，它与人性中根深蒂固的利己倾向构成一对矛盾。于是，交易的平等性和利益化使人与人之间的联系不断弱化，受功利主义的影响，人们坚守道德可能会使自身的某些现实利益受损。这就导致人们为了某些利益放弃了对崇高道德理想和道德信念的追求。这种建立在自我基础上的"趋利避害"思想最终会导致社会成员价值观、世界观的偏离和错误，对社会共同体的认知淡薄，忽视道德对构建共同体的积极作用，大大降低整个社会的道德凝聚力。

4. 道德责任感的分散沉落

道德责任感分散是指面对突发事件，随着围观的人数的增多，每一位观者都不约而同地静候他人的道德作为而导致自身所承担的道德责任感逐渐分散甚至消亡，继而出现一致性的道德不作为。行为科学的实验证明，围观者随突发事件的发生和结束忽聚忽散，构成一个"临时性陌生人群体"。每个无身份者都隐匿在群体之中，把临时群体作为屏蔽社会舆论的盾牌，随着围观者数量的增加，道德责任

---

① 江泽民.在全国宣传部长会议上的讲话(2).全国宣传部长会议.北京,2001

随之发生扩散。① 在大众中间，个体被隐没了，随着这一隐没，个性和责任意识也荡然无存，从而导致"虽有百人围观，却无一人伸手救援"的可悲现象的出现。道德责任分散效应发生的原因是由于个体理性和群体理性之间的冲突。这一冲突导致个体依托群体的道德作为而下意识降低自身道德责任感，从而造成群体性冷漠。

三、治理社会道德冷漠的思路

（一）不断推动道德教育，培养自律性道德

一个人的道德认知能力不是自发形成的，只有经过不断的社会道德教育实践，才能对道德范畴有深入的理解并内化为自身认知。教育是实现人的全面发展的根本途径。从这个角度来看，对于社会道德信仰的建设也必须注重社会教育的重要作用。在道德教育过程中，将道德认知变成空洞的说教，填鸭式地将道德理论与道德规范灌输给人们，是很难达到提升道德水平目的的，必须通过内化的形式使人们真正理解道德的实质，触动他们的灵魂，深入他们的思想，使道德认知成为人们的先导，提高道德主体的道德认知能力。

首先，重视家庭教育，充分运用渗透性道德教育。家庭教育是人生教育的初始起点，它具有早期性、连续性、权威性、及时性和感染性，是学校教育与社会教育的基础。在整个教育体系和过程当中，家庭决定了教育的起点和水平，对奠定孩子的道德基础，帮助其形成良好的道德信仰有不可磨灭的作用。因此，家庭道德教育理应受到重视，家长应更加重视对子女的价值观教育和道德品性教育，而非仅仅要求子女学业有成。而家长自身应以身作则，引经据典，将良好的道德品格潜移默化并根植到孩子的品性当中。

其次，加强学校教育，深化规范性、系统性道德教育。学校道德教育的特点及优势在于它的规范性、科学性和系统性。因而，建立一支稳定、可靠、高效的思想政治教育工作队伍尤为重要。具体而言，应拓展思想政治教育工作者的理论修养，为其奠定施教功底，并拓宽思想政治教育工作方法与方式，实现多样化，做到与时俱进，保持与外界最新思想政治教育研究成果作交流，分享成果，交流经验，共同为全国高校思想政治教育奉献力量。同时，学校道德教育应适度增强自律和节制的教育内容，在学校生活过程中贯彻自律精神等方式实现自律的人的培养，从而使道德自律有其发展空间。

---

① 杜凡.论道德冷漠及其纠正.中国矿业大学学报,2007(06)

最后，扩大社会教育，把培养民众道德理想放在教育的核心地位，努力激发人类成员的共同命运感。社会是一个紧密联系的共同体，没有人可以孤立于世，社会的存在与发展都与个人息息相关，培养个体共同命运感，有利于促进社会和谐进步。因此，要大力加强社会整体凝聚力，促进社会道德文化建设，大力开展宣传教育，进行博爱与普世伦理教育，在全社会形成诚实守信、互助互利的风气，让重道德守纪律的新风尚深入人心，成为人们自觉的行为准则。既要自觉弘扬并创新传统道德文化，借鉴与吸纳西方已有的优秀道德文化传统与观念，又要与时俱进，创建适应现代社会发展所要求的先进道德文化体系，实现中外传统道德文化与当前时代所要求的新道德文化和谐发展。要进一步深入学习贯彻社会主义核心价值体系，将其与经济社会发展的各个环节有机结合起来，使社会主义核心价值体系能够真正渗透到人心，并潜移默化到日常工作生活中。

（二）完善道德建设的奖惩机制

首先，完善道德建设的奖励机制。重视对道德行为的适当、及时的鼓励和肯定，建立道德激励机制，对有德行为的主体给予精神奖励或给予他们一些民生优惠政策作为激励，提倡全社会"重德"、"尊德"。国家与社会愈能满足个人道德动机的幸福回报，保证道德行为选择有其必要性、崇高性和现实性，个人遵守道德规范就愈有可能是义务性、自发性和无条件性的，人们的道德热情就越高涨。这样，道德冷漠必然退避三舍，无处蔓延。

其次，完善道德建设的惩罚机制。对不道德行为予以批评和谴责，并根据事态严重程度进行适当惩罚，有助于警示不道德行为的发起者，帮助民众明确道德责任，防微杜渐，区分有德、失德的界限，进而有助于社会发展中新道德规范的构建与坚守，可以有效遏制失德行为，促使人们树立崇高的道德信仰，实现更高的道德价值。

（三）营造健康向上的社会道德风气，重建道德文化体系

胡锦涛指出，社会风气是社会文明程度的重要标志、是社会价值导向的集中体现。树立良好的社会风气是广大人民群众的强烈愿望，也是经济社会顺利发展的必然要求。

首先，增强道德模范的示范效应，形成积极向上的社会氛围。道德冷漠的出现反映的是社会处境的恶化。良好的社会道德环境是道德内化生成的重要外部条件。道德模范作为在社会道德环境中的一种积极正义的标志，它不仅可以触动社会成员内心道德之弦，以典型实例感染社会大众，还可以通过社会环境潜移默化的影响，激励社会成员见贤思齐，形成优良的道德品质。依据当前我国社会

发展现状,增强道德模范的示范效应,继续积极营造良好的道德环境,有助于营造积极向上的社会氛围,使社会成员在不自觉的状态中被辐射和熏陶,进而提高自身的道德品质,使道德理想真正向道德实践转化。

其次,加大媒体宣传的曝光力度,强化社会舆论的道德监控。舆论监督的意义就在于它可以通过对局部利益和个别现象的关注,提高社会大众对其的关注度,扩大道德事件在社会的辐射范围,引发各个阶层对道德事件的讨论,从而有效地对整个社会道德偏失起到提示和校正作用。由于媒介受众群体人数众多且参与度高,通过媒体的曝光来吸引公众对于道德冷漠行为的关注,可以行之有效地用强烈的社会舆论来增强社会的公德意识,谴责道德出轨行为。舆论压力可以迫使社会成员遵从道德,或在不道德行为曝光后积极修正自身行为,增强其道德自觉性。① 小悦悦事件的曝光,引起了全社会对道德冷漠的高度关注和谈论,足以证明了舆论监督的强大爆发力。

再次,矫正道德冷漠,开展全社会爱心培育工作。② 中国自古是崇尚仁爱的礼仪之邦,社会正义力量始终是主流,故道德冷漠这条不和谐支流的出现并非难以消除。积极开展全社会爱心培育工作便是矫正道德冷漠的有效途径之一。党员与领导干部要率先发挥先进模范作用,积极鼓励并倡导社会成员自觉组成各种爱心工作小队,在解决身边事、帮助身边人的同时,传递爱,播撒爱,延续爱,培育全社会的善心、爱心。爱能让麻木的道德复苏,使泯灭的良知苏醒。开展全社会爱心培育工作有助于打破单纯自爱的局限,从爱自己、爱家人延伸到爱社会、爱国家、爱世界,进一步培育天下为家的和谐归属感,道德冷漠便失去温床,替代它的就是大爱无疆。

"一个国家,如果没有国民素质的提高和道德的力量,绝不可能成为一个真正强大的国家、一个受人尊敬的国家。"温家宝总理发自肺腑的殷殷忠告,向社会传达出"道德不存、国将不国"的危急信号,振聋发聩。③ 胡锦涛主席强调,道德力量是国家发展、社会和谐、人民幸福的重要因素。社会需要一场道德特别是基础领域的道德重建,道德理应回到生活的中心,道德体验与道德感受应重新回到每个人的内心,应当让道德成为社会生活与个人自由选择的无可置疑的基本立场。因此,杜绝道德冷漠现象的泛滥,防止道德冷漠,托举善的力量,切实提高全社会的道德素质,营造积极和谐的社会道德环境,是全社会各个领域谋发展、促和谐的题中之义。

① 卜燕.社会主义初级阶段的道德文化和道德建设.法制与社会,2011(03)
② 马帮敏.社会道德冷漠现象的理性分析与对策.老区建设,2008(04)
③ 张玉胜.拿什么拯救"道德滑坡".今日海南,2011(05)

【作者简介】 季铭婧 浙江大学思想政治理论教学科研部思想政治教育专业
2012 级硕士研究生
浙江 杭州 310028

物质攀比对大学生思想政治教育的影响

范妮妮

【摘　要】 在日益物质化的当今时代,人们用物质能力来衡量个人地位已经成为一种普遍现象。高校作为大学生的活动场所,也逐渐受这种思想渗透。大学生开始进行物质攀比,希望通过物质攀比来展现自己的价值,满足自身的虚荣心。这对大学生的思想政治教育是及其不利的,严重影响了大学生思想道德水平的提高。分析并准确评价物质攀比对大学生思想政治教育的影响,可以确保高校思想政治教育实现突破。

【关键词】 物质攀比　大学生　思想政治教育

9月初,开学经济逐渐升温,很多大学生的开学装备可谓是一应俱全。随着物质水平的逐渐提高,大学生的开学经济已经不只是在生活用品上。某高校2012年开学初,学生中有所谓的"官二代"、"富二代"借开学之际充分展示了自己的财力。据报道称,该校许多在校学生所开跑车均为限量版,价格昂贵。这种现象就不免为我们敲响警钟,作为校园的新气象,大一新生需要的更是树立良好的学习动力,开始为梦想努力,而不是通过炫富来赢得众人羡慕的眼光。炫富、攀比,这些对大学生的思想政治教育都是不利的。

一、大学生物质攀比现象是多种因素综合作用的结果

大学生的物质攀比行为并不只是大学生自身导致的,各种社会环境、家庭环境等都对这种现象的产生承担着一定的责任。

（一）物欲横流的社会环境使大学生越来越重视物质生活水平

经济的快速发展和市场经济的繁荣使得社会越来越成为物质的社会，一个人的社会地位越来越靠其经济实力来衡量。譬如很多富豪排行榜、收入排行榜等。这些数据在彰显中国经济发展的实力的同时也体现出社会对物质水平的重视。大学生群体作为一个对大量社会信息有接收欲望的群体，越来越受到这种思想的影响。通过很多调查显示，大学生普遍认为经济富裕、穿名牌、开豪车的学生在校园里更能引起很多同学的羡慕，甚至赢得"尊重"。在这种思想的影响下，无论有无经济实力，大学生都开始进行物质攀比，希望自己可以成为万众瞩目的焦点。因此，大学生逐渐走上物质攀比道路很大一部分是因为社会环境释放出"物质至上"的信号，误导了大学生心理的成长方向。

（二）家长在物质上的尽量满足使大学生的攀比心理更加膨胀

中国的高考制度是相当残酷的，十几年的寒窗苦读，考上大学成为每一个学生甚至每一个家庭的梦想。那些成功考上大学的学生在家长眼里是相当疼爱的，很多大学生在考上大学的一刻甚至意味着全面解放，作为奖励，家长往往尽量满足学生的物质需求。家长的"财力"支持似乎给大学生进行物质攀比提供了强力"后盾"。家长的尽量满足，从而使大学生提出越来越多的物质需求，攀比心理越发膨胀。同时，很多家长本身的虚荣心也使他们希望能够通过自己的孩子为自己挣足面子。所以，很多家长往往不反对反而支持孩子进行攀比，显示作为家长的"实力"，这些因素都导致大学生盲目攀比之风形成。

（三）大学生本身的虚荣心需要通过物质攀比来得到极大满足

很多高校的教育方式是极其不完善的。于是，大学生在校期间往往迷失自己，不知道自己在大学期间要做什么，成就什么样的自己。高校的教育模式相对宽松，在没有中学时期学习成绩的竞争压力之后，很多学生开始选择将物质攀比作为区分"等级"的一个标准。大学生是年轻的一代，有自身的特点，有强烈的表现欲，希望自己能够受到万众瞩目。这种虚荣心的满足，通常可以通过物质攀比来得到满足。生活的空虚感使得大学生需要追求一个自认为比较充实的生活内容，很多大学生就开始追求名牌、追求享受，希望自己"高品质"的生活方式可以使自己得到大家的承认。大学生自身的虚荣心是大学生物质攀比之风兴起的最根本原因。

综合上述,大学生盲目进行物质攀比是当今时代发展的畸形产物,是家长的教育与学生自身发展不足导致的。我们必须充分认识到这一现象对大学生思想政治教育的危害。

二、不能忽视物质攀比对大学生思想政治
教育充分发展的阻碍

(一)物质攀比使很多大学生不思进取,对大学生的学业造成很大影响

大学生的主要责任与任务还是通过大学期间的学习来充实自己,为自己的将来发展打基础。面对越来越盛行的"炫富",很多学生将注意力逐渐转移到物质层面,忽视理想、轻视学业,这对大学生的学业必然造成消极的影响。譬如很多学生为了能够满足自己的物质需求,会把原本的学习投资用来买一些奢侈品,以此来赢得大家的羡慕,希望在物质攀比中充分展现自己;还有一些家庭经济相对普通的学生为了有能够进行物质攀比的资本而旷课去做兼职等。这些现象很大程度上都是盲目的物质攀比导致的,使得大学生在提高自身思想道德水平和丰富的专业知识的过程中没有进取心。

为步入社会准备充足的专业知识是保障大学生实现就业、促进其思想道德水平顺利发展的基础。由于攀比造成大学生对学业的荒废很有可能导致大学生在面临就业问题时开始有浮躁、消极的态度,从而不利于大学生思想道德的发展。

(二)物质攀比造成大学生价值观的扭曲,大学生开始过分重视物质价值

调查显示,"LV"、"Dior",这些享誉全球的世界名牌已经在大学生中深入人心。昂贵的价格并没有让大学生认识到这些消费品的存在是否有其不合理性,反而理所当然地追求。可见,大学生的物质攀比已经不再是过去的比谁更"富足",而是比谁更奢侈。换言之,似乎在攀比谁的消费观更错误。在盲目攀比之风的影响下,大学生开始忘记自己为了迈入大学校门做出的努力,忘记了人生的奋斗轨迹,忘记了人生价值的真正含义;认为"钱"成为一切的主宰。于是,就应运而生一些"拜金女"、"凤凰男"等校园名词。比较典型的也是很严重的一种校园现象就是:一些大学女生竟然"傍大款"、"做二奶"。而且,这种现象在很多高校都是存在的。其实就是因为很多女生希望在物质攀比的过程中满足自己的虚荣心,但自身的家庭环境并不能提供这样的条件,所以很多女生开始在错误价值

观的驱使下做出错误的行为。

　　价值观的树立对大学生思想政治教育的落实是很重要的。只有先树立正确的价值观,大学生的思想道德才会有充分的发展动力和正确的发展方向。物质攀比导致大学生的价值观日益扭曲,"金钱至上"的理念越来越阻碍了大学生思想道德水平的提高,对大学生的人生发展都是不利的。

(三)物质攀比破坏了大学校园的传统道德氛围

　　大学一直被视为社会的一方"净土",社会希望"象牙塔"的保护可以避免大学生受到很多错误的社会现象的影响。事实上,大学一直是中国传统文化延续的载体。但是大学校园中物质攀比之风的兴起,使得很多传统的道德规范作用受到冲击,大学生在物质攀比的驱动下,逐渐放弃很多基本的道德操守,就是为了满足自己的物质欲望。譬如中国自古有"百善孝为先"的说法,但是很多大学生在自身家庭环境不允许的情况下盲目地进行物质攀比,给家庭经济造成了相当大的负担,很多学生在学校风光无限,可是作为农民的父母可能要辛苦耕作很长时间来满足他的物质享受,并且全然不知孩子在学校不思进取、只求享乐的情况。这显然是一种很不孝的表现,是通过压榨父母的血汗来满足自己的虚荣心。可见,大学校园的传统道德氛围已经被破坏,对大学生思想道德水平的提高是不利的。

　　传统的道德规范是进行大学生思想政治教育的理论基础,是中华传统文化的结晶。大学生正处于心理成熟期,做很多选择时都必须以基本的传统道德规范作为衡量标准。物质攀比对大学校园传统道德氛围的破坏必然会导致大学生思想道德建设失去根基。

　　在当今复杂的社会情况下,我们要真正确保大学生思想政治教育的有效进行,确保大学生在正确的价值观指引下成长,我们必须在认识到物质攀比的危害的基础上着力解决这一问题,为高校思想政治教育的发展铺平道度。

三、多方面着手杜绝校园物质攀比现象,
保证大学生思想政治教育顺利进行

(一)积极改善社会精神环境,减少"拜物思想"对大学生心理成长的影响

　　大学生作为社会的人,具有社会属性。但是,作为一个社会的特殊群体,大学生面对很多社会现象时很难做出抉择,所以,社会必须营造一个能够使大学生

实现趋利避害的良好的精神环境。当今的很多社会行为都是我们必须改变的。譬如,在利益的支配下,很多商家大打"学生牌",利用学生开学之际,专门针对学生展开一系列的营销策略,刺激学生消费,虽然表面上看似乎在为学生省钱,其实很大程度上助长了学生的物质攀比心理。

虽说社会是"大染缸",但是中华民族传统美德必须继续发扬。在经济迅速发展的当今社会,我们必须重新找回"勤俭节约"的传统美德,营造出一种合理的消费环境,这样才能更好地杜绝大学生物质攀比现象的产生。

(二)家长要做好榜样示范作用,要理性对待孩子提出的物质需求

家庭是大学生成长的初始平台,家长的很多态度和行为对大学生心理成长起到决定性的作用。在大学生的成长过程中,很多家长的行为起着榜样示范作用,家长的一言一行就像一面镜子,对大学生心灵起着潜移默化的作用。譬如,很多家长本身就生活比较奢侈,穿名牌、铺张浪费,那么孩子当然就会"无师自通"、上行下效了。同时,很多家长虽然自身生活水平一般,但是面对孩子提出的很多不合理的物质要求时,仍然尽其所能来满足,希望通过孩子来满足自己的虚荣心。

正是因为家庭影响力之大,在杜绝大学生物质攀比现象的过程中家庭的作用是不能忽视的。当孩子的消费观处于没有定型的时候,家长就应该培养孩子良好的消费习惯,从小做到理智消费、合理消费。在面对同学们"富裕"的物质生活时,要通过自己的努力减小孩子心中的落差感,真正教会他们如何区分"需要"和"想要",这样才能真正地让大学生从内心里排斥物质攀比,逐渐减少大学校园中的物质攀比现象。家庭作为孩子第一个接触的环境,必须在希望孩子学习成绩提高的同时更多地关注孩子身心的发展,真正落实对孩子人格的教育,为高校大学生思想政治教育打好基础。

(三)学校要积极营造奋发向上的氛围,让大学生懂得什么才是应该追求的

大学生更多的时间都是在大学校园中度过的,学校氛围对大学生思想道德的提高有很大作用。学校文化是每个大学生都要接触到的,因此,大学承载的教育使命要超过社会与家庭。大学的开放性使得很多社会信息进入校园,学校必须有一定的筛选,不能秉着开放的态度使很多不好的思想在学生中泛滥。针对大学生的物质攀比现象,学校必须采取一定的措施与政策来改变。譬如,学校可以开展一些讲座,宣传更多通过自身奋斗实现成功的事迹,同时也要对一些"富

二代"、"官二代"的行为所造成的不良后果进行批判，使大学生更多地认识到财富并不能代表一切，如果没有好的心态，甚至可能会带来灾害。同时也可以开展一些美德或学术竞争活动，这样既可以充实大学生的生活，又能够使大学生将更多的学校生活重心放在学习与提高自己上，更多地展开"美德攀比"、"学术攀比"来代替物质攀比，更好地实现大学生学术能力的提高，从而相应地减少物质攀比现象。

每个学生大学梦想的实现都是付出很多努力的。校园对于大学生的神圣性从来不会改变，所以学校对大学生进行教育有更强的实效性，必须更好地利用学校的资源，恢复大学校园本身的学术氛围，为大学生思想政治教育提供一个更好的平台。

（四）大学生必须进行自我教育，真正摒弃"物质至上"的理念

大学生自身素质的提高是真正解决物质攀比现象更重要更根本的方法。面对物质极大丰富的当今社会，大学生往往缺乏一定的判断能力，在物质攀比中迷失了自己，这些都是大学生自身素质仍旧存在一定问题的表现。大学生必须学会自我提升，树立坚定的人生理想，明确自己的责任。这样才能不被周围的很多不好风气所影响。物质攀比现象往往是大学生互相跟风所引发的，只有学生自觉地认识到这种现象存在的不合理性，去排斥这种风气，物质攀比就没有存在的根基。譬如，大学生可以阅读更多的书籍，领悟精神层面的重要性，了解物质攀比并不能真正彰显一个人的存在价值的道理。这样，才能找到人生奋斗的真正目标，就可以摆正自己的价值观，为提高自己的思想道德水平和学习能力提供动力和方向。

【作者简介】 范妮妮 浙江大学思想政治理论教学科研部思想政治教育2011级研究生

浙江 杭州 320028

论自尊差异对大学生人际关系行为的影响

傅文轩

【摘　要】　自尊作为影响大学生人际关系行为的重要因素之一,近年来受到越来越多的关注。自尊不仅存在高低之分,还有稳定性的差异。从自尊水平和自尊稳定性两个维度来解释不同自尊人格的个体在人际交往中的行为反映方式,目的在于考察不同的自尊人格对大学生的人际关系行为产生的影响,以揭示自尊差异对大学生人际关系的影响。研究结果表明,自尊稳定性比自尊水平指标可以更加清楚地解释人际交往障碍问题。

【关键词】　自尊　自尊差异　人际关系

著名的医学心理学家丁瓒教授曾说过:"人类的心理适应,最主要的就是对于人际关系的适应,所以人类的心理病态,主要是由于人际关系失调而来。"的确,人际关系是否和谐确实很大程度上影响着每个人的心理健康。而自尊是影响人际质量的重要因素,每个个体自尊的差异在对人际关系的反应和应对中起着重要作用。

一、自尊与人际关系的相关概念

自尊与人际关系都是人们追寻自我满足感的一种状态。马斯洛在论述自尊需要的时候说过:"在'我们是谁'和'我们对自己的生命能做些什么'这样的问题上,人有寻求满意感的需要。"人际关系是人与人心理相互作用的反映,人们通常都希望与周围的个人或者群体建立一个良好的人际关系,实际上这也是获得自身心理状态满足感的一种需要。

（一）自尊的含义

最早给自尊下定义的心理学家是詹姆斯。他认为：自尊＝成功/抱负。核心—边缘理论认为，自尊包含自我价值和自我信心两种基本成分。自尊是对自我概念的评价，它与自我需要、自我接受、自我发展、自我效能有着等价的意义。①国内心理学家林崇德认为："自尊是自我意识中具有评价意义的成分，是个体对自我的态度体验，也是心理健康的重要指标之一。"从概念来讲，自尊侧重于对自身的主观评价，但实际上它与对外界客观评价的感知和体验息息相关。

（二）影响大学生自尊水平的变量

影响自尊水平的变量主要有个人因素、学校因素、家庭因素和社会因素。人本主义心理学认为，只有极少数人对自我的感觉是完全好的或完全不好的。即使是自我评价程度最高的人也会有自己的弱势。俗话说，山外有山，人外有人。每个人都有自己自信的领域和相比于他人缺乏信心的领域，将各部分的自我价值整合起来看，自尊是一个对自己各个领域自我价值评价的总和。大学生会把认为必要的一些领域纳入自己的自我评价体系，这其中包括自己做得好的，也包括一些难以达到的或者通过努力能够预期达到的领域。在这个过程中，社会的价值评判体系、文化传统以及家庭（尤其是父母）和同伴会对其选择产生影响。这些也构成了影响大学生自尊水平的重要变量。大学生的自尊水平是在社会互动的环境下综合作用的结果。

值得注意的是，自尊的概念在东西方文化中有不同意义，来自两种文化类型的人对自我评价和生活满意度的标准方面有不同的看法。一般人们将东西方文化分别定义为集体主义文化和个体主义文化。在集体主义文化中，融入社会和完成自己分内的事是骄傲的源泉；而在个体主义文化中，个人成就和独立性最被看重。在集体主义文化中，符合社会角色是通向幸福的关键；而在个体主义文化中，良好的自我感觉才是生活幸福的关键。② 这也就是为什么美国学生普遍地高看自己而中国学生却非常谦虚的原因之一。

从现实角度来看，随着大学生的人数日益增多，人们眼中的大学生"天之骄子"的地位正受到威胁。有调查显示，在我国，不同家庭所在地、不同家庭经济收

---

① 何亚云.不同外部评价条件下自尊对人际互动行为影响的实验研究.云南师范大学学报,2004(10)

② Jerry M. Burger,陈会昌译.人格心理学.北京:中国轻工业出版社,2010:205－211

入的大学生在自尊水平上有着显著差异。张海燕在对上海市高校大学生自尊发展的调查中发现,城镇学生自尊水平显著高于农村学生,且个体的自尊水平随着家庭月经济收入的增长而增高。值得一提的是,学生主观评价家庭供学负担情况在自尊水平上差异显著。① 另外,学校的级别、年级、是否为独生子女、性别等都有对大学生的自尊有着一定的影响。

(三)大学生人际关系状况的总体特点

人际关系是人类社会生活的重要组成部分。《中国大百科全书·心理学》认为:"人际关系是人们在共同活动中,彼此为寻求满足各种需要而建立起来的相互间的心理关系。主要表现在人们心理上的距离远近,个体对他人的心理倾向及相应行为等。"② 研究表明,人际交往问题是大学生心理健康问题中所占比例最高的。大学生群体正是处于人生发展的关键时期,第一次离乡背井独自走进一个陌生的环境,他们有着强烈的合群意愿。处在青年中期阶段的大学生的人生观、价值感趋向成熟又没有完全成熟,人际交往必然会遭遇坎坷。

大学生人际关系状况大致有以下几点:首先是人际关系氛围总体良好,完全处于孤立状态的大学生只占少数。但是,大学生对人际交往满意的程度参差不齐。部分大学生之间存在着人际关系紧张的问题也确实影响到了大学生的身心健康。其次是小团体现象的存在不容忽视,一般是大一时以宿舍为单位的集体行动到最后出现三三两两抱团的形式,更有甚者在抱团后出现人际紧张和人际冲突,譬如互相漠视和排斥。以大学生的宿舍人际关系为例,宿舍的人际交往是大学生所有人际交往中影响最直接、最深刻的一种。宿舍中的人际关系质量在年级上的差异明显,呈现为 U 型的发展趋势。③ 即大一的宿舍人际关系状况最好,越往后发展人际矛盾越多,大三到达低谷,而到了大四宿舍人际质量又有小幅的回归。

二、不同自尊人格在人际交往中的行为反映

每个个体对自我满足感的需要程度大小表现为每个个体的自尊各不相同。可以将自尊划分为自尊水平和自尊稳定性两个维度,即根据自尊的高低大小将自尊人格分为高自尊和低自尊,自我价值感围绕自尊水平上下波动的频率和程

---

① 张海燕.上海高校学生心理健康与发展研究报告.上海:上海人民出版社,2008:99—101
② 潘菽,荆其诚.中国大百科全书.心理学卷.北京:中国大百科全书出版社,1991:233
③ 许传新.大学生宿舍人际关系质量研究.当代青年研究,2005(4)

度的差异称为自尊稳定性。① 下面笔者就自尊水平和自尊稳定性两个维度来探讨不同自尊人格的个体在人际交往中的行为反映及其成因。

（一）高低自尊对人际关系行为的影响

在人际交往的过程中，不同自尊水平的个体往往会产生不同的反应。根据高低自尊者所属的人格特征的不同，人们发现高自尊者更加希望给对方留下好印象，而低自尊者更关注不给对方留下坏印象。在人际关系非常融洽的情况下，高自尊者往往会归因于自己努力的结果，而低自尊者更多的归功于外界条件的帮助却忽视了肯定自身的能力；当人际关系出现不和谐时，低自尊者会更加自作多情地认为是自己的过错，也会由此变得消极、退缩甚至忍让。有研究表明，低自尊的学生比高自尊的学生更多地采用迁就处理、回避处理和忍让处理的策略，处理方式更具防御性和被动性，且使用的频率更高。② 而高自尊者自我效能感高，更加确信自己的价值，会更多地采取积极的合作策略或者进攻策略，在处理策略上也更具进攻性。

由于低自尊者对自我的评价负面内容较多，在面对人际交往时，他们的自卑心理占了上风，总有种不如他人的心理倾向。那么，是不是自尊越低人际受挫越多呢？显然答案不是肯定的。首先，在低自尊者的内心深处，他们经常会让自我妨碍的现象发生在自己的身上。自我妨碍就是通过障碍的设置来降低成功的可能性。有时低自尊者还会设置多重自我妨碍来减少失败对他们产生的消极影响，这样更加有利于他们将失败的原因归于外在的或者暂时的因素。其次，笔者认为自尊水平是一个时空指标，它会随着时间的推移、空间的转换而改变自尊。譬如，人际冲突中低自尊者一般会采取回避、退缩的战术，以免遭遇让他们自尊受挫的人际困扰。而这只是一般情况下低自尊的心理活动。在特定的条件下低自尊的攻击性一面也可能得到宣泄，这就不只是通过幻想攻击的方式对自己进行阿Q式的自我安慰了。

大多数的低自尊者之所以会采取回避、退缩或忍让的回应方式，是因为他们的动机来自于对"自我保护"过多的关注，在表面上即反映为缺乏自信。由于低自尊者对自己能否被他人接受常常表示怀疑而力图避免来自他人的排斥，因此他们即使加入失败性团体也不愿意加入成功性团体，因为他们觉得失败性团体

① Jerry M. Burger，陈会昌译. 人格心理学. 北京：中国轻工业出版社，2010：205－211
② 李丽兰，唐超文，徐欣国. 不同自尊的大学生在宿舍人际冲突感及处理方式的比较研究. 文教资料，2009(4)：211－213

接受他们的可能性要大于成功性团体。[①] 在人们怀疑低自尊者该如何应对一系列的人际交往的烦恼时,他们其实早已为自己准备好了退路。心理学家认为,为了避免得到负面的评价而受窘,低自尊者自我防御的需要远远超过了他们希望被看重的需要,因而他们的失败动机是非常强大的。[②] 而这对于真正的高自尊者,这种心理往往是他们无法理解的。

(二)自尊稳定性对人际关系行为的影响

心理学家把自尊看成是一种稳定的水平,即一个相对稳定的值,以自我价值感为中心,围绕自我价值波动的幅度和频率就叫做自尊的稳定性。自尊稳定性与自尊水平两个概念很容易被误解,事实上,自尊稳定性与自尊水平基本上没有关联。[③] 也就是说,高自尊者的自尊稳定性不一定就好,低自尊者的自尊稳定性也不一定就差。依照自尊稳定性我们可以把高自尊分成稳定的高自尊和不稳定的高自尊,低自尊分成稳定的低自尊和不稳定的低自尊。

总的来说,在人际交往中,自尊稳定性差的人很在意别人对他们的看法及反馈,并容易受到外界评价的影响,所以研究者发现自尊稳定性差的人比自尊稳定性好的人更在意外界对他们的评价。[④] 也就是说他们对人际关系中潜在的消极评价信息非常敏感,也更容易爆发情绪。人本主义心理学研究者认为,自尊稳定性低的人,自我价值感经常动摇。无论是不稳定的低自尊者还是不稳定的高自尊者,一个冷漠的眼神或者一次迟到都会引起他们对自我的怀疑,而一次愉快的约会或者一次成功的考试都会让他们感到骄傲和满足。

反观现实,如果不考虑自尊稳定性的变化只考虑自尊水平指标就很难解释很多现实的人际关系问题。研究表明,自尊稳定性的高低与个体对待生活态度的好坏有着明显的关系。对于自尊稳定低的人来说(无论高低自尊者),他们对日常生活中很小的问题都特别敏感,容易感到烦躁、无奈;相反,拥有稳定自尊的个体相对来说不怕日常生活中的小麻烦。有研究发现,自尊稳定性也与抑郁相关,并且在某些情况下,对人在压力事件中的抑郁反应,自尊稳定性比自尊水平影响更大。[⑤] 相对于自尊稳定性低的个体而言,自尊稳定性高的个体会得到更多的社会接纳的正向信息,也就更容易与他人建立良好的社交关系。也就是说,

---

① 何亚云.不同外部评价条件下自尊对人际互动行为影响的实验研究.云南师范大学学报,2004(11)

② 曾英美,晏宁,等.心理学实验与生活.北京:教育科学出版社,2011:188

③ Jerry M. Burger,陈会昌译.人格心理学.北京:中国轻工业出版社,2010:209

④ Jerry M. Burger,陈会昌译.人格心理学.北京:中国轻工业出版社,2010:209

⑤ Jerry M. Burger,陈会昌译.人格心理学.北京:中国轻工业出版社,2010:209

自我价值感越稳定,人们在社交过程中越能感受到安全和满足,因而自尊稳定性高者的人际交往的心理困扰明显少于自尊稳定性低的个体。这样一来,自尊稳定性这一指标恰好弥补了自尊水平指标无法解释的问题。

三、自尊与人际关系的双向作用

不仅自尊对人际关系有一定程度的影响,人际关系也在情绪的变化中反作用于自尊。特定情境下个体的情绪往往是影响人际交往的最直接和最主要的原因,而不同自尊的人对人际交往的情绪体验也不同。黄希庭的研究表明,自尊越高的人所获得的积极情绪体验就越多,而积极的和正面的情绪也会带来个体的自尊的提升,从而形成一个良性循环;相反,低自尊的人所体验到的负面情绪远比高自尊者多。低自尊者在带有挑战色彩的情境中,首先想到的是失败。他们往往会为自己的失败找借口,从而形成一种"自我妨碍"的思维定势。这种思维方式加重了自身消极的和负面的情绪,致使自尊受挫而降低自尊水平,从而形成恶性循环。

可见,自尊与人际关系之间不是单向的影响,而是双向的互动——自尊对情绪产生影响,情绪进而作用于行为,行为过后产生的心理反应又潜在地影响了自尊的大小和自尊的波动程度。

四、关于自尊对调解人际矛盾的思考

从以上的分析我们可以看出,无论面对他人的正面评价还是负面评价,不稳定的低自尊和不稳定的高自尊对人际紧张的主观感受都非常强烈,尤其是自尊稳定性较弱的大学生受到的人际困扰会比较多。所以,此类大学生群体是心理健康教育关注的主要对象。大学生正处于青年中期,按照马斯洛需求层次理论,大学生有着强烈的被理解和被尊重的渴望,他们既是一个独立的个体,又是集体中的一份子,他们期待自己的观点被认同,希望自己的行为被包容。其实,大学生要真正获得他人的理解和宽容,必须先从自身做起。然而,我们发现大学生在遭遇人际关系不和谐时,往往首先是诉诸外部条件的不配合,却很少去寻找自身的原因。

(一)确立稳定的自我价值感

大学生在处理人际关系时,要从自我做起,首先要建立一种稳定的自我价值感。自我价值感是指个体对自身的感觉,对自己有价值感、重要感,因而接纳自己、喜欢自己。① 心理问题的出现往往伴生着较低的自我价值感,尤其是从不稳定的低自尊者的角度来讲,自我认知的偏差所带来的负面人际关系效应是最明显的。他们在遭遇人际挫折之后的情绪表现往往是无力感加无助感,甚至会因某个具体事件波及对其他事件的情绪反应。从自尊稳定性与抑郁的相关性来看,如果不适时地调节对自我的认识以及进行积极的自我肯定,长此以往会导致他们进入一种情感麻木的状态,更有甚者会演变为抑郁症。每个个体的自尊水平不是永恒不变的,大学生尤其是自尊稳定性差的大学生需要通过可行的渠道来提高自我价值感,譬如强化体验积极情绪和积极经历的回忆等。

但这并不是说高自尊人格或者自尊稳定性高的人的心理就一定是健康的。Baumeister 及其同事在有关"高自尊的黑暗面"文献研究中得出结论,受威胁的自我主义(高自尊者)会导致直接的或转移的攻击。② 也有研究指出,不稳定高自尊者的直接攻击性是最强的。譬如,乙认为甲对乙不友好,如果乙是一个不稳定的高自尊者,那么乙通常会将甲设定为自己的假想敌,在日常生活中他就会以一种对抗的方式和甲打交道,这样的情况下甲往往也会做出敌意反应。因此,在面对人际冲突时适当的克制自己的易怒情绪和攻击性行为是这类人群应该注意的问题。总的来说,自我价值感过弱或者过强都是不可取的。大学阶段是大学生自我认识急剧增长、迅速发展和趋于完善的重要时期,保持稳定的自我价值感不仅能完善自身的人格气质,而且可以增强大学生适应社会的心理抗挫能力。

(二)积极的人际沟通与自我坦露

积极的人际沟通与自我坦露是缓解焦虑、压抑以及解决人际矛盾的有效手段。自我坦露的本义是向他人透露自己的隐私,它以人际交流为前提,是表达真实自我的一种方式。我们知道,人际关系对每个人的情绪和行为有着直接的影响。譬如低自尊者的人际关系敏感度是最高的,在人际关系的紧张时刻,即使这种关系再微妙,他们也能第一时间感受到。敏锐的人际关系感知给大学生带来了不良反应——焦虑。尤其是不知道在特定的情境中该如何应对的状况下,他们更可能会感受到迷茫和焦虑。

而这并不是导致焦虑的唯一原因,一个重要的原因在于缺乏有效和及时的沟通,这也是经常受到许多大学生忽略和不屑的一个原因。人们看到的往往是他们心里希望看到的东西,若我们不强迫自己把隐匿在内心的想法表达出来,我

---

① 于海霞. 试论低自我价值感的性质. 四川心理科学,1996(4)

② Baumeister R F, Smart L, Boden J M. Relation of threatened egotism to violence and aggression: the dark side of high self-esteem[J]. *The Self in Social Psychology*. 1999:240—279.

们很容易受自身的局限而误会他人。以低自尊者为例，由于他们的一个典型特点就是一遇问题就选择逃避，不愿正视自己，面对现实。那么，要改变这种行为习惯，就需要通过某种方式的心理辅导来提高其自尊水平，使他们最大限度地拥有积极的自我评价。从中我们可以看出，积极的人际沟通和自我坦露也是真正认清他人以及认识自我、解决人际矛盾的有效途径。

【作者简介】　傅文轩　浙江大学思想政治理论教学科研部思想政治教育专业2011 级硕士研究生

浙江 杭州 310028

女性独立视角下当代女大学生的恋爱观误区分析及教育内容

邱潇骁

【摘　要】　女大学生在恋爱中遇到的许多困惑、烦恼很大程度上源于她们的恋爱观不够成熟。女性独立意识的缺乏是女大学生不成熟恋爱观中一个较为明显的表现,其原因与女大学生的心理因素、中国的传统心态、潜意识安全感不足等问题密不可分。培养女大学生积极健康的恋爱观不仅应当坚持马克思主义恋爱观的教育方向,还应当增添和强调新时代女性独立意识的相关内容。

【关键词】　女性独立　女大学生恋爱观误区　恋爱观教育

随着改革开放和社会时代的更新,恋爱已成为当代大学生的生活主题之一。但是不够成熟的恋爱观经常使得大学生在恋爱中苦恼、受挫。特别是入学比例不断上升的女大学生,本身就存在敏感、细腻、受暗示性强等天生的性别特征,因而她们在恋爱中更容易喜怒无常,烦恼痛苦。在当今女性独立的时代潮流下,成功的恋爱观教育应当使女大学生更加独立、坚强、自信和富有魅力,而不是弱不禁风,患得患失。因此,在女性独立视角下探究女大学生恋爱观中存在的问题,并且丰富和优化恋爱观教育内容,是帮助她们健康成长的必要环节。

一、当代女大学生的恋爱观误区与女性独立视角下的解读

恋爱观是指人们对待恋爱问题所持的基本观点,它与一个人的人生观是紧

密联系的。① 一个人的恋爱观可以从其恋爱态度和行为中清晰地反映出来。因此，我们围绕恋爱态度和恋爱中的行为问题，选择女生比例较高的南京师范大学作为调查单位进行了调查研究，从 450 份问卷中有效回收和整理了 389 份问卷和 5 份访谈记录。

（一）当代女大学生恋爱观中的若干误区

根据对调查结果数据的统计，女大学生恋爱观现状的主流面是积极健康的。大部分女生的恋爱动机、择偶标准都是出于比较成熟的考虑，而且对恋爱中行为的把握和理解也还是比较稳重理智的，也能够处理好恋爱与学业的关系。但是部分女大学生在恋爱中反映出她们的恋爱观存在一定的误区：

1. 为"寻求安慰"而恋爱

在恋爱目的和动机中，仍然有 23.9％的女生是出于"有个人陪，心理安定踏实多了"和 6.5％出于"打发无聊的岁月"而恋爱的。受访者小李说，"自己恋爱主要是觉得有个人在身边，可以保护自己，使自己有种强大的感觉。"这表明，相当一部分比例的女生恋爱动机有偏差，她们只是害怕孤独和寂寞，为了寻求安慰或依靠来找一个人陪伴自己。

2. 择偶标准功利化

在关于择偶标准的问题中，仅次于"人品和思想"比例的选项就是占 19.5％的"家庭经济条件"，另外有 11％的女生选择"身高和长相"，8.6％的女生选择"眼缘"。这表明，相当一部分女生存在经济至上和外貌至上的择偶倾向。接受访谈的女生小王承认自己选择与对方交往的前提条件就是经济和长相要过硬。这种对"高富帅"的过分追求其实是女大学生比较幼稚的择偶观念的体现。

3. 性行为和亲密举动随便

有 16.5％和 37.8％的女生分别选择"会"和"有可能"在公共场合进行接吻、拥抱等亲密行为；有 2.2％和 8.7％的女生分别选择"会"和"有可能"在恋爱期间与对方发生性关系，另外有 23.9％的女生对此表示"不确定"；有 2.2％的女生"赞成"恋爱中的同居行为，有 52.2％选择"顺其自然"。受访者小沈告诉我们，身边很多女生在男朋友的劝说下，对于拒绝发生性关系的态度都不够坚定。

4. 占有欲与控制欲强，情绪波动激烈

有 34.8％的女生在联系不到对方时，会"不停地拨打电话或四处寻找"；有 3.4％和 20.7％的女生"经常"或"有过""向对方索要 QQ 密码或手机信息内容，以确定他对你的忠心"的行为；4.8％的女生认为失恋后的状态会是"感到遭受挫

---

① 仲少华主编.新编大学生心理健康教育.吉林：吉林大学出版社，2009：109

折,学习和生活少了很多意义",而 9％的女生会出现"找个更好的给他看,报复他"的心态。访谈的女生小李说,她宿舍的一名同学就觉得两个人只有整天黏在一起才是感情好的表现,其他的事情都要放一边。

5.恋爱与学业关系处理不当

当恋爱与学习出现矛盾时,分别有 21.4％和 10.1％的女生选择"偏袒爱情"和"不确定";如果工作使两人不得不分开时,分别有 25.9％和 13.4％的女生"选择爱情"和"不确定"。访谈的女生小费认为,女人的幸福感主要来自家庭,只要对方真心疼自己,为他牺牲学业和工作也没什么。

(二)女性独立视角下当代女大学生的恋爱观误区解读

上述女大学生在恋爱观中表现出的误区反映出她们对爱情和恋爱的想法太过天真或完美。并且,她们的恋爱动机、择偶标准和恋爱行为、方式上,都一定程度上存在着恋爱工具化和恋爱牺牲化的倾向,没有认识到自身的独立和强大才是获得幸福、克服恐惧的根本前提。其实这些都是缺乏女性独立意识的表现。

女大学生是否具备女性独立意识可以在恋爱观的诸多维度下体现出明显的不同。具有女性独立意识的女大学生是懂得自尊自爱、张弛有度的,对自己和对他人负责。相反,缺乏女性独立意识的女大学生则会表现出以下状态:

1.在恋爱问题中没有清醒地认识到自己是一个独立的个体,缺乏自己独立学习、发展、生活的自信和勇气;

2.选择恋爱对象的眼光较为短浅,忽视精神成长方面的选择标准;

3.喜怒无常,患得患失,且没有属于自己的行为原则和底线;

4.在交往中索要过多的共同时间和空间,存在强势和逼迫,缺少尊重;

5.不能合理摆正爱情的意义,把恋爱看做是生命的全部,忽视或放弃个人学业与前途。

因此,调查中女大学生呈现出的诸多恋爱观误区其实都可以理解为她们缺乏女性独立意识和精神的表现。缺乏了独立的意识与品质,变得过分依赖他人,这样的女大学生自然不会拥有相对成熟的恋爱观。

二、当代女大学生恋爱观中缺乏女性独立意识的原因探析

女大学生在恋爱观中丧失或缺乏女性独立意识的表现是与大学生的心理和其他潜在因素密不可分的,主要有以下三方面的原因:

（一）寂寞、攀比和从众心理的交织

大学里每个个体都是相对独立的，远在他乡读书的女大学生远离了对自己宠爱有加的父母、一起长大的小姐妹，所以踌躇感和孤独感是难以避免的，而恋爱很容易成为女大学生消除孤独与寂寞的"救命稻草"。此外，"不甘心落后"的攀比心理使得女生为了满足虚荣心而行动，容易把恋爱的对象当做向同伴炫耀、标榜自身价值的证明，从而忽略了恋爱本来应当考虑志趣、性格相容等问题。加上女生本来就比男生更容易受暗示，所以很多女生在恋爱上表现出明显的从众趋向，"人有我也要有"。在宿舍、班级等群体氛围的影响下盲目效仿，缺乏自主的思考和判断。因此，受寂寞、攀比和从众心理的交织影响下的女大学生容易盲目投入爱河，缺乏清醒、独立的头脑来面对恋爱问题。

（二）传统文化影响下托付心态的存在

中国古代女子出嫁，即意味着把自己的人及全部都托付、移交给男方，由对方照看管理自己。新时代的现在，人们并不能完全摆脱封建思想的托付心态。"嫁汉嫁汉，穿衣吃饭"、"我把我女儿托付给你了"、"你可要好好照顾她，别让她受委屈"。这种常闻的说法即折射出了中国人的女子托付心态。

受这种心态影响下的女大学生容易把恋爱对象当做"第二父母"，严重依赖对方。好像找到了伴侣，一个人从此就不必走路了，只想着另一个人背着她走。这种传统心态表现在今天就是对经济保障的过分担忧或过度紧张，在双方的关系上试图牢牢捆绑双方。因此，很多女生会把对方的经济条件放在首位，会对对方提出很多无理的要求，会在交往中过分控制对方甚至做出不尊重对方的行为，导致累人累己。这样的女生其实内心不够独立和成熟，只知道索取，不懂得付出。在本质上，也是对自己各方面能力的不自信。有了托付心态的女生将自己幸福的权利完全寄托在另一个人身上，严重抹煞了女性独立意识的唤醒。

（三）潜意识里安全感不足

女大学生在恋爱中表现出的某种患得患失或飞蛾扑火背后，都藏着一个重要的原因，那便是安全感的缺失。安全感的缺失在我们成长经历中可以找到多处原因。譬如不理想的父女关系就会影响女孩的择偶心理。调查中，分别有6.5％和17.4％的女生认为从父亲给自己的关爱和信任是"完全不够"和"不太够"的。父亲被认为是女儿成长过程中的第一个情人，给人榜样和力量。① 如果

---

① 文聘元.弗洛伊德与梦的解析.长春：吉林出版集团有限责任公司，2009：75.

我们在小时候没有得到父亲充分的爱抚、关爱和信任,就会极度渴望从异性身上获取缺失或不够的认同感和安全感,加上现在大多数女孩都是独生女,没有体验到诸如哥哥的庇护,所以很多女生偏向寻找比自己年长的异性也不足为怪了。

除此之外,有些女生在成长过程有过遭受同伴欺负、冷落或排斥的经历,如果没有及时调整好心态,那么某次的伤害可能一直影响着当事人将来的反应和行为模式;还有部分女生,如果遭受过流氓或其他异性的非礼行为,那份恐惧感可能深深地埋藏在内心,安全感的获得便很容易主导她恋爱的目的和内容。

总之,这些经历会使她们在潜意识里埋下"不安全"的种子,从而导致她们的恋爱模式是"我爱你,因为我需要你",而非"我需要你,因为我爱你"。她们只是极度渴望从对方的身上填补自己成长中不够的爱和信任。这种把寻求保护和温暖当做恋爱全部意义的女生自然也就毫无独立意识的觉察。

三、女性独立视角下当代女大学生的恋爱观教育内容

恋爱观教育可以帮助女大学生树立健康明朗的恋爱观,培养积极文明的恋爱方式。这是学校、家庭、社会和女大学生自我共同的责任。在实行恋爱观教育时,既要保持以往恋爱观教育的常规性内容,譬如坚持马克思主义恋爱观方向,对于女大学生来说,又很有必要将当代女性独立意识的内容突出强调起来,以纠正她们非独立意识下对爱的错误认识,培养起女性独立的意识和精神,从而树立健康的恋爱观。

(一)宣传马克思主义的恋爱观

马克思主义科学地揭示了爱情的本质,指出爱情是人的自然属性与社会属性的统一,爱情的本质属性是其社会属性。[1] 由于爱情的社会属性,才使人类在爱情上超越性本能,成为一种高尚无比、优美诚挚的情感。

因此,我们要让学生明白爱情虽然是以人的性生理发育成熟为前提的,但确是以人的具有社会内容的思想感情为基础的。一份稳固的爱情除了应当拥有性爱作为生理基础,还包括性格、义务等多种要素,更重要的是要拥有共同的人生观、价值观、世界观。同时,马克思主义妇女观教育要求女性树立"四自"意识,即自尊、自信、自立、自强[2]的意识。宣传马克思主义的这些恋爱观内容是为了让女大学生明白,我们只有使自己拥有强大的精神和品质,并在恋爱中彰显爱情的

① 张琼主编.思想道德修养教程.郑州:河南人民出版社,2003:96.
② 华泽主编.面向二十一世纪上海女性高等教育研究.中华女子学院报,2001(1)

社会意义,才能获得更为持久稳固、真挚深刻的感情。

(二)纠正女大学生非独立意识下对爱的错误理解

恋爱关系的建立是以爱为核心和纽带的。对爱的正确认识才能使双方拥有健康的恋爱关系和恋爱方式。缺乏独立意识的女大学生会对爱有一些典型的误解,具体表现有:控制对方的思想和行为;要求对方照顾自己的人生;完全牺牲自己,飞蛾扑火;幻想着童话中的爱情从天而降;奉行物质决定爱情论;不想付出等。

这些对爱的错误认识和态度使得女大学生认为自己在恋爱中的表现是合情合理的,实际却累人累己。因此在教育中要让她们领悟到爱的真正含义。美国著名社会学家弗洛姆说,"爱是人的一种主动的能力。对自己的生活、幸福、成长以及自由的肯定是以爱的能力为基础的,这就是说,看你有没有能力关怀人、尊重人、有无责任心和是否了解人。"[①]由此可见,爱是一种能力,是平衡自我和他人的能力,过分牺牲自己或要求他人都不算真正的爱。美国的家庭心理治疗家——保罗博士夫妇在《假如你真的爱我》一书中,用明晰、易懂的两句话定义出爱:1. 真爱行为是一种抚育自身和他人情感与精神成长的行为;2. 真爱行为助长个体的责任感。女大学生可以以此为尺度自己衡量和判断在恋爱中是否拥有"爱"的品质和行为。

(三)强调女性独立意识的重要内容——自信、自爱、自强精神和独立人格

要培养女大学生树立正确健康的恋爱观,必须使她们首先意识到自身应当是一个独立、强大的个体,然后才能成熟地与另一个人互相关爱。而培养女大学生自信自爱自强的精神以及独立的人格应当成为恋爱观教育中强调女性独立意识的重要内容。

1. 培养自信精神

自信心,就是一个人始终对自己保持自省、充满信心的内在表现,就是尊敬自己,并为自己时刻感到自豪的一种心情。这种精神不依赖于外在,因此能够鞭策自己不断超越自我,拥有追求幸福的勇气。相反,缺乏自信心的女大学生不但顾虑重重,还会导致依赖性过强。一旦投入感情,要么全情依赖,要么盲目付出。

我们应当像《出水芙蓉》里一位老师在教她的学生跳舞时那样告诉女孩子们:"抬头,挺胸,肩往后,心里想着'我是世界上最美丽的女人'。"让女大学生知

---

① 曾子航.恋爱时不折腾,结婚后不动摇.北京:中信出版社,2011:192

道,内心有了自信,外表也会焕然一新。通过不断地激励女大学生自信的精神和品质,有助于她们在恋爱中多一份信任和爱,少一份恐惧和担忧。当然,也有助于她们更珍视自己的行为,拥有属于自己的道德底线。

2.培养自爱精神

很多女大学生会反复地追问:"他到底爱不爱我"、"为什么他不爱我了"之类的话。其实在恋爱观教育中,教育者应当先让她们问一问自己:爱不爱自己。自爱不是自恋,更不是自私,而是首先要学会自己尊重自己、爱护自己、相信自己、提升自己。正如只有掌握自我生存的技能,才能走入社会一样,只有懂得自爱,才有能力去爱别人。

受成长经历中各种因素的复杂影响,一些女大学生内心缺少爱,也不会爱。因此,教她们自爱,便是教她们感受自己真实的情绪,接纳真实的自己,学会认同、悦纳自我,并激发她们挖掘自身的价值和力量。素黑在《好好爱自己》一书中提到:"爱是一种修行,从自爱开始。"当我们的女大学生懂得关心自己、珍爱自己的时候,就不会随便说出"没有他我活不下去"之类的话,也不会把身体当做挽回爱情的本钱。因此,要爱他人,先要学会爱自己。

3.培养自强精神

自强,是一种鞭策自己不断进步、坚持不懈地强化自己的内外在品质的能力和精神。培养女大学生的自强精神,就是要改变她们娇生惯养、嫌脏怕累的优越心理或对自己能力缺乏自信、不求上进的惰性精神。教育者应当强调,现在这个公开公正的民主社会已经告别了"女子无才便是德"的时代,女大学生只有充分提升自己,强化自己各方面的品质和能力,才能在社会大舞台中展示自己,具备竞争力,实现自身的价值。同时,也只有自身强大了,才更有资本在恋爱中要求平等和独立,才更有机缘获取一份更高质量、更持久的感情。

4.培养独立的人格

现代社会对女性独立有"三立"和"五立"之说,"三立"即经济独立、精神独立、优雅自立。有了经济独立和精神独立的内核,外表自然就能显现出优雅自立的气质。而"五立"是指在恋爱中能够保持经济独立、思想独立、时间独立、空间独立和人格独立。虽然女大学生尚不能完全摆脱来自父母的经济支援,但拥有了这方面的意识,至少不会让男朋友充当长期饭票,也不会委曲求全,在交往中完全顺从对方的思想或大量牺牲属于自己的时间空间。只有具备了这些独立的思想和意识,不管恋爱与否,女大学生都能始终保持自己的尊严和骄傲。哪怕在热恋中,也能时时觉察着自己还独立存在地去爱,不是失去自我找不到自己地去爱,更不会把对方当做自己的靠山。这样才是成熟的恋爱表现,也会使对方更加敬重自己,变得更有魅力。

【作者简介】 邱潇骁 浙江大学思想政治理论教学科研部思想政治教育专业 2012级硕士研究生

浙江 杭州 310028

贫困大学生的弱势心态研究

张曼华

【摘　要】　贫困大学生的心理状况影响着他们的行为变化,同时也影响着高校和社会对待贫困大学生的帮扶策略。由于家庭、经济、环境及自身等各方面的原因,部分贫困大学生或多或少地存在着弱势心态。弱势心态不仅阻碍了个人的进步,影响人格的完善及升学和就业,同时也影响了社会的发展,抑制了贫困大学生创造社会价值的可能性。因此,帮助贫困大学生调节弱势心态具有重要的意义。

【关键词】　贫困大学生　弱势心态　调整策略

一、贫困大学生弱势心态的含义及表现

心态一词,依据字面意义,可以理解为心理和态度,即对世界的看法及其形成的一种态度表现。心理学上,心态主要是性格和态度的统一。二者之间存在着内部的联系,态度是心理反应的表现化。我们可以通过一个人的态度行为来判断其对待事情的情绪和看法。

弱势心态是弱势群体中形成的一种消极心态。弱势群体处于社会的底层,缺乏表达的权利,自己的诉求难以实现。在这样一种情况下,便形成一种相对弱势的感觉,即为弱势心态。一旦弱势心态形成,便会对人的行为动机产生阻滞的影响,使人们因害怕失败而不敢行动。更具体说来,也就是"如果一些本来希望通过努力和奋斗而改变命运的人突然发现个人努力和奋斗不会产生太大的效果,进而他们会认定未来是不可控的状况,个体便会降低自己的自我效能,也大大降低成就动机"。贫困大学生弱势心态的主要类型有:

第一种是自卑型的弱势心态。自卑是指个人由于某些生理缺陷或者心理缺陷及其原因而产生的轻视自己的情绪体验。① 自卑型的贫困大学生最主要是因为经济的原因。这种类型的弱势心态往往因为一个方面的不足而全盘否认自己，常常给予自己的心理暗示是"我是丑小鸭"。这一类型的贫困大学生，往往很少参加班级和学校的活动或者比赛，他们不相信自己有能力能够做好事情。

第二种是自闭型的弱势心态。自闭，即为自我封闭，把自己锁在自己的世界中，不与外界的人接触，也不允许外界的人进入他们的世界。自闭型的弱势心态决定着这样的大学生往往是不喜与人交往，不喜与他人合作共同完成事情，他们的内心世界非常的丰富，同时也非常的脆弱。

第三种是自怜型的心理。所谓自怜就是自我可怜。自怜型的心理与自卑型有所不同，它主要有两种情况：一是因自卑而产生的自怜。他们往往觉得别人有的东西自己都没有十分的可怜。二是因自大产生的自怜。部分贫困大学生由于过分的自卑产生了自大的心理，他们觉得物质的东西根本是肤浅的，但不易被人理解，会产生"世人皆醉我独醒"的悲凉的自怜心理。

本文借鉴乐国安老师编著的《社会心理学》中社会心理的内容的 5 个维度来阐释贫困大学生弱势心态的具体表现：

第一，自我意识：自卑感与无能论。贫困大学生的自我意识往往表现为自卑感。大多数贫困大学生对自己缺乏信心，更明确地说，他们十分的自卑。"他们认为自己没钱，就比别人矮一截，老是认为别人会看不起自己。有了这种心态，他们在生活、学习和社团活动中不敢大胆地做，经常处于旁观者的位置上，本来自己的能力就比别人差，可是这种自卑的心理会使他们得不到锻炼，自己的能力也得不到提高"②，最终形成无能论的腔调。

第二，社会认知：无奈感与宿命论。贫困大学生由于自卑心理而不敢轻易尝试各种努力，抱着无能论的信念。在对世界和社会的看法上，更多地体现了一种无奈感。这样一种无奈感似乎时常提醒着贫困大学生宿命的必然性。大多数的贫困大学生还是认为世间的事情是命中注定的，譬如家庭、出身等等。贫困大学生在社会认知上烙印着深深的无奈感，对于命运的安排，他们没有能力作斗争，时时坚守着宿命论的堡垒。

第三，社会态度：挫折感与放弃论。存在着无奈感和宿命论的社会认知，贫困大学生在看待社会上的种种境况的时候，似乎会抱着冷眼旁观的态度。经过几次失败后，他们往往难以重拾昔日的激情，并且感觉有很大的挫败感。长此以

---

① 时蓉华.社会心理学词典.成都：四川人民出版社,1988:131
② 曹海浪.对高校贫困生心态与个人成长的研究.长春理工大学学报,2005(4)

往,他们便怯于尝试,慢慢地便形成了放弃论的想法。在面对如此复杂的世界,如此多的困难和窘境,对他们而言,始终坚持着放弃论的做法,才能免受一次又一次现实的摧残。

第四,人际关系:孤独感与断交论。多数的贫困大学生感觉自己十分孤独。从自己的家乡来到学校,似乎始终难以真正进入这座城市中,也难以与同学真正相互融入。贫困大学生由于经济的原因,一直无法很有自信地面对生活,面对同学难以正常地交往。在他们的心里,慢慢觉得一个人也挺好,慢慢喜欢这样孤独的自己,慢慢也失去了改变自己的勇气,这样的断交论也逐渐在他们的心中滋长。

第五,社会影响:焦虑感与无价值论。贫困大学生大多数来自农村,当他们进入到繁华的大都市,一切都是那么陌生。尽管好不容易考上了大学,原本以为自己已经走向了希望,但当看到这拥挤而忙碌的城市的时候,他们似乎又迷失了方向。他们担心自己找不到好工作,没法报答父母辛辛苦苦供他们上学,更困惑自己来上大学到底有没有意义。在这样一个困境中,他们越发感觉不到自己存在的意义和价值。

二、贫困大学生弱势心态的危害

(一)对个人全面成长的影响

首先,影响人格的完善。人格是指个人带有倾向性、本质的、比较稳定的心理特征(兴趣、爱好、能力、气质、性格等)的总和。[①] 一个人的人格包括情绪反应、认知能力和行为动机等多方面。同样,人格的养成也得益于环境的影响和自身心态的调节。然而,贫困大学生由于其对于自身的不认可和弱势心态的影响,在他们人格的形成过程中容易出现偏差和不健全。

其次,影响人际交往。贫困大学生多来自于经济落后地区或者经济环境较差的家庭,他们对于与他人的交往存在一定的恐惧和退缩。"为了避免他人的负性评价,有些贫困大学生尽量减少与他人的交往,戒备他人,独来独往,导致个性偏执、孤僻、交往困难等心理障碍。"[②]贫困大学生交往能力差主要表现在交往圈子小和交往缺乏主动性。

第三,影响升学和就业。贫困大学生进入大学,带着父母的期许和自己的希

---

① 时蓉华.社会心理学词典.成都:四川人民出版社,1988:44
② 孙桂君.关于贫困大学生心理健康教育的几点思考.教育探索,2010(2)

望,憧憬自己通过努力学习,将来能够找到一份好的工作,报效父母多年的养育之恩。但是进入大学看着各方面都比自己优秀的同学们,他们心里不免产生自卑和弱势心态。这样一种心态影响了他们的交友、学习等方面,使他们在面对升学就业压力的时候,更是显得手足无措、焦虑和惶恐。

(二)对社会和谐发展的影响

首先,降低对社会的贡献。贫困大学生的弱势心理造就了他们相对自卑、相对离群、不善交际、缺乏主动的现状。在社会需要他们贡献的时候,他们不能够很好地发挥自己的专长和主观能动性,不能很好地创造价值,这给社会带来不小的损害。在现在这个急需人才的高速发展时刻,贫困大学生的弱势心态给社会带来的不仅是经济的伤害,更多的是一种发展时机的延误,最终降低了对社会价值的贡献。

其次,增加对社会压力的转嫁。贫困大学生的学习就业始终是社会和政府牵挂的问题。贫困大学生的弱势心态决定了他们往往在就业升学中容易出现各种问题,譬如在找工作和考研中难以抉择,对于工作的期望过高,自身能力不足,然而这种问题和压力却不易解决,他们往往难以找到满意的工作。每年都有成千上万的大学生处于待业状态,贫困大学生并没有很多的优势使他们能脱离待业大军,这样的就业压力冲击着社会,社会将最终承受这样的压力。

最后,抑制了社会成员的融合。大学就好似一个大熔炉,学生来自天南地北各方。但是贫困大学生进入大学,感觉无限的挫败和压抑,产生弱势心态。他们往往不善与人交际,很少接触与他们差异较大的朋友,也很难接受别人的示好交往,这样间接抑制了同学之间的交流,最终将不利于社会成员的交往和融合。

三、贫困大学生弱势心态的产生原因

贫困大学生之所以产生弱势心态,是其受到各方面因素的影响。客观的外部原因最早最直接地影响他们,是其弱势心态产生的基础。主观的内部原因在其后的发展中起到决定性的作用,也是弱势心态产生的决定性原因。

(一)客观原因

首先,家庭因素。"家庭教化环境直接影响着贫困大学生心理素质的培养。"①贫困大学生自小生活在一个相对贫困的环境中,他们的父母也同样生活

---

① 曹球萍.高校贫困生心理问题及应对策略.浙江海洋学院学报,2011(4)

在压抑的氛围中。父母面对生活的压力,子女教养的压力,特别容易产生心理失衡和心理弱势。在其进入大学以后,由于与其他同学形成鲜明对比,因而更易产生心理失衡的状态,形成弱势心态。

其次,环境因素。一般来说,贫困大学生在进入大学之前,生活环境简单,接触的也多为家庭背景相似的同学。但是进入大学后,校园环境变得复杂了很多。这里不仅是学习能力,也是个人才艺、外貌形象、交际能力和经济条件的竞技场。同学之间的交往、聚会和消费之间的差异,在贫困大学生的心理和眼里都会产生自卑和压力。在这种环境中,日积月累的心理压力就容易形成弱势心态。

再次,经济因素。贫困大学生产生的弱势心态最主要的是经济的原因。贫困大学生多来自经济相对落后的地区和家庭。由于经济条件的限制,经济较为落后的地区与其他地区的交流也相对较少。父母为了供子女上学,有的四处借钱,有的变卖家当,这无形中给子女心理造成很大的压力。贫困大学生在进入校园的那一刻就背负了千斤的重担。但是往往希望越大,失望也越大,在这个失望与压力的双重影响下,贫困大学生就会产生弱势心态,并且往往难以消除。

(二)主观原因

第一,认知态度。部分贫困大学生对于他人的看法过于在意。因自身条件不好,就以为别人十分看重自己的经济条件,一味的认为自己没有能力做成任何事情,对自己的能力和现状感到悲哀,但是却没有想法进行改变。正是这样一种消极的态度铸就了贫困大学生的弱势心态,对待生活的消极,对待自身的消极,以至于自身心态出现严重的不平衡和偏差。贫困大学生弱势心态的形成,认知态度的偏差起到主要的作用,这种消极的认知和态度使弱势心态会更加的明显。

第二,自我意识。贫困大学生在进入大学以后,对自己的最主要的认识就是"我不行",觉得别人什么都比自己优秀,自己没有一项是值得炫耀和骄傲的。绝大多数的贫困大学生对于自身的价值持否定和消极的态度,觉得自己并不能为社会和他人做贡献。这样的自我认知和自我意识就是贫困大学生形成弱势心理的基础,或者说这种有偏差的自我意识是弱势心态的雏形,在慢慢的发展和融合中就形成了贫困大学生的弱势心理。

第三,学习管理。每个人在面对新的陌生的环境的时候都会容易出现或大或小的心理问题,最关键的是看我们如何调试,学着去寻找解决的办法,调整我们的心态,这才是最佳的方式。贫困大学生在大学里,感受到同学之间的巨大差异,不免产生心理压力,但是他们并没有选择积极面对,而是消极逃避。贫困大学生固有的自卑和压力得不到舒展,只能慢慢发展成为弱势心态,使他们对于自己的困境只能更加的困惑,更加的自卑,更加的无能为力。

四、贫困大学生弱势心态的调整方法

研究贫困大学生的弱势心态就是希望找到有效的调整办法，帮助贫困大学生走出弱势心态的困区。弱势心态的调整应该从学校社会、朋友家庭以及自身层面共同进行。在三方合力的共同作用下，那么贫困大学生的弱势心态应该能够得到很好的调整。贫困大学生也能以更为积极和健康的心态来面对生活和学习中的问题，对待未来的发展也能展现出更多的期望和计划。

（一）学校社会的帮扶

第一，建立健全贫困大学生的资助体系。贫困大学生产生弱势心态最主要的是经济的原因。生活的窘迫和家庭的压力使得贫困大学生没法与其他同学一样轻松地学习。学校应该更加完善资助体系，保证贫困大学生的学习和生活，让他们免除后顾之忧，更不必为了学费和生活费四处打工，浪费了太多学习的时间和精力。资助体系的建立也是帮助贫困大学生减少心理压力、舒缓生活紧张、预防弱势心态形成的最基础的措施。

第二，创造提供更多勤工俭学的机会。从心理常态看，每个人都不希望无端接受别人的帮助，都希望通过自己的最大的努力来改变现状。学校建立助学资助体系的情况下，也要为贫困大学生创造更多勤工俭学的机会。贫困大学生往往自尊心非常强，所以提供勤工俭学的机会一方面帮助他们减轻了生活的压力，另一方面也满足了他们的自尊心，增强他们的自信心。这样，弱势心态就会在这种自立自强的努力中慢慢消散。

第三，开设相关的心理健康课程和讲座。心理健康课程和讲座是每个学校都会开展的，但是特别针对贫困大学生的讲座比较少。在对贫困生特别开设的讲座中，应该着重帮助贫困大学生消除弱势心态，帮助其建立信心，恢复对生活的期望。应该重点改变贫困大学生的认知态度，帮助他们将家庭背景这个包袱丢弃，不要认为家里条件差人生就注定失败。

第四，开展贫困大学生的团体辅导。团体辅导能够有效地促进贫困大学生与人交往，并且在团体辅导中表达自己的想法，从而最终有效地调节弱势心态。"团体辅导不仅能够显著提升贫困生当下的整体自尊水平，还在提高社会支持领悟水平、改善应对方式，增加积极情绪体验等方面具有积极作用，对持续改善贫困生自尊具有潜在的长期效应。"[①]由此可见，团体辅导对于贫困大学生积极心

---

①　潘莉，周珂. 团体辅导对贫困大学生自尊的干预效果. 合肥工业大学学报，2011(5)

态养成的良好作用。

(二)家庭朋友的疏导

第一，多鼓励，帮助其树立自信心。作为贫困大学生的精神支柱，家庭和朋友承担着鼓励他们的责任。适时的给予贫困生肯定和鼓励，能在很大程度上帮助其建立对自己积极的认知，在面对问题的时候，能拿出勇气，选择面对。贫困大学生之所以会迷茫不安，是因为缺乏明确的标准和积极的肯定，使得他们无从获得自信的根基。家庭和朋友的肯定会在最佳的时机帮助他们走出困境。

第二，多沟通，帮助其减少孤独感。贫困大学生在进入大学后第一个也是最明显的感觉就是孤独感。朋友和家人是他们最为信任的人，只有面对朋友和家人的时候，贫困大学生才会说出自己的寂寞。所以，作为贫困大学生最相信的人，家人和朋友应该多与他们交流，了解他们的想法，让他们感觉他们并未被世界抛弃，让他们感觉自己的价值。

第三，多反馈，及时了解心理变化。贫困大学生的心理是非常的脆弱和敏感的，一件很小的事情可能也会令他们产生很大的心理变化。贫困大学生的弱势心态也表现在对待生活和学习中敏感和多变的心理特征。朋友和家庭是与他们最亲密的人，所以要时常关注他们的心理变化，并及时地反馈和交流，在每个不同的时期，对其作出不同的心理调适，避免弱势心态的继续发展。

(三)个体自身的调节

第一，积极参加社会实践，拓宽眼界。贫困大学生应该主动积极地参加各种社会的或者学校的实践活动，这样不仅能够开阔自己的眼界，还能够学习与人交流和合作的技巧，在实践中学习，在学习中生活，在生活中调适自己的心态，最终目标就是尽量消除自己的弱势心态，健康地成长。

第二，踊跃参与校园活动，认清自己。校园活动多种多样，每个人都能找到自己喜欢和适合自己的活动，在参与这些活动的过程中，我们会不断地探索自己的专长和自己的喜好，并且朝着这个方向努力下去。贫困大学生可以通过校园活动这个平台，努力地发现自己，展示自己，在这种发现—展示的过程中，收获大家的鼓励和掌声，收获自信。

第三，勇于主动扩大交往，表达自己。一个狭小的交际圈造就不了大气的人。他们应该努力地表达自己，积极主动有意识地去改变这种现状，寻找各种机会，表现自己，展现自己的特色，让同学们看到不一样的你。这样在交往圈扩大以后，就会获得更多的信息和资源，心境也会变得更加的开阔，那么弱势心态也慢慢改变，生活会更加的充满阳光。

五、结 语

　　贫困大学生弱势心态的调整，从宏观的层面来说，需要学校和社会的帮扶，建立一整套完整的体系，使他们能够在相对安逸和从容的环境中学习和生活。从微观层面来说，家人和朋友在贫困大学生弱势心态的调整中也占有重要的地位，他们要与贫困大学生多沟通，及时了解贫困大学生的心理状态，帮助他们认清自己的价值和意义。从贫困大学生自身的角度来说，自己要主动积极地寻求改变，参加各种活动，提升自己各方面的能力，在学习和创造中建立信心，最终有效地改变弱势心态，养成良好正面的心理状态。

【作者简介】　张曼华　浙江大学思想政治理论教学科研部思想政治教育专业
　　　　　　　　2012级硕士研究生
　　　　　　　　浙江 杭州 310028

新媒体环境下高校思想政治教育的舆情分析

喻嘉乐

【摘　要】　新媒体正在迅速崛起,成为最具威力的舆论载体并逐渐成为了大学生传递信息、揭示真相、表达诉求、交换意见、宣泄情绪的主流渠道。在新媒体环境下,高校思想政治教育的舆论引导和调控都面临着新的挑战,需要新的思维。只有充分利用新媒体技术的优势,把握新媒体环境下舆论传播的规律,高校思想政治教育才能更具实效性、科学性,才能更好地引导大学生树立正确的世界观、人生观和价值观。

【关键词】　新媒体　思想政治教育　舆情分析　舆论引导

一、新媒体环境下信息传播的特征及"蝴蝶效应"

(一)微博、微信等新媒体已成为信息传播的主流渠道

近年来,大学生群体获取信息的渠道呈现出多元化的趋势,这与各种新的信息传播技术,譬如微博、微信的广泛使用和新媒体的普及密切相关,各种各样的社会舆论事件频繁、密集地出现在大学生的视野之内,引起他们的关注。2009年,中国的网民数量超越美国,位居世界第一;2012年,中国的微博用户数量达到 4.15 亿,成为微博第一大国。既然人人都能利用身边的手机和各种数字信息工具采集、发布并迅速地传播信息,参与讨论,宣泄情绪,乃至"人肉搜索";那么,在新媒体环境下,一个局部的微小的危机"火种",就有可能迅速传播发展成为群

体性事件,演化成全局性的乃至全球的舆论焦点。

通过微博、微信等各种新媒体传播的舆论焦点事件和社会危机事件,2012年发生的就有北京"7·21"特大暴雨事件、钓鱼岛事件、"微笑表叔"事件、王立军事件等,在这些舆论事件的过程中,新媒体往往成为一种主导性的信息传播媒介,在议题发起、危机传播的驱动和集体行为的动员上具有不可低估的能量,成为了信息传播的主流渠道。

(二)新媒体环境下信息传播具有混沌性及"蝴蝶"效应

"飓风起于萍末",新媒体环境下信息传播往往具有一种非线性、非常态的传播混沌性的特质。考察近年来发生的一系列舆论事件,新媒体的复杂信息交流环境,使得信息传播的态势往往牵一发而动全身,具有典型的"蝴蝶"效益,即小小的个体传播行为和点滴的微量信息聚合产生出巨大的社会影响力,乃至集体行动力,甚至在某些极端状况下产生集群暴力。

从一些典型案例看,潜在的社会风险在微博、微信等新媒体的传播作用下,能迅速传导、扩散,在某些局部汇集之后突然爆发,对校园和谐构成严重威胁。追踪溯源,一些舆情危机结果的产生缘起可以是千万里之外的一个局部事件,甚至可以是某个发言人在微博、微信中的片言只语、一个视频、一张照片。

二、新媒体环境下高校思政教育的舆论引导和调控需要新思维

在面临舆论事件时,一些相关的管理者和决策者,往往囿于传统思维,简单应对,有的时候一言不慎,反使得事情越闹越大,有的时候从一开始就丧失了引导舆论的主动权,往往在疲于应付中缺乏一种"掌控全局、化危为机"的智慧。我国正处于社会转型期,社会矛盾和问题复杂突出,许多事情都极易引发大学生的关注和讨论。而大学生年纪轻、阅历浅、容易冲动,极易被不良内容或信息所感染,当牢骚或谣言充斥其中并被放大时,大学生在现实生活中遇到的挫折,对学校的不满情绪、对社会各种问题的不正确认识等诸多问题,都会汇聚爆发,甚至引发群体性事件。

高校思想政治教育工作在新媒体环境下,如何在面临舆论事件的时候,使危机传播朝有利于祛除病根、化解矛盾、降低风险的方向转化,如何在舆情刚刚出现时,就能俯察秋毫,进行及时监测预警,如何客观全面地认识并牢牢地把握危机传播的内在规律,这就成为具有高度现实意义的问题。

三、新媒体环境下高校思想政治教育的舆情应对

大学时期正是社会主义核心价值观体系构建的重要时期,这种核心价值观直接影响着大学生日常的思想和行为。胡锦涛在人民日报考察时曾明确指出:"高校和各级教育行政部门要充分利用高校网络空间和网络舆论动之以情、晓之以理,从而形成网上正面舆情,引导大学生积极树立社会主义核心价值观。"

新媒体为高校思想政治教育的实践开拓了新的舆论阵地,创造了新的有利条件,如能充分利用新媒体技术的优势,把握新媒体环境下舆论传播的规律,引导大学生树立正确的价值观和人生观将达到事半功倍的效果。

(一)包容新媒体环境下舆论适度的多元性

如果是在政治民主更加完善、政治参与体制更加健全的国家,新媒体只是提供了一个信息传播的有效出口,但是,今天的中国还属于一个公共领域不发达的国家,微博、微信等新媒体成为老百姓乃至大学生打破官方信息及话语垄断的唯一出口,因而承担了太多的期望与功能,成为众多话语与力量的博弈场域,其表象上也更为繁杂。

作为现阶段中国"思想文化信息的集散地和社会舆论的放大器",新媒体本身承载着各种社会情绪宣泄"窗口"的作用,对于高校而言,保持这种合理、适度的多元性,有利于校园整体的和谐稳定。虚拟空间的宣泄比现实的冲突代价低得多,即使大学生在网上"吐口水"、"撒野"、甚至"低俗"一下,学校也应该具有包容的态度。

(二)从源头上化解矛盾是治本之策

舆情应对的根本在于真诚、及时地解决问题,只有这样才能釜底抽薪,彻底平息不满情绪的集中宣泄。舆论的引导和调控并非解决矛盾冲突的常规化渠道,高校思想政治教育要从价值基点、指导理念和操作模式上作更为深层的思考,当"大闹大解决,小闹小解决,不闹不解决"成为大学生进行抗争时惯用的思维定势时,校园的突发性、暴力性、群体性事件难以避免会呈现出上升态势。高校需要构建和完善常规化的冲突解决机制,让大学生通过正常的渠道和方式进行利益表达。

(三)坚持以"疏"代"堵"的新思维

在新媒体环境下,高校思想政治教育要用以"疏"代"堵"的新思维取代封堵

压制的旧思维。面对汹涌的网络舆情，旧思维关注的是当下的校园稳定，倾向于采取强制措施，封堵不良信息乃至所有负面议论，强行消除网上的杂音；而新思维强调师生互动，占据舆论的主导权，通过信息开放消除似是而非的流言和不负责任的谣言，用细致的思想工作说服学生。

面对全新的媒体环境，高校各部门需要学会倾听，学会回应甚至学会道歉，学会主动设置议题和转移议题。要进行平等、真诚的对话。鲍曼曾经说"门窗越是紧闭，愈是会错失旭日东升"。对话也许不是最直接、最高效的解决问题的手段，但一定是第一位的选择。

（四）高度重视校园 BBS

高校思想政治教育应该高度重视校园 BBS 的利用，了解大学生的诉求。很多高校的校园 BBS 受到学校管理部门过于严格的限制。然而，网络是没有地界、国界的，限制学生在本校 BBS 的正常表达，会把学生赶到全国甚至海外的BBS 上去，会使本校的事件变成全国围观的话题，掀起更大的舆论漩涡，使学校形象受到更大损害。此外，不允许大学生在校园 BBS 上与学校对话，学校也会失去随时了解大学生思想政治动态的机会，使某些潜在矛盾发酵和扩大，为校园的和谐稳定埋下隐患。

（五）培养体制内"意见领袖"

面对新媒体环境下网络"意见领袖"日益强大的影响力，高校思想政治教育不能无所作为而将话语权拱手让人。以前学校投入了很大精力建设网评员队伍，但实际效果并不理想。简单的一边倒地为学校叫好往往在效果上适得其反。在条件成熟时，高校可考虑培养一批有思想、有见地、有号召力、有影响力和有公信力的体制内的大学生网络"意见领袖"，通过"小骂大帮忙"的评论，更有效地实现与大学生的思想沟通。

【作者简介】 喻嘉乐 浙江大学思想政治理论教学科研部
浙江 杭州 310028

基于微博平台的高校思想政治教育工作思考

孟琳琦

【摘　要】　微博作为一种新兴的网络文化现象,在近几年受到大学生的热烈追捧。微博的蹿红为我国高校的思想政治教育工作带来机遇的同时,也带来了挑战。高校思想政治教育工作者应该抓住这个时机,积极应对挑战,利用微博提供的这个新平台,拓展高校的思想政治教育工作的新领域,引导大学生树立正确的人生观、价值观和世界观。

【关键词】　微博　高校思想政治教育工作　机遇　挑战

微博,即微博客(MicroBlog)的简称,是一个基于用户关系的信息分享、传播以及获取平台,用户可以通过 WEB、WAP 以及各种客户端组件个人社区,以140字左右的文字更新信息,并实现即时分享。① 相对于传统的博客而言,微博的内容更加简单,可以由只言片语组成,对于用户的编辑能力要求相对要低一些。此外,采用手机上的微博客户端,用户可以随时随地发表自己的观点,和朋友分享自己的心情,不受时间和地点的约束。

自从微博 2010 年被引进国内以后,国内微博迎来了春天,微博像雨后春笋般崛起。中国互联网络信息中心(CNNIC)于 2011 年 7 月 18 日发布《第 28 次中国互联网络发展状况统计报告》,该《报告》指出,中国互联网的普及率增至36.2%,较 2010 年增加 1.9%。报告显示,2011 年上半年,中国微博用户从6331 万增至 1.95 亿,增长约 2 倍,半年增幅高达 208.9%。微博在网民中的普

---

① 百度百科. 微博[EB/OL]. http://baike.baidu.com/view/1567099.htm

及率从 13.8％增至 40.2％。从 2010 年底至今,手机微博在网民中的使用率比例从 15.5％上升到 34％。调查同样显示,微博对大学生的学习和生活方式影响越来越大,已渐渐成为其交流与获取信息资源的主流渠道。CNNIC 数据显示,截至 2010 年 6 月,我国微博群体占网民总数的 57.2％,其中大学生所占的比例为 72.3％。①

李岚清曾经在第九次全国高校党建会议上强调,要"高度重视和充分运用信息网络技术开展思想政治教育工作,使广大师生在享受因特网传播信息便利、快捷的同时,增强政治敏锐性和政治鉴别力,提高抵御错误思潮和腐朽生活方式影响的能力"。② 互联网的迅速发展,已经引起了思想政治教育的领导机构和工作者的高度重视。近几年,微博作为一种新兴的网络沟通平台,在高校中的迅速蹿红。这一新生事物正在被越来越多的大学生所认识和接受。但是,任何事物都具有两面性,微博为我们提供了一个获取信息更加便捷的平台,给我们的生活增添了不少时尚的元素,同时,它对大学生的思想道德、生活和行为方式、学习风气也带来了一些消极的影响。这给高校的网络思想政治教育工作带来了机遇和挑战。

一、微博在当代大学生中的现实表现

(一)"关注"——信息平台

所谓"关注"是指用户可以通过微博去跟随自己感兴趣的其他微博用户所发布的信息,每个被关注者通过微博所表达的思想在传递的资讯都会以图文信息等形式在第一时间内经手机短信、网络微博客户端等路径发送到关注者发起者手中。并且,关注者还可以进入被关注者的微博首页去查看被关注者所关注的其他微博用户,选择感兴趣的用户进行"再关注",从而组成一个更为庞大的社交网络,实现"多重关注"的局面。微博最大的功能就是发布和获取信息。大学生只需拥有一部上网手机,就可以满足 4A(anytime, anywhere, anyone, anything)来使用微博。通过微博,每一个大学生都可以随时随地发表自己的观点,抒发自己的情感。

---

① 中国互联网信息中心.中国互联网络发展状况统计报告[EB/OL]. http://www. cnnic. net. cn/dtygg/dtgg/201107/W020110719521725234632. pdf. 2009-7
② 教育部.教育部关于加强高等学校思想政治教育进网络工作的若干意见.教社政[2000](10)2000-9-22

微博为大学生实现自我价值、展示个人风采提供了一个平台。伴随青年人的成长，他们的成人性和独立性要求逐渐增强，他们开始将自己的注意力集中到发现自我、关心自我的存在上来。他们强烈希望按自己的意愿自由地参加各种社会活动，自由地发布自己的观点和意见，并且希望别人能够认同自己的观点和意见。而这些要求在现实环境中是难以实现的，他们受学校、家庭和社会的制约，或是由于自身内向的性格，不能自由地表达意见，但是微博恰恰可以为大学生提供这样一个抒发个人情感和表达个人意见，从而实现个人价值的平台。

（二）"评论"——交流平台

所谓"评论"是指关注发起者可以随时将自己对于被关注者所发布的微博想法以"评论"的形式回复给被关注者，而且微博用户所发布的评论除了会显示在被关注者的微博中外，还可以连同原微博形成一条新的微博发布给关注自己的微博用户。另外，只要看到此条微博的用户都可以参与到这个话题的讨论中。微博为用户提供了一个交流平台，用户可以就同一个话题发表自己的观点，与其他用户交流自己的意见思想。

微博为大学生提供了一个人际交往和人际发展的交流平台，能够满足大学生人际发展的需要。良好的人际交往对大学生自身的发展有着举足轻重的作用。在现代社会，由于学习、社会等快节奏和强压力的影响，网络空间平台为大学生提供了扩大自己交际圈的一个平台。在这个虚拟的环境里，大学生可以通过一些公众时事热点、个人感受等展开交流，形成以自己为中心的一个交流圈。当他们的互动达到一定的程度之后，他们的人际关系便会从虚拟的网络环境转移到现实的社会中，从而扩大了自己的交际圈。

（三）"转发"——舆论平台

所谓"转发"是指微博允许使用者将自己所感兴趣的关注者所发布的微博以一条新微博的方式发给关注自己的微博用户。让更多的用户关注到当今社会的信息和新闻，并和自己的粉丝进行互动。微博作为当今最新的网络信息传播平台，其信息的多样性以及传播速度的迅速化，为大学生在第一时间提供了最新的实时信息。大学生正是最活跃的一个群体。他们对社会上的一切事情都会感到好奇，并且热衷于把这些信息转发给更多的同学，与自己的好友分享这些即时信息，在思想上进行碰撞和交流。再加上大学生在价值取向上的一致性，他们很容易在某一问题上发生共鸣。

二、微博给目前思想政治教育工作带来的挑战

(一)微博信息内容的包容性和开放性容易对大学生的思想产生一些负面影响

微博大幅度降低了用户准入的技术门槛,使用方便快捷,对用户的语言编辑能力要求相对较低。目前,对微博信息内容监控的力度不高,这也给某些传播一些不良信息的人有了可乘之机,各种合法的和不合法的、健康的和不健康的信息进入到大学生的视野,大学生可以在极短的时间内获取海量的信息。高校思政工作者无法及时有效地过滤其中一些垃圾信息、虚假信息,大量良莠不齐的信息无法辨别其真伪,使大学生的认知和思想产生了偏差。一些腐朽的、落后的思想,甚至包括了暴力、色情的图片和视频,以及反人类、反马克思主义、反社会的价值观念严重腐蚀了大学生的思想,混淆了其正确价值观的确立。由于大学生正处于个人人生观形成达到高峰并逐渐走向成熟期的重要阶段,而人生观和价值观受社会条件、文化背景的影响较大,特别是在社会环境日益复杂、价值多元化的今天,他们的心智年龄还未成熟,对事物的辨别力和判断力还比较弱的阶段,因此在面对微博这个琳琅满目的信息库前,高校思政工作者要更加注意指引大学生对信息的批判性的选择,并且做好对其人生观的引导工作。

(二)微博领域成为大学生思想政治教育的盲区

根据相关调查显示,只有19.3%的高校思想政治教育工作者开通了微博,这些人当中,注册使用微博的原因主要集中在"记录自己的生活"占68.2%,"关注熟人、朋友的状态"占71%,"为了体验新事物,有新鲜感"占43%,而选择"为了更好地做好大学生思想政治教育工作"的只占16.8%。

从以上的调查数据可以看出,目前高校思想政治教育工作者在微博领域对大学生的思想工作关注相对较少。大学生热衷于对新事物的追捧,大多数的学生喜欢尝试新鲜的事物。微博正好满足了大学生的这种心理,通过微博,他们可以在第一时间获得最新的新闻消息,并且可以形成以自己为中心的交际圈,使微博变成为了一个网络社区中的一个小社区。但是,高校思政工作者对微博小社区展开思想政治工作的意识还不够强烈。由于微博具有实时互动性,高校思想政治工作者可以通过微博了解大学生的价值观取向、情绪情感状况以及对某热点问题的观点等的相关情况,也可以及时发现学生的问题及其问题的诱因,从而进行有效的干预工作。高校思政工作者没有意识到利用微博这一网络工作平

台,他们对学生使用微博的心理和行为缺乏了解,也无法在其使用中做好引导和监控工作,不仅使自己失去了一个与学生沟通交流的平台,同时也无法给学生在使用微博中遇到问题时提供一盏指明灯。

(三)以微博为载体的校园网络舆情难以控制

微博为大学生提供了一个信息平台,使大学生在第一时间掌握热点新闻事件。微博也为大学生提供了一个舆论平台,一些重大事件发生之后,大学生可以通过传播速度更快的微博进行讨论并快速传遍整个网络。加之大学生可以利用手机客户端上微博,因此每一个大学生都可以通过微博随时随地发表自己的观点,信息发布之后又通过不断的转发从而迅速在微博空间传播。在微博社区里,粉丝成员在很大程度上具有意见和行为的趋同性,信息的发布和传播又缺乏节制和约束,一个不经意的消息就可能在学生中被无限放大。信息一旦传播出去,更容易引起同学们心理上的共鸣,同时带来更大范围的舆论疫情。在这种传播主题遍布全球、舆论传播速度超快、内容覆盖面极广、传播信息者和信息接受者的个性化要求、以及从众心理等因素的驱使下,加大了对校园网络舆情监控的难度。

三、利用"微博"为载体进行大学生思想政治教育工作

高校思想政治教育的根本目的是:通过采取各种合理有效的方法,帮助学生树立正确的世界观、人生观和价值观,构建良好的校园文化氛围,促进大学生人格的完善。2004年,《中共中央国务院关于进一步加强和改进大学生思想政治教育的意见》指出:"努力拓展新形势下大学生思想政治教育的有效途径——主动占领网络思想政治教育新阵地。要全面加强校园网的建设,使网络成为弘扬主旋律、开展思想政治教育的重要手段。"随着信息网络技术的迅速发展和互联网的延伸,微博给我国高校的思想政治教育工作带来了双重影响,我们要加强以"微博"为载体的思想政治教育管理的探索工作。如果高校思政教育工作者放弃以微博载体的工作平台,不仅是自己失去了一个和学生进行交流沟通的平台,同时也给一些不良信息散布者有机可乘,让处于成长阶段、价值判断还相对模糊的大学生面对这些良莠不齐的信息无从选择,发生在价值取向上的紊乱和价值判断的偏向。因此,高校思政工作者必须牢牢抓好这个平台,开展对学生的思想政治教育工作。

（一）利用"微博"平台开展日常的思想政治教育工作

思想政治教育是指社会和社会群体用一定的思想观念、政治观念、道德规范，对其社会成员施加有目的、有计划、有组织的影响，使他们形成符合一定社会所要求的思想政治品德的社会实践活动。[①] 微博作为一种新的交流手段，为我们思想政治教育工作的发展提供了新的平台，成为思想政治教育工作的新领域。微博具有即时抒发思想的特性，极大地提供了思想政治教育管理的效率，使教育主客体的交流更加便捷，这就增加了高校的思想政治工作的灵活性和弹性。

思政工作者应多深入到大学生群体中去，了解大学生最新的思想动态，发挥自身的优势，紧跟时代潮流，积极主动地进入微博社区，邀请同学们加关注，成为自己的粉丝。一方面可以通过"微博"及时发布热点新闻、政策及理论学习心得的网络地址链接，提供理论学习资料网址等；另一方面，可在"微博"上针对热门话题发起讨论，由思想政治教育工作者主持引导讨论，用马克思主义的思想观点引导网民分析问题，有针对性和有效地引导网络舆论，非直接向大学生灌输马克思主义思想。在网络媒体中的讨论，可以让一些在现实中不敢发言的学生克服了面对面讨论交流时的拘束，对自己感兴趣的话题畅所欲言，有利于培养学生的独立思考能力。同时也让思政工作者进一步了解大学生团体中的思想上和心理上的发展状况，可以及时发现存在的问题，并尽早进行干预。微博在极大程度上缩短了人与人之间时间和空间的距离，为思想政治工作者与大学生提供了一个思想碰撞和心灵交流的平台。

（二）加强大学生的网络媒介素养教育

在大学生在校学习期间，高校应该开设相应的媒体素养教育和网络道德素质的课程。所谓网络道德素质，就是在信息化的社会里，每一个社会成员在利用网络获得处理、交流信息的过程中，都应遵循全社会共同的道德规范、履行相应的道德义务的素质。[②] 高校思想政治工作者应加强大学生网络道德宣传教育，帮助大学生正确认识网络道德，增强他们的判断能力，指导他们学会选择、识别良莠，提高个人修养，养成道德自律。

首先，要提高大学生获取有效信息的能力。大学生是目前微博用户中的一个重要群体，但是很多大学生使用微博是为了娱乐、聊天，从而打发时间。因此，我们应该引导大学生合理有效地运用网络媒体，提高获取有价值信息的能力。

①　张耀灿.现代思想政治教育学.北京：人民出版社,2006:90
②　杨立英.网络思想政治教育论.北京：人民出版社，2003:78

其次,要提高大学生鉴别信息价值的判断能力。生活在一个信息化的时代,尤其是作为大学生,这个知识水平较高、思维活跃、接受力强的群体,都会有意无意地时刻关注着当今社会的前沿信息。但是,互联网这个开放性的社区,也让一些不良信息无孔不入,无时无刻不在影响着大学生,处在成长阶段的大学生容易被这些虚假信息所迷惑。大学生应该理性地对待"微博"这种新的媒体,认识其优势和不足之处。另外,高校也要开设相应的思想政治教育课,引导大学生树立正确的世界观、人生观和价值观,从而能够真正提高他们对媒介信息的判断能力。

最后,要引导大学生传播健康的信息。大学生作为信息的接受者和发布者,同时也是信息的传播者。在微博这个信息传播极为迅速的社区,大学生应该有较高的道德素质和较强的责任感,有义务去致力于微博社区信息的健康传播,杜绝一些垃圾信息和虚假信息的传播,不断净化网络环境,共同努力去打造一个绿色健康的微博社区。

(三)发挥"微博"的明星效应

目前国内外很多明星都开通了自己的微博,吸引了成千上万的粉丝,他们在微博上发布相关的信息,得到了粉丝的关注和热捧。譬如"微博女王"姚晨,不到2个月的时间她的微博就超过李开复、黄健翔,跃居微博关注榜首位;仅6个月时间,就成为首个粉丝数量突破百万的微博。高校应该鼓励学校里的知名老师或一些优秀学生开通微博,从而来引导微博中的舆论社区。高校中都有受大学生十分喜欢的优秀老师,也有一些道德修养高、学术水平高、社会影响力高的专家学者,社会贡献大、社会形象好的校友,同时他们在学生当中有一定的知名度和影响力,大学生更有兴趣去关注这些老师的动态,应该邀请他们开通微博,发挥"微博"的明星效应,引导大学生多关注学术明星、明星校友。通过这些明星老师的微博,用个性化、时尚化的语言和学生进行平等的交流,在自然平和的语境中营造主流舆论氛围。

同辈群体是人成长过程中的一个重要的影响因素,尤其是在青少年时期,同辈群体的影响甚至有可能超过家长和教师的影响。大学生与自己的同龄人有着相似的兴趣爱好,易受到同辈群体成员的思想行为的影响,对某些热点问题更容易产生共鸣,相比于思想政治工作者的微博,他们喜爱关注自己身边明星同学的微博,所以要提高这些明星同学的思想觉悟性,在他们建立自己微博中,注意引导大家接受正确的思想,摒弃错误观点,发表符合社会价值导向的舆论。这样才能更好地引导微博社区中的舆论导向,打造一个绿色健康的网络环境。

论手机博客在大学生德育工作中的应用

胡明菊

【摘　要】　随着 3G 时代的到来,手机博客已成为新一代的网络娱乐主流。大学生由于学习任务繁重、时间紧张,没有充足的时间在电脑上浏览博客,相反,用手机可以在任何课余时间登入博客进行交流和沟通,因此学生更青睐手机博客的使用。手机博客必然会给大学生的德育工作带来各种状况,有利也有弊。针对这样"双刃剑"的影响,德育工作者应该针对大学生的特点趋利避害地开展德育工作。

【关键词】　手机博客　大学生　德育工作

一、手机博客的优点及其给大学生德育工作带来的机遇

手机博客,顾名思义就是在手机上开博客,以手机媒体为终端,以网络日志的形式随时随处随地记载个人的所见、所闻、所思、所想,与其他人分享和交流共同的话题,最终形成一个以自己为中心的个人媒体。也就是用手机上网时免费访问的 WAP 站点,把在电脑上访问博客时所看到的内容搬到了手机上。因此,手机博客既有手机媒体所具有的独特优势,也有网络媒体拥有的先天优势,再加上科学技术的发展,3G 网络时代的到来,手机博客已成为新一代的网络娱乐主流。有关资料显示,中国博客用户增长势头持续不减。而随着移动网络技术的进步,中国手机网民也在不断增加,传统的互联网博客已不能满足网民的需求,手机博客日益受到人们的欢迎,尤其是受到大学生的青睐。学生由于学习任务

繁重、时间紧张,没有充足的时间在电脑上浏览博客,相反,用手机可以在任何课余时间登入博客进行交流和沟通。以下就几个方面来讨论手机博客的优点及其给大学生德育工作带来的机遇。

(一)操作简便,"草根性"强,是德育工作的便捷载体

手机被人们视为"带着体温的媒体"。其小巧便于携带并且具有随时、随地永远在线的优势,手机博客自然不受电脑和网络的束缚,不受时间、空间的限制,只要自己有时间,只要手机有电并且可以上网,那么就可以随时记录下自己的心情,随时与博友一起交流思想。博客作为一种十分简单的个人信息发布方式,它的"入门"门槛很低,可以说是"零进入壁垒"的网上个人出版方式,只要会上网、能识字就能使用,尤其是手机博客具有最简单的形式、最朴素的技术和最平凡的平民精神。因此,手机博客也被形象地称为"草根记者"。因此,手机博客在给学生带去便利的同时,也给德育工作者带去效率,有助于德育工作者利用更多的时间去浏览信息,与学生更好地互动。总之,手机博客是德育工作者课堂教学的补充和延伸。

(二)形式多样,趣味性强,使德育工作更加生动形象化

3G 时代的到来,使手机博客集文字、图片、音频和视频于一体,可以用文字时刻记录下自己的心情,通过视频和图片形象地抓住任何想抓住的内容和事件,可以使用短信、彩信等手机增值业务向网站上传文字、图像和音视频等内容。手机用户除了可以通过博客写日志之外,还可以浏览他人日志、搜索日志排行、与好友在线聊天、管理评论等,基本实现了记录信息、发布信息、共享信息、交流信息的多功能性。手机博客是可以涵盖作者方方面面的信息的全方位个人门户网站,它的形式会更加多样,功能更加强大,趣味性也会不断增强。如此,德育工作便能对学生产生强大的吸引力,从而增加德育工作的实效。

(三)资源及时共享,互动性强,增强了德育工作者与学生之间的沟通

手机博客除了具有人际传播的特点,兼具人与人之间传播、群体传播、组织传播的传播特点,基本实现了所有人对所有人的传播。随时随地记录所见、所闻,任何时刻可以发表自己的所思、所想,只要自己愿意任何时候都可以在博客上畅游。任意事件的发生都可以第一时间上传到网上,任意心情的记录也可以第一时间与大家分享。手机用户可以随走、随拍、随录、随传各种多媒体信息,而浏览日志的人也可以看到和听到各种形式、更形象生动的内容,易于理解而且仿

佛身临其境。随着时代的变迁,要求大学生有更强的主动性,但是从小形成的看法及性格原因使很多学生不愿意与老师沟通和交流,总觉得老师高高在上,或者是觉得没有必要和辅导员沟通,对于课堂教学更多的是"老师讲学生听",很少会有学生提问和师生互动,学生有很多问题也不知道怎样与老师沟通。但是,手机博客可以让访客发表评论和留言,博主也可以对访客的评论和留言给予反馈,从而形成博客和访客的互动关系。手机博客的及时互动性使信息及时得到更新,思想及时得到交流。所以,只要把师生关系转变为这种访客与博主的关系,就可以增强沟通,及时解决学生的各种问题,帮助学生树立正确的世界观、人生观、价值观,促进德育工作顺利展开。

(四)个性突出,具有隐蔽性和虚拟性,是大学生的心灵花园

手机博客是网络博客的补充和延伸,所以手机博客也具有了其用户匿名的特性。只要有自己的用户名和登陆密码,大家就可以在网上自由发表自己的见解,表达自己的心情。手机博客属于自己的博客,个人对其有绝对的控制权,自己可以随心所欲地在网上发表日志、上传图片、整理评论。博客的字体、色彩可以视自己的喜好和心情而定,博客内容可以由自己决定,可以随意添加、删除和更改等。手机博客为博客爱好者提供了一个很好展示自己个性的平台,匿名性使博客更畅所欲言,在网络世界里真实表达自己的想法,可以减轻自己的心理压力,发泄自己的郁闷心情。无论博主本人是不是名人,只要个性十足,就会吸引更多的人,从而获得巨大的点击率,提高知名度,成为"名人博客"。现代社会竞争压力比较大,现在的大学生都属于"90后"独生子女一代,所以他们在学校的学习、生活中免不了遇到很多问题,但是他们又不愿意过多地与别人交流,所以手机博客为他们提供了抒发感情、发表感慨的好地方。他们可以在自己的手机博客上上传图片、书写心情,建立一个集自己生活中思考、图像、声音的精神家园,可以通过浏览他人的日志进而受到一定的启发和启示。因此有利于学生形成良好的心理状态,使德育工作顺利进行。

二、手机博客给大学生德育工作带来的挑战

(一)网络的更新换代,给教育者掌握网络技术增加了难度

在日新月异的科技发展中,网络技术的更新换代也是比任何其他的科技更加迅速,让上一辈的教育工作者难以熟练地操作。特别是现在的大学生对网络的了解越来越多,从网络上受到的影响和教育也越来越多,这就要求教育者必须

掌握网络技术,利用图像、声音、故事等各种方式将思想政治教育渗透到网络中。然而,计算机技术的飞速发展,由上网要用"猫",到现在的互联网、宽带、wifi等;手机由原来的大哥大到现在的智能手机,一切都发展得那么快。这一系列的变化让教育者们对掌握网络知识和相关手机技能加大了难度。

(二)在手机博客中有利的网络资源仍存在不足

近年来,网络知识和计算机技能普及程度上有所提高,博客使用率在教师当中有所提高,但是仍存在着网页内容单薄、形式单调、更新速度慢、学习资源库对外封锁、德育素材严重缺乏等,不能满足学生需求,更不能潜移默化地影响学生,陷入了低利用率、低点击率和低满意率的窘境。所谓的博客德育基本上不起作用。

(三)各种文化价值观在手机博客中的传播容易使学生思想政治观念淡化

手机博客中的内容千变万化,无所不包,充斥着各种文化价值观。面对多而杂的信息,大学生的好奇猎趣,无法正确地选择有利信息,甚至陷入了垃圾信息的漩涡中,严重破坏了德育工作,带来负面影响,导致大学生思想政治观念淡化,给大学生德育工作带来了严峻的挑战。

三、利用手机博客加强大学生德育的途径和方法

当前,学校德育工作仍然在"说起来重要,做起来次要,忙起来不要,出了问题大喊大叫"的困境中徘徊。而手机博客对发展德育工作提出了新的挑战,同时也提供了许多机遇。我们应该充分利用手机博客,趋利避害,形成有利于我们德育工作的方法和途径。

如何能够给学生架构一个宽松和谐的跨越时空的平台,把蕴藏在个人内心的潜能充分地激发出来,从而让它更好地服务于德育工作,增进交流,最终提高学生德育工作的实效性,实现人的品德素质的发展,是当前思想政治教育方式改革中人们关注的重点问题之一。手机博客,这个目前日益流行的网络互动工具,就是一个能很好地实现这一目的的载体。手机博客的出现和发展,为拓展思想政治教育提供了新载体和新形式,给学生的德育工作带来了新的机遇和挑战。运用手机博客,可以深入地进行思想观和价值观的引导,加强教育者和受教育者之间的沟通交流,能更好地发挥教育示范作用,增强德育工作的实效性。

（一）转变传统的德育观，树立手机博客时代的德育观

传统的德育强调对既定道德规范、价值观的传承和接受，以灌输的方法让学生接受或服从道德条文，忽视通过践行道德规范达到道德的内化。事实上，在压力面前，学生对规则的遵守并不是出于一种道德需要，亦无道德行为的自觉性、选择性和创造性可言。手机博客中多元道德并存的客观现实，为学生创造了更多的价值选择的机会，网络的隐蔽性、虚拟性、信息的不可控性要求学生具有坚定的道德信念和道德自律能力。在这种情况下，学生能否将道德规范由单纯服从，经过认同，内化为个体的需要、信念，最终外显为道德行为显得尤为重要。这也是网络德育追求的目标。强调灌输和服从的德育方式显然无法达到这一目标。为此，学校应让学生通过接触网络，正确认识手机博客，践行道德规范，在此基础上积极引导他们进行道德上的自我体验，自我反省，坚定道德信念，促进自我教育能力的发展。

（二）培养手机博客德育队伍，增强手机博客德育力量

通过各种形式的培训、讲座和考核，使各级教育管理者、德育工作者掌握网络基本知识、技能，并熟悉网络德育的运作方式和手段，尤其应该学会如何使用手机，在手机上使用博客，把德育工作搬到手机博客中去。也就是说，德育工作者不仅要具有深厚的马克思主义理论修养，还要具有较高的网络技术水平，善于驾驭并使用手机博客，能够敏锐快速地及时解决博客传播中的问题，做好学生的德育工作。选拔并培训一批思想政治素质高、网上沟通技巧好、具有丰富的网络经验和技能的专兼职网络德育工作者，由他们提供在线指导，帮助上网学生解决各种心理、思想、学习等问题；同时，注意在网上收集整理有代表性的德育问题，向有关职能部门反馈，以加强德育工作的针对性和有效性。

（三）利用手机博客的个性化和强大吸引力，正确引导价值取向

现代学习竞争的压力越来越大，人们更习惯于通过网络来宣泄自己的情感来表达自我。手机博客及时便捷的互动性和灵活性，让学生充分地表达了自己真实的思想，同时博客具有的虚拟性，也让一些网民可随意在博客中传播错误且无聊的言论。因此，针对这种情况，教育者应通过博客的动态记录方式，更全面、更真切地了解受教育者的思想情况，并对一些错误的观点有的放矢地进行思想引导，从而提高思想政治教育的实效性。在手机博客德育工作中，需要挑选、培养一些思想觉悟高、组织能力强、知识广博的教育者在博客中发挥主导作用，引

导大学生接受正确的思想,摒弃错误的观点;同时,思想政治工作者还要注意发现其他好的博客并做好相应的链接,正确引导学生的思想和价值取向中的积极作用。

(四)利用手机博客的互动性,加强德育过程中的沟通了解

1. 手机博客可以突破时间和空间的限制,把德育工作的影响通过链接、共享加以延伸和扩展。因此,在德育过程中,教育工作者应当主动改变传统思想政治教育相对封闭的教育模式,鼓励受教育者在网上建立相关的博客群体,如班级博客,形成人人都可参与、都可贡献的力量,通过产生共鸣来获得预期的教育效果,并通过群体之间的沟通交流,减少人们对思想政治教育的抵触情绪和防范心理。

2. 通过手机博客的互动,及时掌握学生各方面的动态:心理压力、个人情绪、家庭困难、学习障碍等,进而有针对性地开展各项工作。利用手机博客与学生互动,能更好地把握住重点学生、问题学生,可以通过互动,及时帮助学生成长,使学生在交流中学会勇敢地面对生活中的困难和问题,学会怎样思考问题,学会怎样处理问题,学会与人和谐交往,最终使学生能在和谐的氛围中愉快地生活、学习和成长。

(五)利用优秀手机博客,发挥积极的教育示范作用

手机博客互动的积极意义在于它对传统的交流进行了革命性的改造,它源于网络但又高于普通意义上的网络文化交流。博客互动就像一个人的成长和知识积累塔,从这里可以清楚地看到人们的思想进步和知识增长的过程。而且,这个过程也毫无保留地呈现给其他的阅读者,阅读者对发布者的不同看法也及时地反馈给发布者和其他阅读者。在网络德育工作中,教育工作者(也包括其他优秀的博主)可以通过博客真实地展示自己的思想和实践的历程,通过与受教育者平等地交流经验和思想,发挥言传身教的示范作用,并扩大自身有限的知识与经验,促进自己和群体的思想政治素质的共同提升;同时,还应当鼓励受教育者在阅读他们自己的博客时,应当以一种认真负责、开放的反思心态来回味自己所写的内容,从中发现问题,修正偏差,有效地进行自我教育,提高其思想认识水平。通过文章的内容及互动交流方式,引导阅读者树立正确的价值观,并为他人的博客起到示范带头作用。

总之,手机博客的出现和发展,为拓展思想政治教育提供了新载体和新形式。虽然会带来一些负面影响和挑战,但是我们需要做的就是趋利避害,充分利用手机博客的优点,发挥德育工作的最大优势,从而提高大学生的思想道德品质和政治素质;同时针对手机博客所带来的挑战,积极应对,采取有利措施,变害为

利。因此,在手机博客的开放互动环境中,无论是教育者还是受教育者,都应不断努力提高自身的思想政治素质、道德水准和文化修养,做一个有品位、有魅力、有健康情趣的先进网络文化的建设者和引领者,只有这样,才能真正提高整个社会成员的思想政治素质,促进和谐社会的构建。

【作者简介】 胡明菊　浙江大学思想政治理论教学科研部思想政治教育专业2012级硕士研究生

浙江 杭州 310028

论突发事件应急处置中的
思想政治教育

靳卫卫

【摘　要】　现代社会突发事件的爆发越来越频繁。突发事件的爆发不仅造成物质上的损失,而且对人的心理也有很大的冲击。如何在突发事件爆发时稳定人们的心理,引领人们树立信心,是现代思想政治教育学应研究的一个重要领域。在突发事件的应急处置中,思想政治教育在为人们提供精神支撑方面发挥了重要作用,但就目前阶段来看,这种作用还未能充分发挥,需要研究者进一步深化突发事件应急处置中的思想政治教育。

【关键词】　突发事件　思想政治教育　应急处置

现代高科技和全球化的迅猛发展,使得世界经济政治得到了前所未有的发展,人们的生活水平和质量得到了很大的提高,现代人在享受科技发展给我们带来的最大限度的物质福利的同时,也应意识到现代高科技和全球化的发展也导致了环境的恶化、灾害的频发以及国与国之间、民众与政府之间、各群体之间矛盾冲突的尖锐化。在当代中国,自改革开放后短短的三十年间,我国社会经历了西方国家几百年才经历的思想历程、经济腾飞和观念转变。传统的封建思想的残余、社会主义思想和某些西方价值观念在当代中国社会共存,相互激荡;从建国时百废待兴经济文化相当落后的状况到今天"世界第二"的经济总量;从原来传统落后的思想观念到现在开放先进的思想剧变,这些都使人们承受了难以承受的震荡与裂变,这就更增加了人们的畏惧感。也就是说,现代人在享受进步、现代化、工业化的同时,又必须承受全球化浪潮所带来的风险。自然灾害、经济危机、政治动荡、民族矛盾等突发事件随时可能发生，面对风险，除了对政府应对能力的考验外，对人的思想政治教育也是必须要探讨的问题。突发事件中的思想政治教育的意义就在于降低突发事件对人们思想上造成的伤害，给人以心灵慰藉，使人们重拾信心，以正确的世界观、人生观和价值观作为引导。

一、突发事件的含义和特征

根据我国 2007 年 11 月 1 日起施行的《中华人民共和国突发事件应对法》的规定，突发事件是指突然发生，造成或可能造成严重社会危害，需要采取应急处置措施予以应对的自然灾害、事故灾难、公共卫生事件和社会安全事件。①　突发事件有很多类型，但大体可以分为两种类型：一种是自然性的突发事件，即诸如地震、海啸、山洪、泥石流、流行病等人类难以预料的天灾人祸；另一种是社会性突发事件，即在社会生活中，由于社会矛盾的激发而引起的严重危及社会秩序，给社会造成重大损失的事件，如政治动荡、金融危机、宗教和民族矛盾、恐怖活动以及国家间的武装冲突等。

突发事件有很多特征，总结起来有以下五个：一是突发性。突发事件的发生虽然有一个量变到质变的过程，但发生突如其来，大多演变迅速，解决问题的机会稍纵即逝，如果不能及时采取应对措施，将会造成更大的危害和损失。二是公共性。突发公共事件专指在公共管理范畴内的危机事件，其影响和涉及的主体具有公共性、社会性。三是不确定性。主要表现在原因、变化方向、影响因素、后果等方面无确定性，事件瞬息万变，难以准确预测和把握。四是多样性。突发事件的发生发展具有不同的情景，在表现形式上具有各自的特点。五是危害性。不论什么性质和规模的突发事件，都必然会不同程度地给社会造成一定危害，而且危机往往具有连带效应，可能引发次生或衍生事故，导致更大的损失和危机。

二、思想政治教育介入突发事件的现实意义

首先，思想政治教育介入突发事件有助于党的执政能力的提高。一个政党的执政能力不仅体现在它领导经济建设、改善人民物质生活水平的能力上，更表现在它以自己的价值观念凝聚全民族力量、提高人们精神境界的精神文明建设中。思想政治教育工作是党的优良传统作风，是我们党的优势所在，研究突发事件中的思想政治教育，是加强和改进党的思想政治工作，提高党的执政能力的迫

---

①　《中华人民共和国应对突发事件法》http://baike.baidu.com/view/39487.htm

切需要。

其次,在应对突发事件时对人们进行思想政治教育,能够有效地抵制各种西方价值观念的侵袭。在突发事件爆发后的特殊时期,人们过去的价值观念受到重创,由于精神世界的茫然和无所适从,使得人们开始怀疑过去所持的思想观念,而这个时期也正是西方国家传播其价值观念对我国进行"和平演变"的重要时期。因此,在这个关键时期对人们进行有效的思想政治教育显得尤为重要,要让广大民众认识到西方国家"和平演变"阴谋的本质,大力宣传爱国主义教育和社会主义教育,为人们正确认识社会主义发展过程中的问题提供思想方法和价值观引导,从而使人们自觉拥护党的领导、拥护社会主义。

三、突发事件为思想政治教育的创新和发展创造了条件

我国是一个突发事件频发的国家,这无疑会对人们的生命财产安全形成很大的威胁。现代社会是一个价值多元化的社会,改革开放的深入和市场经济的发展使得人们的思想观念受到多种价值观念的影响,在突发事件后更是加剧了各种价值观的碰撞,思想形态的多样性导致了人们思想上的混乱。人们对过去关于人与人之间、人与社会之间和人民群众与政府之间的关系都有一个重新审视和认定的过程,这中间会有多种因素影响人们新的价值观念的形成,既有积极的,也有消极的,如何抓住这一机遇,使人们形成符合社会发展的科学价值观念,是思想政治教育必须研究和探讨的问题,这就为思想政治教育的发展提供了现实土壤。

突发事件的爆发不仅会造成生灵的涂炭、物质财富的损失,对人们的精神和心理也会造成重大的创伤,使人们产生恐惧心理甚至导致精神世界的崩溃。例如,"5·12"汶川大地震发生后,灾区人民的精神受到严重创伤,一度导致人们自我迷失和安全感的丧失。这时的灾区人民最需要来自外界的援助,不仅包括物质的、资金的援助,更重要的是精神和心理的安慰,他们需要思想政治教育来帮助他们重树信心,帮助他们摆脱恐惧和忧虑,而这恰恰是我国思想政治教育的盲点。这一点可以从汶川地震后国务院强调灾后重建的主要内容是道路、房屋等硬件设施的重建中看出。突发事件应急处置中的思想政治教育对于灾后重建具有重要意义,我们应努力抓住这一机遇,积极探索突发事件应急处置中思想政治教育的诸问题,更好地促进灾后重建和思想政治教育本身的发展。

四、思想政治教育在突发事件应急处置中的作用

突发事件发生后,人们在精神上感到茫然和无所适从,这时就需要思想政治教育来对人们进行思想上的引导,为人们树立精神支柱。思想政治教育在突发事件的应急处置中发挥着重要作用。

(一)稳定思想的作用

从突发事件发生到其得到有效控制之前,无论是处于事件中的人们,还是受到事件影响的人们,思想波动都很大,很容易引起思想上的混乱。在这种情况下,思想稳定是确保突发事件能得到有效处置的前提保证,通过思想政治教育的导向和凝聚功能,可迅速形成主流价值观念,以确保非正常状态下人们的思想稳定。

首先,通过发挥思想政治教育的导向功能,来统一非正常状态下人们的思想。在突发事件应急处置过程中,大众媒体发挥着重要的舆论导向作用,通过大众媒体,以各种形式向人们传播国家所倡导的主流价值观念,实现人们对主流价值观的认同,以统一思想认识。此外,在这一非常时期,人们共同的目标就是战胜灾难并尽快地从灾难中走出来,恢复重建自己的家园,思想政治教育可以利用这一共同目标指向对人们进行引导,使其形成对社会的认同。还有就是在突发事件应急处置的非常时期,国家会相继出台多种相关政策措施,而人们由于受教育程度、文化背景和出于自身利益的考虑,以及政府宣传不够等因素的影响,很容易误解相关政策,思想政治教育通过为人们进行政策解读,可以有效化解不必要的矛盾,并引导人们对政府树立信心,增强政策观念并自觉按照政策办事。

其次,思想政治教育的凝聚功能也可以统一人们的思想。思想政治教育是做人的思想工作的,要想凝聚力量首先要凝聚思想,这里思想政治教育主要是通过强调"人民是国家的主人,是社会主义国家的主人翁"来凝聚思想混乱状态下人们的思想的。通过主人翁意识,形成突发事件应急处置的主体意识,使人们都能积极主动地投身到抢险救灾的实际行动中来,实现人们思想的统一和稳定。

(二)确保社会稳定的作用

从突发事件发生到其得到有效控制之前的这一期间,由于外部环境和社会群众心理状态的动荡不安,很容易引起社会的不稳定,甚至可能引发更大的社会混乱。因此,要想有效应对突发事件,保持社会的稳定是首要的工作,思想政治教育在维护社会稳定方面发挥着不可替代的作用。

首先，思想政治教育通过对人们宣扬社会所推崇的道德规范和行为准则，使人们在观念上形成一种内在的自我约束，从而使其行为难以逾越道德的边境。如果人们的行为违反了社会道德规范，在其内心会感到愧疚和自责，促使其主动纠正自己错误的行为。思想政治教育通过将外在的社会道德规范内化为人们内在的价值观念，形成自我约束，从而维护了突发事件下社会秩序的稳定。另外，思想政治教育通过宣传法律知识和法制规范等，对人们的行为形成一种外在的约束，使其不敢跨越法律的界限，从而避免违法行为对社会秩序的扰乱。

其次，思想政治教育的一个重要方法就是通过沟通，对人进行说服教育，思想政治教育过程中的沟通有助于纠正人们的认识偏差，解决观点分歧，化解矛盾隔阂。通过沟通，引导人们用科学的世界观来观察和分析突发事件中的各种问题，使人们在世界观、人生观、价值观等方面达成更多共识，这在一定程度上可以起到规避人际摩擦，减少人际矛盾的作用。而且沟通为人与人之间的交往提供了桥梁，使人际关系更加和谐，从而形成社会和谐的氛围。

再次，思想政治教育通过大力宣传党和政府的相关政策，特别是让人们明白党和政府的努力是为了维护国家和社会的稳定，为了保护人们的生命财产安全，使突发事件中的人们明白他们和国家的利益是休戚与共、密切相关的，从而促使人们团结一致、众志成城、克服困难，社会秩序也会不治自稳。

（三）为人们提供智力支持和精神动力

从突发事件发生到其得到有效控制之前，人们往往处于紧张、不安、恐惧、精神颓废状态，很容易产生消极行为，以至出现衍生事件。这就需要思想政治教育的及时介入来帮助人们重振精神，克服困难。

在突发事件面前，恐惧与慌乱是人之常情，要减少和避免这种情况的发生，就需要运用思想政治教育来对人们进行思想引导，为人们提供精神动力。一方面，要充分发挥"万众一心，同舟共济，众志成城"的民族精神的凝聚力。近年来，我国自然灾害频发，公共卫生领域事件频发，国际上的反对势力蓄意攻击。面对这些突发事件，正是这一伟大的民族精神发挥了重大的作用。依靠这种精神，我们战胜了地震洪水等自然灾害，取得了抗击非典的胜利。另一方面，可以通过突发事件中涌现出的英雄模范人物来激发人们的斗志，引领社会风气，形成模范效应，从而使人们获得精神动力，并能充分发挥其聪明才智，来帮助自己和他人战胜灾难，摆脱困境。

五、如何做好突发事件应急处置中的思想政治教育

(一)促进思想政治教育与公民教育的融合

2008 年的汶川大地震至今还令人心有余悸,印象深刻。在大地震发生后,社会各界众志成城、抗震救灾,以人为本、生命至上的场景令人动容,许多群众自发地行动起来,力所能及地帮助灾区群众,这其中表现出来的公民精神给人们留下了深刻印象。但在感动之余,也应看到一些公民精神的缺失。一是一些人在灾难面前表现得非常冷漠,甚至言行不当。例如,一位女中学生因为三天的悼念停止公共娱乐活动妨碍了她玩网络游戏,她便在网上言辞过激侮辱灾区人民。二是部分公民对企业捐款、明星捐款、其他国家捐款的数量出现争议,对捐款数量较少的企业、明星和国家表现出不满情绪,这表现出我国公民心态的不成熟。三是在地震初期,人们非常关注灾区动向,而一段时期后人们的热情便慢慢淡了下来,这表明公民精神的不稳定和不持久。

以上这些公民精神的缺失反映了我国公民教育的落后,公民教育本是学校德育的一部分,但由于缺乏具体的要求和实施计划,加上学校德育本身受"应试教育"的冲击而未能得到真正的重视。在突发事件应急处置的思想政治教育中应添加公民教育的内容,以提高我国公民素质,更好地服务于突发事件的应急处置。思想政治教育应借鉴公民教育的平等教育观念和方法,尊重人的主体性和独立人格,以避免我国目前思想政治教育中存在的一些弊端。

(二)加强突发事件的常识教育和应对教育

一是突发事件常识教育。对于不同类型、不同性质的突发事件及其可能造成的严重后果进行宣传教育,可以使人们了解成因、懂得危害,从而树立安全意识。提前让人们懂得一些应对措施和方法,在事件发生时就不会不知所措、心慌恐惧。例如,在日常生活和学习中对人们进行有关火灾、地震等知识的教育,那么在火灾发生时人们就可以采取有效的逃生措施,在地震发生前就可以根据有关知识来判断地震的发生。

二是突发事件应对教育。应急思想政治教育不仅要让民众了解突发事件的基本常识,使人们意识到突发事件的危害,还要让群众掌握有效的防范、应对突发事件的方法和策略,包括突发事件的预防与应急措施、自救与互救、心理调整

与适应、寻求社会支持、自觉的力量整合等。①

　　总之,无论什么性质的突发事件,也无论它来自哪一个领域,突发事件都会对整个社会产生深刻影响,从而使整个社会陷入一种非常状态。在这样一种状态下,思想政治教育发挥着直接或间接的作用。因此,在突发事件的应急处置过程中,要注重发挥思想政治教育的思想稳定、社会稳定和精神动力作用,思想政治教育也应抓住这一机遇,努力促进自身的创新和发展。

【作者简介】　靳卫卫　浙江大学思想政治理论教学科研部思想政治教育专业
　　　　　　　　2011 级硕士研究生
　　　　　　　　浙江 杭州 310028

---

①　刘伟. 突发事件背景下应急思想政治教育研究. 中国青年政治学院学报,2010,(01)

中韩公民道德教育比较

【摘　要】　中韩两国一衣带水,同属东亚文化圈。儒家文化始于中国,而今却昌盛于韩国。在近代共同经历了异文化的入侵后,中韩的道德发展水平以及道德教育的发展方向有了很大的差别。韩国成功嫁接了西方新市场经济制度,并形成了其所特有的道德教育模式。我国的道德教育在很大程度上却抛弃了传统的儒家伦理德育。本论文将从几个主要的方面对中韩两国公民道德教育做出比较,并结合我国社会发展的特征,有效汲取韩国道德教育的成功之处,为我国公民道德教育的健康发展提出一些针对性和实效性都较强的借鉴和启示。

【关键词】　中国　韩国　道德教育　比较

中华民族自古便是礼仪之邦。悠悠五千年的中国历史无不是伦理道德发展的历史。但在经济迅猛发展的今天,各种诸如见死不救之类不符合传统伦理道德的现象在不断出现。这不得不让我们反思:为何中国持续了五千年的德育会顷刻间趋于瓦解? 反观韩国,它与我们的伦理道德传统有很多的相同之处,但其取得的成效却比我们要好。孔子的忠孝仁爱思想已融入韩国人的血液,成为国家发展和人生道路的精神能源。珍视传统、突出民族性逐渐成为韩国公民道德教育中最为显著的特征。基于两国文化的相似性与成效的差异性,有必要对两国道德教育的方法和手段等进行横向的比较,以期打破我国德育过程中的僵局,使我国公民道德建设能够更有效地展开。

一、中国的公民道德教育

(一)社会文化背景

在以农耕文明为主的中国传统文化中,人们常常喜欢追求一种安宁和谐、小富即安的生活,注重人与自然的和谐相处,形成了"天人合一"、"内外和谐"的哲学观念。[①]在这样一个社会中,人与人之间讲究和谐相处。崇尚权威、讲究秩序是我们这个民族一贯的风格,在处理任何一件事情时,人们往往以一种中庸的理念去处理。政治方面,统治者常常打着"天道"、"天理"的旗帜来实行统治。皇帝一方面倡导草民要有"天下兴亡,匹夫有责"的忧患意识,另一方面,又主张民众"存天理,去人欲",只有"修身齐家",才能"治国平天下"的自制和内省意识。草民也将这些思想观念视为理所当然。这些官民价值的彼此认同也是中国几千年封建社会政权稳固的主要原因。

近代以来,随着西方殖民入侵的加剧,我国传统的儒家伦理纲常思想不断地受到质疑和冲击。近代西学的引进一步步削弱了儒学在中国的地位。新文化运动一直到文化大革命使儒学的正统地位遭到猛烈冲击。新中国成立后,确立了以马克思主义和毛泽东思想为党和国家的指导思想,儒家思想的正统地位就此结束。1978年改革开放以来,我国的道德教育才逐步走上合理的轨道,传统儒家伦理道德、政治教育、理想信念教育成为道德教育的三大核心内容。但是,虽然我们理论上强调批判继承传统的文化遗产,但在实践上则更多的是"推倒重来"。改革开放后,又开始对西方道德教育全面介绍和照搬。尽管自古以来我国就有"以史为鉴"的训诫,但现实中我们一次次抛弃了历史。随着全球化步伐的加快,市场经济的进一步深入发展,多元文化价值观日益得到认同。于是,传统这种抽象的、政治化和形式化的德育模式逐渐凸显了与现实生活的严重不协调,面临着亟待重构的境遇。

(二)理论基础

我国在社会主义制度下,主要宣传的是马克思主义哲学基本思想和理论。随着社会主义制度优越性的不断体现,该理论也得到人们的广泛认同和推广,并与我国具体国情相结合,孕育和产生了具有中国特色的社会主义理论体系。

马克思主义认为,社会存在决定社会意识,但社会意识具有反作用。人的全

---

① 梁漱溟.中国文化要义.上海:学林出版社,1987:68

面发展是由社会进步及人的认识不断发展等因素决定的,只有在文明、开化、公平的社会主义社会和共产主义社会才能够实现这一目标。人的全面发展依赖全面的教育,德育作为其主要组成部分,当然会起到积极的推动作用。社会主义精神文明是社会主义社会的重要特征,是社会主义优越性的重要表现,它为物质文明建设提供了方向保障、精神动力和智力支持。我国的德育作为精神文明建设的重要组成部分,也为社会的和谐发展提供了精神动力,起到了积极的融通和疏导作用。

(三)内容体系

我国于 2002 年 6 月颁发了《义务教育品德与生活课程标准》。这个《标准》规定了我国义务教育阶段道德教育课程的性质。《品德与生活》、《品德与社会》是国家基础教育课程。《品德与生活》(1～2 年级)是从低年级未成年人的生活经验出发,其内容涵盖了品德教育、劳动教育、社会教育和科学教育,提倡通过未成年人的自主实践活动,养成良好的行为习惯,为学生适应学校生活和未来参与社会生活打下基础。《品德与社会》(3～6 年级)是在小学高年级开设的一门课程,它根据学生社会生活范围不断扩大的实际,从学生品德形成、社会认识的需要出发,以人与他人、人与社会、人与自然为主线,将爱国主义和集体主义教育、环境教育、法制教育和行为规范、品德教育等融为一体,为学生成长为富有爱国心、社会责任感和良好品德行为习惯的现代公民奠定基础。

《品德与生活》、《品德与社会》这两门课程,以现代社会中国公民道德教育培养的基本要求为课程设置基本思想。在课程实施的具体过程中,深度挖掘现行小学品德课程中现代公民道德教育的要素,突出中国优秀的传统道德资源,突出人类普适的价值观念,突出公民的权利、责任和参与意识,拓展品德课程实施的领域,提升品德课程实施的品位,建构小学品德课程实施与公民道德教育有机融合的教育范式,提高品德课程实施的实效性,旨在培养积极关心及参与公共事务,具有规则意识与责任意识,造就认同、理解、遵守与维护国家法律法规和社会公德的现代公民。

（四）方法和途径

中国小学道德教育途径和方法

	教育途径	教育方法
直接途径	思想品德课	语言说理法；榜样示范法；形象感染法；实际训练法；品德评价法
间接途径	各科教学；校级班级工作；少先队教育；家长工作与校外工作；校园文化建设；家庭的社会教育。	

从表中我们看到，中国比较重视通过灌输和文化传递等方式对学生进行道德教育，其目的就在于要求学生充分地理解、掌握并传承优秀的传统道德文化。同时，主张通过情景体验、道德陶冶等方式对学生进行道德教育，这种融入真实情境的道德体验式教育具有极强的感染力，容易被学生接受、顿悟和内化，效果也比较明显。但是，我国的道德教育过于依赖榜样的力量，而榜样身上所折射出来的品质往往是片面的，只能体现出道德的某一方面，而不能全面地体现道德的要求。这种方法对于一元价值社会具有极强的认同感和生存力，而无法在多元文化社会中表现出普遍的适用力。

（五）目标体系和评价体系

中国公民道德教育目标

目标	为提高整个中华民族的思想道德素质，培养学生初步具有爱祖国、爱人民、爱劳动、爱科学、爱社会主义的思想感情和良好品德； 遵守社会公德的意识和文明行为习惯； 良好的意志、品格和活泼开朗的性格； 自己管理自己、帮助别人、为集体服务和辨别是非的能力，为使他们成为有理想、有道德、有文化、有纪律的社会主义公民，打下初步的思想品德基础。

从表中我们可以看出，我国注重对学生进行国民精神、民族情感的教育和培养。在我国，是要求学生具有伟大的爱国情怀，树立共产主义理想信念，坚定不移地走中国特色社会主义道路，为改革开放和现代化建设奋斗终生。但是，我国的德育目标具有明显的"社会本位"论特征，即我们所要培养的学生更多的是要强调满足对社会的需求，而在个人的需求方面没有做出具体的界定和要求。所以德育目标里所蕴涵的思想是不对称的，是具有社会规限性的，是不强调个人本位的。

在我国,随着新课程的改革,从知识传授到评价考核,越来越重视道德认知的作用。《品德与生活》和《品德与社会》以开展学生与文本以及师生、生生之间多元对话教学为主,注重学生的主体地位。其中,未成年人公民道德教育的活动性评价更成为亮点之一。在活动中评价,在评价中活动,充分调动了学生参与教学的积极性。但与此同时,我们要看到,受我国传统哲学思想以及马克思主义伦理观的影响,我国的公民道德教育评价内容侧重于对伦理价值条款的学习、思考和运用,譬如是否做到了重义轻利,是否做到了集体主义高于一切等等。

二、韩国的公民道德教育

(一)社会文化背景

在韩国,儒学从传入至今至少已有两千年的历史。在七、八世纪之交,即中国隋唐之际,儒学在古代韩国已基本确立。韩国儒教认为孝和忠是先天的,也是一致的,对家庭的孝就是扩大到了对国家的忠,人们应该以孝的精神忠于国王,把君臣的阶级统治关系视为父子关系一样,面对家国大事临危不惧,毫不退缩。在义利观上,提倡"重义轻利"、"存天理去人欲"的思想观点。

韩国也曾遭受日本帝国主义的殖民统治长达35年之久,并在战后又被迫接受了西方世界尤其是美国文化的侵入。但是这个国家在经济发展的30多年里,人们的价值观念、思维方式仍受到传统儒家思想的深刻影响。韩国现在的文化是日本殖民文化、儒家传统文化以及美国文化的复合互补。也就是说,韩国在这个整合过程中形成了自己独特的文化。

(二)理论基础

在发展过程中,韩国不仅成功地嫁接了西方新市场经济制度和管理理念,而且也将众多西方的伦理道德价值理念与东方儒家道德文化加以糅合改造,形成了具有韩国特色的道德文化体系。

1. 以孔子的"儒家思想"理念为主导

儒家德育思想重视做人的修养,重视理想和信念教育,追求高尚的精神境界。其中儒家的"仁义礼智信"等道德规范今天仍然是韩国中小学生学习的基本行为规范。礼义道德和家庭伦理观念深入人心,成为韩国民族精神的重要支柱。

2. 杜威的实用主义道德教育理念

杜威提倡"寓德育于生活"的教育途径,认为只有创设社会化、生活化的德育环境,教育才能够真正实现学生天生本能的生长。受西方这一文化影响的韩国,非常注重学生行为习惯的培养,强调"坐而言不如起而行",除课堂讲授有关知识和认识训练外,把实践具体德行也列入课程之中,如逢奏国歌升国旗,不论是谁,不论在何处,都必须肃立。

3. 罗杰斯的人本主义道德教育理念

罗杰斯认为,德育的目的就是要培养和发展学生个体的"自我意识",需要营造一种彼此相互尊重和信任的环境,通过倾听、交流,达到对道德问题的合乎情理的多维人文解读。这一理论主要致力于通过人性化的德育参与、民主平等的师生关系和良好的氛围来达成教育目的。

4. 科尔伯格的道德认知发展理论

科尔伯格提出了"道德发展阶段理论",受生命个体认识的视阈和认知判断能力的影响,确定了人的道德"三个水平六个阶段"的发展模式,并在道德发展阶段理论上提出了两种学校德育方法,即课堂讨论法和群体教育法,这对于青少年道德能力的培养和行为的养成起着积极的引导作用。

(三)内容体系

韩国的公民道德教育内容涉及四个领域,由"个人生活"、"家庭近邻学校生活"、"社会生活"、"国家民主生活"四部分组成,每部分包括五个教学要素,根据要素编排各年级的具体教学内容 。其内容体系呈现出放射型的结构模式,即以个人为圆心,逐渐扩展到家庭、学校、社会、国家。

具体分析韩国的道德课程设置:

第一,从课程的内容编排看,注重各年级教学内容的连贯性。从小学1年级到2年级,中小学公民道德教育课程的名称是"正当地生活"。3-6年级关注的是如何培养学生基本的道德习惯,并发展道德判断能力。在此基础上,7-10年级主要让学生理解道德原则,并形成自发的道德心。在完成上述学习后,高中阶段(11-12年级)可选学"公民道德"、"伦理学与思想"和"传统伦理学"三门课。因此,它既符合青少年思想品德的发展规律,也体现了韩国公民道德教育内容的系统性。

第二,从课程的开设时间看,韩国小学1-2年级每周2个小时,小学3-6年级每周1个小时,初中1-3年级每周1-2小时,高中1年级每周1小时,高中2-3年级则是选修科目。这样看,韩国的道德教育课安排得不算多。我国中小学课程设置:小学1-2年级每周3个小时,小学3-6年级每周2个小时,初中1-3年级每周3课时,高中每周2小时。可以看出,无论是小学还是中学,我国道德教育课的时间均较韩国长,基本上是韩国课程设置时长的两倍左右,在整个课程体系中的比例要重得多。

(四)方法和途径

韩国公民道德教育的途径

	韩国	方法
直接途径	道德课	社会学习法;实践法;传统文化熏陶;道德评价法。②
间接途径	校园环境布置和校园活动;课外和校外活动;社区活动。①	

同中国一样,韩国也比较重视灌输和文化传递等方式。不同的是,韩国所倡导的设身处地、体谅式的方法更多的体现出对现实生活的理解和体验,以及对多元平常生活的适应和感悟,而不是一味地追求脱离世俗的超越。

(五)目标体系和评价体系

韩国公民道德教育的目标

	韩国
目标	向学生揭示道德教育的核心内容; 教育学生理解生活中的基本礼节及行为规范的内容及重要意义; 提高学生的价值判断能力以及解决道德矛盾的能力; 培养正确合理的生活态度,在日常生活中做到自律与自制; 培养学生的爱国情怀以及国民精神③

在韩国,德育目标是热爱大韩民国,具有民族共同体理念,为实现韩国现代化和南北统一而不懈努力。其德育目标是将社会本位和个人本位并重的,既倡导"集体主义",又主张个人的话语解释和能力释放;既要有家国情怀,又要有全球文化的包容互通与共融精神。

在公民道德教育中,韩国实行的是随时评价制度。按照学生每个人的变化和发展过程进行全面的、持续的评价,而不是一次性评价;不仅以学生个人为单位进行评价,也重视团体评价;不仅评价学生的知识,也要评价其创意、解决问题的能力等,还要评价兴趣、态度、道德实践、行为习惯等。注重把道德课授课和学

---

① 韩国汉城大学道德课教育课程修订研究会,第七次中小学道德课教育课修订研究(1997年教育部咨询报告).1997

② 索丰.韩国基础教育.呼和浩特:内蒙古教育出版社,2003:56

③ 韩国汉城大学道德课教育课程修订研究会,第七次中小学道德课教育课修订研究(1997年教育部咨询报告).1997

习目标、评价内容进一步联系起来,以加强评价的妥当性。

三、借鉴与启示

(一)当前我国公民道德教育所面临的主要挑战

第一,我国公民道德教育的内容泛政治化倾向明显。我国实行的是大德育观的教育,包括道德教育、政治教育、世界观教育、人生观教育等。这几个概念经常会出现相互替代的情况。这显然是不合理的。如果代替的话,便会削弱道德教育的实际意义,使真正意义上的道德教育很难落到实处。因此,应该把道德教育从目前的大德育中剥离出来,实施专门的、真正意义上的道德教育。把《小学德育纲要》中有关政治教育、思想教育的内容,如热爱中国共产党、辩证唯物主义等方面的内容放在专门教育中进行,减弱小学道德教育中政治味道,可增加道德教育的有效性。

第二,我国公民道德教育缺乏自主性。公民道德教育的主要功能是发现和充分调动公民的积极性、主动性、创造性。但在实际道德教育工作中,一讲到道德教育,人们就自然联想到挑毛病或是进行思想改造。这种思维定势严重影响了道德教育工作质量的提高。道德教育的主要任务是促进学生良好行为习惯的养成,形成道德上成熟的健康人。

第三,我国公民道德教育"圣人化"倾向明显。长期以来,我国公民的道德教育是一种"圣人"教育或"英雄"教育。我国小学道德教育的目标和内容是为了把小学生培养成具有"大公无私"、"心中只有他人唯独没有自己"、"见困难就上,见荣誉就让"的道德价值观。这些道德标准对小学生来说就如同海市蜃楼,遥不可及,小学生根本无法理解其价值内涵,更不用说实际操作。

第四,德育评价流于形式,缺乏诊断性和形成性。德育评价是对学生的道德思想及行为等作出的整体评估。目前我国公民道德教育评价存在严重的流于形式的现象,评价标准具有典型的终结性和政治性色彩,而缺乏一种对主体性人格的尊重和对话语的耐心倾听,评价方法要么是进行简单的"优良中差"界定,要么是缺乏调查和系统问卷的简单话语陈述。这种粗糙做法很难真实了解学生的道德思想、情感态度和行为意图等,因此也就缺乏其诊断性。

(二)韩国德育对我国道德教育的启示

第一,个人本位与社会本位相结合。我国目前的德育教育具有明显的社会本位属性,遵循着"国家至上、集体至上"的理念,对于民族团结、国家安宁等都发挥着积极作用。但是随着社会架构的变迁和调整，这样一种思维倾向逐渐凸显出诸多与时代的不协调。我们目前已逐步从单一价值取向向多元价值取向转变。在这一背景下，我们不仅需要倡导付出和牺牲，也需要讲究权利和回报。这一切既是时代变迁的需要，也是对生命人格的尊重。因此，我们必须突破传统的狭隘的"社会本位"思想，真正实现"个人本位与社会本位"的有机结合，这样才能够真正彰显人作为"生活人和主体人"的自然属性和社会属性。

第二，传统思想现代化与马克思主义通俗化相统一。中国以马克思主义作为各项事业的指导思想，是历史的必然的正确的选择。但对于马克思主义，不可本本化、庸俗化，要在本土化的基础上实现"通俗化"，即让马克思主义走出"象牙塔"，回归社会大众，真正实现马克思主义入口、入心、入行动，力求走出一条更适合中国现阶段发展需要的有中国特色的公民道德教育之路。

第三，适应性与超越性相结合。我国目前的德育无论从内容设计和目标制定上都表现出两大特点：一是充满着浪漫和虚幻色彩，譬如在目标里面就提到了"有理想、有道德、有文化、有纪律"等，事实上这些是虚幻的，没有突出对学生主体性和生活性的关注；二是严重脱离真实的生活场景，在德育内容里面所表现的"只求付出，不求回报"很难再现真实的生活画面。这些带有虚幻和浪漫色彩并极具超越性的德育很难被学生真实地接受和掌握，也不可能有人能够做到。我们所倡导的德育不仅仅是带有超越性的，更重要的是德育更应该走进生活，走进世俗的、千姿百态的社会文化，走进学生真实的场所情境，实现内化和超越，这样才能被学生接受和认可。

第四，评价性与发展性相结合。我国目前中小学德育教育的评价环节，内容方面侧重于考察学生对一元价值观的学习理解和掌握情况，不考虑学生自身的价值诉求和话语解释；从评价方法来讲，主要是简单粗糙的定性考核；从评价目标来讲，主要是考察是否满足"政治觉悟高、内省意识强、有奉献意识的子民或臣民"这一要求，而缺乏对学生作为公民主体性的尊重和对"主体性人格"的关注；而这样一种评价既是对德育规律的漠视和背叛，也是对学生"主体性与发展性"人的特征的亵渎。因此，在评价这一环节，我们不仅要讲究评价性，也要追求发展性；不仅要强调便于管理的属性，也要追求尊重学生主体发展的属性，真正做到"评价性与发展性"的有机统一。

【作者简介】 梁露丹 浙江大学思想政治理论教学科研部马克思主义中国化研究专业 2012 级硕士研究生

浙江 杭州 310028

热点理论与现实问题研究

快乐问题的理性主义伦理学考察

黄　寅

【摘　要】　把快乐与物欲的满足简单地划等号恰恰是现代人不快乐的最主要的根源。以理性主义伦理学的立场来考察快乐，它从本质上是一种精神层面的愉悦感。快乐固然要以基本的物欲满足为基础，但它超越物欲的满足之上，更是源于心灵的自在和有所归依。

【关键词】　物欲　快乐观　理性主义伦理学

一、问题的缘起

在一次接受电视台采访时被问及"你快乐吗？"当时具体说了些什么已经忘记了，但这个问题后来却时常浮现在笔者的脑海里。后来，因为上相关的选修课，于是便指导学生成立了关于快乐问题的调查小组。调查组在杭州对"最影响你快乐感的因素"进行城乡居民的抽样问卷调查，有效问卷回收 1872 份，接受调查者的选项依次是：工资收入（41％）、住房（23％）、职业压力（18％）、感情生活（9％）、其他（9％）。但是，令笔者和调查组诸位成员迷惑的是，在对那些有房有车有很好收入的人群所进行的问卷统计和个别访谈中，他们对自己"有较满意的快乐感"的选项也很低（不到 50％）。

我们为什么不快乐？问题出在哪里？如果把问题放在人生哲学的思考层面来审视，笔者认为问题出在了现代人的快乐观不正确。因此，本文将就快乐做一番哲学层面的探讨。我们的探讨表明，把快乐与物欲的满足简单地划等号恰恰是现代人不快乐的最主要的根源。因此，我们就理性主义伦理学如何探讨快乐与物欲的关系做一思想史的梳理和探究。需要申明的是，鉴于篇幅所限，我们将从西方理性主义伦理学以及这一伦理学的最高形态——马克思主义伦理学为基本的考察立场。

二、理性主义伦理学的快乐之道

西方的理性主义伦理思想渊源于古希腊。在古希腊,理性与物欲的关系最早的明确论述者是赫拉克利特。在他看来,人应服从普遍的理性("逻各斯"),只有服从理性的生活才可能是快乐的。因而他把符合人的生活理解为理性对物欲的克制。为此他留下一句名言:"扑灭放肆甚于扑灭火灾。"① 在他看来,理性是人的守护神,扑灭放纵的物欲应有甚于扑灭火灾。显然,赫拉克利特对理性与物欲关系的把握和理解已初步涉及快乐的某些本质方面属性。当然,他所理解的理性"逻各斯"又带有神秘的宿命论的色彩,因而他认为"命运就是必然性"②。

苏格拉底似乎没有直接探讨理性与物欲的关系,但他对至善和幸福的理解中涉及到了相关的问题。在他看来,满足物欲的物质享受不是幸福和至善。真正的幸福是知识和美德的一致,这表现为一个控制自己的欲望,按理性提供的知识去行动的过程。尔后的德谟克利特比较系统地以理性主义为原则论述了理性与人的欲望(尤其是物欲)的关系。在德谟克利特看来,人的物欲应该受理性节制,因为物欲本身往往无法自我节制。他认为:"无节制的欲望是一个儿童的事.而不是一个成人的事";"应当拒绝一切无益的享乐"。③ 因此他主张以理性来节制欲望:"人们通过享乐上的有节制和生活的宁静淡泊,才得到愉快。……因此,应该定心于那可能的东西,满足于我们力所能及的事物,不要太注意那些作为人所嫉妒和羡慕的对象的人。"④ 德谟克利特同时还认为:"节制使快乐增加并使享受更加强。"⑤ 因而,他认为无节制的欲望是非理性的欲望,而决不是成熟的人应该有的欲望。

柏拉图建立在理念论基础之上的伦理学说,对理性与物欲的论述是其一个中心问题。按照他的灵魂论看来,理性、意志和物欲构成人的灵魂。虽然理性、意志和物欲各在人的行为中发挥一定的作用,但三者之间存在一个等级从属关系:理性决定意志,理性和意志又共同决定物欲。因此在柏拉图看来,无论作为人或作为城邦国家,能按照这种等级从属关系实现三者和谐统一的就实现了美

①　北京大学哲学系西方哲学史教研室编.古希腊罗马哲学.北京:商务印书馆,1982:17
②　北京大学哲学系西方哲学史教研室编.古希腊罗马哲学.北京:商务印书馆,1982:23
③　北京大学哲学系西方哲学史教研室编.古希腊罗马哲学.北京:商务印书馆,1982:109
④　北京大学哲学系西方哲学史教研室编.古希腊罗马哲学.北京:商务印书馆,1982:115
⑤　北京大学哲学系西方哲学史教研室编.古希腊罗马哲学.北京:商务印书馆,1982:116

德和正义。所以美德与正义的关键是以理性来制约物欲。人生的目的就是从肉体的感官的物欲束缚中解脱出来,让灵魂从肉体的"坟墓"中解脱出来。柏拉图认为一个有道德的人也就是理性完全控制了情欲、物欲的人。

正是从这一理论出发,他强调做"自己的主人"的理性节制原则:"人的灵魂里面有一个较好的部分和较坏的部分,而所谓'自己的主人'就是说较坏的一部分自然受较好的一部分的控制。……但是当一个人由于坏的教养或者和坏人来往而使其中较好的同时也是较小的一部分受到较坏的同时也是较多的一部分的统治时,他便要受到谴责而被称为自己的奴隶和没有节制的人了。"①在柏拉图看来,道德就是以人的灵魂中较好的部分(即理性)来制约较坏的部分(即情欲、物欲)的过程。

柏拉图看到了人的情欲、物欲有向恶的可能性,并主张以理性节制物欲的思想是合理的,也不乏深刻之处。但是,柏拉图这里神秘的理念论和灵魂论无非是关于灵魂构成的古老观念的希腊化。而且这种鄙视物欲的主张显然带着浓厚的禁欲主义色彩。

亚里士多德扬弃了柏拉图伦理学说中的禁欲主义色彩。许多研究者相信这与他所受的教育和从事的科学研究相关。亚里士多德特别注重观察和经验的方法。在对人的快乐问题的解释上,他以此方法为基础集中探讨了理性与物欲的关系问题。

亚里士多德不否认为满足物欲而追求的感官快乐。在他看来,物欲的追求只要是正当的、道德的、合理的就是可以追求的。但作为古代理性主义伦理学的集大成者,他同时更强调理性原则对情欲、物欲及人生诸种欲望的节制。他指出:快乐必须要有理性加以控制和指导,没有理性控制和指导的快乐是低级的、卑下的,从而也是不道德的。据此,他批评当时社会存在的"尚富的潮流"以及不顾道德而贪图钱财的社会坏风气。他认为在许多人那里之所以产生这种为满足自己的物欲而不顾社会道德的风气,是因为"他们不知重视生活而不知何者才是优良生活的缘故;生活的欲望既无穷尽,他们就想象一切满足生活欲望的事物也无穷尽"。②为此,亚里士多德的伦理学强调理性对人的重要性,他把理性视为人的特殊本质和功能:"人的功能,决不仅是生命。因为甚至植物也有生命。我们所求解的,乃是人特有的功能。因此,生长养育的生命,不能算作人的特殊功能。其次,有所谓感觉生命,也不能算作人的特殊功能,因为甚至马、牛及一切动

---

① 北京大学哲学系西方哲学史教研室编.古希腊罗马哲学.北京:商务印书馆,1982:225—226
② 亚里士多德.政治学.北京:商务印书馆,1965:29

物也都具有。人的特殊功能是根据理性原则而具有理性的生活。"①

文艺复兴时代的蒙田基于对亚里士多德认同的基础上也对理性与物欲的关系作了自己独特的理解。他一方面否定了斯多葛学派，还有宗教伦理学以理性压抑物欲和以理智消灭激情的禁欲主义态度，但另一方面又没有走向纵欲主义，而是主张以理性来节制对快乐追求的欲望。也就是说理性既要限制快乐，但同时这种限制又恰恰是为了满足那些合理的快乐欲望："说真的，人真是最不幸的生物了：由于他的自然条件，他已经几乎不能纯粹完全地享受快乐了，但他还是努力发明出学说和戒律来限制和制裁他所能享有的微乎其微的快乐。"②

文艺复兴时代另一位代表性人物霍布斯一方面认为人的本性是自私利己的"自我保存"："只要人是在纯粹的自然状态中，……则私人的嗜欲即是善与恶的标准。"③因为人们出于这样一个利己之心，在自然状态下，"人对人像狼"。但另一方面，为了结束"人对人像狼"这样的自然状态，人类的理性一定要制定出大家能普遍遵循的契约，即道德和法律。所谓有德行的人就是以此理性之契约去规范自己本性中自私和利己的物欲的人。这样的人才可能是快乐的。

斯宾诺莎虽然不是从社会契约论的角度来论述理性与物欲的关系，但他从"自由是对必然的认识"这一基本思想直接推衍了"遵循德性而行，即是遵循理性的指导而行"④的结论。由此他认为，人的生活应该过一种符合人性的生活，即要合乎理性。善就是帮助人接近理性的工具，而恶则是使人丧失理性的东西。一旦一个人被物欲所支配，那么他就是不自由的，就是道德上的不善，所以他声称："我把人在控制和克制情感上的软弱无力称之为奴役。因为一个人为情感所支配行为便没有自主之权，而受命运的宰割。"⑤而且，斯宾诺莎还从理性主义伦理学的原则出发，认为人对物欲和情感的控制程度，取决于人的认识程度："心灵具有不正确的观念愈多，则它便愈受物欲的支配。反之，心灵具有正确的观念愈多，则它便愈能自立。"⑥这也就是说，理性对必然性的认识和确立是人支配物欲的决定力量。当行为主体没有或很少有对外部世界或人自身的必然性的正确观念时，人的心灵就是不自主的、被动的，往往要作出违背善的行为。人唯有把握了较多的必然性，从中获得正确的观念，人的心灵才可能是主动的、自由的，也才可能成为有德之人、快乐和幸福之人。斯宾诺莎对理性与物欲关系的认识是深

① 周辅成.西方伦理学名著选辑(上卷).北京:商务印书馆,1964:287
② 周辅成主编.西方著名伦理学家评传.上海:上海人民出版社,1987:213
③ 周辅成.西方伦理学名著选辑(上卷).北京:商务印书馆,1964:671
④ 斯宾诺莎.伦理学.北京:商务印书馆,1983:195
⑤ 斯宾诺莎.伦理学.北京:商务印书馆,1983:166
⑥ 斯宾诺莎.伦理学.北京:商务印书馆,1983:98

刻的,尽管其中仍然有浓厚的唯理论色彩。但他把理性理解为对外部世界和人自身的必然性的把握,并以这种把握去指导行动过程的思想无疑具有极大的进步意义。

在 18 世纪的启蒙运动中,一大批思想家如孟德斯鸠、伏尔泰、卢梭等人,也都以理性的原则探讨了理性与人之物欲的关系。这一情形正如恩格斯指出的那样:"一切都必须在理性的法庭面前为自己的存在作辩护或者放弃存在的权利。"①当然,作为启蒙学者,他们的主要任务之一是反对封建主义和宗教蒙昧主义鼓吹的禁欲主义道德观,因而他们更多的是肯定了物欲存在的天然合理性。但与此同时,他们也无一例外地承认物欲必须受理性的规范和支配,甚至连卢梭这位比较推崇物欲和激情的哲人,也认为"我们的行为所以合乎道德,在于他们本身具有判断能力"。② 而这个判断能力正是理性所赋予人类的。在启蒙学者看来,没有理性,就没有快乐。

尔后的法国唯物主义者拉美特利、爱尔维修、狄德罗、霍尔巴赫等人继承并弘扬光大了启蒙学者推崇的这一理性原则。他们一方面强调人之本性是自私自爱的,追求个人利益是人的自然欲望,但另一方面也强调个人利益的追求必须是合乎理性的,否则自私的物欲必然导致不道德行为的产生。其中霍尔巴赫还详细考察了良心这一理性产物对人的物欲的引导作用。他认为良心是"来自经验,由理性指引的想象、自我反省的习惯,以及对自己行为的注意和预见这种行为对其他人的影响和别人对我们自己的反应"。③ 在他看来,正是有这种理性指引的良心的规范作用,人的物欲才不至于泛滥成灾。快乐正是基于理性的基础上才是可能的。

康德作为理性主义伦理学的杰出代表,对理性与物欲问题的探讨达到了较高的层次。康德认为人作为理性的存在物具有双重属性,即感性和理性。相对于这双重属性,人便存在"双重的世界"④之中:其一是感性的现象世界,这是包括人的自然欲望存在在内的自然界。这个世界由人的感官来感知,被因果性的必然规律所支配。其二是超感性的本体世界,这是人的理性存在,这个世界由人的理性去思考和探求,由意志自由律来支配。在康德看来,人就是跨越双重世界的存在物,一方面人属于现象世界,是感性的自然界的一个部分,人有着感官欲望的产生和满足这些欲望的追求,这是一种被康德称为"爱好"的自然倾向;但另

① 马克思恩格斯选集(3).北京:人民出版社,1974:56
② 卢梭.爱弥儿(下卷).北京:商务印书馆,1978:411
③ 葛力.十八世纪法国唯物主义.上海:上海人民出版社,1982:382
④ 康德.实践理性批判.北京:商务印书馆,1968:89

一方面人又属于本质世界，人是理性世界的存在物，这就要求人必须按照理性的原则行事。所以，康德的结论是：人"就其属于感性世界而言，不得不服从因果法则，可是作为自在之物，他就意识到自己的存在是在一个理性的事物秩序中就决定了的"。① 因而人虽然不能摆脱自然本能欲望的冲动，但却可以凭理性去自由地选择行动。也因此，人作为感性和理性的混合物，在其身上既有感性这一根深蒂固而源源不绝的向恶的物欲冲动，又有理性这一克服感性障碍而达到道德理性（又称实践理性）的可能性存在。感性是人向恶的本能，理性则是人向善的可能。人永远不能摆脱物欲而达到"圣洁"，但也不会无视理性的原则而沦为动物。而人的道德本性之展开就存在于这两种本性的无休止的斗争过程中。人的意志自由的实现就是按理性原则行动、超脱自然界必然性和物欲支配的过程。这是人的快乐与幸福的根基之所在。

在康德之后的德国古典哲学家中，如费希特、谢林、黑格尔、费尔巴哈等人那里，也都程度不同地探讨了理性与物欲的关系。其快乐哲学的基本思路均强调以理性作为快乐的基本原则，譬如费尔巴哈就宣称"自我节制，对人以爱"的理性行动原则。

理性主义伦理学对理性与物欲的关系的探讨具有极大的合理性，因为快乐从某种意义上讲正是人类理性的产物。但理性主义伦理学说无论是在亚里士多德那里，还是在康德那里都有一个致命的缺陷，即没能正确揭示人类理性的本质以及这个本质又通过怎样的途径来实现对行为的规范从而带给人快乐的社会心理机制。以马克思、恩格斯的唯物史观理论来理解人类理性的实质，那么它的实质其实就在于人类在社会实践基础上形成的社会性。正是理性所赖以存在的这一社会实践特性，才可能在人的行为实践中产生自我规范的理性要求，并通过实践切实地得以实现。快乐正是由此真实地产生的。或许正是从这个意义上我们可以认为，马克思唯物史观的道德学说是理性主义伦理学发展的最高成就。

作为德国古典哲学的推崇者，马克思继承并弘扬了这一理性主义的快乐观。所以，马克思主义伦理学对快乐的理解是基于理性对物欲的超越之上的。所以马克思曾经这样批判享乐主义哲学："享乐哲学一直只是享有享乐特权的社会的知名人士的巧妙说法，……一旦享乐哲学开始妄图具有普遍意义并且宣布自己是整个社会的人生观，它就变成了空话。"②

我们景仰和称羡马克思的一生，这是因为我们知道马克思在其青年时代就自觉地把人生的快乐与幸福理解为一个追求崇高理想（理想是理性的最高形态）

① 康德.实践理性批判.北京：商务印书馆，1968：42—43
② 马克思恩格斯全集(3).北京：人民出版社，1958：489

的斗争过程。他在《青年选择职业时的考虑》一文中曾这样豪迈地写道："如果我们选择了最能为人类幸福而劳动的职业,那么,重担就不能把我们压倒,因为这是为大家而献身;那时我们所感到的就不是可怜的、有限的、自私的乐趣,我们的幸福将属于千百万人,我们的事业将默默地但是永恒发挥作用地存在下去,而面对我们的骨灰,高尚的人们将洒下热泪。"①马克思的一生是艰辛的,政治上的被迫害,经济上的窘迫,使得他终身颠沛流离,直到逝世时还是无国籍者。但也正是在这种"为大家而献身"的理想追求中,马克思体验和领略到了人生最大的快乐。

把快乐理解为在对人生理想的追求与实现过程中获得的一种愉悦感受,也就可以理解为什么痛苦也可以转化为快乐的道理。因为理想的实现从来需要以对现实的抗争和奋斗作为手段。理想之为理想本身就表明它与现实是不等同的,无论是社会理想、政治理想,还是人生理想,在实现的过程中无疑需要斗争,甚至是艰苦卓绝的斗争。但是,当一个人意识到这一斗争有着崇高的善的目的和价值时,他甚至可以在牺牲自己生命的同时,也依然能体验到人生的快乐。因此,许许多多信仰共产主义人生理想的志士仁人能高吟着"砍头不要紧,只要主义真"而毅然地走向生命的自我牺牲。所以李大钊说:"人生的目的,在发展自己的生命。可是也有为发展生命必须牺牲生命的时候。因为平凡的发展有时不如壮丽的牺牲足以延长生命的音响和光华。绝美的风景多在奇险的山川;绝壮的音乐都是悲凉的音调;高尚的生活,常在壮丽的牺牲中。"②这种壮丽的牺牲是人生为理想而斗争过程中体验到的最高最有价值的一种快乐。现代人怀疑甚至否定这种快乐感显然是令人忧虑的。

三、最终的结论

基于理性主义伦理学的立场,我们把快乐理解为对人生理想的追求与实现中的体验和感受,也就把人类对快乐的追求置于真正现实的可能性基础之上了。因而,快乐就不只是一种超脱尘世的愉悦和满足,它同样建立在物质的基础上,在这一点上古代雅典的犬儒学派排斥一切物质生活的享受,认为快乐只能追求所谓精神上的自由的观点是片面的。古代印度的苦行僧主义者把人生的快乐理解为在砂砾荆棘中摆脱尘世的烦恼,这无疑也是错误的。快乐的确是一种精神上的愉悦和满足的体验。但这个愉悦的体验来自对包括物质生活追求在内的人

---

① 马克思恩格斯全集(40).北京:人民出版社,1982:7
② 李大钊选集.北京:人民出版社,1978:24

生目的和欲望的满足之中。人生理想的追求与实现带给人生的正是这种物质和精神方面的满足。

也正因为快乐是对人生理想追求及实现的体验,因而决不能把快乐和丰裕的物质生活享受等同起来。要知道对人生理想的追求并不总是带给我们物质享受的,更多的情形下这是人生旅途中一场坎坷艰辛,需要极大意志力和忍耐力为保障的长途跋涉。但只要我们心中拥有一个确定的理想,并因此有着一个坚定的信念,那么人生中再艰难困苦的跋涉也会体验到快乐。所以,当人生理想实现时我们固然可以体验到快乐,但更多的时候是,对人生理想执著追求本身就是一种快乐。因此,快乐如果只被理解成物质享受,甚至只是物欲实现在感官上的快感,那么这正如爱因斯坦所讽刺的那样:"我从来不把安逸和享乐看作是生活目的本身——这种伦理基础——我叫它猪栏理想。"①

《钢铁是怎样炼成的》作者奥斯特洛夫斯基在保卫苏维埃的战斗中双目失明,身体也变得极为孱弱,但他正是在这样异常艰难的条件下,呕心沥血写成了这部当代文学史上的不朽之作。他在描述自己对人生价值和意义的理解时,曾有过如下一段被广为传颂的名言:"人的一生应当是这样度过的:当回首往事的时候,他不因虚度年华而悔恨,也不因碌碌无为而羞愧;这样,在临死的时候,他能够说:'我的整个生命和全部精力,都已献给世界上最壮丽的事业——为人类的解放而斗争。'"②这是一个真正坚强的共产主义战士对人生意义的崇高理解,是一颗伟大的灵魂对快乐与幸福的深刻体验。可见,必须把对人生快乐的追求建立在对崇高人生理想的追求之上。只有这样,无论这期间要经历多少艰难坎坷,也无论最终是否功成名就,我们都能坦荡而自豪地说:我曾为一个美好的理想追求过和奋斗过,并为之而感到最大的快乐。

【作者简介】 黄 寅 浙江工商大学人文学院副教授
浙江 杭州 310018

① 爱因斯坦文集(3).北京:商务印书馆,1979:43
② 奥斯特洛夫斯基.钢铁是怎样炼成的.北京:中国青年出版社,1978:6

知识分子独立人格之构建

张亚南

【摘　要】　中国知识分子独立人格的建构是一个困难重重但是无法回避的问题。知识分子无论在其产生的历史背景、自身性质和作用等多方面都具有特殊的意义。在社会尚未发展到"人人全面而自由地发展"的时候,作为社会的精英阶层,其自身的独立人格的建构就显得至关重要。如何能够走出"建构——分化——依附——再建构"的怪圈,如何能够摆脱对政治的依附性,这是我们必须要思考并要解决的问题。本文从历史文化的相关背景出发,追寻知识分子独立人格建构艰难性的根源,并针对问题提出一些解决措施和自己的看法。

【关键词】　知识分子　独立人格　依附性

一、知识分子的含义及其产生发展过程

根据许纪霖先生在《中国知识分子十论》中考证,Intelligentsia(知识分子)这个词最早来源于19世纪俄国的民粹派。这些人接受过良好的教育,具有先进的西方启蒙思想,他们用自己的精神态度来观察俄国当时落后的专制制度,发现所处社会的丑恶和不合理现象,对现行的社会现实产生了强烈的疏离感和背叛意识,从而产生了一种使命感和精英意识,他们主张深入民众,并渴望变革社会不公的现实并以启蒙者的姿态率领民众来改变命运。可以说,俄国的知识分子是西方知识分子的一个源头。从这个源头上,我们看到了知识分子强烈的现实的道德的批判精神、对一切事物的怀疑态度和参与精神。知识分子的第二个源头是1894年的"德雷福斯事件",法国的陆军上尉德雷福斯由于犹太人的关系而遭受污蔑,以"叛国罪"被判处终身监禁,这引起了一批具有正义感和社会良知的

人士,这里面包括左拉、雨果等文人的义愤,他们站出来为德雷福斯辩护。1898年1月13日,左拉在《曙光报》上发表了致共和国总统的公开信《我控诉》,这封公开信被法国知识界称为"知识分子的宣言书",这批为社会正义辩护的人士就被他们的敌对者蔑视地称之为"知识分子"。这一称谓的诞生实际上是具有贬义性质的,但"知识分子"的价值内涵却得到了人们的肯定:知识分子是站在社会公共舞台上体制的反对者和批判者,具有超越职业之上的公共关怀和社会良知。通过以上两个源头的追溯和梳理,我们就可以概括出知识分子这个特殊群体的一些特征。他们不但具有较高的知识文化水平,而且他们要有一种公共良知和公共情怀,热心公共事务,以一种正义、自由、博爱的精神高度来阐述自己的主张。

因此,可以说知识分子是"以天下为己任,准备改造人进而改造社会"的人。也就是孟子所说的"居天下之广居,立天下之正位,行天下之大道"的人。也即是张载所言的"为天地立心,为生民立命,为往圣继绝学,为万世开太平"的人。另外,知识分子始终对社会现状保持着怀疑和批判的态度,以自己的理性思考向社会发出批判的声音,他们怀疑社会现有的价值体系。正如科塞所说的:"知识分子是这样一些人,他们对现存的一切永远不满。他们总是用更高更博大的真理来对当前的真理提出疑问。"也正因为如此,知识分子才被称为"社会的良心"、"精神的导师"、"道德理想的捍卫者"、"人类灵魂的工程师",从而受到人们的尊敬和爱戴。

"知识分子"一词是近代产生的。但是无论在西方还是在中国,我们都能够寻到其历史的文化传统和精神源头,不可能存在一种没有传统而横空出世的知识分子的。中国的"士"(即古代知识分子阶层)就是在春秋晚期,贵族衰败、"礼崩乐坏"的纷争中出现和发展起来的。这个时期,"士"阶层游离出来,著书立说,周游讲学。原本是统治阶级所维护的"礼乐",由于乱世纷争,这任务就落到了这个阶层的身上。孔子可以说是最早的中国古代知识分子。他创立儒家学说更是直接影响了后来中国知识分子的人格形成。在《论语·子张》中就有"学而优则仕,仕而优则学"的主张。孔子认为,人必须要通过自身的道德修养来完善自身人格,达到"仁"的境界,进而建立君民、君臣之间的如同父子一样忠孝、仁慈的礼仪秩序,最终实现治国平天下的政治局面。正是这种"温和"的品格决定了儒家的正统地位,从而决定了在中国两千多年的封建制度内中国知识分子很难摆脱政治的附属地位。正如余英时先生所讲:"中国的知识阶层最早的社会身份是游士,他们犹如一张浮萍,尽管有了其精神依托——'道',却匮乏任何社会的依托,他们只得游说四方,托庇私门,靠君主赏识以求温饱,因而只能走辅佐国君、为王者师的仕途,身份也由游士逐步蜕变成士大夫最终通过科举制度固定化。"

二、知识分子独立人格的内涵

"人人自由而平等地发展"是人类社会发展的终极目标,独立人格的养成也应该是我们每一个人发展的目标。但是,在人类社会没有高度发达之前,独立人格的形成对于普通人来说是极其困难的甚至可以说是不可能的。这时,作为精英阶层的知识分子,其独立人格的养成就显得至关重要了。因为他们是先知先觉的,他们最先意识到每个人为自己争取自由也就是为人类争自由,自己获取独立的人格的同时也就是为人类共同的前景开辟着道路。知识分子的最终目的是要所有人都能够达到像其自身一样的的生存境界,到那时,知识分子的使命也就完成了,"知识分子"这一角色也就从社会结构中消失了。

那么,我们到底如何理解独立人格的内涵?《论语·子罕》中讲到:"三军可夺帅也,匹夫不可夺志也。"当代哲学家张岱年对此作出现代性的诠释:"一个人如果能'尚志',如能坚持自己的'不可夺'的志,用现在的名词来说,可以说是独立的人格。"陈寅恪先生在《王国维墓志铭》中所言的"独立之精神,自由之思想"就将独立人格的内涵阐述得更到位了。知识分子"丢了这东西,就意味着丢了魂儿"。当代学者许纪霖先生将知识分子的独立人格概括为"蕴含着哲学、伦理、心理、历史和政治的多元内涵。以历史——政治的角度而言,主要是指个体的自主性和社会的批判性,即表现在不依傍任何外在的精神权威,不依附于任何现实的政治势力。在真理的认同上具有独立的价值判断力,并依据内心准则而自由行动;在社会实践生活中,积极地参与政治,成为改造社会的独立批判的力量。"胡适先生也说过,自由知识分子就是以个人自由作为自己一切知识的安身立命之根基的知识分子,也是以知识的目标为自己自由追求的终极目标的知识分子。简而言之,就是"为自由而自由,为真理而真理"。

三、中国知识分子独立人格建构的艰难性

(一)纵观历史,中国知识分子的悲惨境遇决定了其独立人格建构的艰难性。正如上文所提到的,中国封建的正统儒家文化的人伦本质决定了儒家文化对政治制度的极强依附性特征,也就决定了中国知识分子阶层从来就不可能是一个独立人格的知识分子群体,在几千年来都是一种附庸。

到了近代中国,封建制度瓦解,知识分子们在"打倒孔家店"的口号中将古代的知识分子精神传统进行了全面的批判与否定,在"五四"这个破旧立新的伟大时代,中国的知识分子迸发出了前所未有的独立意识和勃勃生机。然而,"五四"

之后的一连几十年的战争使知识分子的个性主义和精神追求在炮火硝烟面前显得微不足道。战争结束后，当知识分子们踌躇满志地想继承五四时代的梦想，为祖国和人民贡献自己力量之时，他们再一次被现实挫败。20世纪50年代的"反右"、"文革"运动使知识分子成为被人民唾弃的公敌，在这样残酷的迫害中，只有极少数的人捍卫了知识分子的尊严和立场，而大多数人则为了生存放弃了知识分子的精神使命，甚至是丧失了知识分子的意识。文革结束后，当知识分子还试图通过自省来重新确认其自身角色之时，改革开放，社会进入转型期，商品经济浪潮下，生活被欲望、利益所裹挟着，拜金主义、享乐主义盛行，那些曾经需要被启蒙的民众早已变成了商人和消费者，他们所有的行为只是为了满足金钱的欲望和吃喝拉撒的需要，没有人再需要知识分子的启蒙和教育。这种情况下，一部分知识分子沦陷，退到了生存本能或物欲的争夺。另一些苦苦坚持的知识分子也因为找不到自己精神上的归宿而再次落魄。这就是几千年来中国知识分子的遭遇。这也就决定了中国知识分子在形成独立人格方面的艰难性。

（二）中国传统的奴性品格决定了知识分子形成独立人格的曲折性。中国传统社会形成了一种奴性本质已经内化到中国人的内心，这种奴性培养出来的都是所谓的听天由命、圆滑世故、逆来顺受的人。鲁迅先生曾一阵见血地指出："中国一向少有失败的英雄，少有韧性的反抗，少有单身鏖战的武人，少有敢扶哭叛徒的吊客；见胜兆纷纷聚集，见败兆则纷纷逃亡。土崩瓦解这四个字，真是形容的有自知之明。""我独不解中国人何以对旧状况那么心平气和，于较新的机运就这么疾首蹙额；于已成之局那么委曲求全，于初兴之事就这么求全责备。"在这样的土壤里，是连最起码的公民意识都培养不出来，更不用说独立的人格了。在奴性品格的塑造中，知识分子的独立人格产生裂变，向奴性品格转化。在这种转变过程中，知识分子开始相互迫害。"文化专制主义的实施正是主要通过一批文人来完成，就对文化的毁坏力而言，有文化的刀笔吏往往要超过那些没有文化的刽子手。"这里丁东先生概括得相当到位。

（三）不合理的文化"中层"阻碍了知识分子的独立人格的形成。根据美国著名学者亨廷顿的看法，在社会文化各个层面的展开过程中，体现了社会价值分布与发展的状况，可分为表层状况和深层价值状况。表层价值是指对文化物质层面（外层）的意识形态的反映，其易于发现，表现为活跃、动荡；深层价值是指社会对深层文化的集中反映。它通过人们的生活方式、思维格局、行为规范等，最后在人们的道德、法律和政治观念上集中反映出来，保守且不易攻破，是文化的核心和灵魂。然而，在表层价值和深层价值之间存在着这样的一个文化中层（即制度、理论层，它隐藏在物质层面里面，起着规定文化整体性质的作用）。也就是说，当制度理论层开放、宽松、有规则运作时，深层核心灵魂最易辐射到表层，这时的表层价值则趋向于多元化，于是学派林立，科学发达，经济繁荣；而当制度和理论层专制而无规律运作时，深层的核心、灵魂很难突破强权压制而辐射到表层，表层的价值也形不成多元化，可供人们选择的只有政治意识形态的一元化。

因此，对于知识分子来说，找回逝去的精神品格，重塑自由思想之灵魂，等于是在文化深层重建价值核心，树立科学信念，是全面理性化的文化多元价值选择。这一方面强调我们要创造一个合理的"中层环境"，另一方面也激励知识分子要突破强权和一元政治意识的压制。陈寅恪先生曾经形象地指出："每当社会风气递嬗变革之际，士之浮沉即受大影响。其巧者奸者往往能投机取巧，致身通显。"这方面的例子不胜枚举。譬如建国以后，毛泽东曾经邀请梁漱溟到政府工作，而梁先生真诚地说："主席，像我这样的人，如果先把我摆在政府外边，不是更好吗？"胡适先生也表示："我很盼望先生容许我留在政府之外，为国家做一个净臣，为政府做一个净友。"但是能够像梁先生和胡适先生这样，主观上能够坚守的知识分子本就不多，再加上政治的高压，所以大部分的知识分子选择跟随政治也就无可厚非了。譬如，老舍先生就这样说："我决定了态度，我要听毛泽东的话，跟着毛泽东走，听毛主席的话是光荣的。"生物学家谭家桢说："米丘林生物科学是为了建设共产主义服务的，摩尔根的遗传学是为了一小撮的资产阶级服务的。"梁思成说："我这样的挖掘是要今天的我分清敌我，站稳立场。"那么，这些现象产生的深层原因到底是什么？很简单，那就是专制的、不开放的、不合理的制度和政策，也就是不合理的"中层"。这些制度让独立的人格变得有奴性，是一种让人变恶的制度。

纵观历史的发展过程，知识分子独立人格的构建是一个充满曲折与艰辛的道路，往往是中国朝代更替的历史空档给其独立人格的构建创造了机遇。先秦时期被公认为是历史上思维活跃、百家争鸣最为辉煌的时期；魏晋时期是一个被鲁迅称之为"人的觉醒"、"文的自觉"的时代，第一次出现了知识分子群体与现实政治相疏离的状况，开始转向对人的生存价值的探讨和追溯；"五四"时期更是知识分子重建独立人格、明确社会批判角色的一次重要尝试，其中以康梁为代表的保守主义，以陈独秀、李大钊、鲁迅为代表的文化激进主义，以胡适为代表的文化自由主义被誉为该时期的三大思潮。正是在这个社会动荡、历史空档的夹缝中，中国知识分子的独立人格得到了一定程度的发展。但是随着统治者更替完成，知识分子的独立人格就再次陷入了"建构——分化——依附——再建构"的历史怪圈。如何能够跳出这一怪圈？笔者针对问题的深层原因提出几点自己的建议。

四、针对知识分子独立人格建构的建议

(一)知识分子自身要提高自身修养,避免成为政治的附庸,培养自身独立的人格。这一句看似空话、套话,但确是最需重视的。因为在独立人格的建构中,知识分子自身才是主体,必须先从自身开始改变。面对现实,也许你有这样抑或那样的苦衷与为难,但是这绝对不是你谄媚的理由,因为对于一个真正的知识分子来说,经济和政治的考虑也许不能没有,但永远只能是第二位的,是服务个人的独立思考、精神的探求和自我实现的。相比之下,西方知识分子在这方面做得更好。赫拉克利特为了一个"因果性的解释"而放弃了波斯王位,最终饿死在牛栏里;德谟克利特为了不让感性蒙蔽理性的光辉而刺瞎了自己的双眼;阿基米德在敌人的刀口下完成自己对科学的执著;亚里士多德作为亚历山大大帝的"太傅",并不跟随其东征,充当军师,反而要求亚历山大在征途中为自己的学术研究搜集动植物标本;柏拉图更是将为求知而求知、为真理而真理作为自己最崇高的使命。因此作为"社会的良心",你必须明白"手段"与"目的"的区别,你要生存,所以在现实生活中有时候为了谋生不得不妥协,但是只要一有条件,你就必须明确自己的目的是什么,那就是"求真"、"求善"、"求美"(即"为真理而真理,为学术而学术,为道德而道德"),只有明确这点,你才不会放弃自身的立场,不会把手段当成目的,才不会成为政治的奴婢。当整个知识分子群体都能够建立起这样的规范,那么真正的独立人格也就彻底形成了。

(二)统治者要创造一个科学的、合理的"中层",能够给予知识分子独立人格成长的土壤。社会的发展与进步永远也离不开那些具有独立人格的知识分子,因此,要给予文化领域一个相对独立的空间,不要用政治来将其绑架,更不要妄图实现在思想层面的大一统。历史也证明,独立人格的发展主要得益于开明、开放的文化价值体系,但是正是由于几千年来这种机遇太少,最终未能改变知识分子的附庸地位。我们就要创造一个真正的能够形成独立人格形成的土壤,而且这本身就是对统治和社会稳定的维护。正如陈四益先生所说的:"殊不知一统造成封闭,一统带来僵化,而思想的僵化,正是社会僵化的前奏。僵化导致死亡——思想的死亡和社会的死亡。"

(三)社会层面要形成尊重知识,更尊重有独立人格的知识分子的风尚。作为普通的社会成员,我们必须要给予知识分子足够的尊重与爱戴。正如前文所述,他们是社会正义和公平的维护者,他们是公共利益的代表者。然而,在市场经济浪潮下,大众的价值标准早已转移到对物质享受和欲望的追逐,对于知识和知识分子早已有一种蔑视的态度。这对于知识分子独立人格形成非常有害。只有我们的尊重,才能有其发展壮大的动力。郁达夫在给鲁迅先生的悼念词中说道:"没有伟大人物出现的民族,是世界上最可怜的生物之群;有了伟大人物而不知拥护爱戴和敬仰的国家,是没有希望的奴隶之邦。"

事实上,近代以来,中国知识分子虽然在独立人格构建的道路上艰难地前行,问题不少,但收获也颇丰。无论他们的政治分野和世界复杂多样甚至是千差万别,但不论在哪一时期,也不论是他们有着什么样的思想信仰,只要面对现实,关心国家民族命运,就会有一个共同的爱国信念把他们凝聚起来,使他们振奋起来。

知识分子们,挺起你们负荷中国的脊梁!

【作者简介】 张亚南 浙江大学思想政治理论教学科研部 2011 级硕士研究生 浙江 杭州 310028

我国新时期城乡矛盾的表现及原因分析

李国英

【摘　要】　城乡矛盾是人类社会在工业化、城市化、现代化进程中普遍存在的矛盾。我国的特定历史发展时期使我国的城乡矛盾具有了自身的特殊性,它主要表现为城乡二元结构所带来的各种差异和不均衡现象。新时期我国城乡矛盾突出的原因是多方面的。准确分析并评价这些原因将为问题的解决提供必要的前提。

【关键词】　城乡矛盾　表现　原因

一、城乡矛盾的界定和我国新时期城乡矛盾的主要表现

城乡关系是指人类社会发展过程中城市与乡村之间的相互关系,它具体表现为:工业和农业的关系、城市和农村的关系以及工人和农民的关系。城乡矛盾是城乡关系的一种表现形态,它侧重于城市和乡村之间的差异和不平等关系。

在我国,城乡矛盾有其特定的内涵:它是指"我国在计划经济体制下形成并发展起来的相对独立的两大社会单元——城市居民和农村人口,他们在劳动、收入、消费、教育、生活等方面存在着巨大的差异"。[①] 我国新时期的城乡矛盾主要表现为城乡二元结构所带来的城乡之间各种权益、收益等的不平等和巨大差异,具体可以概括为以下几个方面:

---

① 陈迪平. 中国二元经济结构问题研究. 长沙:湖南人民出版社,2000:116

第一,我国农业生产部门发展比较滞后,农民收入普遍不高,城乡之间的居民收入差距大。根据国家统计局对全国 31 个省(自治区、直辖市)7.4 万户农村居民家庭和 6.6 万户城镇居民家庭的抽样调查,2011 年城乡居民收入分别为:全国农村居民人均纯收入 6977 元;城镇居民人均总收入 23979 元,其中人均可支配收入 21810 元。2011 年城镇居民人均可支配收入与农村居民人均纯收入之比为 3.13∶1。同时,国家统计局数据还指出,从 1978 年至今,城乡居民收入差距呈现出逐步扩大的发展趋势,城乡居民之间收入差距不断增大。中国社会科学院经济研究所经过数年跟踪所做出的全国性调查报告指出:"中国城乡收入差距在不断拉大,如果把医疗、教育、失业保障等非货币因素考虑进去,中国的城乡收入差距世界最高。"

第二,国家政策偏向城市,城乡之间在教育、医疗、卫生、社会福利、社会保障等方面国家投入的力度差异大。我国城乡之间在教育方面的财政支出存在着不均衡现象。虽然目前我国已初步形成免费义务教育全国城乡一体化格局,但政府财政仅仅是负担了义务教育阶段中小学生的学杂费,财政性教育经费并没有对农村义务教育在师资、基础设施、教学条件等其他方面进行重点资助和扶持,与城市相比,目前我国农村义务教育条件和水平仍较为落后。[1] 在医疗卫生支出方面,我国财政卫生支出在城乡之间是不均衡的,虽然 2003 年开始实行新型农村合作医疗政策,国家加大了对农村医疗卫生的财政支出。但占总人口近 60% 的农村居民拥有的政府卫生资源仅有 32%,40% 左右的城市居民拥有 68%。城市居民人均拥有的卫生费用是农村居民的 4 倍左右。在社会保障方面,我国的社会保障资金投入仍是以城市为主。以农村社会养老保险为例,2009 年之前中央财政和省级财政对于农村社会养老保险基本上没有任何补助和支持。2009 年国务院颁发了"新农保试点指导意见",中央财政和省级财政才开始对农村社会养老保险进行财力支持,但与城市相比差距仍然巨大。[2]

第三,由于户籍制度所带来的身份上的区别,农民工并不能享有与城市居民同等的权益和资源。农民工是指在本地乡镇企业或者进入城镇务工的农业户口人员,是我国特有的城乡二元体制的产物,是我国在特殊的历史时期出现的一个特殊的社会群体。[3] 2006 年,国务院下发了《国务院关于解决农民工问题的若干意见》,并指出:"农民工是我国改革开放和工业化、城镇化进程中涌现的一支新型劳动大军。已成为产业工人的重要组成部分。"农民工对于社会主义现代化建

① 宫晓霞. 财政支出结构的优化路径——以改善民生为基调. 改革,2011(6)
② 宫晓霞. 财政支出结构的优化路径——以改善民生为基调. 改革,2011(6)
③ http://baike.baidu.com/view/39288.htm

设做出了重大贡献,但是他们在城市工作、生活的一些权益却没有得到确实的保障;在医疗、子女入学、社会福利、社会保障等方面,仍然受到各种歧视。

二、我国新时期城乡矛盾突出的主要原因

城乡关系是人类社会发展的产物。自从原始社会后期城市出现之后,城乡关系便随之产生。城乡矛盾是人类社会发展过程中的一种普遍、客观矛盾,任何国家在工业化、城市化、现代化的发展过程都会面临这个问题。而我国新时期的城乡矛盾因我国的国情而带有鲜明的特殊性,是我国社会发展的历史产物。

在我国特殊的国情下,导致城乡矛盾突出的原因是多方面的,主要可以概括为以下几个方面:

(一)建国初期优先发展重工业和实行二元经济结构导致了城乡之间的分割和封闭。建国初期,经过短暂的国民经济恢复时期,我国走上了实现社会主义改造、建设社会主义新中国的历史发展历程。建国之初,由于多年的战争,经济遭到了严重的破坏,工业基础极其薄弱,以美国为首的西方国际社会对我国实行封锁政策。为了能够尽快走上工业化道路、增强国家实力,再加上受到苏联经验的影响,在经济建设上选择了"以追求经济高速增长为主要目标的重工业导向发展战略"[1]。

在当时经济基础十分薄弱的情况下,为了集中资源优先发展重工业,我国采取了一条高强度的资金积累模式,从农村生产部门积累资金和资源以满足工业化的发展要求。这种高强度的资金积累模式是通过对农产品的统购统销制度来实现的,即:"通过农产品国家定价的形式,从农民手中低价收购,又对城市居民和企业低价销售,用以维持大工业低工资和低原料成本,提供不断产生超额工业利润的条件,最后又通过大工业利税上缴,集中起国家工业化的建设资金。"[2]在从农业部门积累大量资金优先发展重工业和对农产品实行统购统销,不允许农民向城市自由流动和农产品的市场交易,造成了城市和农村、工人和农民、工业和农业之间的隔离,也导致了我国城乡二元经济结构的形成。

而二元经济结构,是指以城市工业为代表的现代经济与以农村农业为代表的传统经济同时发展,两者之间缺少沟通,经济社会交流十分贫乏,生产力发展水平存在较大差异,阻碍国民经济的健康发展。[3] 工业化不断向前发展,而农业

---

① 刘应杰.中国城乡关系演变的历史分析.当代中国史研究,1996(02)
② 刘应杰.中国城乡关系演变的历史分析.当代中国史研究,1996(02)
③ 王谦光.解决"三农"问题的三条途径.上海市经济管理干部学院学报,2004(04)

部门却长期停留在低生产率水平上,城市和乡村的差距不断拉大。城乡二元经济结构使得城市和农村之间的隔离状态进一步固化。随着经济的发展,城乡二元经济结构越来越成为促进经济进一步发展的障碍。

(二)国家政策偏向城市,实行严格的户籍管理制度和人民公社制度,限制农民向城市流动,在城乡之间筑起一道鸿沟。在三年国民经济恢复时期,城市和农村之间人口流动是比较频繁和正常的。1956年以后,由于全国粮食紧张,出现了大量农民向城市盲目流动的现象。为了制止农民盲目向城市流动,1958年1月9日,第一届全国人大常委会91次会议通过并正式颁布实施了《中华人民共和国户口登记条例》,开始对城市和农村人口实行严格的户籍管理制度。通过户籍管理,将整个社会人口划分为城市人口和农村人口两大类型,这两种户口类型之间不能随意转换,特别是农村户口不能自由转换成城市户口。同时,将各种权益和相关保障、福利与户口进行结合。在城市当中,将居民的教育、就业、婚姻、生活供应、社会保障、社会福利等与户口联系在一起,拥有城市户口,便能享有这些权益。在农村,将户口与土地联系在一起,拥有农村户口便能分得相应的土地,以维持生存。

1958年,人民公社开始在我国农村建立起来。人民公社通过土地的集体所有制、集体的生产和分配,通过"三级所有、队为基础"所控制的各方面资源,实现对农民的集中管理和控制,这就形成农民对人民公社的依附性,同时也制止了可能出现的土地兼并和两极分化,防止流民的产生。① 在城乡二元结构当中,户籍制度和人民公社制度加强了城市和农村各自的稳定,使人们依附于户口,没有户籍便失去了生存的条件;使城乡二元结构进一步固化,彻底阻止了农民向城市自由流动,隔断了城市与农村的经济社会交流。

(三)改革开放后,虽然打破了城乡之间的封闭状况,城乡之间流动加快,但城乡二元结构并没有从根本上得到改变。1978年我国开始进行改革开放,这场改革首先在农村开展。在农村,将人民公社的集体经营转变为了家庭经营,实行以包产到户、包干到户为主的家庭联产承包责任制,变革了农村的生产方式,促进了农村经济的发展。随着改革的步伐不断深入,城市和农村之间的隔离被打破,有越来越多的农村人口进入城市,在城市就业、生活。同时,国家也将"三农"问题提升到了一个更加重要的战略位置上,加大对农业、农村的发展和建设,加大财政投入,改善农村的教育、医疗、卫生、社会保障等事业,提高农民的收入和生活水平。

但是在另一方面,严格的户籍管理制度并没有取消,城市户口依旧附加着各

---

① 刘应杰.中国城乡关系演变的历史分析.当代中国史研究,1996(02)

项权益,农村户口转换为城市户口仍旧比较困难。城乡居民的收入差距大,生活水平相去甚远,农村户口所享受到的权益远远少于城市户口。城市建设的脚步不断加快,水平不断提高,而农村的建设发展缓慢,城乡二元结构依然存在,并成为了阻碍社会发展的一个重大因素。

三、结 语

破除城乡二元结构、实现城乡统筹发展,是进一步深化改革、全面建设小康社会和构建社会主义和谐的必然要求。政府应加大改革力度,进一步促进农业、农村和农民的发展,打破城乡壁垒,尽快实现城乡一体化。

【作者简介】 李国英 浙江大学思想政治理论教学科研部马克思主义基本原理专业 2011 级硕士研究生

浙江 杭州 310028

跨越"中等收入陷阱"：
国际经验与浙江实践

——社会价值观构建对建设"两富型"浙江的启示

刘　备

【摘　要】 在浙江社会经济发展进入一个全新的发展阶段的情况下，汲取周边国家在社会价值观建设方面的经验，将亚洲四小龙在突破"中等收入陷阱"进程中的成功经验与今日浙江具体情况相比较是非常有借鉴意义的。在充分考察和学习这些国家和地区面临的问题以及其突破方法的基础上，将国际经验和浙江共同价值观即"务实、守信、崇学、向善"有机结合，可以归纳出对于建设"物质富裕、精神富有"浙江的若干启示。

【关键词】 中等收入陷阱　社会价值观　两富型　浙江实践　国际经验

一、导　语

当前中国社会经济发展既面临着诸多的历史机遇，又遇到了许多难以预见的风险和挑战。同样，浙江省的社会经济发展也是如此。在浙江省人均 GDP 面临突破 1 万美元的历史机遇面前，如何有效地规避"中等收入陷阱"的问题，成为当前浙江社会经济发展的重点难题。

所谓中等收入陷阱即"当一个国家人均 GDP 突破 1000～3000 美元这个中等收入起飞阶段后，在向 10000 美元迈进的过程中，由于经济发展仍然过分依赖外在因素,经济增长内生动力不足,不能顺利实现经济转型升级,贫富分化严重,社会矛盾多发,经济长期徘徊不前或陷入停滞,始终难以跨入高收入国家行列"①。中国的香港、台湾地区分别在 1989 年和 1992 年人均 GDP 取得了 10570 美元②、10625 美元③的好成绩;同时新加坡和韩国人均 GDP 也在 1989 年和 1996 年分别达到了 10582 美元④、10645 美元⑤,迅速步入发达国家和地区的行列。亚洲四小龙在实现快速发展的前景下,继续保持飞速发展的势头,目前新加坡、香港等地区的人均 GDP 均已超过 3 万美元。与此同时,一些国家和地区的经济发展却发生了步伐减缓甚至停滞的现象。譬如,韩国在 1998 年金融危机后跌回 1 万美元以内,在 2002 年又重新达到 10056 美元⑥。亚洲四小龙在实现物质富裕的过程中,精神文明建设也发挥着很大的作用,尤其是在社会价值观建设方面的有益经验值得我们借鉴。

作为中国东部经济发展最快的地区之一,浙江省和亚洲四小龙在地缘上、文化上等诸多方面存在着相似性。首先,地缘上,浙江省和韩国、新加坡、台湾地区、香港特区同处亚洲地区,人口和占地面积十分相似。其次,在文化上,中国浙江和亚洲四小龙同样受到了中国儒家文化的深刻影响,譬如新加坡实施儒教兴国策略,韩国作为"儒家文化的活化石",台湾强化传统儒家文化的建设。第三,在发展进程上,浙江省 2011 年全省生产总值达 32000 亿元人民币,比上年增长 9% 以上,首次跨入了 GDP"三万亿俱乐部"。浙江省的人类发展指数为 0.817,属于中国地区的高等水平。而韩国、新加坡、台湾地区、香港特区在 90 年代初进入了经济发展的发达阶段,并且一直保持着较高速的发展水平。第四,在社会管理方面,韩国、新加坡、台湾地区、香港特区尤其注重公民社会价值观的建设,他们多年来凝练和建设社会价值观,加强公民道德建设的经验有助于浙江省建设"我们的价值观"。最后,在面临的发展问题上,浙江和亚洲四小龙都面临着现代与后现代的交叉,面临着社会转型和现代化进程中的诸多弊端。因此,选择亚洲四小龙作为我们的比较对象具有重要的借鉴意义。

① 中共重庆市委研究室专题处."中等收入陷阱"的特征及产生原因[J].新重庆,2011(11)
② 国家统计局.中国统计年鉴,1996.北京:中国统计出版社,1996:786
③ 台湾省历年 GDP 及人均 GDP 概览.2011 年 9 月 25 日 http://www.360doc.com/content/11/0925/22/5931940_151210367.shtml
④ 世界经济年鉴编辑委员会.世界经济年鉴:1993(总第 10 卷).北京:中国社会科学出版社,1994:XⅢ—15
⑤ 世界经济年鉴编辑委员会.世界经济年鉴:1998(总第 15 卷).北京:经济科学出版社,1999:571
⑥ 世界经济年鉴编辑委员会.世界经济年鉴:2003—2004(总第 19 卷).北京:经济科学出版社,2004:44

二、韩国、新加坡、台湾地区、香港地区
社会价值观建设的成功经验

社会价值观建设是统治阶级利益在意识形态领域的本质表现,是各国政府和政党必须面临的关系社会发展的重大问题。在当今的中国,西方文化与东方文化的交融、全球化经济的发展、网络信息的虚拟化等诸多因素冲击着中国传统的价值观,而结合浙江省具体情况,建设具有浙江特色的核心价值观是当地政府和社会的当务之急,是促进浙江社会经济全面快速发展的精神动力,是促进社会主义和谐社会建成的有力支撑。浙江省和亚洲四小龙诸多方面的相似性也促使着我们认真学习这四个国家和地区成功的经验。

(一)韩国国民核心价值观的建构

自朴正熙时代起,历届韩国政府将发展以传统文化为核心的韩国文化置于首要地位,将其作为促进民族统一、抵制西方文化渗透以及日本殖民文化遗毒的手段。朴正熙将文化教育视为第二经济,金泳三提出了文化发展计划;1998年金融危机之后,金大中提出文化立国;2009年1月22日,李明博倡导成立韩国国家品牌委员会。在韩国从过去到现在的发展历程来看,其文化建设、精神文明的重视为韩国实现社会经济、文化、政治等的全面发展起着不可忽视的作用,特别是韩国国民核心价值观的建设非常值得我们学习研究。总结韩国的核心价值观具体有以下几点:第一,重视社会道德建设。韩国中学专门开设《道德》课,从社会、家庭、学校等多方面对学生进行道德教育;韩国政府部门也倾心道德建设,韩国教育部尤其重视教育改革,将德育放在关键位置,强调教育方法的创新。第二,专注民族精神和爱国主义意识的提高。韩国特别注重公民国际视阈的开拓,强调公民要有"世界中的韩国人"的责任感;同时韩国也号召国人使用国货,向民众宣传民族英雄,在国家面临危机时,号召团结一致为国献身,十分注重培养人民的爱国意识。第三,学习儒家思想,传承孝道文化。在韩国,从家庭到企业再到政府,无处不体现着儒家思想的深厚底蕴,韩国充分利用儒家文化为社会管理、学校教育等服务;儒家的孝道文化在韩国也得到很好的传承,韩国教育民众孝敬老人是一种道德责任和义务。

(二)新加坡共同价值观的践行

1982年春,李光耀把儒家学说的八德"忠、孝、仁、爱、礼、义、廉、耻"作为新加坡政府的治国之纲。1988年,吴作栋提出要建设一套共同价值观,使之适合

不同宗教信仰、不同文化背景、不同阶层的人群。1991 年，新加坡政府发布了经国会审议批准的《共同价值观白皮书》。此后的十多年间，新加坡全心投入社会价值观的建设，并取得了相当大的效果。国内各民族、各阶层、不同宗教信仰的人民逐渐接受和认可五大共同价值观，这为社会经济的快速发展提供了良好的社会环境和指导思想。这五大价值观为：1. 国家至上，社会为先；2. 家庭为根，社会为本；3. 关怀扶持，尊重个人；4. 求同存异，协商共识；5. 种族和谐，宗教宽容。五大共同价值观形成之后，新加坡政府采取多项措施进行构建和推广，将理论观念转化到实践中。主要措施有：1. 开展富有成效的公民教育，动员全社会一起推动共同价值观建设。新加坡主要通过学校教育、家庭教育、社会管理等途径进行共同价值观建设。2. 制定奖罚分明的法律，用法治保障共同价值观的推行，譬如1995 年颁布的《父母赡养法》。3. 运用丰富多样的传播形式，提高共同价值观建设的有效性，主要是通过扩大宣传阵地，创新传播手段，开拓传播方式，让共同价值观能够深入人心。[①] 这些措施的推行，有效地将共同价值观传播到新加坡生活的方方面面，统一了新加坡国民的价值观，凝聚了全社会共同投入国家与社会建设。

（三）台湾传统文化的传承

1945 年 11 月 18 日，台湾一些知识分子成立台湾文化协会，其目的是摒弃日本殖民文化，重建中国传统文化。1970 年后，兴起了台湾文化寻根和回归乡土的热潮。1977 年 9 月 23 日，蒋经国在施政报告中提出"文化建设"，决定在各地区建立文化中心。台湾对传统文化的重视和传承主要有以下几点经验值得我们学习：第一、台湾非常重视传统文化教育。在教学体系中，高中的国文课本大多是采用文言文，中国文化的主要教材就是《四书》，以《论语》、《孟子》为主，《大学》、《中庸》为辅。大学教育体系中，传统文化的教育也相当被重视。第二、台湾地区设立行政机构，制定法律法规保护传统文化。1981 年 11 月 11 日，在"行政院"下设"文化建设委员会"；1982 年 5 月 26 日，"文化资产保存法"颁布；1984年，"文化资产保存法施行细则"颁布；1998 年 10 月，"行政院文化建设委员会"发布《文化白皮书》。第三、重点保护民族民间工艺。所做工作主要有：设置民族民间工艺的传承、研究与发展机构；筹办展览，举办民俗节庆活动；国外文化宣传。[②] 第四、除了台湾地区政府做出了巨大努力外，民间人士对传统文化的保护和建设也做出了巨大的努力。在各大节日，譬如清明节，每家每户都需要举行扫墓、祭祖等活动，端午节都会参加划龙舟的活动。正是传统文化的力量，让台湾

---

① 王俊华. 新加坡共同价值观的建设及启示. 上海市社会主义学院学报，2011(02)
② 朱培初. 台湾省传统文化和民族民间工艺保护情况初探. 南京艺术学院学报，2008(01)

地区的人民团结一致搞好经济建设,让台湾文化产业不断兴起,这正是典型的精神力量带动物质富裕的生动写照。

(四)香港廉政建设的推行

香港社会经济的快速发展与其廉政建设息息相关。在实现经济腾飞的同时,人口、需求的增长与资源匮乏之间的矛盾促使腐败问题逐渐出现,尤其是公务人员的腐败问题日渐盛行。针对这一问题,香港政府出台了各项政府法规遏制腐败行为,尤其是 1974 年香港廉政公署的成立为根除这一问题提供有效的解决方式。总结其廉政建设有益经验概括为以下几点:第一,成立廉政公署,反贪机构具有较强的独立性。独立性主要表现为:完全独立于政府其他部门之外、人事任免具有独立性、拥有独立的经费、拥有独立的调查权力。[1] 第二,采取惩处、预防、教育"三管齐下"的方式。[2] 廉政公署主要设有三个部门:执行处、防止贪污处、社区关系处。第三,打击贪污行为的信念异常坚定。廉政公署认为无论行贿还是受贿都必须得到惩罚,一旦发现实行零容忍。第四,民众参与反腐败的程度高。廉政公署在各区设立了举报中心,举报中心的电话一天 24 小时在线。且廉政公署对于民众的举报必须在二十四小时内做出判决。第五,强调从源头上杜绝贪污行为,廉政公署自身受到严密的监督。廉政公署通过与政府各部门的合作,深入政府部门内部,对于法规、程序、项目等政府部门的行为进行提前预防;廉政公署的工作受到民众、内部专门机构和四个独立监察委员会的监督,其权力受到法院、立法会、行政长官等的制衡。第六,制定法律法规,加强法治。20世纪 50 年代,港英政府就陆续制定了《防止贪污条例》、《防止选举舞弊及非法行为条例》、《公务员法规》等;60 年代以来,《防止贿赂条例》、《总督特派廉政专员公署条例》、《1981 年接受利益(总督许可)公告》成为了香港政府惩治腐败问题的重要法宝,不断在实践中得到了应用和修改,范围更加具体,执行力度更加坚实,取得了很好的效果。[3]

三、国际经验对建设"两富型"浙江的启示

目前,浙江省经济进入了一个新的发展阶段,经济社会的发展进入了重要的转型时期。通过对国际经验的研究和分析,总结出韩国、新加坡、台湾地区、香港

---

① 朱明国.香港廉政建设的主要做法和特点.新湘评论,2011(06)
② 阎洪琴.香港的廉政建设与廉政公署.对外经济贸易大学学报,1999(01)
③ 金太军.行政腐败解读与治理.广州:广东人民出版社,2002:193

特区在人均 GDP 超过 1 万美元后在社会管理、建设等方面的经验,对于浙江省是否能够突破"中等收入陷阱",建设"两富型"浙江,推动社会有力前行,深入贯彻落实浙江省"务实、守信、崇学、向善"的价值观具有重要的借鉴意义。

价值观是精神的依据,精神是价值观的表现,两者一脉相承。与"物质富裕、精神富有"相匹配的共同价值观,正是浙江人精神家园的中流砥柱。① 浙江省的八字价值观具体内容为:务实,即讲求实效、实事求是;守信,即尊重规则、信守承诺;崇学,即重学善学、敢闯敢创;向善,即人心向善、从善如流。结合韩国、新加坡、台湾地区、香港特区在社会价值观建设方面的经验,得出对浙江省共同价值观的建设启示如下:

第一,实事求是,加强社会创新机制建设。所谓实事求是即"'实事'就是客观存在着的一切事物,'是'就是客观事物的内部联系,即规律性,'求'就是我们去研究"。实事求是是我们党和政府做好工作的重要保证,也是我们工作的重要原则。实事求是要求我们脚踏实地,不能弄虚作假。与此同时,我们也要结合具体的情况,学会创新,建设具有自己特色的价值观。

创新是一个民族进步的灵魂,是一个国家兴旺发达的不竭动力。努力创新,就会拥有历史机遇,谋求新的发展;努力创新,才能避免经济的停滞不前、文化的逐渐没落;努力创新,才能让社会安定有序,充满活力。新加坡就是根据自己多元文化的具体实际,为了应对国内危机和国际危险,提出了适合自己的与众不同的五大价值观;韩国成功地实现从模仿到自主创新的转换是其突破"中等收入陷阱"的关键所在。我们也应该学习新加坡和韩国,做到脚踏实地,同时也要学习创新,根据具体实际,提出适合自己的价值观。不管是在价值观的创新,还是经济发展结构的变革,或者社会管理模式的转换,都需要我们全力以赴,从多角度建设社会创新机制,让社会不断前行。

第二,诚实守信,加强社会道德建设。诚实守信,是我们中华民族几千年来一直保存着的传统美德,是一个社会安定有序的基本保证。诚实守信关系着一个企业的社会形象,关系着一个学校的社会认可,关系着政府机构的公信力。因此,我们必须重视守信的重要作用,努力完善社会道德建设。

三鹿奶粉、苏丹红、地沟油、染色馒头等事件充分说明了失信的重大危害。不尊重规则、不信守承诺将会使得企业面临破产,使得政府失去人民。在韩国,手机、电脑、钱包随便放是没有人会拿走的。韩国企业在经商过程中也十分注重"讲诚实、重信用、求质量"。韩国非常重视道德教育,把德育作为立国和兴国之本,作为复国强国之根。因此,对于我们来说,尤其是浙江省作为经商大省,特别

---

① 王婷.熔铸共同的价值观——"务实、守信、崇学、向善"凝练纪实.浙江日报,2012-6-18

要重视诚信道德建设,必须把诚信作为强省之路,把诚信作为强省之本。

第三,鼓励学习,加强传统文化建设。崇学是我们每个个体的生活准则,每一天我们都在学习中进步。崇学能够使我们更加清晰地发现自己的问题,并能够提醒我们及时解决问题;崇学能够帮助我们学习他人的宝贵经验教训,避免犯很多的错误和走很多的弯路;崇学,能够让我们回顾历史,去发现历史遗留给我们的宝贵财产,让我们在回顾中取其精华去其糟粕。

这期间,应特别强调对传统文化的学习。传统文化对现代社会的巨大价值促使我们要深入发掘传统文化的魅力,加强传统文化的弘扬。《中共中央关于深化文化体制改革的决定》中就明确指出:"文化是民族的血脉,是人民的精神家园。在我国五千多年文明发展历程中,各族人民紧密团结、自强不息,共同创造出源远流长、博大精深的中华文化,为中华民族发展壮大提供了强大精神力量,为人类文明进步做出了不可磨灭的重大贡献。"事实上,台湾对中华传统文化的重视和建设,就为台湾安定的社会环境、文明的社会秩序、快速的经济发展提供了良好的支撑。因此,我们必须看到传统文化的当代价值,重视对传统文化的保护、学习、继承和创新,为传统文化在当今社会发挥作用提供平台,让传统文化渗透到我们生活的方方面面,从精神的源头上武装我们。为突破"中等收入陷阱"提供精神动力,在享受物质富裕的同时,让我们的精神财富也更丰富。

第四,倡导向善,加强廉政社会建设。善,是中华民族的传统美德,是儒家文化的关键主题,也是当代中国社会建设的重要组成部分。自古以来,中华民族就重视对善的追求,《论语·述而》中提到:"择其善者而从之,其不善者而改之。"善在社会建设和管理的过程中发挥着重大的作用,人与人的友善,创造了良好的人际交往氛围;人与自然的友善,创造了人类得以生存的物质环境;人与社会的友善,创造了人类社会的和谐安定。因此,善在当代社会具有无可非议的价值。

腐败是对善的一种亵渎,是对善的一种破坏。腐败问题让我们只看到了物质利益的熠熠闪光,迷惑了我们对善的追求。腐败是社会发展的巨大毒瘤,是人类政治文明的巨大危害。腐败问题关系到政府的公众形象、关系到国家的繁荣和社会的稳定、关系到全国人民的切身利益。因此,处理好腐败问题、建设廉洁社会是我们当前的紧迫任务。香港廉政建设的经验告诉我们,完善的法律体系是廉政建设的基础,完备的监督体系是廉政建设的必要条件,专门独立的反腐机构是廉政建设的重要支撑,坚定的反腐信仰是廉政建设的重要保障,民众的积极参与是廉政建设的群众基础。为此,通过总结香港廉政建设经验,结合廉政建设给香港物质富裕带来的巨大益处,我们要深刻地认识到廉政建设在我们突破"中等收入陷阱"过程中具有不可忽视的地位和作用。我们在强调物质富裕的同时,也必须认识到廉政建设在精神富裕中举足轻重的作用。因此,我们必须强调对善的追求,对腐败问题的严厉打击。

四、结　语

韩国、新加坡、台湾地区、香港特区和浙江省在地缘、发展进程、成功经验、价值观构建等诸多方面的相似性,使得我们以这四个国家和地区的成功发展历史和经验为依据来建设"两富型"浙江具有了一定的可借鉴性。事实上,社会价值观的构建关系到不同主体在社会建设过程中不同的价值选择,关系到社会的价值秩序。因此,我们以亚洲四小龙在社会价值观建设方面的经验为依据,以"中等收入陷阱"的跨越为研究视角,将其在社会价值观建设领域的重要经验进行概括和总结,并以国际经验和浙江省本土价值观的构建相结合,以期浙江省能够突破"中等收入陷阱",早日建成"两富型"的浙江。

【作者简介】　刘　备　浙江大学思想政治理论教学科研部思想政治教育专业 2012级硕士研究生
浙江 杭州 310028

地理环境决定论对生态文明建设的积极意义

黄加应

【摘　要】　地理环境决定论虽然过于夸大了地理环境的作用,但它有着片面的深刻性。在当今世界生态环境问题层出不穷的现实语境下,重新考量这一学说的借鉴意义在于它可以为现代人确立起生态文明的某种至上性理念。它对我们美丽中国这一生态文明建设目标的实现也有积极的启迪。

【关键词】　地理环境决定论　生态文明　借鉴意义

　　地理环境决定论以自然环境的作用来解释社会和经济发展的进程,从而把政治体制以及民族性格归结于地理环境的因素来决定。这一论点曾广泛流行于社会学、哲学、地理学、历史学的研究中。在传统的马克思主义观点看来,这是一种非历史唯物主义的观点,它甚至被认为是唯心史观。[①]　其实,以今天如此严峻的生态危机来审视地理环境决定论的观点,我们恰恰可以发掘出其中颇多的积极意义。正是基于这样的考量,笔者以地理环境决定论对生态文明建设的积极意义为题目,谈点初步的看法,以期待引起更多的学界同仁对这一问题的关注。

一、地理环境决定论观点概述

　　如果追根溯源,地理环境决定论的观点萌芽于古希腊时代。譬如希波克拉底就认为人类的特性产生于气候的影响;柏拉图也认为人类精神生活与海洋影

---

①　肖前等.历史唯物主义原理(修订本).北京:人民出版社,1991:70

响有关。公元前 4 世纪的亚里士多德更是断言：地理位置、气候、土壤等影响民族特性与社会性质。

　　作为一种系统的理论,地理环境决定论形成于近代。法国启蒙哲学家孟德斯鸠是最著名的代表人物。孟德斯鸠在其《论法的精神》一书中,将亚里士多德的论证扩展到不同气候的特殊性对各民族生理、心理、气质、宗教信仰、政治制度等的决定性作用,他认为"气候王国才是一切王国的第一位";"气候的影响是一切影响中最强有力的影响"。① 他举例说:热带地方通常为专制主义笼罩,温带形成强盛与自由之民族。地理环境决定论的另一个著名的代表人物是英国历史学家巴克尔。他在《英国文明的历史》一书中认为:个人和民族的特征服从于自然法则。他断言:气候、事物、土壤和地形是决定人类生活和文明发展的最重要的因素。②

　　可以肯定的是,主宰人类社会历史演变的是其固有的内在规律。马克思在其"《政治经济学批判》序言"中把这一规律深刻地理解为社会的生产方式。③ 因此,地理环境是社会发展的客观物质前提而不能上升为主导的或决定性的因素。就这一点而言,地理环境决定论是有其片面性的。一个显而易见的事实是,只有当人类社会活动与地理环境发生联系并能加以利用与改造时,才能显示其特性并对社会发展产生加速或延缓的影响。社会发展阶段越古老,人类对地理环境的依赖性越大。但是,说它是社会发展的决定性因素是不恰当的。事实上,即使在原始阶段,社会发展速度也并非与地理环境优越性程度成正比。马克思在《资本论》中就曾说过,封建社会之解体与资本主义的产生是一个合乎逻辑的过程,"并非自然的恩赐"。但马克思主义也必须承认的是,资本主义的发展也或多或少地受到地理环境的影响。譬如英国能够成为资本主义工业革命的发源地,与其所处的地理环境方便进行世界贸易之类的因素肯定是有关联性的。可见,地理环境与人类社会处于相互影响、相互制约之中。

二、地理环境虚无主义的批判

　　我们反对地理环境决定论,但是并不因此走向另一极端。事实上,19 世纪以来无视地理环境和随心所欲地践踏地理环境的地理环境虚无主义观点和行动已经给这个世界带来了不可弥补的损失。我们知道,科学不断进步,人类改造自

---

①　孟德斯鸠. 论法的精神(上册).北京:商务印书馆,1961:311
②　转引自肖前等.历史唯物主义原理(修订本).北京:人民出版社,1991:69—70
③　马克思恩格斯选集(2).北京:人民出版社,1972:82

然的能力越来越大,相应地自然环境对人类社会的作用就越来越小。于是,越来越多的人在看到地理环境决定论的片面性的同时,却完全否定了地理环境决定论的积极意义,甚至陷入"科学万能论"的认知误区。

其实,为了人类社会真正能有可持续发展的未来,我们应该深刻理解人与自然关系的真谛,应该认清"科学万能论"的危害。俄国著名的马克思主义者普列汉诺夫就曾意识到这一点。他承认知识就是力量,但是他告诫人不应盲目乐观,人类并非就不再受自然规律约束了,他指出:"随着历史的前进,自然和人类的关系越来越复杂。因此地理环境对社会的作用远不是更不重要了,相反是变得更大了。"①恩格斯更是早就强调指出:"我们不要过分陶醉于我们人类对自然的胜利。对于每一次这样的胜利,自然界都对我们进行报复。每一次胜利,在第一线都确实取得了我们预期的结果,但在第二线和第三线却有了完全不同的、出乎意料的影响,它常常把第一个结果重新消除。"②当前人类面临气候、生态、资源、能源等危机已证实了普列汉诺夫、恩格斯的远见卓识。

可见,我们必须反对过于依赖科学技术的作用而无视地理环境制约作用的地理环境虚无主义观点。这一观点在理论上是站不住脚的,它在实践上则是非常有害的。理念支配行动。从某种意义上我们可以说,正是因为我们有了错误的诸如科学万能论、地理环境虚无主义之类的观点,才导致了当今世界那么多的环境问题出现。也正是因此,主张环境保护主义思潮的绿色运动(Green Movement)从 20 世纪 70 年代开始很快便席卷了整个世界。绿色经济(Green Economic)的概念也方兴未艾。这显然是人类正确地对待人与自然环境关系的正确定位。

三、地理环境决定论对生态文明建设的积极意义

地理环境决定论对现代人重新思考人与自然环境关系的一个最重要启迪是,它让我们重新关注自然环境对现代社会的重要影响作用。这个影响作用在一定条件下甚至可能是第一位的、决定性的,因而也是至上性的。因此,现代人必须确立起高度自觉的自然环境保护意识。

正如有学者提出的那样,近代西方尤其是 16 世纪开始发展起来的自然观,在"人定胜天"、"征服自然"等戡天思想的支配下,一方面取得了巨大的物质文明成就,但是另一方面,随着工业文明的发达,生态平衡、环境污染、能源危机等令

---

① 转引自:张应杭.和谐社会的调节机制研究.北京:高等教育出版社,2008:68
② 马克思恩格斯选集(4).北京:人民出版社,1995:383—384

人忧虑的社会问题迭起。这无疑是破坏人与自然环境和谐的结果。① 其实，自然环境的可持续发展是经济社会可持续发展的自然基础。1992年在里约热内卢召开的联合国"环境与发展"大会上，180多个国家和地区的首脑就全球生态可持续发展的问题达成共识，与会各方签署了著名的《里约宣言》。这个《宣言》要求世界各国本着全球伙伴的精神，为保存、保护和恢复地球生态系统的完整性和可发展性进行合作，从思想和行动上朝着可持续发展的方向前进。这显然给笼罩在全球性生态危机下的现代人带来了希望。

然而，事实却远非人们所期望的那样乐观。1997年联合国召开特别大会，在检查生态可持续发展的执行情况时发现，无论是发达国家还是发展中国家，都未能充分履行它们就自然环境可持续发展所做出的承诺。这说明了一个基本的事实：保护自然环境的可持续发展尚未成为一种普遍让世人接受的价值观。也就是说，生态文明尚未如物质文明、政治文明、精神文明那样受到足够的重视。

因此，理念的转变至关重要。地理环境决定论的基本观点显然有助于我们形成关注自然、保护生态的基本理念。它启迪我们必须比以往任何时候都要关注人与自然的良性平衡，否则地球的资源和生态环境将难以承受经济社会的发展，人类生存和发展的能力也将无法得以持续地提升。

也就是说，全世界都要形成这样的理念：现代社会必须是环境友好型的社会。然而，工业文明以来，那仿佛魔法一般呼唤出来的财富欲望和享乐主义人生哲学在给现代人带来以往不可想象的物质享受和精神享乐的同时，也驱使人们不断陶醉于征服自然的喜悦中，驱使人们争先恐后地开发不可再生的自然环境，甚至驱使人们肆无忌惮地预支未来的自然资源。这可以说是今天环境问题迭起在人生理念层面上的根源。事实上，马克思很早就发现人类生产活动所带来的环境问题。他曾这样批评说："工业一方面聚集着社会的历史动力，另一方面破坏着人与土地之间的物质交换，也就是使人以衣食形式消费掉的土地的组成部分不能回到土地，从而破坏土地持久肥力的永恒的自然条件"，而且"越是以大工业作为自己发展的起点，这个破坏过程就越迅速"。因此，马克思憧憬这样的社会："联合起来的生产者，将合理地调节他们和自然之间的物质变换，把它置于他们的共同控制之下，而不让它作为盲目的力量来统治自己，靠消耗最小的力量，在最无愧于和最适合于他们的人类本性的条件下来进行这种物质交换。"②依据马克思的描述，人类还远没有达到这样的理想状态。

当今中国的自然环境问题也是异常严峻，生态问题正越来越影响着社会主

① 张应杭.和谐社会的调节机制研究.北京:高等教育出版社,2008:4
② 马克思恩格斯全集(3),北京:人民出版社,1956:23

义现代化建设的顺利推进。正是基于这样的现实语境,党的十八大才会把生态文明建设和美丽中国的建设提到了前所未有的战略高度。这个充分体现生态文明的美丽中国建设目标,具体可以归结为环境友好型社会的建设。美丽中国的建设要求在全社会形成有利于保护自然环境的生产方式、生活方式和思想观念意识;美丽中国的建设更强调将确保有利于自然环境的经济发展模式、社会行为、政治制度、科技支撑和文化纳入到科学发展的整体框架下。从政府层面来讲,要用科学发展观统领经济社会发展全局,要确立正确的政绩观和建立健全的、有利于环境友好的决策体系,包括政绩考核制度、绿色国民经济核算制度、战略环境评价制度和公众参与制度。它必须将发展过程中的资源消耗、环境损失和环境效益纳入经济发展的评价体系。它还将积极支持和引导各种民间的环保组织,使其成为建设环境友好型社会的重要力量。只有确立起这样的理念,美丽中国建设的目标才有可能实现。

四、结 论

目前流行的教科书往往把地理环境决定论归入唯心史观。[①] 其实,它恰恰颇为看重地理环境这一"物"对人类社会的重要作用。因此,它应该是属于唯物史观(或者说朴素唯物史观)的范畴之内。而且,21世纪人类社会的实践发展将证明,自然环境对社会的影响作用将会越来越大。这一点将不以任何人的意志为转移。培植对自然的敬畏之心,形成高度自觉的生态文明意识,恰恰是人类得以持续发展的认知与价值论前提。这也可以说是地理环境决定论对我们最重要的智慧启迪。

【作者简介】 黄加应 丽水学院附属高中高级教师
浙江 丽水 323000

---

① 肖前等.历史唯物主义原理(修订本).北京:人民出版社,1991:70

绿色崛起、科学跨越：丽水经济社会发展的必由之路

汪建云

【摘　要】　党的十八大把建设"美丽中国"作为生态文明建设的总目标。丽水把经济社会发展的思路定位为"绿色崛起,科学跨越"无疑是实现这一战略目标的积极尝试。丽水应该在充分发挥地方特色和优势的过程中,坚持提升生态建设,坚持发展旅游经济,坚持以绿色产业为引导转变经济发展方式。

【关键词】　丽水　绿色崛起　科学跨越　社会发展

中国共产党的第十八次全国代表大会在其《政治报告》中明确提出了生态文明建设的战略任务,并从战略的高度提出了"美丽中国"建设的总体目标。作为对这一战略目标的一种积极回应,中共丽水市委提出丽水经济社会发展"绿色崛起,科学跨越"的战略总要求。这是寻求经济社会可持续发展、尽快实现丽水崛起的目标,也是践行科学发展观,加速发展之策,更是推动"十二五"期间全市经济、政治、文化、社会以及生态全面协调可持续发展的必由之路。

一、丽水"绿色崛起,科学跨越"的提出及认识

绿色崛起,是具有区域特色的科学发展模式,是丽水发展的基本路径。其前提是保护生态,核心是经济崛起,支撑是文化建设,基础是社会建设,保障是政治建设,以最小的资源代价获得最大的经济社会效益,推动丽水在青山绿水中异军突起,跨越发展。

回顾丽水绿色崛起的提出,经历了三个标志性的发展阶段:

第一阶段："生态立市，绿色兴市"的提出。2000年丽水撤地设市开局之际，市委、市政府在大量科学考察、调研的基础上，在中共丽水市第一次代表大会上提出"生态立市、绿色兴市"的发展战略，坚持走生态效益型经济发展之路。

第二阶段："三市并举"战略的提出。2003年底，丽水市委一届十次全会正式确立"三市并举"发展战略，即生态立市、工业强市，绿色兴市。"生态立市"贯穿加快丽水发展的全过程。2008年2月底，丽水市又明确提出了建设生态文明的总目标、总任务、总要求，在全国率先编制实施《丽水市生态文明建设纲要（2008—2020）》，并于市委二届九次全会通过。《纲要》计划以"三步走"的形式，力争到2020年与全省基本实现现代化同步，建设一个人与自然、人与人、人与社会和谐相处，富强、民主、文明、和谐的新丽水。

第三阶段："绿色崛起，科学跨越"的提出。2010年，市二届人大常委会第四十一次会议上，一致通过了《丽水市人大常委会关于加快推进我市生态文明建设的决定》（草案），将市委的生态文明建设意图和主张，通过法定程序转化为地方人民意志，推动丽水生态文明建设由先行区向示范区跨越。2012年春天，即将召开丽水市第三次党代会。这次会议的一个重要议题就是动员全市各级党组织和广大党员干部、人民群众，深入贯彻落实科学发展观，加快转变经济发展方式，在新的起点上迈出丽水科学跨越，绿色崛起，建设"富饶秀美，和谐安康"新丽水的步伐。在这里，科学跨越是统领，全面小康社会和现代化建设是目标，而绿色崛起既是崛起方式，也是实现目标的主要手段。

为此，笔者认为，丽水"绿色崛起，科学跨越"的核心思想为：以生态经济为中心，人民幸福为灵魂，友好环境为基础，把丽水丰富的自然资源、良好生态环境和深厚的文化底蕴，转化为具有重大社会价值和经济效益的生态要求和资本，推动丽水经济社会在绿水青山中特色竞争，错位发展。

二、丽水"绿色崛起，科学跨越"的优势

丽水地处浙江省西南部，北接长三角经济区、西纳海西经济区。特别是绿色经济、低碳经济和新兴产业的迅速崛起，使丽水区位条件和开放空间得到了极大改善，以及丰富的资源优势，生态优势，丽水绿色崛起有着明显的优势和广阔的前景。

1.绿色崛起有着区域自然环境和支柱产业的基础

丽水是长三角经济区的一员，也是海西经济区的合作城市之一，独具两个经济区结合部的区位优势。丽水境内铁路贯穿，高速公路网基本形成，为丽水融入海西核心区块提供了便捷的通道。丽水具有悠久的历史和璀璨的文化，独特的

自然环境，形成了具有区域特色的文化——瓯江文化。同时丽水的物质文化遗产和非物质文化遗产相当丰富，位居全省前列。

丽水森林、水能、矿产、野生动物等生态资源的总量居全省首位，森林覆盖率达到80.79％，林木绿化率达到81.62％，林木蓄积量占全省的25％。作为浙江省首个国家级生态示范区，丽水市所属9个县（市、区）生态环境质量全部进入全国前50位，其中4个县进入全国前10位，庆元县荣居全国第一。2006年4月，丽水市在省级媒体上打出"中国生态第一市"的品牌宣传。2011年7月在中央电视台播出"秀山丽水，养生福地"旅游形象宣传片；华东地区最大的天然"氧吧"；全国第一个地级市综合性的"中国民间艺术之乡"、"中国摄影之乡"……美誉接踵而至。生态的丽水，开放的丽水，也为旅游业发展、农产品促销增添了无限的魅力。到中国生态第一市享受森林休闲游，已成为长三角都市人的时髦选择。产自丽水的绿色、无公害、有机农副产品，成为长三角市民热捧的佳品。将生态资源转化为生态资本、将生态优势转化为经济优势，发展绿色产业，拉长绿色产业链，提高农产品的附加值，实现农业单一的生产功能与文化功能、经济功能的融合，实现跨越发展，九县市都有着强势的产业基础。

2. 绿色崛起有着量的积淀和扩张

丽水紧紧抓住战略机遇，积极顺应国家政策导向和市场需求，狠抓固定资产投资和重大产业项目推进，狠抓平台建设和空间拓展，推动经济持续健康快速发展。2011年全市实现地区生产总值770亿元，年均增长12.9％；实现财政总收入和地方财政收入100亿元和55.5亿元，分别是2004年的3.8倍和3.4倍；实现工业总产值1650亿元，七年平均年增长24％，"工业强市"战略取得重大成效。完善重点工程建设、督查、考核机制，累计完成固定资产投资1542亿元，"两龙"高速、台金高速缙云段、滩坑电站、市体育中心、市文化艺术中心、滨江景观带工程等一批基础性、功能性、民生性项目建成投入使用，全面改善了区域投资环境。大力发展现代服务业和休闲旅游业，累计建成14个4A级景区，旅游产业发展速度跃居全省前列。

3. 绿色崛起有着规模、气场效应

丽水成功创建中国优秀旅游城市，国际休闲养生城市和省级环保模范城市、园林城市、森林城市，"秀山丽水、养生福地"品牌逐步打响。调整修编城市总体规划，优化城镇体系布局，促进中心城市、小城市和中心镇均衡发展，全市城市化率从2004年的39.1％提高到2010年的48.4％。认真落实省委、省政府关于扶持欠发达地区加快发展的政策意见，扎实推进农民异地转移、农村危旧房改造、低收入农户奔小康、"美丽乡村"创建工程，抓好抓实特扶项目的实施，农业现代化、产业化步伐不断加快，新农村建设成效显著，统筹发展迈上新台阶。

4.科学跨越是丽水发展本质要求和核心任务

计划经济年代，由于历史、区域、备战等因素，造成丽水经济总量不大，与发达地区相比，有较大的差距。市场经济的竞争性特点决定：丽水要在竞争中立于不败之地，要成为浙江经济新的增长点，要与全省同步基本实现现代化，要坚持速度与质量统一、富民与强市统一，就必须超常规发展、错位发展、绿色发展、特色发展。而科学跨越正是丽水发展的必然选择、本质要求和核心任务。

三、"三个坚持"促丽水绿色崛起、科学跨越

市场经济的不确定性决定了我们必须扬长避短，有自己的生态品牌；市场经济的竞争性决定了我们必须超常规发展。绿色崛起、科学跨越是当下丽水经济社会发展的必由之路。"绿色崛起、科学跨越"就是发展绿色生产力，培育新的经济增长点，就是始终贯彻落实科学发展观，坚持把经济社会发展的着力点放在全面协调可持续发展上，放在增进人民群众的福祉上，努力做到经济发展速度较快、经济效益较好、资源能源利用率较高、城乡发展较均衡、人与自然关系较协调，促进社会和谐。"绿色崛起、科学跨越"是"补课"和"赶趟"的统一，是丽水人民住有安全、活有幸福、干有成就、走有自豪的统一，是丽水物质文明、社会文明、生态文明的统一。

1.坚持提升生态建设

一是落实省委、省政府"生态浙江"、"山上浙江"的发展战略，为把丽水建设成为浙江生态屏障，全面植树造林，建设更好的生态环境。生态资源本身的珍贵性、脆弱性和恢复周期长的特征，决定了我们工作的艰巨性和长期性。要正确处理好眼前利益和长远利益、保护与开发的关系，以科学规划为指导，以人民代表大会决定为保障、以完善机制增活力，立足全市，争取外援，努力形成全社会共同参与文化生态建设新格局。二是保护水土和耕地，如瓯江、南明湖等。三是发展生态经济，提高农业经济效益。如优化农业产业结构，建设农产品基地，培育加工流通企业。鼓励和支持企业参与绿色产品开发研究，丰富产品种类，提高农产品附加值。深入挖掘绿色文化内涵，传承、创新和展示体现丽水特色的多形式的绿色文化产品，不断延伸绿色产业链。

2.坚持发展旅游经济

"十二五"期间，旅游作为我市主导产业，必须加大发展。一是坚持可持续发展，把保护生态环境放在首位。推进由门票经济向产业经济转变、由资源竞争向文化竞争转变、由观光旅游向休闲度假旅游转变，是推进旅游业转型升级的关键所在。实现这一目标，才能全面提升旅游业对区域经济的带动能力，使其真正成

为拉动区域经济快速增长的"火车头"。二是立足区域资源,开发做好"红色、绿色、古色"的旅游品牌。深入实施品牌战略,积极开展国家5A级景区、国家级旅游标准化示范县创建活动,全面促进丽水旅游上档次、上水平,努力跻身全国著名旅游品牌第一方阵。三是加大宣传力度,完善管理措施。全方位开展品牌宣传和市场营销,组织好"休闲观光农业魅力乡村"等旅游节庆活动,使丽水成为乡村民俗文化展示窗口和竞技平台。借助中央电视台等高端媒体进行宣传,注重拓展海外市场,让更高层次、更大范围的游客走进丽水、欣赏丽水、感受丽水、享受丽水;让丽水走向中国、走向世界!

3.坚持转变经济发展方式

绿色崛起的关键是实现绿色产业的崛起。在经济结构调整、产业转型升级的过程中,必须毫不犹豫地"引进一批、提升一批、淘汰一批",实施战略工程。具体有以下几点建议:

(1)走内涵式发展道路,加快传统企业改造、提升和新园区建设,指导激励企业创新。(2)在原有基础之上,积极培育、发展一批拥有基础优势、符合发展趋势、具备发力态势的绿色产业。加快发展循环经济,推进节能减排,大力发展生态循环农业,发展低碳经济。(3)因地制宜,实施专业化区域分工,特色发展。(4)加快发展现代服务业,提高服务业在全市经济总量中的比重,优化服务业内结构,实施"三次产业融合工程",放宽民间准入门槛,吸引资本、技术,更好、更规范地投向现代服务部门。

笔者认为,"绿色崛起、科学跨越"离不开丽水人民的积极性和创造性。必须大力推动全民创业创新,大力发扬丽水浙商的优良传统,营造浓厚的创业氛围,将蕴藏在人民群众中的发展愿望和创业需求,转化为生动的创业实践。积极落实各项政策措施,进一步激活各类创业主体,支持经营管理和科技人员领头创业,吸引外出务工经商人员返乡创业,扶持下岗待业人员自主创业,鼓励高校毕业生自立创业,推动广大农民致富创业,激励各级干部在促进丽水发展中干出一番事业,为建设"富饶秀美、和谐安康"的新丽水而共同奋斗!

【作者简介】 汪建云 丽水职业技术学院教授
浙江 丽水 323000

试论《南方周末》评论员的导向作用

程 晨

【摘　要】《南方周末》是一份具有权威性的纸媒媒体，其中的评论版颇受好评。本文将主要阐述《南方周末》那些优秀评论员有哪些独特的品质与特点，以及论述他们是如何引导社会舆论的。

【关键词】　南方周末　评论员　导向

《南方周末》是南方日报报业集团于 1984 年创刊的一份综合性城市周报。作为报纸改革的"试验田"，创刊以来逐渐形成了"反映社会，服务改革，贴近生活，激浊扬清"的独特风格，并以"彰显爱心，维护正义，坚守良知"赢得了众多读者的青睐。[①]《南方周末》随着改革开放一起成长。80 年代末，报纸开始转变风格，将目光扩大到舆论监督、法治精神、人文精神启蒙等，此后这些内容成为了《南方周末》的主要内容。《南方周末》较早地开设了专门版面用于舆论监督，其内容以快捷、客观、关注社会底层为特点深受读者欢迎，成为《南方周末》的主要特色和主打内容之一。90 年代中后期，《南方周末》被认为是媒介舆论监督最成功的典范，"一纸风行"，跻身全国主流报纸行列，在读者心中确立了严肃大报的地位，美誉度与公信力有目共睹。[②]

---

① 李艳培.《南方周末》"自由谈"谈了什么——对《南方周末》价值取向的思考.硕士学位论文,华中师范大学,2009

② 李艳培.《南方周末》"自由谈"谈了什么——对《南方周末》价值取向的思考.硕士学位论文,华中师范大学,2009

　　新闻评论是最能反映一个时代的社会精神面貌与气质的,它甚至可以说是整个社会中最敏感的那根神经。① 新闻评论具有释疑解惑、研究社会问题,针砭时弊、促进社会进步,提供讲坛、增强公民参与意识,及宣传鼓动、配合中心工作等重要作用。② 作为读者"最喜爱阅读"、"最具品牌的报纸"和"中国深具公信力的严肃大报和发行量最大的新闻周报",《南方周末》在新闻评论上做得出类拔萃。一期四大整版的评论规模,是国内报业的第一家。"形式的一时更新、多元,未必代表我们马上能为你提供更有价值的内容,但我们会一直尽心,一如既往地秉着本报'正义、爱心、良知、理性'的信念,杜绝一切傲慢与偏见,以周报所长,为你筑起一方中国的意见高地。"③

　　毫无疑问,《南方周末》在当今纸媒中的影响力不言而喻,其中评论版为内地新闻评论树立了一个典范。那些评论员动用自己的笔墨,发出自己的声音,利用自己的力量,为舆论监督、社会舆论导向做出了积极而可贵的贡献。

一、《南方周末》评论员概述

　　《南方周末》的评论员们用他们最擅长的方式——文字,谱写出一篇又一篇针砭时弊的文章。他们代表大众监督政府,他们替大众发声,同时,他们又影响着社会舆论的导向。他们利用自己的知识、学识、常识为大众提供一个正确的舆论导向。

　　众所周知,《南方周末》有一批优秀的且敢于说真话、勇于说真话的报社评论员,如鄢烈山、郭光东、史哲、戴志勇、李铁等等。④《南方周末》记者陈明洋在《你必须抚摸他们,他们是中国跳脱的心》中提到,我一直说,来《南方周末》的人,多少有点别有抱负。这些人,往大里说,胸怀理想,心忧天下,距稻粱之谋远,离家国情怀近,铁肩担道义,妙手著文章;往小里说,他们不过是说点真话,说点实话,不过是我手写我见,我口说我心,不过是在新闻这样一个岗位上,在中国特色的巨大转型中,尽一点新闻人应尽的责任而已。这批评论员似乎正在用锋利的笔尖、掷地有声的真话,试图让国内社会变得不那么一样。

---

① 柳珊.当代新闻评论.上海:复旦大学出版社,2007,自序
② 赵振宇.现代新闻评论.武汉:武汉大学出版社,2005:61
③ 编辑部文章.南方周末,2007-6-20
④ 当然,提到《南方周末》评论员一定不能少了2011年3月底左右离开《南方周末》的前高级评论员笑蜀。由于笑蜀在《南方周末》的名气以及影响力较大《南方周末》至今被封为高级评论员的只有鄢烈山和笑蜀),本文依旧把他列为《南方周末》的评论员之一。

二、《南方周末》评论员的特点

研究分析《南方周末》评论员们的博客、微博、文章等文字资料,大致把他们的特点分为五点,分别是:

(一)他们是理性的知识分子

毋庸置疑,评论员是接受过高等教育并且对事物现象有自己见解的知识分子。譬如鄢烈山毕业于北京师范大学中文系,笑蜀毕业于中山大学历史系。当然,评价《南方周末》评论员还得加个"理性"的前缀。他们用自己的学识为大众打造一个理性的评论空间。《南方周末》的评论版有个王牌栏目叫做"方舟评论",与其他媒体的评论文章相比,"方舟评论"更喜欢站在批判的立场上,通过理性的分析,严谨的思考,指出新闻事件背后存在的问题和不足,以及由此引发的更深层次的思考。①

鄢烈山和笑蜀都曾被《南方人物周刊》评为"影响中国的公共知识分子50人"之一。可见,他们都是具有学术背景和专业素质的知识者,是对社会进言并参与公共事务的行动者,是具有批判精神和道义担当的理想者。

2011年广东佛山的"小悦悦"事件牵动全国上下千万人民的心。评论员戴志勇于2011年10月20日在"方舟评论"上发表了《省察我们的灵魂,让善意充实内心》,他提到,一个良好的社会,还必须建立起善恶有报的激励机制,譬如某种奖励与救助基金,以爱来唤醒爱,传递爱。社会需要鼓励那些舍弃自己的幸福为公益尽力的人,不惧牺牲为民请命的人。而这样的鼓励机制,并不能从天上掉下来,它也只能依靠人心光明的一面,依靠让你活也得让我活的共赢思维,才能慢慢建立。在一个传统价值被颠覆,而新的价值却又付诸阙如的时代,省察灵魂,检讨现实,只能从你我自己的内心开始。文章理性地分析到社会政府需要激励机制,但是更重要的是民众自身的内心省察。文章并没有一味地讨伐政府应承担的责任,而是从人性的角度出发,呼吁人们多点善意,多点爱。

纵观近现代历史,邹韬奋、史量才、林白水等知识分子都是用自己手中那支理性的笔为民众谱写真实的当下社会。

(二)他们是独立、自由的追求者

笑蜀坚守独立、中道、平和、理性的立场,"方舟评论"因他以及一批优秀的同

---

① 徐莉.《南方周末》评论栏目"方舟评论"特色分析.内蒙古农业大学学报(社会科学版),2010(6)

仁而被广泛视为《南方周末》的标志性声音。但是 2011 年 3 月底笑蜀面临被解职的境况。他曾于 3 月 29 日发表了一篇微博，内容为：面对最广大的中间地带，权力乐不乐见就无须太在意，别指望我因权力之怒而改变，放弃独立中道平和理性。当然，中间地带也包括属于权力体系但愿意倾听的个人，我欢迎他们以个人身份讨论问题，并不以体制划线。他不愿意为权力而改变自己，主张言论自由，持着个人自由发展、自由表现的看法。28 日的微博内容就是：我至少是自由的，生计也当不成问题。虽然不可免会有一阵子难过，但会很快恢复。我不是受难者，不是英雄，也不想做烈士，谢谢各位兄弟厚爱，但我不该受到那么多关注。一个优秀的时评家就这样离开《南方周末》了。

近现代史上，邵飘萍曾因为捍卫言论自由，不肯同黑暗势力妥协，那些旗帜鲜明的评论甚至为他带来了杀身之祸。还有留给世人的"韬奋精神"，新闻界人士认为，邹韬奋的文章从来不畏权势，勇于一贯地讲真话，他批评时弊不怕得罪人，力主言论自由的精神就是韬奋精神。

他们都对社会舆论产生了巨大的影响，但也因对独立、自由的追求而面临困境。

（三）他们是客观的媒体人

《南方周末》评论版因为其开放的思路、独特的视角、客观公正的深度报道而为人称道。评论员们都秉持着媒体人应有的客观公正的态度，希望能用文字给受众一个最接近事物真相的报道。

在《南方周末》2009 年 2 月 12 日的"方舟评论"栏目中发表了这样一篇文字《扔温总理的那只鞋有多重？》。文章针对 2 月 2 日温家宝总理在剑桥大学演讲时遭到"鞋袭"事件后，一些网民发表了许多过激的言论。据报道，一些身在英国的留学生还一度准备发动对于扔鞋者的"人肉搜索"，并上街举行请愿示威。针对这样一些拥护者甚众的言论，这篇文章做出了理性而客观的分析，文章中作者提出了一些为读者所忽略的问题，譬如剑桥大学对于每一个入场者进行了两次安检，剑桥大学的校长全程陪伴等细节。同时作者还做了形象的比喻：好比你去一个主人家做客，主人热情款待，但主人家的小孩却调皮把饮料洒在了你的身上，作为访客又怎么会归咎于主人的不负责任。[1] 就是这样客观公正的评论有效地化解了可能形成的舆论危机，有效地将舆论引向了正常的轨道。

---

① 徐文婷. 论新闻评论的舆论监督功能——以《南方周末》2009 年上半年评论版为例. 大众商务（下半月），2009(8)

（四）他们是有责任感的平民代表

《南方周末》的言论内容选择注重贴近生活，以近切入，内容大多是人们所从事的、所关心的、与人们关系密切的事情。[①]"方舟评论"始终关注普通人的生活境遇和发展要求。其评论之剑经常指向平常百姓的平常故事和平常情感，通过为弱势群体代言来引发广大读者的情感共振与心理共鸣。平民立场，理性思考的社会责任感，彰显出媒体浓厚的人文关怀。[②]

2011年11月17日，评论员令狐补充在"周末茶座"发表一篇《谁能别闹电荒谁来干》的评论，抓住"电"这个平常百姓关心的话题，用贴近生活的语言，替大众表达疑惑，发出内心深处的心声。文章开门见山：在第三次中国能源高层论坛上，中电国际董事长李小琳宣称，今后区域性的结构性"电荒"将成常态。我听了不禁发愣，这算什么话？究竟是在为电价上涨造势，还是在逼宫伸手要补贴？反正身为电力用户，我深感不爽。

他们用自己的社会责任感，敏锐的新闻触觉，在《南方周末》这个强有力的媒体平台上，为广大的普通民众说话，说出他们不敢说的话，说出他们心里的疑问，说出他们的心声。

（五）他们是社会舆论的导向者

都说媒体要承担社会责任，把握好舆论导向。作为一份发行量大、发行范围广的大报，《南方周末》评论版在社会舆论导向上的作用功不可没。

中国目前正处于社会转型期，政治上：政府权力在扩张，政治制度面临着改革的考验；经济上：一方面，经济在迅速发展，另一方面，经济发展过程中无可避免地呈现出利益主体多元化、利益差距扩大化等特点。面对这种情势，如何更好地转变政府的职能，更好地为百姓服务；如何有效遏制转型期间经济发展的不利趋势，防止社会心理普遍失衡，成为"方舟评论"每天都在思考的问题，它担当着时政声音的传话筒，成为舆论监督的理性力量，不同于一般的新闻舆论监督，这是建设性的监督力量，对正确引导民意，为政府提供决策参考都具有相当重要的现实意义。[③]《南方周末》评论版有如此重要的舆论导向作用，评论员的重要性不言而喻。

就是这批敢于说真话的评论员承担起了社会舆论导向者的责任。他们引导

---

① 邹文曦，蔡明明，鞠文娟.从与《周末》比较中看《南方周末》的言论版.语文学刊，2007(9)
② 徐莉.《南方周末》评论栏目"方舟评论"特色分析.内蒙古农业大学学报(社会科学版)，2010(6)
③ 徐莉.《南方周末》评论栏目"方舟评论"特色分析.内蒙古农业大学学报(社会科学版)，2010(6)

舆论,进行舆论监督,他们是社会的观察者,也是监督者。

三、《南方周末》评论员在舆论界的导向作用

《南方周末》评论员对社会舆论的导向作用分别体现在对新闻事件、对社会大众以及对思想界上。

1.对新闻事件的导向作用

新闻评论的独立品格包括在思想上与行动上敢为人先、坚持批判怀疑态度、勇于承担社会责任、保持独特个性等。新闻评论是报纸舆论倾向最强的新闻作品,它标志着一家报纸的立场和态度,历来被人们看做是报纸的"旗帜"和"灵魂",因此也是报纸独立品格最好的体现。新闻评论需要有责任意识,不仅有批判性,也力求有建设性,在政府和公众间架起一座良性互动、积极沟通的桥梁。有责任意识的评论绝不会讽刺挖苦、冷嘲热讽地评判一件事情,充当道德审判和媒介审判的角色,而是提供解决的途径和思路,正确引导舆论,及时疏导民意,使之走向理性和法治。①

评论员扎根《南方周末》,利用这个最具有权威性的纸媒力量,对新闻事件进行理性、客观、公正的分析述评,从而对其产生一定的影响。

2011年7月23日,动车在温州追尾,上演了中国高铁发展中最惨烈的一次事故。评论员陈斌在"方舟评论"中发表一篇名为《告别畸形的"跨越式发展"》的评论,对铁道部的救援工作产生质疑:营救是当务之急,但灾祸发生后不到8小时,即宣告"车厢内已没生命体征"、救援结束,然后切割车厢,让人费解。我们不知道黄金救援时间应该是多久,但在铁道部宣布停止救援之后,却仍然发现有生命幸存,就让人不得不质疑停止的草率。尽快通车当然重要,但更重要的理应是对生命的敬畏,难道连事故处置也是"跨越式"的? 并提醒政府:是该从"跨越式发展"迷思中醒来了。缺乏有效制约的垄断部门,很难科学决策。政绩冲动之下,可能带来不可预知的巨大风险。正视中国经济中的政企合一、一家独大等缺陷,正视公共治理的滞后,才能开启生产力第二次大解放之门。

评论发出后,在社会上产生一定的反响。大家开始从各个角度反思这次动车追尾事故,有反思"跨越式"发展的,有反思高科技运用状况的,有反思救援工作不到位的,有反思铁道部发言人的,有反思群众献爱心的,等等。评论员的文章也因为大众的反思以及事件趋好发展发挥了其应有的功效。

评论员用自己的力量向公众展示一个真实的新闻事件原貌,并引导大众对

---

① 黄欢.浅谈新闻评论中的独立品格——以《南方都市报》一组社论为例.新闻知识,2011(7)

事件的反思,从而一定程度上引起社会舆论,与大众一起行使社会监督的权利。

2. 对大众的导向作用

除了对阅读《南方周末》的受众导向作用以外,评论员还对网民以及青年一代有一定的影响。他们通过自己的力量,影响大众的舆论导向,同时也为大众提供一些深入的思维方式,从而提升大众的思维能力。

一方面,随着新媒体的发展,评论员们也不可避免地加入到这个浪潮中。他们除了《南方周末》这个平台外,还能通过自己的博客、微博等发表自己的想法。笑蜀在新浪微博的粉丝有 32 万,至今已发表并转发了近 5000 条微博。微博上的他依旧坚持独立中道平和理性原则。韩寒在 2012 年 1 月 8 日的时候发表了一篇名为《我的 2011》的博文,在知识界引起一场讨论。笑蜀 9 号凌晨发表了自己的看法:韩寒想得通透,但种种原因,说得并不通透。我理解他的意思,无非不愿做民主控而已,很正常,很正常。无论如何,只要坚持自由的梦想,一切和自己工作有关的自由,都依照宪法不停地要,要到对方想逃;只要坚持无推动,无变革,在我看来,就足够了。那些欢呼他决裂的人,终归是自作多情。他明确表示,韩寒观点很粗糙,很多我不能同意。但我最同意他的,是他敢挑战体制外的政治正确。

这就是在网络中的评论员,敢说、敢言。他们会把对一件事情或者一个事物的看法都用文字表达出来,引领大众深入理解其中的内涵。他们也会和网民互动,转发网民的观点,回复网民的留言等。他们通过微博、博客等新媒体影响网民,从而起到舆论导向的作用。

另一方面,他们也会走进高校,和当今大学生进行面对面交流,和他们一起探讨问题,给他们解答心中的疑惑。曾经在网上看到一个网友在听了笑蜀的讲座之后发表了很深的感慨:真是听君一席话,胜读十年书。听完之后他的言语一直在我脑海激荡。这些日子经常看关于人文、社会这方面的文章、博客,各种思想杂居在我脑海里,不断碰撞,今晚可以说终于理清了,并且有了明确的观点——这个社会弊端确实存在而且不少,大众对社会或国家或执政党或政府的批评谩骂已经成为一种潮流,但其实这些弊端凡是有公共关怀者都早就清楚的,"骂"是骂不出个新中国的,社会需要的是信心、温暖、爱,我们应在绝望中发现希望!

年轻一代相对而言容易激进,确实需要评论员这样角色的人给他们引导方向,而《南方周末》的部分评论员也确实做到了。

3. 对思想界的导向作用

评论员一般都接受过高等教育,并且对事物都有自己独立的思考,相对而言,他们对自由、民主等思想层面上的探讨比较多。

　　韩寒在新年前后发表了《谈革命》、《说民主》、《要自由》及《我的 2011 年》四篇博文。笑蜀对此进行了自己的解读,他认为这四篇博文无论角度怎样都不同,其主题归根结底只有一个,那就是独立。他得出的结论是:别人都是靠不住的,靠得住的,唯有你自己。转型是每个人的自我救赎,像韩寒那样,从自己开始争取公民权利吧。你自己不争取,这世上没谁会为你争取。而如果每个人都开始争取自己的公民权利,即争取自己为自己做主的权利,革命自在其中,民主也自在其中。

　　鄢烈山在 2011 年 11 月 22 日发布了一篇名为《从"三妈的"考察言论自由的边界》的博文,他认为,言论自由的边界是个同心圆,不同家庭可有不同的尺度(成文不成文的家规),不同的组织有不同的标准(宗教团体的戒律,政党的党纪,单位的制度,企业的"文化"),不同的行业有不同的职业伦理(如教师为人师表的道德规范,服务行业对顾客的礼仪),"明显而即刻的危险"作为言论自由的"边界",那只是适用所有社会成员的最大的最外边那一个"圆圈"——刑法!

　　就是这样,评论员们不断在网络上交锋,碰撞出灿烂的火花,你一言我一语,共同为促进思想界更好地发展而做出一定的贡献。一方面,评论员把自己的见解和大众分享,并与其他知识分子进行交流探讨,从而促进思想界的提升;另一方面,他们用自己的学识引导大众思考,使得大众可以从各个不同的角度思考问题,从而提升自己的思维能力。

　　《南方周末》评论员一方面利用《南方周末》这个平台,通过评论文章引导读者的舆论导向;另一方面,他们利用网络新媒体,从不同的角度解读事物,发表自己的言论,和网民交流互动,引导网民的舆论导向。

【作者简介】　程　晨　浙江大学思想政治教学科研部马克思主义基本原理
　　　　　　　　2011 级硕士研究生
　　　　　　　　浙江 杭州 310028

试论茅以升的工程爱国思想*

徐炎章　王　洁

【摘　要】　茅以升是我国著名工程学家,近代桥梁工程学奠基人。作为具有强烈工程爱国思想的科学家,他奋斗终生,献身于我国工程桥梁事业。茅以升工程爱国思想的形成有其深刻的家庭背景和社会历史原因;工程爱国思想贯穿于他的一生,建造钱塘江大桥的历史就是一部建桥报国、炸桥救国和修桥兴国的历史。茅以升的工程爱国思想,对于弘扬中华民族优秀文化传统,对于中华民族的伟大复兴事业,具有重要的现实意义和历史价值。

【关键词】　茅以升　钱塘江大桥　工程爱国思想

中华民族的爱国主义传统源远流长。几千年来,爱国主义传统铸就了中华民族的崇高品格,培育了无数爱国志士、民族英雄和杰出人物,造就了千千万万中华民族的脊梁。茅以升在《中国杰出的爱国工程师——詹天佑》一文中指出,我国科学技术界和广大人民,以景仰和自豪的心情,纪念他建成了第一条完全由中国工程技术人员设计、施工的铁路干线——京张铁路,更纪念他蔑视帝国主义,发愤图强,自力更生的爱国主义精神。① 作为将爱国思想融入工程实践的桥梁工程师,茅以升也正是这样做的。在抗日战争的烽火岁月中,他主持设计并组织建造了钱塘江大桥,在中国桥梁工程史上树立了一座不朽的丰碑。钱塘江大桥的兴建、炸断和修复这一段跌宕曲折的历史,昭示了茅以升"国家有难,匹夫有责"的工程爱国思想,敢为天下先的工程创新精神。这正是伟大的中华民族新崛起的动力所在。

*　此文为国家教育部人文社科研究项目"茅以升的工程思想研究"(09YJA720031)研究成果。
①　茅以升.彼此的抵达.天津:百花文艺出版社,2009:295

本文拟对茅以升的工程爱国思想作一初步探讨：分析茅以升工程爱国思想形成的渊源；揭示爱国主义是他在工程领域卓有建树的最强大动力；概括茅以升工程爱国思想的主要特点并思考它对于中华民族伟大复兴的现实意义和历史价值。

一、茅以升爱国思想形成的社会历史原因

爱国主义是中华民族源远流长的传统美德，茅以升自幼深受中国传统文化的影响。根植于中华大地的自强自立精神，是萌发他爱国思想的基础和起点。探究茅以升作为一名成长在国难时期的少年，如何在国家生死存亡的危难背景下，形成并确立爱国主义的立场和品格，应考虑多方面因素的共同作用。

（一）茅以升爱国思想形成的家庭条件

1.茅氏家族深厚的爱国思想积淀

茅以升祖籍江苏镇江，出身书香门第，自幼受祖父、父母爱国思想熏陶。祖父茅谦为举人。他中举那年，恰逢中日甲午战争爆发，中国被小小的"东夷"所打败，举国上下异常耻辱。茅谦中举的兴奋荡然无存，他陷入痛苦的反思：我中华到底出了什么毛病？他去京城参加进士会考，追随康有为、梁启超"公车上书"。据他二儿子茅乃封的回忆文章所说，"公车上书"中的很多条款是茅谦起草的。茅谦广交朋友，与谭嗣同为莫逆之交。他思想进步，一辈子为强国梦而奋斗。

其父茅乃登是长子，从小跟随茅谦学习四书五经，中过秀才。他自幼受父亲熏陶，有很深的学问功底。他受维新思想影响，思想进步，痛恨腐败的清朝政府。他做过《中外日报》和《申报》记者，任过书局编辑，当过国文教员。之后加入新军，参与了光复南京的行动，并写有《辛亥光复南京记事》。辛亥革命成功后，茅乃登曾担任南京卫成总统府秘书长。茅以升晚年回忆说："由于祖父和父亲的影响，我在年幼时便萌发了反帝反封建的思想，并且逐渐树立起振兴中华的志向。"①

2.少年时代所接受的教育和经历

茅以升9岁那年端午节，秦淮河上闹龙舟，文德桥上观众拥挤，桥栏压断，多人落水，有人因此被淹死。这使童年的茅以升十分震动。他默默地思考：人太多就会把一座桥挤塌，为什么人们不建一座挤不塌的桥呢？桥能让人过河，当然是好事，但是倘若桥造得不好，引起灾难，那么有桥反而不如无桥了。此事不仅引

---

① 茅以升.当我年轻的时候.孙中山先生给我的启示.天津：天津人民出版社，1985：98

发了茅以升的好奇心,而且激发了他长大后要造桥的志向。

茅以升上新学校后,祖父担心他忘记古文,疏懒毛笔字,一有时间就督促孙子学习。儿时所受到的中华传统文化教育影响了茅以升的一生,所打下古文坚实的底子使他日后受益匪浅。他选学桥梁工程专业,与祖父有很大关系。晚年茅以升孜孜不倦埋首中国古代桥梁技术史研究,写下很多妙笔生花的桥话、桥史,并以此而对全国青少年开展爱国主义和科普教育。毛泽东说他:"你不但是科学家,还是文学家呢!"[①]可见,家庭的熏陶是茅以升工程爱国思想形成的重要原因。

(二)茅以升工程爱国思想形成的国内环境

1.严重的民族危机

近代中国灾难深重的民族危机,激活了每一个有志于匡时济世者的忧患心魂。救亡图存的时代主题,成为他们前呼后应、相继相续、激荡于心、付诸于行的生命主旋律。生当其时的茅以升也不例外。

在撕裂的版图上,仅有的几座现代化桥梁,全是清一色的外国造,沦为列强炫耀实力的幌子:济南黄河大桥,德国人所建;云南河口人字桥,法国人所建;珠江大桥,美国人所建;沈阳浑河大桥,日本人所建……落后就要挨打。怀着一颗为中国人争气的爱国心,茅以升接下了建造钱塘江大桥的重任,立志要让现代化大桥飞越天堑,打破外国人污蔑我们不能造钢铁大桥的谎言,让全世界看到炎黄子孙的智慧和力量。

2.国内建设发展的需要

我国的桥梁建设有着悠久的历史。三千多年前,中国人就会建造木桥、浮桥,后来又掌握了石拱桥等技术,建造了如赵州桥、万安桥等让人耳熟能详的名桥。尽管我国建造桥梁的技术起源很早,但是因为一直以来封建制度的禁锢,特别是鸦片战争以后,西方列强对华进行的军事瓜分、政治代理、经济侵略、文化渗透持续不断。翻开历史,风雨如晦,硝烟四起,国无宁日,民不聊生。覆巢之下无完卵,国运贫弱至极,自力更生造桥陷入绝境。

1912年,孙中山先生在唐山路矿学堂讲演时,谆谆告诫同学们,中国革命的成功,绝不是仅仅需要一支武装大军,而是同时需要武装和建设这两路大军,在座诸位不必都投身于锋镝之间,在中国广袤的土地上,需要修建无数座桥梁,要修建10万英里的铁路和100万英里的公路,否则,中国的富强,中华民族在世界

---

① 黄选能.桥梁专家茅以升.北京:中国文史出版社,1990:3

列强面前真正地站起来，都是不可能的！① 这番话，坚定了茅以升走"科学救国"、"工程建国"的道路。他从此更加奋发读书，视振兴中华为己任。

（三）茅以升工程爱国思想形成的国际背景

回眸历史，古老的中华民族创造了辉煌的古代文化，一度领先于世界其他文明。但是早熟的中华农业文明、相对封闭的地理环境，以及明中期以后的海禁政策等原因，中国古老的华夏文明越来越落后于以近代科学文明为特征的西方文明。1840 年鸦片战争，西方列强的"坚船利炮"迫使长期处在与世界隔绝封闭状态中的中国人，从"天朝上国"的神话殿堂里觉醒。当人们认识到了东西文明的差距，有识之士开始寻找救亡图存的强国之路。在茅以升的人生道路中，与这种思想发展大趋势的脉络是相互承接一致的。

从这个意义上说，正是处于近代中西文化大交汇的特殊时代环境，滋养并丰富了茅以升的爱国思想及其实践精神。经过初步西学训练的茅以升也较早地认识到：经济发展是国家富强的基础，中国要摆脱贫穷、落后的局面，必须认识并掌握经济发展规律，以迅速发展经济。为了探索中国的富强之路，茅以升在美国康奈尔大学勤奋苦读，获得土木专业硕士学位。1919 年，他在美国卡内基理工学院获博士学位，博士论文《桥梁结构次应力研究》的科学创见被称为"茅氏定律"。特别值得称道的是，茅以升海外求学的目的是要以自己的努力，掌握先进的科学知识，报效国家，以实现其工程救国的志向。这充分表现了他为促使国家强盛而自强不息的爱国热忱。科学是没有国界的，但科学家是有祖国的。正是抱着这样的信念，茅以升学成后毅然回国，渴望为祖国奉献自己的聪明才智。

近代中国是一个多灾多难的社会，也是先进中国人向西方学习、寻求救国救民真理的时代。茅以升的工程爱国思想，是各方面因素共同作用的结果。个人的成就离不开生存的社会环境，更离不开自身的主观努力。它既有复杂的时代背景和社会原因，也有个人的因素。西学东渐的近代化大潮和中国的落后现实是激发他爱国思想与追踪时代发展的重要因素。

二、茅以升的爱国主义思想与钱塘江大桥的建造

（一）建桥报国

1933 年 3 月，回国后在天津北洋大学任教的茅以升，先后接到了老同学浙

①　钱凯.茅以升和中国建桥事业.文史精华，2001(11)

赣铁路局局长杜镇远和浙江省公路局局长陈体诚的举荐信函,其中说道,"我国铁路桥梁,过去都是由外国人承办的,现在我们有自己造桥的机会,千万不可错过"①。接信后的茅以升欢欣不已,赶赴杭州和曾养甫进行商谈。曾养甫说,"⋯⋯对于主持建桥的人我已经考虑了好久,最后决定由你来承担。经费我负责,工程你负责,一定要把桥建好,作为我们对国家的贡献⋯⋯"。有了这一番推心置腹的交谈,更加坚定了茅以升的意愿和决心。他意识到,为祖国报效的时机到了。回到天津后便辞去了北洋大学教授一职,赴浙江省建设厅上任,担任钱塘江桥工程委员会主任委员。接着又在由浙江省政府设立的钱塘江桥工程处中担任处长,领导钱塘江大桥的设计和施工。

茅以升深感责任重大,为钱塘江桥工程日夜奔走,精神紧张,忽而愁闷,忽而开颜,有时寝食皆废。幸而他身边的人始终以各种方式支持他,鼓励他。曾养甫曾正颜厉色地向茅以升表明自己对他的信任。而茅以升的母亲也开导他,唐僧取经八十一难,唐臣修桥也要八十一难;孙悟空有他的如意金箍棒,唐臣有自己的学识和能力,不怕过不了关,造不好桥。

在工程报国思想的激励下,在大桥建设过程中,茅以升运用工程集成创新思维,克服了种种技术难题:他创造性地采用射水法,克服了在厚硬的流沙上难以打桩的困难;采用沉箱法,克服了水流湍急难以施工的困难;采用浮运法,利用江潮的涨落巧妙地在桥墩上架设了钢梁。经过茅以升及其广大施工人员的共同努力,不懈奋斗,"发挥了集体智慧,集体力量,战胜种种困难,终于完成了这个所谓不可能的'钱塘江造桥'工程"②。

1937年9月26日凌晨四时,茅以升终于看到一列火车在大桥上缓缓驶过钱塘江。历时仅两年半,耗资仅合当时160万美元!所有在职员工尽忠职守,打破了几千年来被人们认为不可能的事情。谁还能再说中国人钱塘江上不能架桥!

(二)炸桥救国

大桥建成,抗战的前线却越来越紧张。正当桥工处全体人员在这里稍事修整时,茅以升接到南京命令,为了阻止日军南进的速度,要立即炸桥。造桥是爱国,炸桥也是爱国!这位造桥人,还没有来得及体验成功的滋味,便以他出众的结构力学知识帮助军方布置最佳炸点,来摧毁这座曾为之呕心沥血、刚刚诞生的中国人自己建造的第一座现代化大桥!

---

① 茅以升.钱塘江建桥回忆.北京:学苑出版社,2007:3
② 茅以升.钱塘江建桥回忆.北京:学苑出版社,2007:88—89

茅以升自己此后也回忆道，大桥公路开放前夜，炸桥的炸药就已经埋进去了，所有这天过桥的十多万人，以及此后每天过桥的人，都要在炸药上面走过，火车过桥也同样在炸药上风驰电掣行进。"开桥的第一天，桥里就先有了炸药，这在古今中外的桥梁史上，要算是空前的了！"[①]

强烈的爱国之心，超凡的智慧和巨大的牺牲，换来了成功的喜悦。仅在临炸的前一天，撤退过桥的机车300多辆，客、货车2000多辆，难民不计其数，而这一切全是从炸药上通过的！但是撤走的物资，其价值也远远超过了建桥的成本。何况更重要的是保护了千百万人的生命。中国人的第一座现代化大桥，正是以承担如此沉重的民族苦难作为通车典礼的。

（三）修桥兴国

当刚刚建起的大桥在爆炸声中断成两截的时候，茅以升感到一阵巨大的悲愤涌上心头。他愤然写下这样的誓言："桥虽被炸，然抗战必胜，此桥必获重修，立此誓言，以待将来。"[②]高度的民族感和爱国热情，使这位科学家具有如此准确的政治见解。经过八年浴血奋战，中国人民果然获得最后胜利，茅以升果然又主持了修桥工作。终于在1953年，大桥全部修复通车。茅以升修建钱塘江桥断续达16年之久。早年留美时，他谢绝美国朋友挽留时曾说："科学没有祖国，科学家是有祖国的。"此时，他恐怕会更深地体会到科学家的命运和祖国是那样不可分离，这桥正是祖国命运的缩影，也正是他一生的写照！

三、茅以升工程爱国思想的特点

（一）勤奋钻研，蔚为国用

茅以升一生勤奋学习、不断研究创新。在钱塘江大桥的建设过程中，结合大桥的设计与施工，他与工程师们共同研究"流沙与冲刷的关系"、"如何将木桩头深深埋入江底"、"倾斜岩层上的沉箱如何稳定"、"合金、铬钢杆件的性质"等，研究力学中的基本概念和古代桥梁等问题，创造性地采用"射水法"、"沉箱法"和"浮运法"等，仅用两年半时间就保质保量地建成了这座大桥。

在武汉长江大桥建设和人民大会堂的结构设计和审定中，他的技术、经验和智慧也都发挥了关键性的作用。"文化大革命"期间，一切工作都无法正常进行，

---

①　茅以升.彼此的抵达.天津：百花文艺出版社，2009：343
②　茅以升.钱塘江建桥回忆.北京：学苑出版社，2007：98

但他以古稀之年仍然孜孜不倦地学习和研究。这期间,他应大桥局总工程师之请,研究桥梁振动问题,解除了人们对武汉长江大桥在大量群众步行过桥,桥身晃动所产生的困惑。

(二)注重实践,为国育才

茅以升十分注重培养实际动手能力,强调实践的重要性,把工地视同培育人才的大学校,建桥与育才并举,带出了一支我国自己的建桥人才队伍。

在建造钱塘江大桥的工程中,茅以升坚持"不能光在'纸上画桥'"。他经常与建桥工人一起通过沉箱下水摸清水底情况,从而能够更好地修正自己的施工方案。茅以升也经常一起随沉箱到江底下去,以便于现场指挥。在钱塘江大桥的建设期间,茅以升把工程现场作为训练人才的极好场地。桥工处开始组织时,除了延聘几位国内知名桥梁工程师外,先后吸收了 29 位刚从大学工科毕业的青年,一边在室内学习绘图设计,一边在室外实习勘测及各种施工。每个人都有深入第一线实地训练的机会。对于桥工的内容,都有头尾分明的概念,并了解每一动作在理论上的"所以然"。通过这些锻炼,把这批人培养成为施工设计中的骨干。

(三)致力科普,造福人民

茅以升认为"科学属于人民"、"科普是一座通向四化的桥梁"。为此,他主张要扩展科普、繁荣科普创作,把科学技术知识普及到群众中去。他指出,科研为生产服务需通过科普,科普促进生产需要科研开路。同样的时间,用于科研,可为科普积累知识;用于科普,可发现科研新途径。科研与科普可以相互促进,两条腿走路,缺一不可。

茅以升不仅提倡科普,而且他自己身体力行,呕心沥血,一生出版科普专著 11 卷,撰写 200 多篇文章。《没有不能造的桥》一文荣获 1981 年新长征优秀科普作品一等奖。他写的《桥话》更受到毛泽东主席的称赞。他主编《中国古代桥梁技术史》,对我国古代桥梁技术进行全面的总结,此书荣获中华图书荣誉奖。他不遗余力地从事科普报告、宣讲活动,仅 1978 年至 1981 年,年过八旬的他就先后为青少年作了 30 多场报告,听众逾 6 万。茅以升不仅为祖国江河架桥,而且为科技与人民之间架设了一座知识的桥梁。

(四)矢志不移,振兴中华

作为桥梁专家,茅以升在钱塘江上建桥、炸桥、修桥,这在桥梁史上是绝无仅有的。在建桥时,他对军事失利时大桥必须炸毁的前景早已明了,故在南岸第二座桥墩里的关键部位就预留了装埋炸药的洞穴。不幸果然用上了。为了抗战，为了不让敌人利用，茅以升忍痛炸桥，他说，这好比必须亲自捏死自己的儿子一般。他挥泪写下"洒泪别钱塘"，誓言"不复原桥不丈夫"！

在晚年，茅以升曾经说过，多少年来，在旧中国漫长的科学救国的道路上，我们科技人员为之奋斗。可是我们的希望化成泡影，严酷的现实使我懂得了科学救国的道路是走不通的。只有共产党才能救中国。今后，我要拿出全部智慧和力量，为建设新中国而奋斗，为振兴中华矢志不移，一往直前。

四、结　语

茅以升一生，从青年学桥、中年建桥、授桥到晚年写桥，谱写了工程爱国的不朽篇章。他有一段人生哲语："人生一征途耳，其长百年，我已走过十之七八，回首前尘，历历在目，崎岖多于平坦，忽深谷，忽洪涛，幸赖桥梁以渡。桥何名欤，曰奋斗。"茅以升奋斗终身，实现了自己振兴中华的理想与愿望。

茅以升作为工程大师，在祖国的大江大河上架起了钢铁桥梁；作为社会活动家，他在中国与世界各国人民之间架起了和平、友谊的金桥；作为工程教育家，他架起了莘莘学子奔向知识宝库的桥梁。他高举科普大旗，在工程科技与广大人民群众之间架设了桥梁；他披肝沥胆，为海外炎黄子孙架起了报国之桥；他情系中华，推进海峡两岸的科技工作者修建祖国统一大桥。他虽已溘然长逝，但他的工程爱国思想，作为宝贵的精神财富，永留中华大地。

【作者简介】　徐炎章　浙江工商大学工商管理学院教授
　　　　　　　浙江　杭州 310018
　　　　　　王　洁　浙江工商大学工商管理学院 2012 级硕士研究生
　　　　　　　浙江　杭州 310018

论王选的创新人才激励思想[*]

论王选的创新人才激励思想 *

徐　立　　徐学超

【摘　要】 王选是创新人才的杰出代表，具有丰富的激励经历和实践。基于亲身所历的激励与被激励的角色转换，王选用最朴素也最贴近实际的方式概括了对创新人才的激励思想。对于创新人才的激励，他提出制定挑战性的目标、"少评估，不干预"和创造历史的成就感的激励思想。这为我们深入研究创新人才的激励理论和指导实践具有重要意义。

【关键词】 王选　创新人才　激励

王选以参与科研项目时的被激励者到作为项目领导者的激励者的经历和实践，形成了他卓有成效的创新人才激励思想，与其作为创新人才的被激励和激励的背景历程相互印证。一般来说，对创新人才的激励主要可以分为物质激励和精神激励，物质激励主要起到科研活动中的保障作用，而精神激励则是持续的科研动力。

王选对创新人才的激励思想主要集中于精神激励相关方面的探讨和研究，为此提出了三个前后衔接而又相辅相成的激励策略。首先为创新人才制定挑战性目标，将其推向需求刺激的风口浪尖；其次在科研活动进程中要"少评估，不干预"，放手让创新人才做科研项目，但给予必要的支持；最后注意激发创新人才创造历史的成就感，使其以持续的热情进行科研活动。

＊　本文为中国博士后科学基金资助项目"王选自主创新思想与当代中国科技进步研究"研究成果（资助编号：2012M520443）

一、制定挑战性的目标，将创新人才推向科技前沿

在寻求对创新人才的激励形式时，王选特别关注于创新人才个体特点及其工作特点。就创新人才的个体特点而言，一般包括：较强的自主意识、需要的高层次性、影响力较大。与之相应的，创新人才的工作特点包括三个方面：一是工作具有创新性；二是工作过程难以监控；三是工作成果不可测量。[①]针对这些特点，在王选看来，首要的就是协助创新人才自主地制定挑战性的目标，达到这一目标就能取得重大的经济和社会效益，或者具有科学上的重大价值。

挑战性目标的重要来源是最前沿的需求刺激，王选比美国人更早提出高分辨率字形在计算机中的压缩表示，是因为中国汉字多，更早地获得这种异乎寻常的需求刺激。这使王选意识到要使年轻人出彩，重要的办法就是把他推到需求刺激的风口浪尖上。[②]而这最前沿的需求刺激即是为创新人才提出挑战性的目标和工作起到鞭策作用，是十分可贵的精神激励。

1975年，王选首创性地提出用参数信息控制字形变大或者变小时敏感部分的质量的高招，从而实现了字形变倍和变形时的高度保真，这一项发明比西方早了10年。而这是因当时较低的742DPI分辨率和汉字笔划密的特点，给了王选创造的需求和动力。[③]

由于当时对外渠道尚不畅通，所以激光照排项目组在1980年初决定与日本松下合作研制汉字终端，王选就派了毛德行、顾小凤去日本，分别负责硬件和软件。同时，在国内与无锡的合作任务，王选选派宋再生负责。这实则是王选将创新人才推向需求的风口浪尖上。受到挑战性目标的激励，这些人才亦不负众望。无锡终端上的软件吸取了顾小凤等在松下终端上的成果，宋再生和无锡计算机厂的俞沛霖在终端软件方面做出了贡献，顾小凤和俞沛霖承担了这一终端与主系统相连所需要的软件开发任务。[④]

作为一名计算机应用专业导师，王选经常鼓励和帮助学生选择具有挑战性且未来应用前景光明的课题，同时，尽量使科研成果通过方正集团实现商品化。并且在成果署名上，王选一直提倡导师不应拿学生的成果当做自己的成绩，要能够使年轻人出头。这样才能最有效地提高创新人才做出重大贡献的积极性。

---

① 田禾彦,田恩舜.建构我国高科技企业人才激励机制的策略.统计与决策,2006(13)
② 王选.王选文集(修订版).北京:北京大学出版社,2006:158
③ 丛中笑.王选的世界.上海:上海科学技术出版社,2002:99
④ 王选.王选谈信息产业.北京:北京大学出版社,1999:89-90

在王选主持研制汉字激光照排系统获得成功后,他仍不断地为自己及其身边的创新人才提出一个又一个具有重大意义的挑战性目标。报纸远程传版、彩色桌面出版系统、新闻采编系统以及符合国际开放潮流的新一代软、硬件系统,这一个个挑战性的目标不断地激励着创新人才的持续性创新,使中国的报业和印刷业在刚刚告别"铅与火"不久,又经历了三次重大的技术革新。

王选还进一步提出,创新人才应"不短视,不求虚名,把为国民经济和科学事业做出实际贡献当做奋斗目标"。[①]

对于创新人才的目标选择,王选强调,自主创新的技术,转化成商品,表现出很好的性能价格比,在中国市场上居领导地位,应该成为科研的重要目标。当然更高的目标是把自主知识产权的高科技产品批量打入美国、欧洲、日本等发达国家市场,达成这一目标的单位和个人都应得到很高的评价。但国内的科研环境、评估标准、提职称条件等往往并不鼓励这种目标。在应用科学领域内,不能把获奖、SCI、EI 文章作为目标,而应该有持续奋斗十多年,不断创新,最终使高技术产品在市场上雄居榜首的决心。[②]

作为激励要素的挑战性目标,还需注意其实现的可行性。这方面王选并没有直接通过理论性阐述提出,但在王选整个工作实践过程中,都体现着其事先对挑战性目标的可行性分析。王选在选定一个目标或者项目之前都会做细致详尽的分析,对相关技术的国外动态和国内情况都会纳入考量范围。因此,创新人才在制定挑战性目标的过程中必须预测目标的可行性,只有目标的挑战性和可行性的结合才会真正对创新人才产生有效的激励作用。

二、提供必要的支持,给创新人才充分的自主权

好奇心、研究中难题和挑战带来的吸引力、取得突破后对科学或工业可能产生的深远影响,是科学研究的真正动力。只有这种动力才能使人痴迷、执著,甘愿放弃常人能享受的乐趣,充满激情地持续奋斗十几年。有这种动力,所选择的项目一定是自己喜欢做的事,也会从中得到很大乐趣。王选选择激光照排项目正是他喜欢做的事,也是因为该项目的难度和深远影响成为其所带领团队进行创新研发的真正动力。

对于已有充分证据确认是真正杰出的人才,王选建议采取 12 字的政策:给

① 王选. 王选文集(修订版). 北京:北京大学出版社,2006:378
② 王选. 王选文集(修订版). 北京:北京大学出版社,2006:194

足钱、配备人、少评估、不干预。① 这即是给予创新人才自主权，作为项目机构或者领导阶层主要提供必要的支持。对创新人才而言，让其放手做事，是领导层给予的信任，对其自身而言是自我选择的挑战，是极为有效的精神激励。王选认为，创新人才对自己的研究方向和进度比任何外人都关心，都着急，所以领导大可不必操心。

给足钱，即对于这些创新人才领导的团队，稳定地先给予经费支持，不要让他们为经费而四处奔波。配备人，即配备优秀的研究人员，特别是创造条件使他们能招到非常优秀的研究生。这是让创新人才放手去做的必要支持，而少评估、不干预则是给予创新人才自主权的主要体现。

不过王选亦针对现实指出，对于大学教师和科研单位进行业绩评估实际上是不可避免的，也是管理的一种手段。但是任何评估体系都不可能是完善的，对于不同学科、不同特长的人才要区别对待，绝不能一刀切。如此，也从业绩评估方面给予创新人才更大的自主空间，而不会被生搬硬套的评估指标所束缚。

因此，要能激励创新人才做出贡献，除了提供资金上的支持外，更重要的是委以重任，使他们有事业主人的感觉，并且创造适当的条件和环境，以便充分发挥他们的创造才能。

王选支持郑民研究基于 Windows 的中文排版软件，推出"维思"系统，创造了两个第一：不但是世界上最早的基于 Windows 的中文专业排版软件，也是国内 Windows 上的第一个大型应用软件。② 王选还把开发日文出版系统的任务交给了汤帜、李平立，这两位亦不负所托使系统成功进入日本市场。王选放手让创新人才做事的例子还可以举出很多，并且往往能使这些人才做出重要贡献。正是这种蕴涵充分信任的自主权赋予，激励着这些创新人才不断取得一次又一次的突破与成功。

2002 年，王选还用获得的 2001 年度中国国家最高科学技术奖奖金及学校的奖金共 900 万设立了"王选科技创新基金"，以全力支持杰出的年轻一代不断创新，攀登新的科技高峰。这里可以看出两点，王选作为被激励者获得了符合其贡献的奖励，而王选作为激励者更是为其后的创新人才提供了必要的资金支持和激励。

作为创新人才本身具有对项目方向正确与否的判断力，当创新人才感到方向正确、技术方案有优势、未来应用前景光明时，会激发起很大的创造性和积极性，会不遗余力地尽快完成研究课题并转化成商品；而一个"不上不下"项目很难

---

① 王选. 科学研究的目标和环境. 光明日报，2004-10-08
② 丛中笑. 王选如何发现"千里马". 光明日报，2011-2-23

吸引创新人才全力以赴地投入。这也正是王选一再强调的观点："在可能的条件下让年轻人自由选题，做自己喜欢做的事情，才能激发创造的欲望。"①

基于此，王选为如何通过给予创新人才以自主权来达到激励的效果，提出三个方面建议。一是要让优秀人才做自己喜欢的事情，要解脱他们的杂事和各种干扰，使他们心无旁骛地埋头创新，只有长期积累和专注才能出大成果。二是优秀的科研领导人和管理者在创新过程中至关重要。要通过鼓励创新人才开拓新领域，在为创新人才把握方向的前提下使其自发选择攻关。三是作为项目科研领导人若无实质性贡献，则应将更多的荣誉给予具有自主权的创新人才。

三、激发创造历史的成就感，让科技人才出彩

王选在指出吸引年轻人的条件时，很重要的一个方面就是成就感，要使年轻人有创造历史的感觉。通过激光照排项目，王选切身体验到工作过程本身就是一种乐趣。一个人得到荣誉和桂冠，是一种幸福一种乐趣，而更大乐趣在于克服工作本身的困难："百思不得其解，凌晨或半夜忽然想出解决办法来，这种兴奋愉快是难以形容的。"②在王选眼中，一个献身科学的人，他的最大回报并不是名和利，而是克服工作中的千难万险、最终取得成效所享受到的快乐。

科学研究本身就是一种美，它给人带来的愉快就是最大的报酬，这也是一种高级享受。③ 激光照排大量推广后，当王选看到用户使用后的巨大经济和社会效益时，也是十分激动人心的，这种兴奋不亚于获得各种高级别奖励时的心情。从切身经历中，王选指出一个人的成就动机主要并不来源于金钱和荣誉，而在于对所从事工作价值的追求和来源于这项工作难度的巨大吸引力。

在王选看来，苦苦开发的产品实现了产业化，被用户大规模地使用，这种成就感千金难买。如当时日本的《日刊体育》，同时有 200 多种报纸在印刷，使用的就是日文版的方正排版技术；海外的华文报社每天用方正系统出版 600 多页各类报纸；上海文汇新民集团 800 台 PC 机联成网络，采用方正报业一体化解决方案，系统高效地运行④……这给予了王选及其团队以巨大的成就感，并被他们视为最大的报酬。王选认为北大方正之所以能够吸引和稳定一批优秀的年轻人才，与使创新人才从事的项目能取得领先的成果并进入国际市场而产生成就感

① 王选. 艰难的起步——激光照排系统研制的回忆之一. 中国计算机报, 1994-8-9
② 王选. 王选文集(修订版). 北京: 北京大学出版社, 2006: 159
③ 王选. 脚踏实地 持之以恒. 光明日报, 2001-11-12
④ 王选. 科学研究与精神境界. 新华文摘, 2006-10

是分不开的。

而就创新人才以成果评价给予相应的荣誉激励而言,王选认为在技术科学和工程科学领域内,特别是像通信、计算机软硬件和计算机应用这种应用性很强的专业,一项创新技术对工业的影响、是否推广应用和大量进入市场应该成为评价成果的最重要标准。1982年5月底,经历一番波折,王选终于申请登记了欧洲专利EP0095536"字形在计算机的压缩表示"。这是我国第一个欧洲专利,它使王选深刻地了解到需要加强创新人才的知识产权保护,并可以基于此给予相应的激励。这是对创新人才的科研成果的保护,亦是创新人才所能获得的荣誉。1987年,我国设立毕昇奖,王选作为第一人选获得这一荣誉。这些高层次的荣誉,是对王选及其团队的科研成果的充分肯定,也是对王选及其团队的进一步激励。

王选认为,取得重大成果后,使参加的人员,尤其是主要人员得到荣誉方面应有的回报,这是作为激励所必不可少的内容。当激光照排系统原理性样机初步研制成功时,《光明日报》把原理性样机作为"重大突破",力排众议,头版头条大张旗鼓地报道,对王选等研制者起了不小的鼓舞作用。在以后的10年内,王选一直告诫自己"要对得起这一报道,要用今后发展的事实证明确实是一重大突破,证明这一报道是及时和完全如实的"。[①] 这就是通过给予荣誉,带给创新人才以适当的"成就感"获得持续科研投入。

这其中值得一提的是王选所特有的"负债感"激励,王选并没有将"负债感"推广至创新人才的激励项。但当时王选及其团队的确是处在机构或者国家的投资尚未收回的"负债感"之下,促使他们不断进取。不过从另一个角度看,"负债感"类似于"成就感",是创新人才感受到机构及领导对其巨大的支持和信任,感受到自身所处项目有创造历史的可能,而演化出的强烈的激励动力。

四、小　结

创新人才在进行科研活动中,或多或少会有各方面的需求,而这些需求的满足会成为科研的动力。对于创新人才而言,一般在保证物质需求的满足后,更关注于精神需求的满足。要通过精神激励来激发创新人才进行科研活动的热情,使科研活动不仅仅是得以开展,更是要求高效率和高质量。如此,作为创新人才所处的机构,以及创新人才的领导者就应抓住激励的两个方向——物质激励和精神激励,以期获得创新人才的持续性高产。

---

① 王选. 王选谈信息产业. 北京:北京大学出版社,1999:57

　　王选对创新人才的激励,是在保证满足创新人才的物质需求前提下,注重于精神激励。其对于精神激励方面的思想也更具特色,创新性的提出挑战性目标,放手让创新人才做事,以及"成就感"的激发,以使创新人才做出重大贡献。

【作者简介】　徐　立　中国科学院大学管理科学与工程博士后流动站博士后
　　　　　　　　北京　100049
　　　　　　徐学超　浙江工商大学工商管理学院2009级硕士研究生
　　　　　　　　浙江　杭州　310018

西方马克思主义研究

葛兰西的文化启蒙思想及其当代启示

刘　腾　张国清

【摘　要】 葛兰西市民社会理论向我们展示了文化启蒙之于革命胜利、社会发展的重要作用。文化立国、建设文化强国是当前我国深化体制改革、促进社会发展的重要历史使命。本文尝试揭示葛兰西文化启蒙思想对当代中国社会文化发展的重要启示。

【关键词】 葛兰西　市民社会　文化霸权　文化启蒙

中共十七届六中全会上,深化文化体制改革,建设社会主义文化强国作为一项重要历史使命首次被提上中国发展的议事日程。这表明我国政府对于当前中国社会问题的文化根源有着深刻认识,同时亦显示出改革开放以来,国人在经历了启蒙工具理性的深刻洗礼之后,开始了文化层面上的觉醒。文化是人类基本生存方式之一,亦是人类社会不可或缺的调节方式。这一多次被实践证明的观点得到了无数前人的认同,葛兰西正是其一。本文首先对葛兰西的市民社会理论进行对比性分析,然后在此基础上分析该理论的当代价值。

一、葛兰西的市民社会理论和文化启蒙思想

1. "市民社会"概念的意义歧出与葛兰西的市民社会理论

"市民社会"这一术语曾多次出现在黑格尔、马克思等学者的著述中。黑格尔关于市民社会的理论受功利主义者和古典经济学家的影响。在《法哲学原理》中,黑格尔讨论了公共生活的三种形式。按照上升秩序,这三种形式分别为:家

庭、市民社会和国家。从家庭中走出的独立的个体，以权利载体的身份进入市民社会，为满足自身的需求而彼此交换劳动。市民社会保护个体权利，维系社会的正常交换秩序。在黑格尔的笔下，市民社会被描述为独立的、具备一定财产的个体为满足自身利益而彼此间发生一系列经济关系的联合体，是社会物质基础的本质体现；同时，分工的出现导致了市民社会内部被划分为农业等级、产业等级和普遍等级；这三个等级最终借助共同体达到合题，这个共同体就是国家。国家是家庭与市民社会的本质，国家决定市民社会。在国家这个共同体中，市民社会的张力最终得到克服，并得以维持自身的平衡。①

然而，黑格尔的上述观点却没有得到马克思的认同。马克思将黑格尔的观点称为吐火女怪（无稽之谈），并提出与之相反的主张。马克思强调政治是上层建筑的一部分，经济基础决定上层建筑，市民社会决定政治国家。马克思从费尔巴哈人本主义的立场出发，认为市民社会和近代政治国家已经发生了彻底的分裂，只有民主制才是克服二者分离状态的良药。

虽然黑格尔与马克思对市民社会与政治国家的关系有着截然相反的观点，但他们均是在经济、社会层面上使用"市民社会"，即以此概念指代资本主义社会的物质生产关系。

葛兰西一方面承袭了黑格尔与马克思对"市民社会"的传统用法，另一方面又对这个概念进行了新的解读。从《狱中札记》来看，葛兰西使用该术语所表达的含义具有多重维度。在某些语境下，葛兰西将市民社会视为"私人性"的组织，涵盖了包括经济组织在内的日常生活中的各种机构与单元，诸如"教会"②、贸易联盟、工会等。可见，葛兰西的"市民社会"不仅包括经济意义上的组织，同时也包含某些政治性组织。这从某种程度上折射出葛兰西对市民社会和政治国家统一性的重视。葛兰西强调："对国家的基本认识离不开对市民社会的认识（因为人们可以说国家＝政治社会＋市民社会，即强制力量保障的霸权）。"③作为一个完整的国家，市民社会与政治社会二者均不可或缺。与此相对应，国家权力又可分解为政治霸权和文化霸权两种。换句话说，国家的统治方式由强制和同意组成。"随着治理有方的社会的各种要素变得越来越明显，不难想象国家的强制因素会逐渐消失"④，国家统治中的强制、暴力因素逐渐弱化，"同意"的因素不断增强，强制逐渐被同意所取代，统治结构倾向于倚重"知识与道德的领导权"。葛兰

① 查尔斯·泰勒,张国清,朱进东译.黑格尔.凤凰出版传媒集团,译林出版社,2009:1
② 安东尼奥·葛兰西,曹雷雨,姜丽,张跣译.狱中札记.北京:中国社会科学出版社,2000:201
③ 安东尼奥·葛兰西,曹雷雨,姜丽,张跣译.狱中札记.北京:中国社会科学出版社,2000:218
④ 安东尼奥·葛兰西,曹雷雨,姜丽,张跣译.狱中札记.北京:中国社会科学出版社,2000:218

西预见到这一发展趋势,提出了"文化国家"的称号,并基于对东西方社会结构异同的分析,得出了西方无产阶级应当在夺取政治霸权之前,首先取得文化霸权的结论。取得文化霸权的途径是"要不断提高人民中越来越广泛的阶层的知识水平,换言之要赋予群众中无定向分子以个性。这意味着要努力培养出一种新型的直接从群众中产生出来,而还同群众保持着联系的知识分子精英……"①换句话说,就是通过对社会进行文化批判来动摇敌对势力的市民社会文化基础,并通过新型知识分子对大众的文化启蒙,树立新的文化国家。

综上所述,黑格尔与马克思多以市民社会指代资本主义物质经济关系。葛兰西笔下的市民社会则增添了更多的文化、伦理层面的意指。葛兰西认为,随着经济的发展与市民经济的不断成熟,契约和民主在国家统治中的比重越来越大。鉴于东西方社会的异质性差异,西方革命成功的关键是首先夺得文化领导权。

2.葛兰西与马克斯·韦伯的文化观念对比

葛兰西对于文化的重要作用的强调让人不禁会联想起韦伯。文化在韦伯的理论体系中同样占据重要地位。韦伯将社会大致分为三个层面:经济、政治和法律、文化和意识形态。这种划分方法与马克思对社会的分层相似。但是,不同于马克思经济基础决定上层建筑的观点,韦伯认为,文化和意识形态领域对于社会发展起着至关重要的作用。某个国家所选择的社会制度通常与该国的文化有着密不可分的联系;文化决定着人们对制度的选择,制度影响着经济的发展,因此,文化最终决定着经济的发展。韦伯举证以支持此论点:资本主义制度之所以能够在西方各国枝繁叶茂,很大程度上是拜西方中世纪时期的封建制度与基督教制度所赐。在西方中世纪封建制度下,国王和百姓、封主与封臣之间的关系建立在契约之上,彼此之间存在一种相互制约的关系。这为资本主义萌芽的健康发展创造出适宜的制度环境。与此同时,韦伯在《新教伦理与资本主义精神》一书中着重讨论了隐涵于基督教加尔文宗的教义之中的理性主义精神对资本主义发展提供的重要精神支持。韦伯认为,资本主义萌芽之所以在中国发育萎靡,是由于中国当时的政治统治具有很强的专断型与随意性,统治者可以随意征集和支配资产。这种政治统治的随意性严重打压了民间资本主义发展的积极性。统治阶层所享有的崇高的社会地位和几乎不受限制的权力,使得做官成为民众心中回报率最稳最高的投资方式。这便是影响中国社会数千年且如今依然影响深远的官本位思想的滥觞。

韦伯从经济社会发展层面考量文化、特别是宗教对政治法律制度、继而是对经济发展的绝对影响。而葛兰西则从政治的角度出发,探讨文化对于西方政党

---

① 安东尼奥·葛兰西,曹雷雨,姜丽,张跣译.狱中札记,北京:中国社会科学出版社,2000:252

夺取政权、巩固政权的重要作用。同是对文化青睐有加,葛兰西与韦伯在不同向度上对文化的重要作用各有倚重,形成了二人不同的文化理论。

二、当代中国社会发展的文化失落

　　社会历史观点通常具有较强的场域性。葛兰西的理论是将马克思主义理论同当时意大利革命实践相结合的成果。但是,深刻的理论洞见通常具有超前性。葛兰西的文化霸权论对于解决中国当代社会问题具有重要的启示意义。

　　当前,中国已超越日本,跃居为世界第二大经济体。短短数年内,中国的国民经济迅速发展,综合国力不断攀升,在经济领域创造出令世人叹为观止的奇迹。随着经济基础的不断夯实拓宽,中国的知识分子阶层开始了文化上的觉醒。他们敏锐地觉察到中国社会存在的问题,毫不留情地指出盛世背后的种种隐疾。一方面是近代历史上传统文化血脉的人为截流,另一方面是经济高度发展所导致的普遍异化的负面效应。他们坚信:一切社会问题的根源均与文化相关。

　　在近现代史上,中国传统文化几经颠覆性波折。在这一波一折之间,充满了国人对传统文化的阉割与误读。改革开放后,经济建设成为国家发展重心。在权力意志一手遮天的情况下,颠沛流离依然是传统文化躲不过的宿命。"政绩"、"形象工程"等一直是各地政府执政的关键词。由此,我们得到了千城一面的现代化设施,失去的却是满载着历史、文化、民族和地域风情的街巷院落,随之而逝的亦是历史情感与传统文化的积累。

　　但事实却是我国从未停止过对文化的重视。建国初期,我党一度非常重视在精神文化层面上把持整体社会。相比之下,改革开放后的中国社会思想更加开放,各种思潮纷纷涌入,人民的精神生活更加异彩纷呈,毛主席当年"百花齐放、百家争鸣"的指示变为现实。然而,人们却变得更加浮躁了。面对海量的选择与丰盛的文化饕餮,人们却从品到了空虚。

　　文化建设的尴尬际遇亟待深刻反省。我们面前这顿所谓的文化饕餮,有太多的"佳肴"挟文化之名实际上却与文化的味道相去甚远。个别媒体早已忘记其文化传播者的神圣职责,为了所谓的收视率而不堪地迎合俯就大众的恶或俗趣味。当大众传播媒介无视自己的身份,并用马克斯·韦伯"以经济为取向的合理经济行为"来为自己追求利润的商业行为进行合理化解释时,我们遗憾地发现,文化建设误入歧途。

　　阿多诺与霍克海默在《启蒙的辩证法》中提到了"文化工业"一词,指凭借科学技术与丰富的大众媒介,大规模批量生产、传播商品化的、非创造性的通俗文化。[①] 这种通俗文化给自己披上了艺术、音乐、宗教、哲学、政治的外衣为自身取得合法性,并向大众提供五光十色、琳琅满目的娱乐消遣。但是,他们关心的是利润与经济效益。这种文化浑身上下散发着浓重的商品性气息。这种通俗文化背离了本真文化所具有的自由、超越等独特内涵,使人们丧失了思想的深度与批判的维度。异化的文化造就异化的人类。在这种唯经济效益导向的世风影响下,中国社会变得浮躁、压抑,仇富现象、极端民族主义倾向、官僚机构腐败、权术滥用等一系列因素为社会安定埋下了隐患。

去伪存真,扭转当前大众文化的发展方向,弘扬真正的文化,成为当下我们面临的关键问题。当经济发展到一定水平之后,文化成为决定社会发展潜力的关键因素。文化是人类基本的存在方式之一,是一个民族、一个国家无可取代的特质,是一个国家重要的身份象征。从某种程度上讲,文化又是一种重要的社会调节机制、执政方式,对于维系社会团结、维持社会稳定并树立国家形象、扩大国家影响力具有着举足轻重的作用。

三、葛兰西"文化霸权"的当代意义

中国经济社会发展迟滞的根源,在于文化二字。争夺"文化领导权"是解决中国社会当代问题的良药之一。葛兰西的文化霸权在当前语境中具有如下含义:以传统文化为中心,夯实文化基础,使国人的文化身份变得清晰。这项任务的重要性再怎么强调都不会过分。文化身份的缺失只会让我们成为无本之源、无根之木,如同浮萍一般在风雨飘摇中逐渐遗失自我。如何让这项任务得到真正践行,让"文化立国"的使命得到实现其固有的价值,本文有以下建议可供参考。

首先,弘扬本真文化,斧正大众传播媒介的价值导向。本真的文化,既是人类存在的基本形式,亦是人类把握世界的基本方式之一。本真的文化源于生活并高于生活。卢卡奇曾讲过:"如果把日常生活看做是一条长河,那么由这条长河中分流出了科学和艺术这两种对现实更高的感受形式和再现形式。"[②]霍克海默认为广义上本真的文化涵盖了物质领域与精神领域,并推动着这两个领域的生产与再生产。当今中国社会的文化建设丧失了整体性,我国的经济大国的身份与文化大国的身份亟待平衡。

---

① 阿多尔诺(Adorno Theodor W.),张峰译. 否定的辩证法. 重庆:重庆出版社,1996:36
② 乔治·卢卡契. 徐恒醇译. 审美特性(1),北京:中国社会科学出版社,1986:1—2

　　文化与大众的联结，媒介是导体。媒介对于大众的舆论导向和文化启蒙具有无法替代的重要价值。因此，"文化领导权"的实现，控制大众传播媒介是关键。促进大众传播媒介的"祛魅"化与脱俗化，寻找在舆论自由和正确的价值导向之间的平衡点，是当前中国所面临的重要任务。

　　其次，立足传统文化，实现文化立国。文化立国的意义在于，重新塑造社会文化发展路径与前进方向，使文化的创造性本质得以发扬，从而激发人类内在的创造性本质；通过文化的纽带构建和谐的人际关系，引导、整合社会不同利益，构建和谐融洽的社会氛围，促进社会发展；以传统文化为基础，弘扬民族精神，增强民族凝聚力，强化民族身份，树立国家形象，增强国际影响力。自新中国成立并发展至今，我国传统文化经历了建构——解构——建构的曲折历程。如今"文化立国"的提出正是重新建构我国传统文化的一个契机。我国有着丰厚的文化遗产，在此基础上，如何对这些遗产加以改造，使其焕发新的生机，则是我们所要思索的问题。

　　因此，我们对大国的解读与追求，不应仅仅停留于经济繁荣的表面，而更应当深入脊髓，致力于建构散发着强大历史感的独特文化。有着独特感召力的文化是为大国气质之殇。如何重构我们的传统文化，实现文化立国，成为当前中国社会面临的重要历史使命。

　　与此同时，当下的国际竞争已经不同于往昔单经济、科学技术层面的竞争。制度成为当前国际竞争的核心。制度属于文化范畴，国与国之间的竞争可解读为不同文化之间的竞争。如何打造有着中国特色的文化身份，对内统领各方利益，对外树立国家形象，扩大国家影响力，并有效抵制他国文化入侵，是摆在中国面前的重要问题。无疑，文化立国是解决该问题的关键。

　　再次，重视教育，重视知识分子，推进大众的文化启蒙。文化领导权的获得不是靠暴力手段实现，而必须经历一个漫长而缓慢的过程。这与文化领导权的性质有着密切的关系。文化领导权的实质便是在文化、伦理、意识形态层面获得大众的一致认可。暴力手段仅能达到行为的顺从，而对获得民众内心的认同则毫无帮助。取得民众心理上的认同则需要经历一段漫长的时间，在这个过程中，对民众进行文化启蒙是非常必要的。文化启蒙便是教化，是一个引导大众舆论，调整大众心理的手段，其中，知识分子发挥着无可替代的作用。在这里，知识分子发挥着一个"建设者、组织者和'坚持不懈的却说着'"的作用①。因此，现代教育同文化领导权的获得有着本质的内在联系。

　　可以肯定的是，中国的文化立国之路任重而道远，只有不断自我否定，不断

---

① 安东尼奥·葛兰西.曹雷雨,姜丽,张跣译.狱中札记.北京:中国社会科学出版社,2000:5

自我超越,中国的文化发展才能获得持久的生命力和无限的创造力。这正是马克思主义与时俱进理论品质的时代体现。同时,不同文化间的交流,亦是促进我国文化发展并融入世界文化的重要途径。搭建不同文化之间的桥梁,实现相互交流、互通有无,最终实现中华文明的伟大复兴,是我国学术界义不容辞的历史使命。具体到国外马克思主义研究领域,理论研究与当前社会发展需求相吻合,以文化立国的具体施行作为确立研究方向的重要参照,是当前中国国外马克思主义研究发展的重要轨迹,亦是国外马克思主义研究的价值所在。

【作者简介】 刘 腾 浙江大学思想政治理论教研部 2012 博士生
浙江 杭州 310028

弗洛姆的异化消费理论及其对当今中国的借鉴意义

吴 燕

【摘 要】 异化消费是弗洛姆对资本主义现行制度进行学理批判的核心范畴。弗洛姆通过对马克思异化理论和方法的借鉴,对流行于西方的消费主义进行了深刻的批判。在弗洛姆看来,过度的、虚假的消费是资本主义制度赚取利润的本性所必然。不仅人的自由本性在这个异化消费过程中被可怕地剥夺了,而且导致了大量"被动人格"的出现。弗洛姆异化消费理论对当今中国的借鉴之处在于必须确立起自主的、合理的消费观。

【关键词】 弗洛姆 异化消费 理性消费 当代价值

埃里希·弗洛姆(Erich Fromm,1900—1980)是美国著名的人本主义哲学家和精神分析心理学家,更是颇具影响的西方马克思主义学者。这位曾执教于法兰克福大学,并且是法兰克福学派最具批判精神的思想家,对资本主义社会的现行制度进行了深刻的批判。他认为资本主义社会虽然创造了日益丰富的物质产品,但它却使人向非人化方向发展,人与物、人与人以及人与自身的关系都陷于"异化"的状态。也是据此,弗洛姆对马克思的异化理论和方法推崇备至。他认为现代人创造的现代社会的文明成果如果一直处在"异化"的状态,那么,人类的前途是可悲的。本文无意面面俱到地讨论弗洛姆异化理论的全部思想,而是试图就他对资本主义社会的异化消费的批判理论做些剖析和评价,并在此基础上阐发它对当今中国人如何理性消费的某些借鉴意义。

一

弗洛姆对资本主义社会消费异化现象的批判是基于整个批判哲学的基础之上的。我们知道,法兰克福学派认为马克思最有价值、最值得后人推崇的是他的批判性。据此,他们主张"回到马克思,就是回到他的批判立场"。正是基于这样的立场,在西方马克思主义的各个流派中,以马尔库塞、弗洛姆等人为代表的法兰克福学派对资本主义的现存制度最具批判性和否定性。"异化消费"论是弗洛姆对资本主义社会进行学理层面批判的一个核心范畴。

弗洛姆的人格理论认为,对自由、幸福的欲求是人性的本然。在实现这一自由、幸福的过程中,不同的人具有不同的性格模式,并依据这个模式来融入社会。如果一个人按照人性的自由特性去充分发展,他就可以达到精神的健康状态;如果一个社会以符合人性的、满足真正的个人自由需要为基准,它就是健全的社会。弗洛姆认为,现代资本主义社会是个不健全的社会,它以人的病态化为代价来换取经济发展,所造成的最严重后果就是人的异化。弗洛姆在《健全的社会》①(The Sane Society)一书中对资本主义造成人的病态化及消费异化现象进行了揭露和批判。弗洛姆的结论是:在资本主义的现行制度下,人的自由及对幸福的追求被严重地压抑了。

与马克思主要借助"异化劳动"来对资本主义制度进行批判不同,弗洛姆把异化理解为精神或心理学问题。他认为异化是一种心理体验。在弗洛姆看来,所谓异化就是一种认识模式,"在这种模式中人把自己看做一个陌生人"②。弗洛姆认为,在现代资本主义社会里异化几乎无处不在,"它存在于人与他们的工作、与他所消费的物品、与他的国家、与他的同胞,以及与他自身的关系中"。③在这种状态中,人对自己周围的一切都显得很疏远、很隔阂、很无奈。"异化消费"就是其中一个重要表现。简单地说,异化消费所指称的就是人的这种不自主、不自由的受操控的消费行为。消费使人的一切都变成"交换和消费的对象",

---

① 弗洛姆的《健全的社会》是其《逃避自由》一书的续篇。在《健全的社会》中,作者力图表明,20世纪民主制度下的生活在许多方面形成了对自由的又一次逃避。作者对这次逃避的分析,是围绕着异化概念进行的。作者追问:精神健康的问题是否只涉及某些"不适应"社会的个体? 社会作为整体是否会患上精神病? 弗洛姆给出了肯定的回答。他认为现代社会使人们与自己创造的事物、自己建立的组织、其他人,甚至自己疏离开来。现代资本主义造就了无数"可支配的被动的人格"。对这种趋势放任自流的结果就是出现了为异化力量所支配的精神失常的社会。

② 弗洛姆.健全的社会.孙恺祥译.上海:上海译文出版社,2011:106

③ 弗洛姆.健全的社会.孙恺祥译.上海:上海译文出版社,2011:109

人在同自然、他人以及自身的交互作用中产生异化,他只成为一种商品,他自己的生命力也只是"一笔资本"。① 人为了逃避在不能发挥创造本质的劳动中所受的痛苦,消费成了人在世间的"避难所"。可是,这个"避难所"并不存在。

所以,弗洛姆的结论是:当代资本主义社会虽然已经在物质上进入了富裕社会,但人被异化的范围也更广泛了。人的自由本性被异化的悲剧已经由生产领域延伸到消费领域。消费本来是满足人们生活需要的手段,但消费的这一功能在当代资本主义社会却被异化成了消费主体的对立物。于是,在资本主义的消费社会里,商品的炫耀或面子价值走向前台,商品的使用价值却越来越微不足道。譬如当一个人说到"300万美元的物品"的时候,他所要关心的并不是它的用处、外观或具体特性,而是在说它作为一种商品所具有的能用金钱数量形式来表达其交换价值的品质。弗洛姆认为,在资本主义社会,金钱代表了一种抽象形式的劳动和努力,重要的是,它不必是"我"的劳动和"我"的努力的结果,因为"我"能通过继承或欺诈或运气或其他方式得到它。"如果我有钱,我就能够得到一张精美的油画,即使我可能没有一点艺术鉴赏力;我能买到最好的留声机,即使我毫无音乐感。"②

可见,在弗洛姆看来,资本主义社会创造了一个前所未有的物质富裕的世界。这个世界本来是人造的世界,然而人却感觉不到自己是一个创造者,反而成为自己创造出来的这个世界的奴隶。人所创造的这个世界没有成为人的自由和本质力量的确证,人所生产出来的消费品也没有成为人发展自我、实现自由的必需品,它们反而成为控制人、奴役人的新的"上帝":"人所创造的世界却成了人的主宰者。在它面前,人俯首帖耳。他竭尽全力地安抚它,巴结它。他用自己的双手创造的成果反过来成了他的上帝。"③

<h2 style="text-align:center">二</h2>

当年启蒙学者提出的"人是目的"的口号曾经带来资本主义的兴起和繁荣。但是,弗洛姆认为,在当今的资本主义社会,人却感觉不到自己是目的。为了逃避"异化劳动"(马克思语)所带来的身体和智力的摧残,人们企图以消费来补偿,人们企图在消费中享受自以为很自由的、不受限制、不受压抑的活动,来弥补劳动中不自由的缺憾。于是,幸福被简单地等同于消费。但是,人们在这种"强迫

---

① 弗洛姆.爱的艺术.李健鸣译.上海:上海译文出版社,2008:78－81
② 弗洛姆.健全的社会.孙恺祥译.上海:上海译文出版社,2011:115
③ 弗洛姆.健全的社会.孙恺祥译.上海:上海译文出版社,2011:159

性消费"和"虚假满足"中却体验不到自由和幸福。事实上,这种异化消费恰恰剥夺了人对自由、幸福的追求。

依据弗洛姆的相关理论,我们可以把"异化消费"的不合理性梳理为如下几个方面:

第一,人的自由本性被异化了。资本主义的利润最大化法则,恰如一只看不见的手,推动着资本主义制度下的经济活动必然以逐利为唯一目的。经济活动被视为一个完全独立于人的需求及人意志的自主、自觉之外,经济的发展不再受到什么对人道主义、人类整体利益这些问题的限制,只要不违反国家的法律,一切均被利润所算计。于是,正如马克思在《资本论》里揭露的那样,资本主义生产的内在规律要求不断地发展生产,因而必须不断地扩大消费。它甚至不惜动用一切可以动用的宣传机器(譬如铺天盖地无处不在的广告)不择手段地来刺激人们的消费欲望。这样,人就渐渐变成了消费的工具。更为严重的是,在这样的宣传下,人们购买消费品不是为了使用或享受,而只是为了占有它们,因为占有可以标明他的社会地位,占有可以为他博取名望。弗洛姆认为,正是这种消费方式使人们对消费永不满足,如饥似渴,从而产生了以商品作为信仰的人。正是在这样的情境下,人的自由本性被泯灭了,人的幸福感也被剥夺了。

第二,消费的本质从手段变成了目的。弗洛姆认为,在现行的资本主义社会里,人们满足于无使用价值的占有与幻想的消费需要,人们的消费狂倾向已经与人的真实需求失去了健全的或者说理性的关联性。本来,消费更多更好的商品对一个人来说意味着一种更为快乐和自由的生活,消费是使人快乐或幸福的手段,但是现在消费却异化成了目的。弗洛姆这样形象地写道:"我们吃一块无味而没有营养的面包,只是因为它满足了财富和身份的幻想——它是那么洁白和'新鲜'。实际上,我们只是在吃一个'幻想',与我们吃的东西失去了真实的联系,我们的口味、我们的身体,被排除在这一消费行为之外。我们在饮用标签。拿到一瓶可口可乐,我们是在饮用广告上的俊男俏女,我们是在饮用'停下来提提神'这个广告词,我们是在饮用伟大的美国习惯,我们绝不是品尝味道。"[①]从理性主义的立场看,消费应该是人类的自觉行为,人在消费中应该是一个具体的、有感觉的、有情感的、有理性判断能力的人,消费行为应该是充满真实意义,而且体现人之本质的创造性的情感体验,但在资本主义异化消费理念的笼罩下,人们成了消费狂。消费基本上变成了是消费主体对消费品符号的满足,是一种与我们具体的、真实的自我相分离的虚幻的满足。于是,一旦消费从手段变成了目的,人也就变成了商品的奴隶。

---

① 弗洛姆.健全的社会.孙恺祥译.上海:上海译文出版社,2011:116

第三，人格从主动被扭曲为被动。由于利润最大化的推动，消费不断地被鼓动，整个社会便趋于病态。而病态的社会必然产生病态的人格。消费异化的最典型特征是社会上出现了"消费人"这一性格类型的人。人们患上了喜新厌旧症，普遍相信"旧的不去，新的不来"，不停地购买又不停地抛弃，然后再不停地购买再不停地抛弃。在这样循环往复、无休无止的消费过程中，人"越来越成为一个贪婪的、被动的消费者"。这样，消费异化就产生了许许多多的"被动人格"。这种人的内心是虚空的，他始终被购买更多、更好、更时尚的东西的可能性所迷惑或诱惑，于是，他始终不由自主地要吃、要买、要拥有和使用更多的东西。只有通过不断地消费，那些空虚、寂寞和无意义的感觉才会暂时离开心灵，他才会感到自己还是个活着的人。弗洛姆认为，这种"被动人格"不仅体现在他购买消费品时是被动的，而且在闲暇时间里他也是不自由的、被动的消费者。他被动地"消费"球赛、电影、报刊、书籍、演讲、自然景色以及社会的集会活动，就如他用异化的方式去消费他买来的各种商品一样。可见，现代西方资本主义的经济制度在高生产与高消费的过程中，不仅必然造成严重的浪费倾向，而且对人的心理和人格也必然产生不良影响。

因此，弗洛姆认为，虽然异化是人类社会经常会发生的现象，但在现代资本主义社会中，无论从广度和深度上都达到了空前的程度，几乎是无孔不入、无所不在，异化几乎渗透到了社会生活的各个方面，尤其是在消费领域中，这一情况最为严重。他断言，这样的现象如果不予以消除，人类社会的美好前景和人的自由及幸福的实现是无法想象的。

三

弗洛姆对异化消费的批判理论对我们有着显而易见的借鉴意义。我们知道，在当今中国，随着市场经济的发展和繁荣，人们的需要不仅有了量的增加，而且发生了质的变化，即由基本型需要发展为享受型需要。于是，一个非常推崇节俭美德的民族，也出现了异化消费的现象。这一现象以房地产领域最为明显。

可以肯定的是，随着我国社会经济的迅速发展，人们物质生活水平的逐步提高，改善居住条件成了当今中国人的普遍消费追求。这是毋庸置疑的事实。但由于我国的基本国情是人多地少，理性的住房消费应立足于以满足人的基本需要为目的。但遗憾的是，目前伴随着我国社会的贫富分化愈来愈大的格局，一方面是城镇中低收入阶层的住房难，另一方面却是新贵阶层对豪宅别墅的狂热追求。这就必然导致：住房市场的供给结构不合理，市场供应的高价位的商品房比重过高，经济适用房供应则严重不足。2005 年 4 月 4 日的《光明日报》曾经发表一篇"我们应该买多大的房子"的文章。文章说:"这些年,我国有一个不好的风气,那就是房子一定要买得很大,动辄就要 100 平方米以上。"这不能不引起我们的警惕和反思。事实上,以弗洛姆对异化消费的批判理论来看,当今中国的房地产消费的确出现了异化消费的现象。这一异化消费主要表现为:

第一,从人与自然关系来看,是对土地这一自然资源的异化消费。我国是一个人多地少的发展中国家,人们对豪宅甚至别墅的高消费追求,不仅不适应我国社会主义初级阶段的基本国情,而且必然会过度消耗我们有限的土地等自然资源,从而影响我国经济社会和生态的可持续发展。有统计资料表明,近 10 年来全国耕地减少 1 亿多亩。如果照此速度,再过 20 年,我国人均耕地占有将低于联合国规定的 0.53 亩的警戒线。也就是说,再过 20 年的中国能不能靠自己的土地种植粮食养活自己都将成为一大问题。问题的严峻性还在于,豪宅别墅的异化消费不仅占用过多的耕地,而且也破坏着我们的自然生态平衡。这会带来大自然的报复。弗洛姆就这样说过:"我们奴役自然,为了满足自身的需要来改造自然,结果是自然界越来越多地遭到破坏。想要征服自然界的欲望和我们对它的敌视态度使我们变得盲目起来,我们看不到这样一个事实,即自然界的财富是有限的,终有枯竭的一天,人对自然界的这种掠夺欲望将受到自然界的惩罚。"[①]可见,严峻的现实要求我们必须反思我们的消费行为。我们必须克制自己的过度的异化消费欲望,回归以满足人的基本居住为主的理性消费。只有这样才能保护好我们的生态家园,使我们的经济社会能够健康持续地向前发展。

第二,从人与他人的关系看,是对他人对社会和谐关系的异化。从人的社会本性来看,消费其实是个社会化的过程。豪宅别墅的异化消费显然带来这一社会化的障碍。譬如消费者把豪宅别墅看成了社会地位身份的象征或洋洋自得或顶礼膜拜,与此同时,住不起豪宅别墅的人则自卑自责甚至因嫉妒生恨。于是,人与人之间最美好、最真实的情感不见了,人际关系被城市林立的钢筋水泥建筑所隔断,变得冷漠、疏远、虚伪、功利。弗洛姆就曾经这样说过:异化消费"使消费者不尊重劳动和人创造的成果,使消费者忘记了在他自己的国家和更贫穷的国家中还有许多衣食不济的人,他所浪费的东西对这些人就可能是最珍贵的东西"[②]。而且,异化消费还必然导致社会人文环境的恶化。异化消费使一部分人挥金如土,有钱买豪宅别墅,过多消耗了社会的有限资源,而另一部分人则挣扎在温饱线上,连基本的居住问题都难于解决。这不仅激化了由于贫富差距造成的社会矛盾,而且造成了资源消费的代内和代际的不公平,从而必然影响社会的

---

① 弗洛姆.占有还是生存.关山译.北京:三联书店,1989:10

② 弗洛姆.健全的社会.孙恺祥译.上海:上海译文出版社,2011:105

和谐和稳定。

　　第三，从人与自身关系看，是对自我生命本性的异化。有学者的调查研究表明，房子的欲求正成为现代人最不快乐的首要影响因子。[1] 在时下的中国，财富左右着人们的消费行为。一方面，有钱人对豪宅别墅的追求，往往是为了满足自己在人前夸耀的虚荣心，豪宅别墅成了他们社会身份和地位的象征，他们把追求物质欲望的满足作为了生活的全部内容。另一方面，很多中低收入阶层的人，在开发商的诱人广告的驱使下，也加入了对大房豪宅的盲目追逐中，为了超前消费而不惜四处借贷，沦为人前显耀人后受罪的"房奴"。可见，在当今中国，无论你是否有钱，在住房的异化消费中均迷失了自我。这种迷失的最糟糕的结局甚至可能引发社会的危机与动荡。美国的次贷危机即为一形象的注解。我们知道，按照国际惯例，购房按揭贷款是20％～30％的首付然后按月还本付息。但美国为了刺激房地产消费，在过去10年里购房实行"零首付"，半年内不用还本付息，5年内只付息不还本，甚至允许购房者将房价增值部分再次向银行抵押贷款。这个当时被称为"世界上最富想象力最浪漫的"购房按揭贷款制度，让许许多多的美国人超前消费、超能力消费，连穷人都住上了大房子。但最终的结果是贷款者还不了房贷，导致了银行的倒闭，从而引发了全球的金融危机。所以，诸多的西方学者在总结金融危机的教训时深刻揭示出了这背后的文化根源："异化消费"。

　　因此，最终的结论是：面对当今中国房地产领域异化消费的现实，我们既不能持消费悲观主义态度，因异化消费而忽视正常消费在人们生产、生活中所占据的重要位置，又不能持盲目乐观态度，放弃对异化消费的人文批判。本文对弗洛姆异化消费批判理论的阐发正是企图做一点人文批判的个人努力。希望这一努力对引领中国房地产市场的健康发展能有某种正能量的推动。

【作者简介】　吴　燕　丽水市教育局
　　　　　　　　　浙江　丽水　323000

---

[1]　张应杭.国学智慧与快乐人生.处州晚报，2010-4-22

传统文化的当代

价值研究

论中国传统适度消费伦理思想及其现代意义

赵恩国

【摘　要】　以自然经济和小农生产方式为基础的中国传统社会一直以来都提倡节俭的、适度的消费方式,而这种消费的主张始终与"修身"、"全性"等道德修养相关联,体现出德性主义倾向的伦理本质。传统社会形成了以"崇俭黜奢"为主流的适度消费伦理思想。在当今消费日盛,人的物质欲望受到极大激发的时代,这种适度的消费主张无疑具有积极的现代意义。

【关键词】　传统伦理　适度消费　崇俭黜奢　现代意义

现代市场条件下的消费已被视为单纯的经济行为,而它本身所具有的伦理性质,以及它作为现代人的生存方式之一所应当具有的人的主体性质都被现实的利益交换所替代——人掩藏在物质的海洋,自以为得到了解放。人的消费成为了赤裸裸的交易和自我欺骗。人心一旦失去了道德的限制,便无所敬畏而狂妄、贪婪。此时,我们返归中国传统伦理文化,去重新发现和解读消费的真实含义,以及它所代表的一种生活方式或修行方式,或许可以为现代人的心灵迷失找到复归的正途。

一、传统消费观的伦理本质

按照马克思的社会发展演进的三种形态说,中国传统社会属于第一阶段,即"人的依赖关系(起初完全是自然发生的),是最初的社会形态,在这种形态下,人的生产能力只是在狭窄的范围内和孤立的地点上发展着"①。处于这种社会形态之下的人，具有"原始的丰富性"，即他们的生产目的只是人本身，为了人的生产与再生产，是生产为人服务，人的发展处于一种圆满的境界。但马克思又说："在发展的早期阶段，单个人显得比较全面，那正是因为他还没有造成自己丰富的关系，并且还没有使这种关系作为独立于他自身之外的社会权力和社会关系同他自己相对立。留恋那种原始的丰富，是可笑的，相信必须停留在那种完全的空虚之中，也是可笑的。"②由于自给自足的自然经济和男耕女织的小农生产方式，传统社会的生产力水平不发达，物质生活资料也就极为匮乏，"使得人们只有通过禁欲性的道德规范来制止物质财富的过度消费"。③ 同时传统社会是一个等级森严的封建专制和宗法礼制社会，人们只有依赖社会群体，严格遵守普遍的道德原则和规范才能获得生存与发展。这些都决定了传统社会人们的生活方式是禁欲主义的、理性主义的，它所颂扬的消费模式也只能是自足消费、等级消费、依礼消费和节俭消费。

传统社会的统治阶级无论出自何种目的，一般都会在节俭消费、适度消费上达成一致，都以"强本节用"为治国安邦的重要措施，以此缓解生产与消费之间的矛盾，并且一方面借以树立道德标杆，实现对广大劳动群众教化和统治；另一方面，用以约束统治者的行为，避免因自身奢侈无度、荒淫无道和横征暴敛激起下层人民的反对，而达到统治地位的稳固与持久。周朝建立之初便以"敬德保民"、"敬德配天"为理论思路，提倡"恭俭惟德"的德性主义倾向消费伦理思想。在《尚书·多士》中周公以"上帝引逸"（上帝制止游乐），"无康好逸豫"（《尚书·康诰》），"不贵异物贱用物"（《尚书·旅獒》），"惟辟玉食"（《尚书·洪范》）等警言规劝王侯要以俭朴为美德，不要骄奢淫逸、玩物丧志，终至毁国败家。历代明君贤相也都提出节俭的消费思想，诸葛亮在《诫子书》强调"夫君子之行，静以修身，俭以养德"。《贞观政要》中也有"奢侈为戒，节俭为师"的道德训诫。他们一方面是在国家财政消费上，主张节用，反对在宫室、丧葬等方面的大肆铺张；另一方面，在个人消费上，主张遵循宗法等级道德规范进行消费，反对驰骋田猎、耽于声色的奢靡生活，如董仲舒明确规定"度爵而制服，量禄而用财"（《春秋繁露·服制》）的消费思想。这些都为保持传统社会的社会稳定、维护统治阶级的统治秩序起到了思想教化、淳化风俗的作用。

---

① 马克思恩格斯全集(46)(上).北京：人民出版社,1979：104
② 马克思恩格斯全集(46)(上).北京：人民出版社,1979：109
③ 陈尚志.人的自由全面发展论.北京：中国人民大学出版社,2004：8

二、"崇俭黜奢"的适度消费思想主流

　　从整体上来说,传统消费伦理思想是以"崇俭黜奢"、"适度消费"为其主流的。先秦儒家、道家、法家和墨家都排斥铺张浪费、奢侈无度的生活方式。作为传统社会道统的儒学思想,一直遵守孔子"宁俭勿奢"的消费主张。先秦儒学以孔子、孟子、荀子为中心,都主张人的欲望的合理节制,人的消费都应在礼的范围之内按照一定的礼仪规范和等级次序进行。如孔子提出"礼,与其奢也,宁俭"。(《论语·八佾》)荀子主张"节用以礼"的消费观,这样才不会因欲求的"无度量分界"(《荀子·礼论》)而导致社会混乱失序。另一方面,节俭作为一种君子的美德加以褒扬,并且还是自我修身的重要方式。孔子要求"君子食无求饱,居无求安",因为"君子谋道不谋食",君子所执著追求的不是甘美的饮食和安定的居所等物质享受,而是内心对道的执著追求。孟子的"养心莫善于寡欲",强调节俭的生活方式在修心养性中的重要作用,奢侈浪费的生活方式坚决不为,"堂高数仞,榱题数尺,我得志,弗为也;食前方丈,侍妾数百人,我得志,弗为也。般乐饮酒,驱骋出猎,后车千乘,我得志,弗为也。在彼者,皆我所不为也;在我者,皆古之制也,吾何畏彼哉?"(《尽心下》)。

　　但他们并没有在节俭的宣扬中否定合理消费的客观存在。孔子说:"饮食男女,人之大欲存焉,死亡贫苦,人之大恶存焉"(《礼记·礼运第九》)、"富与贵,是人之所欲也"、"贫与贱,是人之所恶也"(《论语·里仁》)。他当然也不拒绝符合原则的合理消费,"富而可求,虽执鞭之士,吾亦为之"。(《论语·述而》)孟子也强调基于人的感性欲望的消费的合理之处:"口之于味也,目之于色也,耳之于声也,鼻之于臭也,四肢之于安佚也,性也。"(《孟子·尽心下》)"好色,人之所欲";(《孟子·万章上》)同时他也表达了富贵是人所欲的命题,"富,人之所欲";"贵,人之所欲"。(《孟子·万章上》)可见,孟子的寡欲论与佛教的禁欲主义消费观是有着极为不同的立论前提。同时荀子也以"足欲"的理论分析了人的欲望满足的合理性。儒家伦理发展至宋明理学时期,其德性主义伦理价值倾向越发明显。朱熹等人在"存天理,灭人欲"的道德宣讲中,把天理和人欲绝对对立起来,宣扬"饿死事极小,失节事极大"的禁欲主义,一味拔高道德的价值理性,结果只能催生假道学和伪君子。而与朱熹针锋相对被斥为异端的事功学派则看到了这一点,陈亮和叶适等人就提出功利主义的伦理思想,以自然人性论为基础论证了义利、理欲的统一,强调人的物质消费的正当性与合理性。可见在历史上,儒家从整体来说对人理性的适度消费是持肯定态度的。

　　先秦法家、墨家也都提倡节俭消费。韩非子反对奢侈的生活方式,认为这样

是"养殃",过度的消费会造成严重的经济和政治后果,因此他主张"俭于财用,节于衣食,宫室器械,周于资用,不事好玩,则入多。入多皆人为也"。(《韩非子·难二第三十七》)节俭消费不仅可以避免奢侈消费引发的人的"骄心",而且还可以达到量入为出的效果。墨子则在《节用》、《节葬》、《非乐》、《辞过》等篇章中提倡统治者在衣服、饮食、宫室、舟车、男女、丧葬等全面的节俭,并主张"节俭则昌,淫佚则亡"的消费观。

佛教禁欲主义的消费伦理思想也有相当大的影响。它主张一种低消费的苦行主义,佛教徒要守持各种清规戒律,加强心性修养,做到明心见性。但是,主张节俭的主流伦理思想并不是如佛教禁欲主义式的低消费伦理观,而是暗含着适度的原则。荀子在主张节俭的同时,也指出若按墨子式全面的实行节俭,则"天下尚俭而弥贫"(《荀子·富国第十》),并提出"节用御欲"(《荀子·荣辱第四》)、"节用裕民,而善藏其余"(《荀子·富国第十》),节俭的消费方式其目的是为了使人民的欲望得到适度的宣泄,使人们的生活更加富裕、安宁,一味节俭只能使国家、人民都陷于贫困。

道家思想的消费主张近乎佛教的禁欲主义,但又不同于这种低消费观。道家思想的核心是"道法自然",因此在消费上认为沉溺于纯粹的物质享受是有违人的自然天性的。老子说"五色令人目盲,五音令人耳聋,五味令人口爽,驰骋田猎令人心发狂,难得之货令人行防。"(《道德经·第十二章》)庄子也认为"其嗜欲深者,其天机浅"。(《庄子·大宗师》)老子是崇尚节俭的消费方式的,俭是老子的"三宝"之一,因为节俭"能广",即慷慨、大方。(《老子·第六十七章》)所以老子的节俭就是不奢侈、不妄为,如此才能真正大方得起来。因此,道家的消费是充满辩证法思想的,他们主张"见素抱朴,少私寡欲"、"居其实,不居其华"的生活方式,"致虚"、"守静"的修养方式,"知足"、"知止"的消费态度,以达到"法天贵真"、"不役于物"的自由状态。因此,贯穿于道家思想始终的就是这样一种顺应自然、知足常乐的适度消费理念。

历史上也不乏倡导奢侈消费思想的人,但他们讨论奢侈都有一定的范围界定,而不是一味颂扬奢侈的消费思想。管仲认为奢侈消费有其积极的作用,他说"富者靡之,穷者为之";"巨瘴窖,所以使贫民也;美垄墓,所以使文萌也;巨棺椁,所以起木工也;多衣衾,所以起女工也"(《管子·侈靡》),富人的奢侈消费,譬如厚葬,可以为穷人带来一定的收入,创造一定的社会就业。其次,"通于侈靡,而士可戚"(《管子·侈靡》),奢侈消费可以团结士人,笼络人心。但他同时主张节俭的消费方式,他认为:"国侈则用费,用费则民贫,民贫则奸智生,奸智生则邪巧作。故奸邪之所生,生于匮不足;匮不足之所生,生于侈。"(《管子·八观》)西汉武帝时期的桑弘羊曾主张"节奢刺俭"的消费观。他论证道:"大夫曰:古者宫室有度,舆服以庸;采椽茅茨,非先王之制也。君子节奢刺俭,俭则固。昔孙叔敖相楚,妻不衣帛,马不秣粟,孔子曰:'不可,大俭极下。'此《蟋蟀》所为作也。"(《盐铁论·通有》)过度节俭并不能使自我修养得到提高,更不能以此治理好国家,因此桑弘羊继承和发展了管仲的奢靡消费观,主张扩大消费以刺激经济增长。但桑弘羊所反对的是"大俭"即过度节俭,是奢侈无度的另一个极端。魏晋时期享乐主义和奢侈消费也曾流行起来,《列子·杨朱篇》以人之死的必然性为论据,以个体的生命价值为最高原则,宣扬"贵己"、"重生"等利己主义的消费伦理思想,只希求个体自我欲望的放纵与感官满足。"恣耳之所欲听,恣目之所欲视,恣鼻之所欲向,恣口之所欲言,恣体之所欲安,恣意之所欲行。"但这种当时上流社会的奢侈之风和纵欲主义、享乐主义的消费观带来了严重的社会后果,受到众多时人诟病,正如傅咸所说:"奢侈之费,甚于天灾。"[1]明清时期商品经济有了长足的发展,奢侈消费的思想又盛行起来。一些思想家公开批判"崇俭黜奢"的消费传统,明代的陆楫就批评"黜奢崇俭"的观点,他说,节俭只能使一人一家免于贫困,但不能使天下富裕,使天下富裕的方法唯有崇侈,"不知所奢者,不过富商大贾豪家巨族,自侈其宫室、车、饮食、衣服之奉而已,彼以粱肉奢,则耕者、庖者分其利;彼以纨奢,则鬻者、织者分其利。"这是从宏观角度充分肯定了奢侈消费对国家经济发展的推动作用。但陆楫认为奢侈消费并不是毫无目的的浪费,"若使倾财而变之沟壑,则奢可禁。"(陆楫《蒹葭堂杂著摘钞》)

纵观传统社会的消费伦理观,可见真正支持奢侈消费和极俭主义的低消费的人在历史上是不多的。虽然在魏晋时期有纵欲主义、享乐主义思潮的一度兴盛,还有管仲、桑弘羊等人以及明清时期一些思想家倡导奢侈消费观,但其主流始终是崇俭黜奢、取用有度的消费伦理思想,人们在强调节俭、反对奢侈的同时也注意到了过度节俭的消极影响。崇俭黜奢、取用有度的消费思想在实质上就是一种适度消费观,它并不是禁欲主义式的抑制消费,而是在满足人的基本物质资料消费基础上,对奢侈浪费的否定,规劝人不要在外物的沉迷中而丧失本性。

三、传统适度消费观的现代意义

马克思在《1857—1858年经济学手稿》对人类社会三阶段的分析中说道:"家长制的,古代的(以及封建的)状态随着商业、奢侈、货币、交换价值的发展没落下去,现代社会则随着这些东西一道发展起来。"[2]传统向现代过渡中,一些文

① 唐凯麟,陈科华.中国古代经济伦理思想史.北京:人民出版社,2004:281
② 马克思恩格斯全集(46)(上).北京:人民出版社,1979:104

化价值不可避免的得到抛弃，同样一些基本的思想得到继承和发展。

而且，"马克思对人的发展的三种形态划分是概要的、总体性的、脉络式的。事实上每一个更高的形态只是就其主导形态来说的，与之同时存在的还有作为它的前提和基础的人的早期发展形态残余，这些东西在现实的人身上以迭加、累积的形式表现出来，但是占主导地位的形态在这个阶段已经成为一种普照的光。"①传统社会的伦理文化不仅因其作为上层建筑有其相对独立性的现实存在，而且这种存在依然会为占主导地位的社会形态的发展依然会提供丰富的思想材料。我们首先应当破除对马克思主义和传统伦理文化的教条式理解，坚持马克思主义的基本原则和价值目标，同时认识到现代化过程在遵循社会发展的一般规律的同时，在不同的国家和民族中间同样有着不同的演进形式，有着鲜明的民族、地域特色。因此，我们应当"从传统文化中寻找到现代化的精神支点，以此为依托来吸收、消化西方的先进文化，从而使得现代化文明成为民族精神的体现。"②积极探索民族的文化个性与人类文明的积极成果相结合的道路，才是我们对待传统伦理文化科学的以及辩证的态度。

从这样一个马克思主义伦理文化观的角度出发，我们发现，传统适度消费思想虽然有其局限性，但它又是一个开放的思维方式。在一个物质生产力发展水平极其有限的社会中，这种适度的消费伦理观有着它特定的含义，而其核心价值理念和理性智慧仍充满着普遍适用的因子。从总体上看，传统消费伦理思想从天人合一、人我合一以及身心合一等三个维度突出了消费的伦理意义。它为人的生产与消费设立了内在的道德界限，人不应当为了满足自我的贪婪欲望去侵夺自然万物的生存空间、去损害他人的利益以及破坏社会的秩序、去打破自我的身心和谐以致人的本质发生异化。传统适度消费伦理思想以天人合一的宇宙论和认识论为立论基础，主张对自然资源适度合理的取用。同时，它又设立各种道德原则和规范，譬如孔子主张"节用以礼"、"见利思义"的消费观念，从而使人与人之间的消费关系不致简单化为单纯的利益关系。并且，这种"崇俭黜奢"的消费思想为人心设立的无形的屏障，它以"寡欲"、"恬淡为上"的理性自觉，克制自我私欲的膨胀。

当今严重的生态危机早就警告世人取用无度的消费方式已严重威胁到人类整体的生存与发展。没有界限的掘取最终会使人类自己引火烧身。不公平的消费关系使人们的消费已很少顾及个体和他人的存在，完全物质化的消费模式造成太多漠视生命的现象发生。利己主义、享乐主义、消费主义的思想盛行必然会

---

① 陈尚志. 人的自由全面发展论. 北京：中国人民大学出版社，2004：109
② 唐凯麟，曹刚. 重释传统：儒家思想的现代价值评估. 上海：华东师范大学出版社，2000：43

造成理想的泯灭，道德的沦丧和社会的失序。从现代社会所普遍遭遇的生态危机、社会危机以及人性危机这些事实出发，我们发现，中国传统适度消费伦理思想其现代意义的核心就是，它为现代人们的消费行为与消费关系提供了一个"度"——对自然的敬畏，对他人以及社会的人性尊重，还有对自我身心完整性的体验。儒家的"寡欲"论，甚至道家、佛教的"无欲"论，其实做的是心灵上的减法，它要在主动丢弃一部分不必要的东西之后找寻内在灵魂的愉悦。消费是一种生活方式，更是一种自我约束、自我节制的修行方式。

【作者简介】 赵恩国 浙江大学思政部马克思主义基本原理专业 2012 级博士研究生

浙江 杭州 310028

儒家人本德育观对高校德育的启示

李晶晶

【摘　要】　儒学中蕴涵深刻的人本思想，可以借鉴到高校人本德育建设中。本文在分析当前德育现状基础下，试图通过挖掘儒学人本思想的精华，以解决当前高校人本德育工作面临的挑战和问题。

【关键词】　儒学　高校德育　人本德育观

一、儒学人本思想的溯源

人本主义顾名思义以人为本，重视人的生命价值，把人置于最重要位置。中国人本思想较早见于《易经》："观乎天文，以察时变；观乎人文，以化天下"。在此，人文即人本之意，以人之伦理来推及天下。而以孔孟为代表的古代儒家思想是极具人本思想的。儒家重视人的价值和责任，重视人格完善和社会发展的关系。从孔子的"入则孝，出则悌，谨而信，泛爱众，而亲仁，行有余力，则已学文"到孟子的"仁者无不爱也"，都不难发现"天道远，人道迩"的人本精神。

在中国古代的农业社会里，由于人们的生产力水平低下，人们对自然界的权威抱着极大的恐惧，鬼神直接凌驾于人之上。到了周朝，周人鉴于殷人的失败和创业的艰难，开始意识到人民的力量和执政者道德品质的重要性，并把历史与人作为自己的认识对象，从而使自己从盲目迷信天神和祖宗神的蒙昧主义中获得一定程度的解放。到了春秋时代，"吉凶由人"、"天道远，人道迩"等人本主义思想得以初步形成。以孔子为代表的儒家学说从维护宗法道统，恢复周礼的目的出发,对天道鬼神采取了敬而远之的态度,因此他主张"敬鬼神而远之"、"子不语怪、力、乱、神"。更重要的是,他把人放在比鬼神等重要的地位,更关心人的现世生活。所以,当孔子的学生问及鬼神之事,孔子答曰:"未能事人,焉能事鬼? 敢问死,曰:未知生,焉知死?"《孝经》引用孔子的话说,"天地之性人为贵",认为人是天地间所有生物中最为高贵的。孟子强调,人与禽兽存在本质差异,他曾向人发问:"犬之性尤牛之性,牛之性尤人之性与?"在孟子看来,人的本性与牛和狗的本性是根本不同的,岂可相提并论。荀子更明确指出了人对于一般动物的高贵之处,他在《王制》一文中说:"水火有气而无生,草木有生而无知,禽兽有知而无义,人有气有生有知亦且有义,故最为天下贵也。"儒家的人生哲学是把人视为万物之首,体现了儒家学说以人为本的思想。

二、儒学人本主义教育思想的基本构成

1. 儒学人本观念的核心——仁爱之心

儒家的人本精神蕴涵于以"仁"为核心的思想体系中。古代儒家先师把仁爱之心作为安身立命的思想基础。儒家思想的发展始终以人为中心,仁的基本要求是爱人、爱众。因此,从孔子的"仁者爱人"、"泛爱众而亲仁"思想到孟子的"仁者无不爱也"的论述,都无不表达出对"仁"的推崇。仁学在价值取向上以人为本,闪烁着早期人本主义思想的光辉。它在当时尚武尊天的价值取向下脱颖而出,在黑暗的世界里替人们点起了一盏明灯。仁学的产生、发展以及传播,使暴力掠夺逐渐失去合法性,使人们缓慢地开始把思想从征询天意和神谕的宗教崇拜转向现实人生。因此,"仁"所蕴涵的思想价值正在于人文和天文的分离,文明对暴力的否定,人性对兽性的胜利,人道对神道的超越。

2. 儒学人文理想的目标——道义

儒家的人文理想,体现为以"义"为目标的人格设计和社会设计。如果说仁爱是一种内在精神,那么道义就是一种外在追求。儒家从人的道德属性出发规定人的本质,再从人的社会关系出发设计理想的人和理想的社会。理想人格是理想社会的基础,所以第一步是修身,第二步是齐家,第三步是治国,第四步是平天下。理想人格是"以义为质",言义不言利,求德不求财,论道不论器,谋公不谋私,胸怀坦荡,气宇轩昂,知耻洁身,矜而不争,群而不党,泰而不骄,表现出温文尔雅的君子气质和风范。人皆以道义为准则来规范自身,成就君子人格,那么社会就会形成良好风气,从而构筑起和谐社会。儒家的理想社会包括最高理想的大同社会和基本理想的小康社会。大同社会以"大道之行,天下为公"为特征,小康社会则以"治人之七情、修十义、讲信修睦,尚辞让、去争夺"为特征。显然,大同社会的内蕴"公"是在小康社会"义"的基础上的升华。儒家的人格设计和社会设计,对中国历史产生了深远影响。中华历史长河中的精英和英雄无不被儒家人格学说所感染,从中获得精神滋养。大同和小康社会的划分,表明务虚和务实的结合。在一定的历史阶段,大同世界只是一个五彩缤纷的幻影,当下应该追寻一个衣食无缺、仁义礼信的和谐的小康社会。因此,在一定意义上,儒家的理想社会比柏拉图的理想国、莫尔的乌托邦等更具现实色彩。

　　3. 儒学人生规范的要义——礼

　　儒家的人生规范体现为以"礼"为内容的一整套操作规程。西周空前繁盛的礼乐文化,奠定了中国古代人文规范的基本准则。儒家对西周以来的礼制在进行继承维护的同时,又加以删削增补,归纳整理,使之进一步系统化、规范化和制度化。如果说,"仁"是一种观念,"义"是一种作风,那么,"礼"则是一种操作程式。所谓"礼以行之","礼之可言,可履践而行",就是意味着通过礼付诸实践来表现内仁和外义。可见,礼是立身处世的依据,更是处理人际关系的准则。对于个人成长和人格完善来说,"不学礼,无以立";对社会活动和文化活动来说,必须"博学于文,约之以礼";对于国家政治来说,要做到"为国以礼";对于个人情感表达来说,要注意"发乎情,止乎礼义";即使对于去世的人来说,也要做到"葬之以礼,祭之以礼"。礼成为人生各种活动必须遵循的条例,孔子的"非礼勿视,非礼勿听,非礼勿言,非礼勿动"即阐明了此问题。礼的设置和施行,对稳定社会秩序和规范社会思想行为起到了积极作用。

三、儒学人本思想对高校德育的现代启迪

　　1. 以"仁"为道德取向,提倡师生富有仁爱之心

　　从古至今,儒学这种仁爱思想对我国传统文化的形成产生深刻影响。"仁"的基本要求是爱人、爱众。在高校中,以"仁"为价值取向表现在学生们应具有爱他人、爱社会的情操。余秋雨先生曾经有过这样一段话:唐末一个逃难者在严寒之夜被拉进了一扇柴门,宋代一个书生涉江落水被路人救起,这很可能是我的祖先。一场灭绝性的征缴不知被谁劝阻,一所最小的私塾突然在荒村开张……这些事情,也都可能远远地与我有关。因此,我们区区五尺之躯,不知沉淀着多少善良因子。同时我也回想起了这样一则报道:一个 12 岁名叫悦悦的小女孩,被车碾压倒地,奄奄一息。经过她身边的 18 位路人皆冷眼离去,最终小生命离开了这个冰冷的人间。为何现今社会如此无情,仿佛看不到哪怕一丁点善良,而善良仁爱在古老的中华大地,传承了几千年,为何到了现在会慢慢流失?我们的爱心去哪里了?我们中国几千年的仁爱思想去哪里了?这值得我们社会反省,更

值得大学生深思。科学的发展经济的腾飞,而人际关系的矛盾和冲突日趋凸显。在这样的环境下,当代大学生也越来越以自我为中心,严重缺乏社会责任感和人文关怀精神。又因当今社会竞争日益激烈、生存压力不言而喻,大多数大学生疲于应付自己的就业和前途,无暇关心帮助他人,而此时对大学生进行仁爱教育的必要性就更凸显出来。大学生也应主动积极吸取儒家文化的精华,反省自我,完善自我,以仁爱之心待人待己更是缓解和消弭人际冲突的一个重要途径。从高校教师角度,教师应不断践行仁爱精神,做到爱教育爱学生。前段时间,温岭幼师颜艳红被曝出虐童事件,一石激起千层浪,在网上引起轩然大波。事件主角对学校里小孩子的所作所为令人发指,且在受到处罚后表现出的恶劣且不自省的态度同样让世人寒心,教师素质让人质疑。高校教师应引以为戒,不只停留在传道授业解惑的层次,更应以学生为主体,从学生角度出发去关爱他们。

在高校德育中,应对儒学的"仁爱"思想,取其精华弃其糟粕。从学生教师出发,把道德教育和爱心教育相结合。首先,教师应以身作则,真正地关爱学生,同时教会学生怀有一颗真挚的爱心和一双动情的眼睛去关爱他人,关爱社会,引导学生发自内心的关心人、尊重人、理解人,让人性的光辉存在每个人身边。大学生更应自觉地加强自身修养,发扬仁爱精神,爱人民爱社会。子曰:"人而不仁,如礼何? 人而不仁,如乐何?"就是启迪世人,人只有具备真诚的心意才可称之为具有完整人格。在现今社会失德现象层出不穷,让世人心痛,更能反映出仁爱思想应用到高校德育建设的迫切性和重要性。

2. 以"义"为道德目标,培养人格完善的大学生

儒家人本思想的人格目标是"义"。子曰:"君子义以为质,礼以行之,孙以出之,信以成之。君子哉!"孔子这里说的"质"代表内在,就好像树干一样。以"义"作为内心坚持的主干,然后"礼以行之,孙以出之,信以成之",这才是君子。道义就是对正当性的要求,凡事皆想其是否合乎正当性。表现在大学生身上,主要是指做人正义,做事诚信。

当前,我国处于经济社会发展的转型时期,社会利益关系复杂。心智尚未成熟的大学生面对经济全球化、科学技术、多元文化、各种价值观,身心受到极大影响,对传统价值观念产生质疑。社会上出现诸多与构建和谐社会要求不相符合的现象。随着社会贫富差距的扩大,人们越来越重利不重义,如毒奶粉事件、金华毒火腿事件、地沟油事件等层出不穷。商人们眼中只要利而毫无义的概念,对社会对人民极不负责,造成恶劣的社会后果。这一切必然对当代大学生产生消极的影响。不仅如此,高校大学生中的失信现象也屡见不鲜。曾看到这样一个报道:复旦、同济、上海理工等 9 所大学的 68 名大学生,因拖欠国家助学贷款而被银行起诉,涉案金额共计 7628055 元。可见,关注大学生的道德成长和人格完

善显得尤为迫切。

大学期间是学生人格形成的重要时期，因此对高校德育提出了更高的要求。德育课程应帮助学生塑造和完善人格，以道义为道德目标，以学生为主体，把思想道德教育和传统国学教育相糅合，充分尊重学生的主体性，激发学生的潜能，培养学生正义诚信的品格。尽量避免高校学生形成错误的世界观和人生观。与此同时，我们大学生自身要时刻以道义为道德目标，做到做人正义，做事诚信，对自己负责对社会负责。做到"返身自悟"，"吾日三省吾身"，充分发挥道德主体的内省和自悟作用，不断增强自我教育能力。

3. 以"礼"为道德规范，塑造良好高校德育环境

子曰："不知礼，无以立也。"依孔子看来，一个人的成长，要考虑和别人的相处，按照大家共同的规范来运作；如果一意孤行，就算真诚，也会让别人觉得为难。从中我们看出了"礼"的重要性。"礼"在这里是指一种道德规范和道德准则。

"礼"自古以来都十分受重视，虽有其封建社会的局限性，但通过取其精华去其糟粕的方式对当今社会以及高校德育仍有积极的指导意义。由于经济的发展，人们对"礼"越来越忽视。古时，人们强调"葬之以礼，祭之以礼"，对于长辈离去尽到守孝之道是十分重要的。孔子逝世，如颜回守孝六年。而如今，人们由于忙于工作赚钱，对于亲人的离世所应尽的孝道简而又简，和古人更是相差甚远。这里所体现的是一种对"礼"的亵渎。如行祭祀之礼，不仅是一种礼仪，而是对后人一种教导，更是对活着的人一种心灵的洗涤。在高校中，"礼"也存在于方方面面。如尊重老师，友爱同学。但现实中有很多现象让我们不得不反思，"礼"似乎与当今大学生生活渐行渐远。首先这体现在我们大学生对待"两课"的态度上，上课时大多是身在曹营心在汉，或者直接逃课。此现象在全国各大高校比比皆是，这是对老师的不尊重和对自己的不负责，更是完全无视"礼"的存在。这值得我们大学生反思，值得高校德育老师的反思。如果大学生连最基本的课程都不能以认真的态度正视，那何谈"礼"的存在。再如，有些大学生在家是"小皇帝"、"小公主"，在学校也是孤傲，没涵养，同学关系冷淡，常因一些小事争执不休，有时大打出手，甚至走向极端触犯法律。这些往往是学校忽视了"礼"的教育，学生自身没有把"礼"的思想内化。因此，大学生本身应端正态度，有意识地培养自己以"礼"为道德规范，不断督促自己。同时，高校德育更应把"礼"教普及，把中国传统文化的精髓植入大学生心中，以此不断引导大学生树立正确的价值取向，从而促进高校德育环境的优化。

四、结　语

　　传统文化的传承是中国特色高校德育的根基。而其中儒家德育思想更是中华民族传统道德的精粹。儒家以人为本的德育思想中所蕴涵的现代价值无疑为我们提供了一条更好的加强和改进当前高校德育问题的可行之道。当然，由于其是封建社会的产物，故而不可避免带有历史局限性，因此，它的思想体系和道德原则、规范等仍有很多问题值得我们进一步进行深入探讨和研究。但是，它显然可以为我们提供一条返本开新的思路，以促进高校人本德育的健康发展。

【作者简介】　李晶晶　浙江大学思政部马克思主义基本原理专业 2012 级硕士研究生
　　　　　　　　浙江　杭州　310028

调查研究

非公有制企业党建工作经验及发展对策

——以义乌市稠江街道为例

刘亚培　刘文成

【摘　要】　自 2007 年义乌市稠江街道商会党委开始探索区域化党建以来，积累了大量创新性经验，打造了稠江非公有制企业党建工作的特色，为非公有制经济的健康发展提供强有力的政治保证。我们对此进行了实地调研和经验总结，并分析了非公有制企业党建工作的一些问题，也提出了初步的发展对策。

【关键词】　稠江　非公有制企业　党建　创新　发展

我国非公有制经济，自改革开放以来经历了从无到有、从弱到强的发展历程，成为社会主义市场经济重要的组成部分，为推动经济社会发展做出了重大贡献。据国家工商部门统计，我国非公企业已达 900 多万家，非公企业职工在我国工人阶级队伍中已占多数。2010 年底，全国非公企业中共有党员 350 多万名、党组织近 30 万个。加强非公企业党的建设是新形势下党建工作的重要任务。2012 年 3 月 21 日召开的全国非公有制企业党建工作会议，强调以改革创新精神加强非公企业党的建设，扩大组织覆盖和工作覆盖，充分发挥党组织在职工群众中的政治核心作用和对企业发展的政治引领作用，促进非公企业健康发展。

作为全国非公企业发展的引领之地，义乌市稠江街道现有非公企业党组织 94 家，近 700 名党员。在开创众多国家知名品牌的同时，不断摸索、尝试和创新，走出了一条非公企业党建的特色之路，为我国非公企业的党建工作提供了丰富的实践经验,对于保证非公企业正确政治方向,进而促进社会主义市场经济健康发展方面发挥了不可或缺的重大作用。为全面总结该地区非公有制企业党建工作的经验和创新,我们按照党建强弱程度,从各个区域中挑选出非公企业共20多家进行深入调查分析,其中包括已成立党委、党建工作十分突出的企业,也有党组织历时较短、党建能力较弱的企业。调研过程中,专访企业主、企业党务工作者、企业党员以及街道组工干40余人。

一、基本情况与经验

　　义乌市作为享誉全球的小商品生产基地,非公企业数量众多、发展较快,尤其是稠江街道所拥有的规模以上的96家企业,实现工业总产值的不断突破,2011年已达202亿元。在重视经济价值创造的同时,稠江街道商会党委并没有忽视各企业的党建工作。2007年以来,针对党组织数量多、位置分散、党建能力参差不齐等现象,商会党委开始整合区域党建资源,构建区域化党建组织网络,因地制宜,以区域相邻和产业相近的原则将该地区非公企业党组织划分十个区域,开始了非公企业党组织的区域化活动和联合发展。

　　区域化党建的基础是"1＋1＋N"的区域架构网络,即由一名党建工作指导员、一个牵头组织和若干企业党组织构成,其中党建工作指导员由义乌市开发区商会党委成员兼任,指导所联系的区域党建工作。牵头党组织主要负责区域活动的牵头组织和上级党委日常工作的传达,为区域活动的正常开展提供具体服务,如协助制订本区域年度活动计划,督促指导轮值党支部承办区域活动,帮助解决具体实际难题,提高本区域党支部书记党建业务能力等。其他党组织除做好日常工作外,负责提供区域活动内容、场所、经费并组织党员参加区域活动。近5年来,稠江街道的非公有制企业采取这种形式,进行了卓有成效的实践活动,取得了丰富的经验。概括地说,这些创新性经验主要有以下几个方面。

（一）整合资源,划分区域,努力实现合力下的1＋1＞2效应

　　稠江街道按照地域相邻和产业相近的原则,把现有非公企业划分为十个区域,并保证每个区域有一个以上党建工作较强的企业起带头作用。根据调研情况可知,每个企业内部活动形式都包括有座谈会,区域活动则主要是企业支部书记或者委员以个人形式代表企业党组织参加会议、外出参观考察等。这样以来,参加区域活动的书记或委员通过与区域其他成员的交流和活动,提高自身党务能力、增加见闻和感受的同时,也通过企业党组织内部会议等形式将这些内容渗透到支部的各个角落,提高整个支部成员的党务工作能力,甚至影响和感染到企

业普通员工，为扩大组织队伍、注入新的活力做准备。

实践还表明，参加区域活动能够增强个人以及各企业党组织之间的交流，伟海拉链的支部委员就表示曾经参观过大德医药公司学习其党建工作经验；伟海拉链也曾作为模范典型被伟邦汽车等一些企业借鉴。我们在走访过程中，着重了解了各个企业党组织开展的较有特色的活动形式。例如金鹰工艺有限公司作为典型的生产型企业，外地员工占总员工人数的70%左右，这就导致每年七八两月大部分外地员工的子女会汇集在企业里，处理不当可能会出现安全问题，而且影响企业生产。为此，组织通过与业主的沟通协调，形成了合理有效的解决方案，开设一间活动室，配备一定设施以及具备较高学历层次的员工一名，对这部分企业里过暑期的员工子女进行照顾和教育。在心上人服饰有限公司，我们了解到企业在员工食堂管理方面有较好的经验，发挥员工的主动性，自主管理食堂，取得了良好的效果。两家企业摸索出的这些行之有效的方法和措施在同其他企业的交流活动中得到了广泛的认可，许多企业表示可以尝试，希望发挥作用。这表明，在区域活动中，不仅各企业党组织之间有了互动，重要的是带动了整个企业之间的交流，在促进党建工作稳步向前推进的同时，也使各企业存在的大小问题有了解决的可能性。

（二）统一规定，严格要求，加强监督

马克思主义哲学讲：理论是行动的先导，理论一经群众掌握，就会变成物质的力量，因此，理论建设是党建的首要任务，加强对企业党员的理论教育不容忽视。街道党委依据企业党组织党建的实际能力，做出统一规划和要求，各企业党组织内部每月必须有不少于两次的活动，包括相关知识的学习、最新政策及精神的传达和具有教育意义的影视观摩等，目的是使支部成员找准自身定位，牢记作为一名党员应该承担的责任，从而能够更好地发挥党员在企业中的先锋模范作用。

在区域活动中，则要求于年初各区域制订年度工作计划，牵头党组织负责合理安排每月区域活动形式，上报商会党委备案。分月执行计划，各支部做好《区域活动手册》相关记录。活动有三项不可或缺的内容：首先是党课，每年两次，要求全体党员参加，由商会党委成员、党建指导员或市委党校老师主讲；其次是党务示范，每年至少组织一次党员发展程序的观摩，规范细节，提高书记工作实际能力；最后是革命传统教育，每年至少一次。

不管是企业党组织内部活动，还是区域里各组织联合活动，都有严格的流程规定和内容要求，也就是必须要完成的工作和任务。例如我们每到一个企业，都会看到支部的《区域活动手册》、党务公开栏和党组织党员创先争优承诺书。也

会去参观支部的党建活动室,当然,企业规模不同,活动室的完善程度也有所不同。但是,95％以上的支部都在按上级党委要求合理构建,基本上都能够达到"五个有"的要求,各支部书记也均表示上级党委负责人总是到企业查看并作指导工作。有了强有力的监督和规定,企业党组织以自我为核心的运转和各组织以区域为范围的大运转,都有了更加明确的方向。

(三)重视企业文化建设,丰富职工业余文化生活,实现党组织凝聚力增强

文化作为一种上层建筑,在适应经济基础的情况下能够发挥巨大的引导力量。国家也一直把文化建设放在重要位置,十七届六中全会强调高度的文化自觉和文化自信。在稠江街道,非公有制企业普遍重视企业文化建设,大型骨干企业尤其如此。这主要是适应了企业两方面的实际需求。一方面是企业员工众多,彼此文化背景、家庭背景、工作经历、思想观念差异多样,以企业主为首的企业管理层迫切希望广大员工对企业核心价值理念和目标的认同,从而凝聚企业员工的共识,实现员工队伍的团结,培养出合乎企业期待的员工队伍,进而实现企业的长远健康发展,由此动机出发,就促成了理性的价值观念层面的企业文化建设。另一方面是企业员工作为具有丰富感情和多方面多层次需求的社会主体,他们在工作之余,迫切希望有丰富的文化娱乐生活可参与、丰富的文化产品可享受,以满足他们的精神文化需求,提高他们的生活品质,由此动机出发,就促成了文化娱乐生活层面的企业文化建设。调研发现,稠江规模较大的骨干企业几乎都建有自己的企业网站,且有专门的管理和维护人员;也有部分企业是在建立企业网站的同时建立企业党建网站。再如,组织开展生动活泼的文体活动,包括节庆晚会、各类体育赛事活动、创办企业报刊等。三鼎控股集团的三鼎报内容丰富,涉及时事政策、企业动态、发展大计、员工生活等;丁豪集团完全以内部员工为主力自编自演的文艺演出使企业员工可以在工作之余欣赏各类优秀节目表演,参与丰富的文化活动。

调研中,多位企业负责人表示,企业的文化生活越丰富,企业对员工的吸引力越大,企业员工的流失率也越低。对党员和员工的调查同样表明,他们对企业文化建设在打造企业品牌、增强企业凝聚力方面的成效是普遍持肯定态度的。稠江非公有制企业的企业文化建设不仅提高了职工群众的生活品质,同时也提升了企业党组织的凝聚力和影响力。

(四)与时俱进,更新载体,做好信息化党建

在信息全球化的今天,非公企业党建应充分利用现代信息技术手段,通过网

络平台实现党建资源的进一步整合。稠江街道要求各支部通过网络教育平台，使党员干部有选择地学习时事政策、文化理论和专业技能等知识，从而提升个人综合素质。同时，利用各种网络交流工具，及时做好各支部内和支部之间的信息交流与沟通。目前，稠江街道建立了企业党建 QQ 群，来发布各种相关信息或作为活动讨论的虚拟空间。通过 EC 企讯通，将各项会议通知及学习要点以短信群发的方式发送到每个党组织书记的手机中。除网络教育平台和即时沟通工具外，信息化党建的最有力体现就是微博展示平台，每个企业建立党建微博专用账号，每周二、周四晚 7～9 点在线互动讨论。随着社会不断进步，许多企业对员工的学历层次要求提高，因此高校毕业的大学生在员工中的比重越来越大，他们是推动信息化党建的主要力量，能够使各类信息、政策和精神更加即时有效地渗透融合到整个企业中，避免了旧媒体(电视、报刊)传播的滞后性。

作为全国织带龙头、跨领域、跨行业的的三鼎控股集团，是稠江唯一设有二级党委的企业，其信息化党建更是值得学习借鉴。三鼎集团利用先进技术设备，创新党建信息化工作法。集团党委下辖 7 个党支部，分布于江苏、杭州、金华等地，为解决人员分散问题和加强对党员的教育管理，集团共投资 100 余万元建立配置了视频会议系统、OA 办公系统，各党支部均配置连接设备，通过网络视频连接的方式，三鼎控股集团党委开展了网上座谈会、网络集中授课等特色党建活动。在 2011 年 4 月 29 日，三鼎集团党委建立了党建红色微博，创建"党史上的今天"、"三鼎党建新闻"、"媒体看三鼎"等多个微博板块，做到不断更新党建内容，达到事事有更新、每日有更新，充分展现三鼎企业发展和党委的党建工作，使得企业内部广大党员干部和员工能够及时了解公司的党建工作动态，使党建覆盖面更广、辐射力更强，达到信息共享、党务分开、交流经验、共同提高的目的，很好地发挥了微博这一新生党建载体的作用。

二、问题与挑战

作为全国非公有制企业发展迅猛及非公有制企业党建成绩突出的地区，义乌稠江企业党建也面临着一些问题与挑战，突出表现在以下几个方面：

(一)企业员工流动性大，党员发展、教育管理难进行

随着社会转型期的到来，社会多样化特征(经济成分、组织形式、就业方式、经济利益和分配形式)越来越明显，作为社会个体的人的流动频率和规模大大超过从前。虽然近些年来党建和组织工作基于"哪里有群众哪里就有党的工作，哪里有党员哪里就有党的组织"的要求努力扩大组织和工作覆盖，但是传统党建工

作属地管理、垂直管理的工作思路和方式方法还是很难适应于快速流动的动态党员发展、教育管理工作。义乌作为全国小商品生产基地,外来人口与本地人口比重本就不平衡,外来人员大大超过本地人员,每年的职工、党员流进、流出数量都是很大的。很多企业采取提高职工待遇、改善生活条件来保证员工稳定性,我们了解到大部分企业都改善了员工宿舍条件,解决了员工子女的课后教育和安全问题,收到了不错的效果。但是,因为青年员工流动过快,影响了企业党组织对年轻党员尤其是外地年轻农民工党员的发展。调研中,多位企业党务工作者反映,部分年轻的外来务工人员虽然写了入党申请书,可往往还没等到考察,他们就已经走人了。此外,随着经济规模的扩大,越来越多的企业到外地办厂、接业务、开拓市场等,从而使得流出党员大量出现。由于这些党员主要工作空间在外地,与稠江的企业党组织存在空间距离,从而使得许多企业党组织对他们的教育与管理无法有效开展。与此同时,据我们调查了解,每年每个企业发展、吸收党员的数量也有限,区域内 89 家企业平均每家企业三年只能发展两个党员,而企业递交入党申请书的员工比例高达 15%,党校培训和考试合格的表现优秀的入党积极分子和预备党员往往要等上 1 年到 3 年,才被吸收为预备党员或转为正式党员,这不仅大大打击了员工的入党积极性,而且党组织成员的发展速度跟不上企业发展速度。从而影响了党组织政治核心作用的发挥和党员先锋模范作用的发挥。

(二)中小型非公有制企业党务工作者业务能力较低,党建工作难突破

我们经过广泛调研发现,非公有制企业党建工作成效如何,很大程度上取决于企业党务工作者尤其是党组织负责人的业务能力状况。凡是企业党组织书记或专职副书记党务工作经验丰富、创新能力强、道德品质高的党务工作者,其所在企业的党建工作往往开展得面面俱到,成效显著。就目前而言,稠江非公有制企业的党组织书记或专职副书记有国家机关、事业和国有企业单位的退休干部,企业内部培养产生的党务工作者,企业内临时接管工作的普通党员。从调研情况来看,规模以上非公有制企业由于资金雄厚、党员数量多、支部组织结构健全等因素,往往容易招贤纳士。但许多规模以下的中小型非公有制企业,由于企业规模或者待遇问题,很难吸引优秀党务工作者进入企业,其党务工作者能力较低。因此导致许多中小型非公有制企业的党建工作难以取得突破和进展。还有一种特殊情况,即企业规模较大、实力雄厚,但是党务工作者依然能力较低、党建成绩落后于同规模企业。据了解,有个别企业因党组织书记更换频繁,新任书记对之前工作了解较少,组织支部内部活动和参加区域活动的效果不甚明显,甚至

有企业负责支部党建工作的人员非支部成员。大型企业本应凸显的党建带头作用也难以发挥。

(三)部分企业党组织机构不健全,党员意识薄弱

稠江部分非公企业没有建立和健全党组织机构。虽然各个企业按照上级主管部门的要求,建立了党的基层组织,但是缺乏相应的组织机构,如建立的支部较多,建立党委和总支的较少,如在89家非公企业党组织中只有1家企业设立了二级党委;有的仅仅有党支部书记,却没有相应的组成成员;有的虽然有完善的党组织结构,但分工不明确,基本由党支书承揽所有党建工作。有的虽然建立了党组织,但是在党员教育方面存在一些亟待加强和改进的地方。非公企业党员成分相对复杂,既有干部、工人、农民和知识分子党员,也有下岗再就业职工党员和复转军人党员等,党员素质层次不齐,使得党员教育管理难度加大。受社会环境的影响,部分非公企业党员过多考虑养家糊口,关注生存发展的多,考虑党员权利义务的少,甚至有极少部分党员组织观念淡薄,党性观念不强,对自己不能严格要求,不愿意公开自己的党员身份,混同于一般群众,也有少数党员将市场经济的某些潜规则带进党内生活,存在个人主义、自由主义、功利主义、"雇佣"思想,不愿参加正常的党内生活。

三、启示与对策

在社会主义阶段,非公有制经济作为社会主义市场经济的重要组成部分必将长期存在,开展非公有制企业党建工作是执政党的性质和地位决定的。针对党建工作面临的新问题和新情况,在广泛深入调研的基础上,就新时期进一步做好非公企业党建工作,有以下几点认识:

(一)合理安排党组织内部及区域活动时间,实现活动方式、内容多样化

非公有制企业作为社会主义市场经济的重要组成部分,其经营方向在不损害社会及他人的利益的前提下,必然以经济利益最大化为目标。因此,非公企业党建的最重要目标是服务企业生产、协调企业中各种关系。这就要求非公企业党组织的活动方式和工作方法要灵活多样,讲求实效,力戒形式主义。工作方式、活动时间都要与企业的实际情况相结合,做到灵活转变。首先,在活动方式上,要做到相对集中与化整为零相结合。如每月例会、党课培训等可以要求相对集中,其他活动如党员一般性的学习,宜坚持"小型、民主、灵活、务实"原则,通过

书面传阅、自学、个别谈话等方式沟通思想，布置工作，从而避免党员参与会议等活动的被动性和消极性。其次，是在活动时间上，要做到工作时间与业余时间相结合。党组织的活动和思想政治工作不宜占用过多的工作时间，要根据生产任务情况，利用空闲时间见缝插针地安排集中活动，其他的应尽可能把活动安排在班前和班后等"零碎"时间进行，避开生产高峰期，保证企业正常的运转。第三，在区域活动中，改变原有只是书记参加的局面，扩大参与范围（因经费问题可考虑轮流参加），最好能使支部成员都有参与机会。一方面，提高所有党员的积极性和主动性；另一方面，更多的建言献策也能促使活动形式不断创新、内容更加丰富。在每次区域活动中，摒弃就党建抓党建的传统，要更多地与企业发展相结合，如利用区域会议的平台为本企业发展面临的困境寻求建议。如果脱离了企业，纯粹把党建作为一项任务来做，也就失去了党建服务性的本质，没有了任何意义。

（二）重视对学生党员的教育、培养，扩大党的农民群众队伍

中国共产党是工人阶级为基础的队伍，对农民有着特殊的感情，知识分子（主要为学生）作为一个阶层而不是阶级与共产党也有着千丝万缕的联系。因此，对于不同阶级（阶层），进行党员吸纳、培养的方式有所不同，目标也有所差异。

据调研所了解，稠江部分非公企业因企业性质对员工的学历层次要求较高，如提供人才、招聘、求职、猎头等服务的恒信人才公司，以医药生产、开发为主的大德医药，以人为服务对象的复元医院等。近几年大学毕业直接到非公有制企业工作的党员（包括预备党员）越来越多。企业中的大学生党员不断增加将成为一种长期存在的趋势。基于这一现状和趋势，企业党组织应高度重视企业大学生党员的培养工作。这些大学生党员普遍文化水平较高且具有一定技能，应将他们积极培养成为未来的合格党务工作者，以逐步优化非公有制企业党务工作者队伍结构。将党建骨干培养锁定于知识丰富、学习性强的年轻党员，从而弥补党建工作者党务能力低下、业务工作生疏的不足。与此同时，还要着眼全局。从整体上看，稠江大部分是以小商品生产为主的企业，进行实际手工操作的普通群众在员工中所占的比例最大，而且以外地农民工为主，流动性极强。面对企业员工流动性大的现状，企业党组织应树立城乡党建统筹发展理念，加大本地和外地流动党员的培养和发展力度。不仅要加强农民工入党对象的思想政治工作，对他们经常给予关心和鼓励，而且要对优秀的农民工入党对象实行适度倾斜。

（三）开展培训，完善评价体系，增强企业主的政治认同

非公企业不同于公有制企业，党建工作的有效性在很大程度上取决于企业主的政治素质，可以说，企业主政治态度决定了企业党组织的地位和发挥作用的畅通性。在非公企业，党组织有地位才能有作为，有作为才能更好地突显其存在价值。因此，商会党委或有关部门可以建立专项资金，用来定期举办企业高层管理培训班，加大对企业主政治教育的力度。在培训时，必须将一些必要的基本方针政策、党史知识和政治理论学习纳入其中，以逐步提高广大非公有制企业主的政治素质，加强对他们的政治引导，提高他们对党和政府的政治认同。此外，基于一些非公有制企业主对提高政治地位和社会声誉普遍充满热情和期待，可以将非公有制企业主支持党建工作情况，列入各类政治身份、个人和企业荣誉的评选标准，逐步完善非公有制企业主个人和企业集体荣誉评价体系。如具体在非公有制企业主的政治身份方面，可将他们支持党建工作情况列入政协委员等政治身份的推荐或提名标准之中；在企业主个人荣誉方面，可将他们支持党建工作情况列入优秀社会主义建设者、劳动模范等荣誉称号的评价标准之中；在企业集体荣誉方面，可将企业党组织建设和党建工作开展情况列入文明单位、精神文明建设先进单位等相关荣誉称号的评价标准之中。一方面，增强了企业主个人政治荣誉感，从而加大对非公企业党建工作的支持力度；另一方面，集体荣誉也为企业今后发展开辟更加长远的道路。

【致谢】 本文是作为暑期社会实践的一个课题任务来完成的，经历了前期调研、中期分析和后期总结成文的过程，期间得到了许多方面的鼓励、指导和帮助，在此表示感谢。首先是稠江街道办事处提供的这样一个实习机会，让我们在短短一个月时间里受益良多；其次是稠江街道组织室商新华主任对我们调研工作的关心和论文的指导，是完成本文的重要因素；再次，还要特别感谢组织室工作人员何凯音，除本职工作外，陪同我们完成了整个调研工作，在调研过程中还凭借工作经验给出许多切实建议；最后，对走访过的企业和各位书记、党建负责人以及义乌市委党校杨雪萍老师表示深深的谢意。

【作者简介】 刘亚培 刘文成 浙江大学思想政治理论教学科研部思想政治教育专业 2011 级硕士研究生
浙江 杭州 310028

教学研究

论《马克思主义基本原理概论》
课基本教学立场的守持[*]

张应杭

【摘　要】 在《马克思主义基本原理概论》课的课堂教学中,以学生为主体的多样化教学形式探索无疑是值得鼓励的,但是这其中基本的教学立场又是必须守持的。这个立场就是坚持用马克思主义基本原理为基本方法论去指导当代大学生观察社会和人生问题,从而培养他们正确的世界观、人生观和价值观。这个教学立场一旦丢失就意味着这一门课程教学主旨的丢失。

【关键词】 马克思主义基本原理　课堂教学　教学立场　守持

在高校《马克思主义基本原理概论》的课堂教学中,思想活跃的当今大学生们常常会提出这样的疑问:马克思主义诞生迄今已有一个多世纪了,为什么我们今天依然要坚持它?这在自然科学中就好比在电子显微镜时代仍用放大镜观察事物那样不可思议。因而,对马克思主义在现时代的意义,以及坚持马克思主义在意识形态的指导地位问题很难理解。作为政治理论课的教师,对于这样的疑问我们显然是无法回避的,我们更不可因此自己也对马克思主义的当代价值产生疑虑或动摇的心态。

事实上,一种理论学说往往以其创始人的名字命名,但这个学说不只属于个人而是属于整个时代。诞生于19世纪中叶的马克思主义基本原理理论正是属

---

　*　本文系作者 2012 年 7 月 11 日在全省高校"马克思主义基本原理概论"暑期备课会大会发言的一部分内容整理改写而成。在整理过程中,部分观点得益于杭州师范大学社科部的蔡海榕教授的指点,特此鸣谢。

于整个时代的产物。因此，只要这个时代尚未结束，那么这个理论就不会"过时"，它必然随着时代的发展而在现时代依然有其存在的价值和意义。这显然应该构成当今马克思主义理论课教师的基本职业信仰。

更重要的还在于，马克思主义基本原理既然是时代发展的必然产物，同样它也要随时代的发展而向前发展。这正如该学说的创始人所指出的那样："我们的理论是发展的理论。"①其实，只要对马克思主义的历史和现实作一认真的审视，我们就可以发现，马克思主义作为一种发展的理论，其发展性不仅体现在其创始人马克思、恩格斯不断在实践中丰富和发展自己的理论，也不仅仅体现在以列宁、毛泽东、邓小平为代表的各国共产党人把这个理论和本国具体革命实践相结合的发展中，在现时代它还体现在马克思主义必然要随着时代的发展而不断丰富、发展和完善自己。正是从这一点上讲，我们今天才特别强调与时俱进这一马克思主义基本原理的基本理论品格。

因此，用"与时俱进"诠释马克思主义，真实地反映了马克思主义发展的实际，深刻地揭示了马克思主义的精髓。这与其说是一种理论视角的转换，不如说是马克思主义中国化发展中的重大理念提升。众所周知，在马克思主义与中国革命实际相结合的过程中，马克思主义取得了巨大成功，但也遇到了许多挫折，其中最为严重的莫过于极左思潮、"本本主义"和教条主义的影响。长期以来，我们党十分重视反"左"、反"本本主义"和教条主义，但是我们较少从理论内部的危机及其与现实的关联上去思考问题，以致未能真正摆脱"左"的纠缠，也未能真正清除"本本主义"和教条主义。这既严重影响了马克思主义的创新和发展，也给我国的社会主义事业带来了损害。"与时俱进"的提出，深刻总结了我国马克思主义发展的经验教训，强调从理论自身及其与现实的关联上认识和发展马克思主义，是一次真正的思想解放，为马克思主义的创新发展开辟了广阔的前景。

也因此，一个半世纪以来，与时俱进的马克思主义基本原理一直是工人阶级政党认识和改造世界的伟大工具和被社会实践反复证明和丰富着的科学真理。据此，我们认为在风云变幻的当今时代，它仍然是我们观察当代社会、解决实践问题和展望未来世界的理论武器和行动指南：

其一，观察与分析当代社会矛盾，离不开马克思主义基本原理的方法论指导。在现时代，人类社会依然处于从资本主义向社会主义过渡的历史时代。十月革命的成功，是这个历史时代的里程碑。从此，社会主义和资本主义两种制度、两条道路、两种思想体系的矛盾和斗争，便构成时代演变的根本矛盾和内容。这个根本矛盾的阶段性激化，产生特定阶段时代的主题。时代主题是个变数。

① 马克思恩格斯选集(4).北京:人民出版社，1972:460

自 20 世纪 60 年代以来,时代的主题从战争与革命转到了和平与发展;两种社会制度、道路和思想的共处与竞争,显示现阶段的时代特色。显然,离开马克思主义的基本理论,尤其是其矛盾分析方法,我们无法认清时代的本质特征。

运用马克思主义矛盾分析的观点和方法,还有助于我们观察、分析和把握住当代国际社会关系中的基本矛盾。这些基本矛盾包括社会主义国家与资本主义国家的矛盾,资本主义国家之间的矛盾(发达的与发达的,发达的与不发达的资本主义国家之间的矛盾),资本主义国家内无产阶级与资产阶级之间的矛盾,殖民主义与被压迫民族、被压迫人民之间的矛盾。上述基本矛盾及其运动,规定了当今国际社会发展的总趋势,使国际政治形成多极格局和国际关系交叉复杂的形势。譬如二次海湾战争就是当代国际社会基本矛盾激化的聚焦点,又譬如美国的金融危机及占领华尔街的运动、欧洲欧元区的债务危机则深刻反映着资本主义内部的多重矛盾。马克思主义基本原理关于矛盾的观点和方法使我们透视到当代国际关系的实质和矛盾症结,有利于我们始终保持清醒头脑,坚持独立自主的外交路线和政策,也使我们对社会主义必然要取代资本主义的历史大趋势有着坚定的信心。

2000 年,在英国广播公司的一项民意测验中,马克思被公认为千年来“最伟大的思想家”。这使人不由地想起萨特的名言:马克思主义是不可超越的。其实,萨特对马克思主义的这一基本认识,贯穿于几乎所有“西方马克思主义”者的著作中。从 20 世纪 20 年代初的“西方马克思主义”创始人卢卡奇、葛兰西、柯尔施,到 20 世纪末作为“西方马克思主义”最新形态的“生态学的马克思主义”的一些代表人物,无不把论证马克思主义的现实性作为自己理论活动的主题。甚至那些在马克思主义处于低潮时转身走向马克思的西方思想大师,也和着“西方马克思主义”的基调,向人们反复指出:马克思主义并没有过时。譬如哈贝马斯就郑重地向世人宣布:我仍然是马克思主义者。德里达更是力排众议,铿锵有力地说道:我挑了一个好时候向马克思致敬!他说基于自己的政治品德而得出了这样结论:没有马克思就没有将来,人类不能没有马克思。①

其二,社会主义建设和改革实践,离不开马克思主义基本原理的方法论指导。我们所从事的社会主义建设和改革实践,是谋求中华民族伟大复兴的实践。这是一项前无古人的伟大实践活动。这一实践的决策及决策的实施和总结,都需要马克思主义基本原理的方法论指导。这不仅是因为我们只有以马克思主义基本原理为理论依据,才可能制定正确的建设和改革的路线、方针、政策,从而真正把科学社会主义一般原理与中国具体国情结合,努力建设好有中国特色的社

---

① 德里达.马克思主义的幽灵.北京:中国人民大学出版社,1999:21

会主义现代化国家,而且也是因为贯彻执行路线、方针、政策更需要依靠用马克思主义世界观与方法论武装起来的具有高度自觉性的广大干部和群众。因为再好的路线、方针、政策,如果没有干部、群众去实施,只不过是一纸空文。干部、群众的行动,既可以是自觉的有计划的积极主动的,也可以是自发、盲目和消极被动的。在这个过程中激发干部、群众的自觉计划性和积极主动性的最有力的思想工具,就是马克思主义基本原理所给出的世界观和方法论。

特别重要的还在于,当我们总结中国特色的社会主义现代化建设和改革的实践经验时,也必然遵循马克思主义基本原理的立场、观点和方法,才能找到社会主义社会发展的客观规律性。社会主义建设和改革是人类社会发展史上伟大而崭新的事业,没有成功的模式可以借鉴,没有别国的经验可以照搬,唯一出路只能是摸索、试验、创新,从而总结其中的规律性。在这个实践中,有时成功,有时失误,成败得失的大小或许不尽相同,但其间必有因果规律起作用。从马克思主义辩证唯物主义的认识论立场来说,总结经验无非要求主观与客观达到具体的历史的统一,使我们的路线、方针、政策符合客观实际。因此,只要我们遵循马克思主义认识路线去实践和总结,就可以做到有所发现,有所发明,有所创造,有所前进,也才能有助于克服一些人存在的悲观的论点、停止的论点、无所作为和骄傲自满的论点。

其三,确立科学的人生观,也离不开马克思主义基本原理的方法论指导。人生观是人们对人生目的、意义、前途、理想、价值等问题的根本观点和根本态度。人为什么活着,人应该怎样活着,这是人生观的最高问题与最根本问题。如何回答人生观的这一最高的与最根本的问题,便产生出科学人生观和非科学人生观的尖锐对立。

唯心主义、形而上学的人生观是自私的、狭隘的、悲观的。唯心主义的出发点是精神、自我,哲学上的"唯意志论"、"唯我论"付诸审视人生,必然导致极端个人主义、利己主义。所谓"人不为己,天诛地灭",以露骨的言词表白了利己主义人生观;所谓"人人为自己,上帝为大家",只不过用神学的说教掩饰利己的企图。形而上学用孤立、静止、片面的观点看人生,只看到个人或小团体与国家利益的冲突,而看不到这其中历史的、发展着的、多方面的联系。所以,形而上学计较暂时的得失而忘却根本大计,知其一不知其二。这正是人生观上的一点论。陷入一点论的人生观,显然不可能跳出狭隘自私的圈子。

马克思主义的唯物史观从来认为,人的本质是社会关系的总和。① 这一理论所凸现的一个方法论意义告诉我们,没有完全脱离社会的人,人们总在一定的

---

① 马克思恩格斯选集(1).北京:人民出版社,1972:18

社会关系中生活着、劳动着的，个人、小团体的存在和发展，与整个社会主义国家及其他所从事的伟大事业是息息相关的。在当今中国，每一个个体自身价值的实现无不受制于中国特色社会主义现代化建设的伟大实践。因此，个人、小团体存在和发展的主观要求，必须服从社会主义国家根本利益的要求。我们只有使社会主义国家、集体兴盛起来，个人、小团体才会有美好的未来。我们也正是因此从中引伸出集体主义价值观和共产主义人生观的。马克思主义的历史唯物主义基本原理对我们个人成才和人生价值实现所具有的世界观和方法论意义也正是由此而显现的。

　　黑格尔曾留下过这样一句名言："哲学本身是人的精神的故乡。"①马克思主义基本原理作为世界观和方法论正是我们马克思主义者的精神故乡。从马克思主义基本原理方法论的现时代意义来看，真正"过时"的，并不是马克思主义基本原理理论，而是"过时"论本身。事实上，从第二国际的伯恩斯坦开始，形形色色的"过时论"者一再宣称马克思主义基本原理已经过时。可已有和正在有的实践却以不可辩驳的事实证明着马克思主义基本原理理论在现时代依然有其旺盛的生命力。因此，反对马克思主义基本原理"过时论"，坚持阐发这个理论在方法论方面的指导意义，这既是高校政治理论课教学过程中本身应该确立的一条基本理论信念，也是高校思想政治教育活动能有科学的世界观和方法论进行指导的一个基本出发点。

【作者简介】　张应杭　浙江大学思想政治教学科研部教授
　　　　　　　　浙江 杭州 310028

　　① 黑格尔.哲学史讲演录(1).北京:商务印书馆,1959:159

谈谈在《马克思主义基本原理概论》课堂上培养哲学思维的理论准备

——关于唯物辩证法理论教学的几点思考

秦　鼎

【摘　要】　在《马克思主义基本原理概论》课上讲授辩证法,是对学生进行哲学思维培养的重要途径。只有提高了学生的哲学思维,加强学生的马克思主义理论素养,提高学生的马克思主义理论水平才有了可能性。本文从教师角度谈了讲授辩证法之前应做好四方面问题的理论准备,否则马原课堂上培养哲学思维就变成无源之水,无本之木。

【关键词】　唯物辩证法　哲学思维　理论准备

《马克思主义基本原理概论》课的现有教材对辩证法部分作了较大程度的压缩,在全书的教学体系上有其合理性。然而,从实际教学中,辩证法恰恰是培养学生理论兴趣的好题材。那么,在实际教学中,我们应如何讲解才能培养学生的哲学思维,从而加强学生的马克思主义理论素养,提高学生的马克思主义理论水平呢? 作为授课教师,笔者认为,在讲解唯物辩证法之前,至少对以下问题要非常清楚,从而才有可能做好在马原课堂上培养学生哲学思维的理论准备。

一、唯物辩证法在我国大学课堂上讲解的历史回顾

20世纪50年代初,各高校讲辩证法时,是按斯大林的《辩证唯物主义与历史唯物主义》这本小册子讲的,讲四个特征。斯大林逝世后,又开始按恩格斯在《自然辩证法》一书中的说法,辩证法有三大规律。在文革中,毛泽东在他与威尔柯克斯的谈话中又说,辩证法只有一条,即矛盾律。⋯⋯这些说法,到底哪一个对呢? 为什么对呢? 理论界对此一直在回避,几乎没有进行过充分的理论论证。因为这些都是马克思主义经典作家及继承发展者的理论论述,在当时特殊的历史情况中,也不可能对这个问题进行过多的理论论证。因此,多年来就造成了把唯物辩证法当成公理体系来讲解和介绍的情况。 显然,这种公理体系式的介绍和讲解是有很大问题的。公理体系在科学上是允许的,而且是必须的;但在哲学中却是不允许的,是错误的。 时至今日,若我们这些从事马克思主义理论教学的人还这样在讲台上讲解唯物辩证法,那么给学生造成误导则是必然的结果。因此,要想使我们的哲学跟上这个时代,要想使马克思主义哲学在与别的哲学流派的争鸣中发展壮大,都需要我们理论工作者深入研究唯物辩证法的问题,从而才有可能在高校理论课讲台上培养学生的哲学思维。否则,不就像孟子所言"以其昏昏,使人昭昭"①吗? 不就必然给学生造成对唯物辩证法学习和理解上的混乱吗?

二、理清马克思主义唯物辩证法的逻辑与历史的依据

马克思主义唯物辩证法,其逻辑的依据简要论述如下:人是在征服自然、改造自然、生产自己的生活资料的过程中,超越了自然而上升成为人的。人的认识能力亦随着人类改造自然的生产活动的发展而发展了起来。同时,生产活动不仅仅改造了自然界,也改造了人本身,使人通过生产活动满足人自身的需求,但同时又在生产活动中产生了更大程度的不满足(即新的需求)。正是在这种"满足需求"与"不满足需求"的不断发展过程中,正是在这个矛盾的不断出现与不断解决的过程中,人成为了人自身,并推动着人类社会向新的阶段不断发展。所以,从逻辑的角度看,人的存在方式就是通过不断地实践,去追寻永远的不满足。思维活动即认识活动,作为人的存在方式的一种表现,其本质特征与人所从事的生产活动及生存活动必然是一致的。因此,人的思维活动即认识活动也是一个

---

① 《孟子·尽心下》云:"贤者以其昭昭使人昭昭,今以其昏昏使人昭昭。"

不断从"是"走向"不是"的过程，不断从"肯定"走向"否定"的过程，即：人的思维活动和认识活动只能按矛盾法则进行活动。所以，思维的本性是辩证的。

马克思主义唯物辩证法，其历史的依据简要论述如下：历史是既成的事实，其发展过程，是既往的唯一现实。人的认识能力，本质上是一种类的能力。这种类的能力首先体现在一个个活生生的个体身上，而这种个体性就是人的认识活动的第一个屏障。如何去除这种屏障？就需要把主观认识与客观对象加以比较对照，看看主观认识是否与客观对象相一致。在这个过程中，黑格尔的思想给予我们重要的启发，"真理就是思想的内容与其自身的符合"①。

可见，黑格尔在其唯心主义的观点中蕴涵着一个合理的思想，即克服了形而上学思维方式中把主观与客观（认识和认识对象）的对立当成了认识的不言自明的前提这一重大错误。辩证思维方式所以与形而上学思维方式对立，即根源于此。所以，思维的本质是辩证的，它的现实性不在于否认矛盾，恰恰是矛盾的展开。

三、给学生一个唯物辩证法体系的模型化知识框架

唯物辩证法是对在历史发展着的认识活动本身所做的系统反思，是一种思维方式。日常工作与生活中的思想方法是对具体对象的认识活动的反思，因此唯物辩证法不可等同于日常工作与生活中的思想方法。唯物辩证法的方法同认识方法和工作方法是一致的，唯物辩证法的观点运用于思维和工作中就转化为思想方法和工作方法。在唯物辩证法的方法论体系中，矛盾分析法居于核心地位，是根本的认识方法。毛泽东指出："辩证法的宇宙观，主要地就是要教导人们要善于去观察和分析各种事物的矛盾的运动，并根据这种分析，指出解决矛盾的方法。"②

1. 在唯物辩证法理论体系中，联系和发展的观点是其总观点、总特征；对立统一规律则是辩证法的理论核心和全部理论的实质；其他规律和范畴渐次围绕在对立统一规律周围，并形成彼此的关系，最终形成严谨的理论体系。

2. 在唯物辩证法理论体系中，矛盾（即对立统一）观点是核心观点。如何把握这个核心观点？首先授课教师要清楚地认识到：辩证法所讲的矛盾不是感性直观中的矛盾，而是理性反思所把握到的矛盾。辩证法是在反思人的存在方式以及人类认识的历史活动基础上形成的一种思维方式。其次，在具体讲解中，先

---

① 《小逻辑》，商务印书馆，1980(9)：86
② 毛泽东选集(1)，北京：人民出版社，1991：304

要给学生讲清矛盾有三类，即：逻辑矛盾、悖论、辩证矛盾（亦称客观矛盾），而哲学上所讲的矛盾是辩证矛盾（亦称客观矛盾），其反映的是客观事物之间以及事物内部诸要素之间的对立统一关系。对立和统一分别体现了矛盾的两种基本属性。再次，要让学生充分把握和理解矛盾的两种基本属性（即同一性和斗争性）及其在事物发展中的作用。尽管教材中对"同一性"和"斗争性"作了规定，如：矛盾的统一属性又称"同一性"，是指矛盾双方相互依存、相互贯通的性质和趋势。它有两方面的含义：一时矛盾着的对立面相互依存，互为存在的前提，并共处于一个统一体中；二是矛盾着的对立面之间相互贯通，在一定条件下相互转化。矛盾的对立属性又称"斗争性"。矛盾的"斗争性"是矛盾着的对立面之间相互排斥、相互分离的性质和趋势。由于矛盾的性质不同，矛盾的斗争形式也不相同，对于多种多样的斗争形式，可以区分为对抗性和非对抗性两种基本形式。对于教材的这段论述，学生实际上是不太好理解的，所以在实际教学中，要通过对学生的启发引导，使学生认识到："同一性"通过四个"相互"来体现——"相互依存、相互渗透、相互贯通、相互分离"。若通俗地表达这四个"相互"，即是事物的一种"拼命"维持自身存在的力量。"斗争性"是差异、对立的明朗化和对立的激化。若通俗地表达"斗争性"即是一事物向他事物"奋力转化"的力量。矛盾的"同一性"和矛盾的"斗争性"在事物发展过程中相互结合共同起作用的。对此，学生会有疑惑，"如何共同起作用？"，学生的疑惑很重要，因为只有通过对"如何共同起作用？"这个问题的理解，才可能真正理解"矛盾"范畴为什么是唯物辩证法体系的核心范畴，也才可能真正理解"矛盾是事物发展的源泉和动力"这句话的深刻含义。为此，在具体讲解中，我们力图通过对"同一性"和"斗争性"在事物发展过程中的"一个周期"中所起作用的描述，让学生知道和理解：正是由于"矛盾"的存在，事物才会不断向前发展，"旧事物"才可能发展为"新生事物"。几年来的教学实践证明，这种讲解是取得了实际效果的。具体如下：我们让学生把"同一性"和"斗争性"想象为两股"相反相成的力量"，用了三个"当"来描述事物发展过程中的"一个周期"。

事物发展过程中的"一个周期"

"同一性"与"斗争性"力量对比	事物发展的状态
当"同一性"力量"远远超过""斗争性"力量时	此事物"现存着"
当"同一性"力量 与"斗争性"力量"势均力敌"时	此事物表面"现存着"，但其内部已开始"分化瓦解"

续表

"同一性"与"斗争性"力量对比	事物发展的状态
当"斗争性"力量"远远超过""同一性"力量时	此事物其内部已完全"分崩离析"，从而转变为"他事物"（即："旧事物"转变为"新事物"）

3. 唯物辩证法方法论体系的内在逻辑构成。联系和发展的观点是唯物辩证法的总观点、总特征，也是人类进一步认识世界的前提性结论。人们所面对的世界上的万事万物，始终处于普遍联系与运动发展之中。当我们深思熟虑地考察自然、社会和思维的时候，呈现在我们面前的是一幅由种种联系交织起来的画面，一幅由运动发展所构成的世界图景。唯物辩证法就是对这幅世界图景的理论抽象，它是关于自然、社会和思维发展的一般规律的科学，是世界观和方法论的统一，是由一系列规律和范畴所组成的方法论体系。具体而言：一系列基本范畴是以"矛盾"范畴（即对立统一）为中心范畴，原因与结果、内容与形式、本质与现象、必然与偶然、现实与可能、整体与部分等基本范畴，都具有重要的方法论意义，都蕴涵着矛盾分析法。世界的过程性就是"现实的诸环节的全部总和的展开"①。原因与结果、内容与形式、本质与现象、必然与偶然、现实与可能、整体与部分等构成了联系与发展的基本环节，它们"是各种事件的世界性的相互依存、（普遍）联系和相互联结的环节，只是物质发展这一链条上的环节"②。

唯物辩证法也是一个规律体系，"辩证法的规律是从自然界和人类社会的历史中抽象出来的。辩证法的规律无非是历史发展的这两个阶段和思维本身的最一般的规律。"③是由一系列基本规律构成：即对立统一规律、质量互变规律和否定之否定规律三大基本规律。对立统一规律回答运动变化发展的根源是什么，揭示了事物的发展过程是其内部矛盾运动的结果，矛盾双方的同一性与斗争性构成了事物发展的根本动力；量变质变规律回答运动变化发展的形式是什么，揭示了事物的两个基本规律以及事物发展过程的两种基本形式或状态；否定之否定规律回答发展的过程是什么，进一步揭示了事物发展过程是由肯定自身到否定自身，进而再到新的肯定，即否定之否定这样一个自我运动、自我发展的过程。

4. 形而上学思维方式的特征及与唯物辩证法根本对立的焦点。是否承认矛盾构成事物发展的根本动力并把对立统一规律应用于认识论，是唯物辩证法与形而上学的根本分歧所在。作为两种思维方式，辩证法与形而上学的分歧主要表现在三个方面：一是辩证法用联系的观点看待世界，认为一切事物都处于普遍

---

① 列宁全集（55），北京：人民出版社，1990:132
② 列宁全集（55），北京：人民出版社，1990:134
③ 马克思恩格斯选集（4），北京：人民出版社，1995:310

联系之中;形而上学则是用孤立的观点看待世界,否认事物之间存在着本质的联系。二是辩证法用发展的观点看待世界,认为发展的实质是新事物的产生与旧事物的灭亡;形而上学则是用静止的观点看待世界,否认事物在本质上是发展着的。三是辩证法用矛盾的观点看待世界,认为矛盾是事物自我运动、自我发展的源泉与动力;形而上学则认为每一事物都与自身同一,根本否认事物内部存在矛盾。在这种种分歧中,是否承认事物内部存在矛盾,以及如何用概念的逻辑反映事物的矛盾运动则构成了辩证法与形而上学的根本分歧。正如列宁所说,"问题不在于有没有运动,而在于如何用概念的逻辑来表达它","形而上学的唯物主义的根本缺陷就是不能把辩证法应用于反映论,应用于认识的过程和发展"。[①]这是区分辩证法与形而上学这两种思维方式的根本原则。在实际教学中,用图表的形式对这两种思维方式进行直观的比较对照,这样便于学生理解学习。图表如下:

"辩证法"与"形而上学"两种思维方式的比较对照

思维方式	区别	根本分歧	导致结果
辩证法	联系、发展、全面	承认事物内部存在矛盾	辩证法应用于反映论
形而上学	孤立、静止、片面	否认事物内部存在矛盾	不能把辩证法应用于反映论

5. 现代科学的思维方法作为对唯物辩证法的补充与修正,需要给学生作完整的讲解。随着现代科学的发展,产生了现代科学思维方法。辩证思维方法与现代科学思维方法有着方法论上的共同性,二者是相互联系、相互补充的。一方面,辩证思维方法是现代科学思维方法的方法论前提,辩证思维的基本精神和原则贯穿于现代科学思维方法之中。另一方面,现代科学思维方法又丰富了辩证思维方法,使辩证法深入到发展的细部、更复杂的层次。辩证思维方法应该从现代科学思维方法中汲取营养,以丰富自身的方法系统。在实际教学中。有三个问题需要交代给学生:第一,何为现代科学? 第二,现代科学思维方法的层级结构。第三,面对普遍联系与永恒发展的物质世界时,人类不能仅仅依靠科学思维方法,或仅仅依靠辩证的思维方法去认识,这两种偏颇均不足取。而应该在辩证思维方法和现代科学思维方法的共同运用中,来不断认识和把握这个联系和发展着的物质世界,从而探求其规律为人类自身服务。

---

① 列宁全集(55),北京:人民出版社,1990:216、311

纵观以上五方面内容,把这些内容高度浓缩,笔者做了一个模型化知识框架展示给学生,从而使学生在有限的课堂时间内对唯物辩证法方法论体系有一个较为全面的认识。

唯物辩证法方法论体系图示

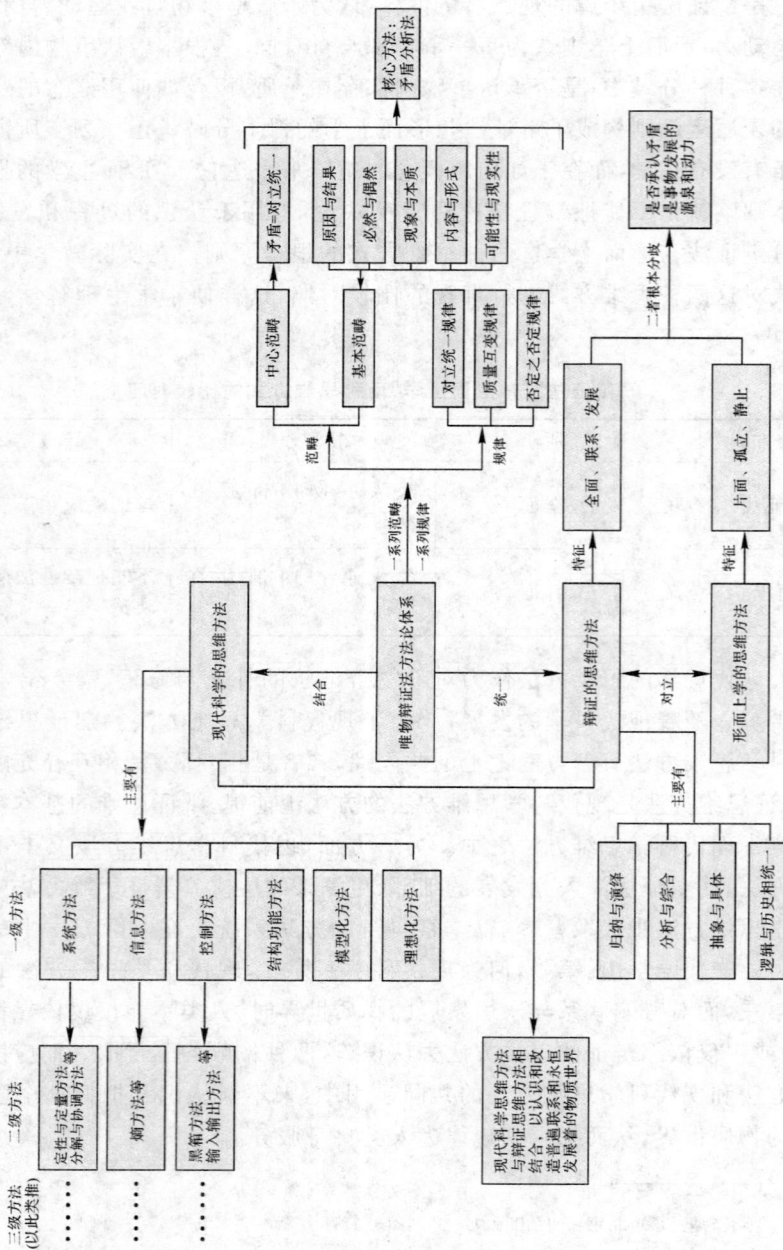

核心方法:矛盾分析法

矛盾—对立统一、原因与结果、必然与偶然、现象与本质、内容与形式、可能性与现实性

中心范畴、基本范畴

对立统一规律、质量互变规律、否定之否定规律

范畴、规律

是否承认矛盾是事物发展的源泉和动力

二者根本分歧

一系列范畴、一系列规律

现代科学的思维方法 ── 唯物辩证法方法论体系 ── 辩证的思维方法 ── 形而上学的思维方法

结合、统一、对立

特征:全面、联系、发展

特征:片面、孤立、静止

一级方法:系统方法、信息方法、控制方法、结构功能方法、模型化方法、理想化方法

主要有

归纳与演绎、分析与综合、抽象与具体、逻辑与历史相统一

二级方法:定性与定量方法分解与协调方法等、数方法等、黑箱方法输入输出方法等

三级方法(以此类推)……

现代科学思维方法与辩证思维方法相结合,以认识和改造普遍联系和永恒发展着的物质世界

四、唯物辩证法教学及研究中易出现
的两种错误倾向和问题

我们知道,黑格尔的辩证法是马克思主义辩证法的直接理论来源。但是由唯心辩证法到唯物辩证法的改造和创建,到底完成了还是没有完成了呢? 这似乎还是我们需要进一步反思的问题。诸如此类的问题还有很多很多。但对于以下两个方面的问题,应有明确的认识:

第一,不能把作为思维方式的辩证法混同为日常生活和工作中的方法。简单地说,哲学的思维方式是相对于不能一次给定的无限对象而言的;而日常生活和工作中的方法,是相对于可以给定的特定对象而言的。如果两者可以混同,那么辩证法和诡辩论还有什么区别呢? 我们都知道,辩证法和诡辩论是根本不同的,但在实际生活中人们又很容易把他们混淆起来。所以,厘清他们之间的区别,对于反对诡辩论、坚持辩证法具有重要意义。

辩证法和诡辩论的重要区别主要有以下三个方面:一是在个别和一般关系上,是坚持个别和一般的对立统一,还是任意割裂二者的联系。譬如我国战国时期公孙龙提出的"白马非马"论,其错误就在于割裂了"一般"(共性)与"个别"(个性)的关系。二是在运动和静止的关系问题上,是承认绝对运动与相对静止的辩证统一,还是只承认一方面而否认另一方面。譬如古希腊的芝诺曾将飞矢在无限分割的每一个点上处于相对静止状态加以夸大,得出"飞矢不动"的结论,以运动的间断性否认运动的连续性。三是在对待真理的问题上,是坚持真理绝对性与相对性的辩证统一,还是人为割裂二者的关系,片面夸大一方面而否认另一方面。因此在对待马克思主义的问题上,诡辩论要么片面夸大其绝对性,鼓吹马克思主义"句句是真理",断章取义,为我所用;要么片面夸大其相对性,宣扬马克思主义"过时了"、"不灵了",从而全盘否定马克思主义。

辩证法和诡辩论的重要区别

三大重要区别	辩证法	诡辩论	例证
之一:个别与一般的关系上	坚持个别与一般的对立统一	任意割裂个别与一般的联系	战国公孙龙的"白马非马"论
之二:运动和静止的关系上	承认绝对运动与相对静止的辩证统一	只承认一方面而否认另一方面	古希腊芝诺的"飞矢不动"观
之三:真理绝对性与真理相对性的关系上	坚持真理绝对性与真理相对性的辩证统一	人为割裂二者的联系,片面夸大一方面而否认另一方	马克思主义"句句是真理" 马克思主义"过时论"

　　第二，不能把辩证法简单看成是绝对真理的化身。我们常说，唯物辩证法是贯穿于自然、社会和思维三大领域的普遍规律。就给一些人造成了这样的误解：如果辩证法就是究竟至极的普遍规律的表述，那不等于说，它就是关于绝对真理的结论了吗？显而易见，这样的理解是错误的，是片面的。我们知道，绝对真理体现在无止境的相对真理的长河中。承认真理是客观的，这是真理问题上的唯物论；就真理的发展过程以及人们对它的认识和掌握程度来说，真理又是绝对的和相对的，这是真理问题上的辩证法。绝对真理和相对真理，从"静态"上看，即从它们的相互渗透上看，任何客观真理既是绝对的，又是相对的；从"动态"上看，即从真理的发展上看，任何客观真理都是由相对性真理向绝对性真理转化的一个环节，又都表现为一个过程。在这个问题上，我们必须反对割裂二者辩证关系的绝对主义和相对主义。

　　诸如此类需要反思的问题还很多，但诡辩论和绝对真理的化身这两条可能是在对辩证法理解过程中最容易出现的错误倾向。作为马克思主义理论的授课教师，一定要在这些问题上有着明确的立场和观点。

　　总之，在《马克思主义基本原理概论》课上讲授辩证法，是对学生进行哲学思维培养的重要途径。只有提高了学生的哲学思维，加强学生的马克思主义理论素养，提高学生的马克思主义理论水平才有了可能性。所以，作为授课教师，讲授辩证法之前应做好以上四大方面问题的充分的理论准备，否则马原课堂上培养哲学思维就无从谈起。

【作者简介】　秦　鼎　浙江中医药大学社会科学部讲师
　　　　　　　　　浙江　杭州　310053

后 记

　　编完这一辑的稿子,正逢中国共产党的第十八次全国代表大会闭幕。党的十八大报告对科学发展观作出新的历史定位、对坚持发展中国特色社会主义作出新阐述、对全面建成小康社会和深化改革提出新要求、对推进政治建设和政治体制改革提出新思路、对社会主义文化强国建设提升到了新高度、对创新社会管理和社会建设作出新表述、对建设社会主义生态文明作出新部署、对执政党建设规律的认识有了新突破。这些无疑都是马克思主义中国化的重要理论成果。

　　特别值得一提的是,党的十八大报告明确提出了"推进马克思主义中国化时代化大众化,坚持不懈用中国特色社会主义理论体系武装全党、教育人民,深入实施马克思主义理论研究和建设工程,建设哲学社会科学创新体系,推动中国特色社会主义理论体系进教材进课堂进头脑"的要求。作为专门从事马克思主义理论教学与研究的专业工作者,事实上这些年来我们所做的正是这样一份坚持不懈的努力。也许这一份努力还有待于更多的投入,也许这一份努力还显得不够博大与精深,但是,我们有理由为这一份努力而自豪和骄傲。因为正是有了许许多多这样努力的叠加,才有了我们今天坚定走中国特色社会主义道路的这一份理论自信。为此,我们要向诸位作者同道及浙大出版社的有关领导、责任编辑李海燕同道对本论文集的可贵支持而鸣谢。

　　考虑到马克思主义研究的整体性特征和栏目的相对完整性,我们向学界一些前辈时贤特约了部分稿件。令我们感动的是,他们均给予了积极的回应。这同样是需要我们予以鸣谢的。

　　不经意间看到书柜里摆放的历年论文集,欣喜地发现:这一年一辑的论文集出版至今年的这一本,不知不觉已经是第十辑了。十年的守持与成就固然令人欣慰,但我们更希望这是一个新的起点。

　　是为后记。

编　者

2012 年 11 月 15 日

图书在版编目（CIP）数据

马克思主义与当代. 2012 / 万斌主编. —杭州：
浙江大学出版社，2013.5
ISBN 978-7-308-11299-4

Ⅰ. ①马… Ⅱ. ①万… Ⅲ. ①马克思主义－发展－研
究－中国 Ⅳ. ①D61

中国版本图书馆 CIP 数据核字（2013）第 054239 号

马克思主义与当代(2012)

万　斌　主编

马建青　张继昌　副主编

责任编辑	李海燕	
封面设计	续设计	
出版发行	浙江大学出版社	
	（杭州市天目山路 148 号　邮政编码 310007）	
	（网址：http://www.zjupress.com）	
排　　版	杭州中大图文设计有限公司	
印　　刷	浙江省邮电印刷股份有限公司	
开　　本	787mm×960mm　1/16	
印　　张	20.5	
字　　数	380 千	
版印次	2013 年 5 月第 1 版　2013 年 5 月第 1 次印刷	
书　　号	ISBN 978-7-308-11299-4	
定　　价	50.00 元	